톱 리더의 **조건**

Top Leader

톱 리더의 조건

결국 국가와 기업의 미래는 리더에게 달려 있다!

권광영 지음

클라우드나인

리더십이 세상을 구원할 것이다

진정한 리더십을 이루기 위해서는 나를 넘어서야 한다. '이미 완료'된 것이 아니라 '되어가는' 진행형이다. 지속적으로 리더에게 능력과 성과를 요구하는 고달프고 혹독한 이 시대에 리더가 되기도 어렵지만 조직에 생명력을 불어넣어 성과를 내는 것은 몇 곱절 더 어렵다.

그간 나는 수많은 리더들을 코칭하고 현·퇴직 임원들을 인터뷰하면서 생명력을 가진 리더의 역할이 새삼 중요함을 반복적으로 체험했다. '리더의 수준이 곧 조직의 수준이다'는 게 그동안 얻은 결론이다. 리더십은 학습의 영역 20퍼센트에 깨달음의 영역 80퍼센트로 이뤄져 있다. 어느 단계까지는 학습으로 리더십을 성장시킬 수 있으나, 그 이상 진화하는 것은 리더 자신의 깨달음에서 온다. 리더에게 권한, 역량, 의지는 필요하다. 그러나 리더의 내면에 발효력(생명력)이 있는가가 훨씬 더 중요하다. 발효력이 없다면 다른 모든 것을 갖추어도 의미가 없다. 발효력은 여러 사람의 생각을 현명하게 모으고 결단하는 집사력集思力과 단단한 속核을 감싸고 있는 과육果肉처럼 전략과 비전을 구성원들의 구미에 맞게 내놓고 공유하는 소통력, 그리고 서로 협력하며 신속하게 실행하는 협업력協業力의 세 가지가 균형 있게 어우러진 상태를 말한다.

이 책에서 리더십의 본질을 에이스ACE라는 자전거 모델을 통해 간결하게 세 가지에 집중토록 하였다. 에이스에서 A는 상황변화에 따른 전략적 민첩성strategic Agility이고 C는 소통을 뜻하는 커뮤니케이션Communication이고 E는 협업을 뜻하는 앙상블Ensemble이다. 새가 좌우의 날개로 나는 것처럼 ACE 리더십은 전략적 민첩성이라는 앞바퀴와 협력하여 함께 실행하는 협업이라는 뒷바퀴가 균형을 이루며 굴러가는 자전거다.

이 책은 크게 네 부분으로 이뤄져 있다. 먼저 1장은 리더의 중요성을 알려준다. 지금 우리는 과거 어느 때보다 폭넓은 리더십을 요구하는 복잡한 상황에 놓여 있다. 리더십에 대한 새로운 시각과 본질적인 접근이 필요하다. 그렇지 않으면 조직은 계속하여 시대에 뒤떨어진 낡은 기존 리더십만을 반복할 것이며 날마다 새로운 변화와 혁신을 요구하는 현안에 대처하지 못하는 리더만을 양산할 뿐이다. 1장에서는 생명력을 가진 발효리더와 역기능을 내는 인스턴트 리더와 부패 리더에 대해 다루고 있다. 가전제품 하나에도 사용설명서가 있듯 리더가 되기 위해서는 반드시 지켜야 할 원칙과 리더십의 본질을 제대로 알아야 한다. 책임은 지지 않으면서 더 많은 권한과 권력을 추구하는 리더는 자리가 높든 낮든 인스턴트 리더다. 본질을 외면한 수많은 리더들의 부패와 무능은 우리 사회의 실제 모습이다. 이 시대의 부조리 앞에서 당신은 어느 자리에 서 있는가? 남을 이끌기 위해서는 리더 자신부터 성찰해야 한다. 이 시대는 리더의 부활과 생명력을 간절히 원하고 있다.

2장은 A요소 – 자전거 앞바퀴는 상황에 맞춰 전략을 바꿀 수 있는 전략적 민첩성을 말한다. 시대 변화를 직시하고 새 시대를 열기 위해서는 생각의 가치를 알고 다른 사람들의 생각을 모으고 결단하는 능력이 중요하다. 항상 안테나를 세우고 새로운 생각과 아이디어에 열린 마음을 가져야 한다. 외부 환경의 변화에 맞춰 전략도 리더십 스타일도 변화를 주어야 한다. 전략적 민첩성은 리더십 환경, 자신의 자질, 그리고 조직이 나아갈 방향이라는 세 가지 관점에서 조화를 이루는 것이다.

3장은 자전거 양 바퀴를 연결하는 C요소로 소통인 커뮤니케이션의 가치와 실천방안을 심층 분석한다. 리더의 현장은 수많은 걸림돌들이 나타나고 아우성치는 고단한 야전병원과 같은 곳이다. 한가하게 전체를 바라볼 여유가 없다. 이런 때일수록 전략에 스토리를 입혀 구성원들과 소통하고 설득할 수 있는 소통력은 리더십의 핵심이라 할 수 있다. 모든 소통행위에는 비용이 따른다.

4장은 E요소 - 자전거 뒷바퀴인 앙상블, 즉 협업을 다루고 있다. 현대는 개방성과 협력의 시대다. 리더는 구성원들을 서로 연결하여 신속하게 실행하도록 이끌어야 한다. 구성원 각자가 뿜어 대는 팽팽한 에너지가 절묘한 조화를 통해 정교하고 복잡한 앙상블을 이루어 갈 수 있도록 함께 노력해 나가야 한다. 이 장에서는 실행이 계속되지 못하고 자주 끊어지는 모습에서 탈피하여 조율하고 협력하여 지속적으로 실천하는 앙상블의 장場으로 나아가는 방법을 제시하고 있다.

이 ACE 모델은 일종의 리더십 관문이다. 기존 리더십을 흡수 변형하여 자신만의 효율적인 리더십을 재창조할 수 있도록 만들었다.

이론은 필수적인 것으로 최소화하였다. 그리고 전문가와 일급리더들의 사례와 그리고 나 자신의 직간접적인 경험을 통해 읽는 재미와 가치를 공유하고자 노력했다. 현실성을 바탕으로 스포츠, 역사, 군사, 경영사례 등 다양한 사례를 제공하여 직관적으로 느끼고 실천할 수 있도록 하였다. 우선 가능한 배경적 정보를 제공할 필요가 없도록 친숙한 리더를 더 많이 활용하였지만, 새로운 관점에서 해석하여 읽는 기쁨과 깨달음을 얻는 방식을 선택했다. 익히 아는 사례는 낯설게 새로운 시각으로 재해석하고 참신한 사례는 40퍼센트 정도 가미하여 지적인 만족도와 풍성함을 제공했다. 이러한 사례들은 당신이 수많은 현안 앞에서 우수한 판단을 내리고, 조직에 생명력을 불어넣는 데 큰 도움이 될 것이다. 또한 적절한 타이밍에 판단하고 실행할 때와 구성원들에게 동기부여를 할 때도 도움이 된다.

다시 한번 강조하지만 리더가 발효력을 갖고 있지 못하면 구성원들에게 생명이 흘러갈 수가 없다. 당신이 집사력, 소통력, 협업력을 갖춘 리더가 되기 위한 청사진으로 ACE를 활용한다면, 한 단계 도약하는 데 큰 도움이 될 것이다. 가장 먼저 당신은 기존 리더십에 대해 해체, 놀라움, 일탈, 어긋남 등을 경험하게 될 것이다. 이러한 경험은 진정한 리더를 꿈꾸는 이들로 하여금 끊임없이 성찰하게 하며 그로 말미암아 다시 리더 자신의 발효(생명력)라는 과제로 회귀하게 될 것이다. 이 책을 통해 앞날을 내다보는 통찰력의 원천인 발효의 지혜를 얻기를 바란다.

마지막으로 귀한 경험과 아이디어를 나눠 준 선후배들께 빚을 갚는 심정으로 이 글을 드린다. 많은 선후배들과 가족들은 이 책의 주제를 잘 이해하면서 뛰어난 통찰력을 보여 주었다. 그분들의 가르침이 씨앗이 되어 싹을 틔우고 열매를 맺게 된 것이다. 이름을 한 분 한 분 들지 못함은 이미 제 가슴 깊이 녹아 있기 때문이다. 진심으로 머리 숙여 깊이 감사드린다. 또한 새로운 성과와 구성원들의 성장을 이루기 위해 모순된 환경 속에서 오늘도 분투하는 리더들에게 이 책을 바친다.

2015년 7월 양재 바우뫼 서재에서
권광영 올림

대한민국에 리더가 있는가

"태양은 왕좌에서 자기 주위를 선회하는 별들의 무리를 바라다본다."

코페르니쿠스가 한 말이다. 태양을 중심으로 지구가 돌듯 조직은 리더를 중심으로 돌아간다. 각각의 조직은 여기저기 점점이 뿌려져 있는 광막한 우주의 바다에 떠 있는 작은 별과 같다. 사실상 별과 별 사이가 몇 광년의 거리로 떨어져 있듯 조직과 조직 사이에도 아주 큰 벽이 존재한다. 내가 속한 조직은 거대한 세상 속에서 먼지보다 훨씬 작은 크기의 초라한 존재일지도 모른다. 그럼에도 우리는 우주의 중심인 것처럼 착각하며 살고 있다. 내가 속한 조직은 나의 별이다. 따라서 이 별은 나의 전부이기에 영원할 것으로 생각한다.

하지만 별은 태어나고 성장한 후에 죽는다. 조직 역시 별과 같다. 지금도 각 조직의 구성원들은 리더를 따라 돌고 돌면서 저마다 삶의 무늬를 만들어간다. 어떤 날은 둥근 곡선을 돌고 또 어떤 날은 비뚤어진 곡면을 따라 걸으며 알 수 없는 미래를 향해 나아가고 있다. 리더는 자신만의 날씨를 만들어낼 수 있고 자신이 사는 작은 별에 자신만의 색을 입힐 수 있다. 조직은 늘 균형 잡힌 상태가 아니라 차가운 공기와 뜨거운 공기가 뒤섞여 요동치는 대기 같다.

리더의 사고방식과 스타일은 조직문화에 아주 큰 영향을 미친다. 리더의 심리상태는 조직의 기상에 곧바로 투영된다. 문제는 리더의 권력과 지위가 어느 정도의 단계에 이르면 거기에 만족하고 안주하려고 하는데다 다른 사람들이 떠받드는 것을 당연하게 여기게 된다는 점이다. 리더의 마음속에 싹튼 작은 방심은 구성원들로 하여금 무언가 달라졌다고 느끼게 한다. 이런 작은 방심들이 쌓여 처음에는 그저 미풍 같았던 방심의 결과가 이내 태풍이 되고 작은 파도 같았던 방심이 얼마 지나지 않아 해일의 사태를 몰고 온다. 만약 리더 자신이 '내가 조직의 별이다. 내가 없으면 조직은 돌아가지 않는다'고 진짜로 믿는 사태에 이르면 사달이 나고 만다.

고인 물은 언젠가 썩기 마련이듯 변화를 거부하고 움직이지 않는 리더의 별빛은 흐릿해질 수밖에 없다. 리더의 빛이 바스러지면 구성원의 마음은 하나둘씩 떠나간다. 결국 새로운 별빛을 찾아 칠흑같이 어두운 곳을 헤매게 된다. 구성원은 속으로 노래를 부른다. "저 별은 나의 별, 저 별은 너의 별…… 별이 지면 꿈도 지고 슬픔만 남아요."

비록 같은 별에 살고 있을지라도 리더 자신만의 별에서 구성원이 포함된 '우리의 별'로 확장되지 못하면, 구성원의 마음은 이미 다른 별로 떠나갈 준비를 한다. 그렇게 마음속에서 인연의 별자리는 조용히 사라져간다. 그 결과 리더가 생각하는 일과 실제 내부적으로 벌어지는 일 사이에 조금씩 부조화가 생겨나고 그 부조화가 점점 더 심해지면 급기야 일찍이 경험하지 못한 혼란으로 치닫게 된다.

나는 조직생활을 하면서 한계생산성이 제로인 리더들을 많이 겪었다. 헌신, 사명감, 책임의식에 대한 관심은 적은 반면 자신의 권리와 누림에 대해서는 예민한 경우를 많이 보았다. 리더가 구성원들보다 많은 열정을 갖고 있는 것은 사실이나, 그 열정의 대부분을 승진과 자기 자리를 지켜내기 위한 몸부림으로 사용하기 때문에 문제가 된다. 예전보다 더 풍요로운 시대임에도 화려한 성과와 빛나던 세월을 지나면서 리더의 별빛은 점점 희미해지고 있다. 한때 어둠을 밝히려고 애썼으나 내면의 빛이 사라진 순간 세상의 어둠을 물리칠 힘이 없다. 어린아이는 시간이 지날수록 키와 지혜가 자란다. 반면 많은 리더들은 성공을 경험한 후 시간이 지날수록 지혜가 더 늘지 않는다. 어떤 리더는 갈수록 평범해지고 일부는 조직에 암적인 존재가 되기도 한다. 한번 스스로 물어보기 바란다.

- 무엇을 위해 '나에게 주어진 리더십'의 영향력을 사용하고 있는 가? 나 자신의 영달과 이득을 위해서인가? 구성원들의 성장과 전체 조직의 성과를 위해서인가?
- 나는 구성원들을 키워주며 그들에게 권한을 나눠주는가? 아니 면 나 혼자 모든 권한을 틀어쥐고 있는가?
- 나는 내가 처한 조직의 상황에 대해 책임감을 가지고 있는가?

생선은 머리부터 썩는다. 우리는 능력과 자질보다 더 귀중한 덕목인 정직과 진정성의 부족으로 가장 화려한 정점에서 추락한 리더들의 소식을 하루도 빠지지 않고 접한다. 권력과 부귀를 차지하기 위해 불법과 합법의 경계선을 넘나드는 부도덕쯤은 아랑곳하지 않는 함량 미달의 리더 때문에 사회는 더 혼란스러워지고 있다. 리더가 어떤 가치관을 가졌느냐에 따라 조직은 성장하기도 하고 쇠퇴하기도 한다. 우리는 뛰어난 리더를 고대하고 있다. 우리는 5,000여 년 동안, 그리고 지금도 뛰어난 리더를 기다리고 있다. 그럼에도 '대한민국에 리더가 있는가?'라는 질문에 쉽게 답하지 못한다. 우리 가운데 진정한 리더는 왜 떠오르지 않는 걸까?

「동아일보」는 우리나라 전체의 리더십을 표현하는 데 있어 아주 독창적인 시도를 했다.¹ 나라를 사람으로 형상화하면 어떤 모습일지 인체에 비유해 그린 것이다. 한국은 다른 선진국들과 비교해 어느 위치에 있는지를 가늠하기 위해 각종 지표를 인체의 머리, 가슴, 배, 다리 등에 대입했다. 다른 부위들도 선진국과 비교해 모두 허약했지만 가장 큰 문제는 머리 부분이었다. 인체의 머리에 해당하는 사회지도층의 리더십은 OECD 평균을 100으로 했을 때 독일은 114.2이고 한국은 71.1이다. 새머리보다 조금 큰 수준이었다. 한마디로 새대가리 수준. 머리가 부족하니 가슴과 팔다리 모두를 고생시킨다. 바로 이것이 리더십의 부재와 연결된다.

세월호 참사에서 모든 국민이 가장 분노했던 것은 바로 "팬티 바람으로 탈출하는 선장"의 모습이었다. 이 장면은 두고두고 내 머릿속을 떠나지 않았다. 어머니들은 "그런 선장이 수백 명의 목숨을 책임지는 자리에 있었다는 사실에 충격받았다"며 "내 자식을 그런 사람으로 만들지 않겠다"는 결의를 다지기도 했다. 과연 그 선장뿐일까. 이것은 단순히 세월호 선장만의 문제가 아니다. 진짜 문제는 정치, 경제, 사회, 종교, 대학 등 각계각층에 수많은 '세월호 선장형 리더'가 많이 존재한다는 사실이다. 그런 리더일수록 전혀 어울리지 않을 만큼 높은 지위에 앉아 있다. 그들은 더 높은 자리를 차지하기 위해 혈안이 되어 있을 뿐 해야 할 일에 대해서는 별로 관심도 없다.

우리는 지금 자신의 영달을 쫓는 엉터리 리더가 양산되는 문화 속에서 살고 있다. 일례로 일전에 교육부장관 후보가 논문표절로 문제가 된 적 있다. 정치인들이 짧은 시간 동안 그의 논문표절 수십 군데를 찾아낼 정도라면 이미 대학사회는 다 알고 있었다는 이야기다. 그렇지 않다면 청맹과니였다는 얘기다. 교육부장관 정도 되면 그 분야에선 꽤 괜찮은 리더라고 해서 추천을 받았을 텐데 국민들은 "저 정도일 줄이야"라며 사회지도층의 낮은 식견과 의식 수준에 실망한다.

군은 더 한심하다. 해군 참모총장 등 최고 지휘관을 지낸 예비역

장성들이 방위사업 비리에 연루되어 처벌받을 정도니 군 비리 구조가 골수까지 스며들어 있다는 증거다. 후배들의 목숨과 국가안보를 담보로 자신들의 사익을 챙길 정도로 군의 톱 리더들은 부패한 것인가. 어떻게 이런 자들이 진급 때마다 걸러지지 않고 해군의 최고 리더가 될 수 있었을까. 리더의 부패는 리더의 부재와 맞닿아 있다. 이렇게 우리는 진정한 리더의 부재 속에서 방향감각을 잃어버렸다. 그야말로 죽음의 계곡에서 헤매는 실정이다.

리더와 구성원은 서로 다른 기대치를 갖고 있다. 혼란기마다 등장하는 '이순신' 열풍은 우리 국민이 리더의 재림을 얼마나 갈망하는지 함축적으로 보여주는 좋은 지표다. 리더다운 리더가 없는 시대, 리더십다운 리더십이 나타나지 않는 답답함을 반영하듯 사람들을 극장과 TV 앞으로 불러들인다. 과거를 통해서라도 대리만족을 얻으려는 것이다. 충무공! 충무공은 거의 흠이 없는 유일한 리더라 어느 시대나 불러내어 늘 '신상품'으로 출시되곤 한다. 그만큼 오랫동안 강렬하게 빛을 내는 인물도 없다.

하지만 안타깝게도 역사적인 리더는 카타르시스를 주거나 향수를 불러일으키는 데까지만 그 역할이 주어진다. 실제로 현실에 영향력을 주기엔 한계를 갖고 있다. 누가 충무공이 될 것인가? 네가 충무공이 되라. 톱 리더는 아랫사람에게 충무공의 정신을 본받으라 한다. 내가 먼저 충무공의 일부분이라도 닮겠다는 생각을 하지 않는 한, 이것은 한번 지나가는 광풍일 뿐 그 이상도 그 이하도 아니다. 우리는 영화 「명량」을 보고 감동했다. 그러나 그 열기는 금세 식었다. 충무공의 후예라 자부하는 해군 리더들은 "더 이상 나를 욕보이지 말라"는 충무공의 통곡소리마저도 외면한 지 오래다. 회오리치는 물결로 울음을 토해내는 오늘의 울돌목에도 충무공의 정신은 배

지나간 자리에 생기는 항적처럼 다 지워지고 없다.

지금 우리는 어디로 가고 있는가. 우리가 탄 배는 지금 어느 낯선 항구, 낯선 바다에서 헤매는 것인가. 우리는 어디로 뱃머리를 돌려야 할지 방향을 잃어버렸다. 배는 폭풍으로 부서지는 것이 아니라 폭풍이 가져온 공황과 혼란으로 부서진다. 세상 풍랑을 다스리기 전에 내 마음의 풍랑을 먼저 다스려야 한다. 리더가 용기와 침착함으로 구성원들이 혼란에 빠지지 않고 제 역할을 다할 수 있도록 노력한다면 배는 폭풍을 뚫고 나갈 수 있다. 하지만 이 시대에 그런 리더가 없다. 그렇다고 언제까지 우리는 광야에서 목 놓아 충무공이라는 '초인'을 불러야 하는가.

어쩌면 우리는 탁월한 리더를 원하고 그에게 기대할 뿐 자신의 자리에서 작은 리더십이라도 실천하려는 노력은 거의 기울이지 않고 있는 게 아닌가. 나와 나의 일은 내가 책임진다는 우리 모두의 '자기 책임의 정신'인 '셀프 리더십'이 회복되어야 한다. 현재 우리나라의 총체적인 난국은 한마디로 리더십의 부재 때문이다. 이 책에서는 이러한 리더십 부재의 시대에 진정한 리더십을 구현할 새로운 리더상을 '발효리더'라 명명하고, 발효리더가 갖는 발효리더십, 즉 조직의 생명을 부풀어 오르게 하는 그 '나로부터의 리더십'에 대해 이야기할 것이다. 현재 리더인 자, 내일의 리더가 될 자 모두에게 의미 있는 일독이 되기를 바란다.

2장 톱 리더의 조건 A-전략적 민첩성

3장 톱 리더의 조건 C-커뮤니케이션

1장

톱 리더는
누구인가

발효리더는 은은한 향기와 숙성된 와인처럼 품
격이 있다.
그는 식탁 위의 빵을 제공할 뿐만 아니라 구성
원들에게 숨결을 불어넣어 조직에 활기가 넘치
게 한다. 함께 있어 기운이 나고 자랑스러운 존
재로서 구성원들에게 한숨 돌릴 기회를 주고 자
발적으로 성장하도록 도와준다. 한마디로 그는
기다림의 미학, 발효의 대가다.

발효리더와 인스턴트 리더, 어느 쪽을 선택할 것인가

위기상황에서 빛을 발하는 건 리더십이다

리더는 어두운 바다 위에서 작은 빛을 찾아
방향을 정하고 나아가는 선장과 같다

최근 발표된 미국 1,800여 대학순위에서 해군사관학교가 국공립 학부 중심대학에서 1위를 차지했다. 미국이 세계패권국의 지위를 유지하는 리더들을 양성하는 해사는 다음과 같은 금언을 통해 미래의 리더들을 길러내고 있다.

"위기상황에서 최고의 배는 리더십이다The best ship in times of crisis is leadership."

위기상황에서 빛을 발하는 건 리더십이다. 선장의 리더십에 따라 배는 폭풍우를 만나거나 돌발상황이 발생했을 때 무사할 수도 있고 침몰할 수도 있다. 그래서 미 해사 기숙사 로비에는 '배를 포기하지 말라Don't give up the ship'는 구호가 새겨져 있다. 배가 침몰하는 순간까지 임무에 충실했던 함장의 명령이 후학들에게 교훈이 되어 새겨진 문장이지만, 나는 이 문장을 복합적으로 해석한다. 곤란한 상황에 부닥쳤을 때 배와 함께 리더의 정신(ship, 포기하지 않는 불굴의 정신과 책임감)을 포기하지 말라는 뜻으로. 세월호를 떠올리면 위기상황 때 최고의 배나 최악의 배도 리더십임을 쉽게 알 수 있다. 우리는 각자 세파에 시달리며 온갖 사연을 싣고 살아가는 삶의 선장들이다.

한마디로 리더십은 큰 바다를 향해 출항하는 리더의 마음속에 있는 작은 배ship, 파도가 일렁이며 위험이 가득한 망망대해 같은 순탄치 않은 세상을 건너기 위한 배다. 청춘과 인생을 다 걸고 몇십 년간 경험을 쌓았더라도 언제 어떻게 돌변할지 모르는 게 바다요, 사람의 마음이요, 사업의 미래다. 물때도 물살도 수심도 매번 변한다. 수십 년 손발을 맞춰도 예상치 못한 사건엔 방법이 없다. 풍어豊魚의 기억은 추억 속에 묻고 지금 이 순간에 최선을 다해야 한다.

이 'ship'은 팔로어 때부터 꾸준히 쌓아가고 준비해야 하는 과정이기도 하다. 그런 과정 없이 리더가 되고 난 후에는 자신에게 맞는 배를 만들기가 더 어려워진다. 리더의 직위는 권한의 완장이 아니라 눈에 보이지 않는 '리더십'을 필요로 하는 자리다. 따라서 자기중심적 사고에 사로잡혀 오직 제 이익에만 골몰하고 책임과 역할을 등한시하는 리더는 '리더십을 갖추지 못한 야만인'일 뿐이다. 리더는 리더십이라는 배를 타고 어두운 바다 위에서 작은 빛을 찾아 방향을 정하고 나아가는 선장과 같다. 허약하고 부실한 리더십은 드넓고 막막한 바다 위에서 어디로 가야 할지 몰라 구성원들을 외롭고 두려움에 떨게 만들거나, 아니면 망망대해를 앞에 두고도 출항을 못한 채 퇴장당하게 된다. 심지어 필수적인 평형수는 빼서 버리고 대신 사욕으로 가득 채워 출항하게 되면, 리더 자신은 물론 그 배의 운명과 함께 조직원들까지도 위험에 빠트리게 된다.

그러니 내 마음속에 있는 배 한 척ship이 없다면 당신은 아무리 지위가 높아도 리더가 아니다. 아니 정확히 말해 리더의 역할을 해서는 안 된다. 리더란 남보다 일을 적게 해도 된다는 면허가 아니다. 직위는 요새가 아니다. 오히려 더 많은 책임이 어깨 위에 지워져 있다. 리더십은 말보다는 태도와 행동을 통해 발휘된다. 리더들은 하나같이 조직의 핵심가치, 팀플레이, 신뢰, 공정한 대우 등의 가치가 중요하다고 강조한다. 하지만 결정적인 시기에 이러한 신념을 고수하는 리더가 얼마나 되겠는가?

사람마다 제각기 다른 바다에 놓여 있다. 불안하고 흔들릴 때마다 리더는 가슴속에 있는 작은 배ship를 띄워야 한다. 자리가 위태로울 때도, 버거운 짐 앞에서 힘들어할 때도 리더인 당신이 배를 띄울 수 있는가가 중요하다. 그러면 구성원들은 이 배의 키를 쥐고 숱한 풍파를 함께 넘어갈 탁월한 조타수와 같은 여러 역할을 기꺼이 수행할 것이다. 니체는 '고난은 전진하는 자의 벗'이라는 마치 행진곡과 같은 잠언을 남기지 않았던가. 좋은 배는 하루아침에 만들어지지 않는다. 시간, 땀, 불가마를 견뎌내는 끈기가 필요하다. 그 효과가 쉽게 측정되거나 즉시 나타나는 것도 아니다. 유연한 사고와 경험을 통해 포용력을 갖춘 리더의 배(리더십)를 짓는 데는 긴 시간과 에너지가 필요하다. 지금도 여기저기서 건조되고 있는 많은 배들이 고통의 시간을 견뎌내고 단단한 리더가 될 준비를 하고 있다.

진정한 리더십은 구성원의 잠재력을
발효시켜 역량을 최대한 발휘하도록 하는 것이다

리더십의 본질은 영향력 그 자체로 이상도 이하도 아니다. 리더의 영향력이 구성원에게 발휘되기 시작하면 일에 대한 몰입도가 높아지고 곧 성과로 이어진다. 진정한 리더십은 구성원의 잠재력을 발효시켜 역량을 최대한 발휘하도록 하는 것이다. 지금까지의 리더십 발달사를 보면, 리더들은 독특한 유형을 갖고 있다는 특성이론을 시작으로 행동이론과 상황이론을 거쳐 최근에는 팀 리더십, 거래적 리더십, 변혁 리더십, 임파워먼트, 셀프 리더십, 서번트 리더십, 코칭 리더십, 영적 리더십, 진성 리더십 등으로 발전되어 왔다.

리더십의 사이클을 에리히 프롬의 '소유냐 존재냐'로 크게 대별해보면, 어떤 능력을 갖고 어떻게 리더십을 발휘해 성과를 낼 수 있는 리더십 스킬이나 방법론을 강조하는 노하우(Know-how, 소유론적 관점) 시대에서 동양의 정신적 가치가 부가되어 리더의 내적 자아와 외적 자아를 일치시켜 본질적 가치에 초점을 두는 노와이(Know-why, 존재론적 관점) 시대로 진보했음을 알 수 있다.

문제는 리더가 올바른 방향을 설정하고 플러스(+)적 순기능을 발휘해 구성원의 생명력을 키워내는 역할을 할 수 있는가로 귀결된다. 리더는 구성원을 가치 있는 인재로 육성시키면서 동시에 건강한 성과도 창출해야 하는 책임을 지고 있다. 이런 리더의 역할은 놀랍게도 생명력을 키워 건강한 성과를 만들어내는 발효의 본질과 매우 닮아있다. 발효라는 단어를 조용히 음미해보면, 마치 봉우리를 틔우고 꽃망울이 터지듯 마음속에 생명력이 부풀어 오르는 것을 느낄 수 있다.

조직을 만드는 목적은 한 사람이 할 수 없는 일을 여럿이 힘을 합쳐 일함으로써 시너지 효과를 내는 데 있다. 리더는 여러 사람의 힘을 모아 1+1=2+a를 만들어내야 한다. 리더에게 리더십을 뒷받침하는 강력한 수단인 직책과 직위를 주는 것도 다 그런 이유다. 여기서 중요한 것은 사람과 사람을 더해(+)주는 접착제 역할을 하는 발효의 개념이다. 이것은 리더의 영향력의 근원이자 조직의 보이지 않는 성장동력이 된다. 하지만 때로는 1+1이 2는커녕 마이너스가 되기도 하는데 이는 리더가 자기중심적인 관점을 지양하고 구성원의 생각과 마음을 하나로 모으지 못해 발생하는 문제다.

결국 필요한 것은 구성원 각자의 내면에 간직한
'생명력'이 발효될 수 있는가다

조직에는 많은 사람이 모여서 협업을 한다. 이때 구성원 전체가 같은 마음으로 같은 목표를 지향하면 좋겠지만 현실은 그렇지 못하다. 협업을 어렵게 만드는 가장 큰 이유는 서로 입장이 다른 탓이다. 다른 입장의 이질적인 주체들이 만나 부딪치고 소통을 하다 보면 갈등은 불가피하게 발생한다. 이때 상하 간, 동료 간의 감정적 화학작용이 일어난다. 때론 원하는 모습으로 변하기도 하고 때론 원하지 않는 모습으로 변하기도 한다. 전자는 발효와 같고 후자는 부패와 의미가 같다. 발효와 부패는 모두 균(미생물)에 의한 분해현상이지만 인간의 관점에서 볼 때 발효는 유용한 것이고 부패는 유용하지 못한 것이다.

당신이 지금까지 경험한 리더 가운데 당신의 생명력을 키웠던 사람을 한 명 떠올려보라. 어떤 느낌인가? 그는 얼마나 좋은 영향력을 끼쳤는가? 얼마나 일에 몰입하게 했는가? 그 관계는 얼마나 경이롭고 놀라웠는가? 이제 자기 이해관계에 파묻혀 개인 출세를 위한 디딤돌로 당신을 이용하고 부패시킨 사람을 한 명 생각해보라. 어떤 느낌인가? 뒷골이 당기고 저절로 인상을 쓰게 하지 않는가? 그 관계는 얼마나 괴로웠는가?

발효시키는 리더와 부패시키는 리더의 차이는 이처럼 확연하게 드러난다. 그렇다면 나는 어떤 리더인가? 일을 통해 성과를 이뤄내기 위해서는 엄청난 에너지와 노력이 필요하다. 결국 필요한 것은 구성원 각자의 내면에 간직한 '생명력'이 발효될 수 있는가다. 누가 시켜서 움직이는 수동적 존재가 아니라 마음속에 보글보글 끓어오르는 생명력을 지닌 능동적인 존재로 거듭나야 탁월한 성과를 만들어 낼 수 있기 때문이다. 구성원은 자신들의 생명력을 키워줄 뭔가를 제때 만나지 못하면 이내 빛을 잃는다. 그래서 리더는 구성원들의 생명력이 잘 발효되도록 환경조성에 노력을 기울여야 한다. 그렇다면 어떻게 하면 '발효리더'가 될 수 있을까?

구성원들의 마음을 얻어
상황을 긍정적으로 변화시켜야 한다

'리더십과 그에 수반되는 권위와 특권의 힘을 새롭게 바라보는 방법은 없을까?'

진정한 리더십은 구성원들의 마음을 얻어 상황을 긍정적으로 변화시키는 것이다. 리더의 역할이 '생명력 키우기'와 '건강한 성과'를 창출하는 일이라는 점에서 볼 때 발효의 본질과 매우 유사하다. 조직이 리더에게 기대하는 것은 무엇보다 구성원들의 생명력을 발효시켜 조직을 활성화함으로써 직무 몰입도를 높여 성장과 성과를 함께 이루어달라는 것이다. 발효와 리더의 역할을 비교해보면 유사점이 많다.

- 원재료를 활성화시킨다 – 구성원들의 잠재된 역량을 일깨워 그들이 재능을 충분히 발휘토록 한다.
- 적정 온도 등 조건이 예민하다 – 구성원들의 동기부여는 매우 예민해야 성공한다.
- 식품 내 독소는 제거하거나 최소화하고 영양이 풍부한 식품으로 변화시킨다 – 구성원들을 인재로 변화시키고 건강한 성과를 만들어낸다.

리더와 발효의 역할은 어떤 대상에 플러스 영향력(발효)을 끼쳐 원하는 성과를 만들어내는 것이다. '발효리더'라는 단어는 보이지 않는 리더의 본질을 잘 표현해주는 단어다. 그런 면에서 리더 역시 세 가지 유형으로 구분할 수 있다.

- 구성원들의 생명력을 발효시켜 성장과 성과를 창출하는 '발효 리더'
- 과정을 무시하고 인위적인 관리만을 앞세우는 결과 위주의 '인스턴트 리더'
- 겉으로는 공익을 내세우나 속은 검고 탐욕스러운 '부패 리더'

인스턴트 리더는 인스턴트 식품처럼 간편하게 재빨리 결과를 만들어내나, 계속 축적될 경우 영양 불균형을 가져와 조직의 건강을 해치게 된다. 그들에게는 발효라는 개념이 시야에 들어오지 않는다. 모든 관계, 의사소통, 전략, 협업 그리고 삶의 매 순간 발효가 영향을 미친다는 사실을 알지 못하는 것이다. 세상을 둘러보면 인스턴트가 판을 치고 있지만 인생은 인스턴트 제품이 아니다. 즉석 3분도 모자라 즉석 1분이면 음식이 요리된다. 하지만 인생이나 리더십에는 참고 견디는 시간, 즉 발효기간이 있어야 한다. 발효는 빵 속의 효모처럼 의사소통, 구성원과의 관계, 협업의 가치를 상승시킨다.

배를 만들고 싶다면 저 넓고 끝없는 바다에 대한 동경을 키워줘라

발효리더는 자신이 가진 지식과 경험, 폭넓은 시야 등을 두루 반영해 구성원들의 역량을 배가시키고 조직의 성과를 증대시킴에 따라 전체가 부분의 합보다 큰 시너지를 만들어낸다. 발효시키는 능력은 리더의 성공 공식에서 숨겨진 핵심 리더십 역량이다. 생텍쥐페리의 말과 함께 좀 더 상세히 살펴보자.

"당신이 배를 만들고 싶다면, 사람들에게 목재를 가져오게 하고 일감을 나눠주는(B형) 등의 일을 하지 마라. 대신 그들에게 저 넓고 끝없는 바다에 대한 동경을 키워줘라(A형)."

A형이 발효리더다. 발효리더는 자신에게 주어진 성과목표가 얼마나 필요하고 간절한지에 대해 그 누구보다도 진지하게 성찰한다. 단순히 실적만 내는 게 아니라, 조직이 지향하는 장기적 성과에 보탬이 되겠다는 강력한 의지가 있다. 무엇보다 합이 좋다. 구성원들에게 채널을 열고 계속 정보가 흐르도록 만든 다음, 구성원들을 위해 비효율적으로 보이는 듯한 시간을 투자한다. 그것이 발효의 과정이라 믿고 구성원들을 가르치고 육성한다. 그는 점점 커지는 동심원의

힘을 믿기 때문이다. 동심원이 커지는 속도는 리더 스스로 깜짝 놀랄 정도로 빠르게 진행될 것이다. 발효리더는 다음과 같은 특징을 갖고 있다.

- 성찰을 통해 자신을 돌아보고 한 단계 위에서 구성원들과 스위트 스팟을 찾는다.
- 현명한 이들로부터 많은 의견을 구하고, 전체 이익을 넓히는 관점에서 판단한다. (머리)
- 전략에 스토리를 입혀 구성원들과 공감하는 능력이 탁월하다. (가슴)
- 전체를 조율하면서 빠르게 실행한다. (팔다리)

발효리더는 은은한 향기와 숙성된 와인처럼 품격이 있다. 그는 식탁 위의 빵을 제공할 뿐만 아니라 구성원들에게 숨결을 불어넣어 조직에 활기가 넘치게 한다. 함께 있어 기운이 나고 자랑스러운 존재로서 구성원들에게 한숨 돌릴 기회를 주고 자발적으로 성장하도록 도와준다. 한마디로 그는 생명의 미학, 발효의 대가다.

B형은 인스턴트 리더다. 그는 말한다. "나는 리더다. 이 분야에서만 20년이 넘게 일해왔다. 내가 알고 있는 것이 최고의 경험이고 지식이다." 인스턴트 리더는 '나는 지시하고 구성원들은 손발을 움직여 실행만 하면 된다'는 사고방식의 소유자다. 시쳇말로 개처럼 충성만 하라는 것이다. 그 결과 구성원들로부터 얻을 수 있는 소중한 정보의 유입경로가 차단된다. 또한 구성원에게 일을 지시한 다음, 가르치고 고치다 보면 갑갑하고 답답해 울화통이 치밀고 시간도 더

걸린다. 그래서 '확' 본인이 직접 달려들어 처리해버린다. 당연히 인스턴트 리더는 일을 잘해서 그 자리에 올라간 것이기에 구성원보다 일을 더 잘한다. 이것이 효율적인 듯해 보여도 결과적으로 구성원들의 성장을 가로막아 계속 의존하게 된다. 그 결과 조직은 정체되고 리더 역시 성장을 기대할 수 없게 된다. 리더십이 구성원들의 마음을 얻고자 벌이는 '생각 전쟁'임을 모른 탓이다.

게다가 인스턴트 리더는 구성원들의 마음속에 공포심을 조장함으로써 겁에 질린 사람들이 자신의 개인적인 생존을 위해 경쟁하다 보니 조직은 점점 정글이 되어간다. 이런 부정적인 환경은 시간이 흐를수록 문제점이 커지게 되고 단기간에는 잘 보이지 않겠지만 조직은 점점 깊은 늪으로 빠져 들게 된다. 여기서 얻는 교훈은 이렇다.

- 인스턴트 리더는 미봉책을 좋아하며, 일단 무사히 넘기나 계속해서 문제가 발생한다.
- 인스턴트 리더는 머리가 좋고 순종적인 면에서 가히 천재다. 수완이 뛰어나 숨겨진 악의를 좀처럼 알아차리기 어렵다.
- 인스턴트 리더는 자신이 인스턴트라는 사실을 가장 늦게 깨닫는다.

최고의 리더는 지배하지 않고 영감을 불러일으킨다

오늘날 생명력을 키워내는 성숙한 발효리더에 대한 갈증이 점점 커지고 있는 것은 두 가지 이유에서다.

우리는 그동안 중요하면서도 본질적인 질문을 회피해왔다. 그러는 사이 대한민국은 거의 모든 분야에서 용광로처럼 갈등이 분출하고 전 부문적으로 비효율이 누적되고 있다. 국민도 내 몫을 요구하는 데는 양보가 없고 나의 부담은 감수할 용의가 없다. 최상위 리더들의 리더십 역작용 때문에 나타나는 어두운 현상들이다. 대통령과 정치 리더들의 선출, 장관의 발탁까지 성공담은 드물다. 차라리 거의 없다고 해도 과언이 아니다.

이것이 첫 번째 이유다. '어떻게 해야 공동체를 더 나은 곳으로 만들까?'를 고민하는 리더를 찾아보기 어려운 시대다. 일본의 경영컨설턴트인 이치쿠라 사다무는 이런 말을 했다. "전망이 없는 기업은 사장이 부장 일을 하고, 부장은 과장 일을 하고, 과장은 대리가 해야 할 일을 하고, 대리는 평사원 일을 한다. 그러면 평사원은 무슨 일을 할까. 기업의 미래를 걱정한다."[2]

웃고 넘어갈 일이 아니다. 숨이 턱턱 막히는 국민들이 자신의 생활을 걱정하는 것이 아니라 대통령과 나라를 거꾸로 걱정하는 상황이다. 지금 세간에는 대통령을, 정치를, 종교를, 학교를 걱정하는 소리가 넘쳐난다.

상위 리더들의 위기는 그들의 영향력이 점점 줄어들고 있다는 사실이다. 영향을 끼치는 리더란 우리가 머물고 있는 지역과 사회의 필요에 응답하는 사람이다. 리더는 자신이 원하는 과업을 위해 일하는 게 아니라, 나를 이 자리에 보내준 국민(그것이 신이든)의 뜻을 좇아, 절실하게 필요한 것이 무엇인지 살피고 채우는 발효리더가 되어야 한다. 지금 시대는 그런 리더를 절실히 바라고 있다.

발효리더가 절실히 필요한 두 번째 이유는 현재에 집착해서는 살아남을 수 없기 때문이다. 우리도 모르는 사이에 우리가 뛰고 있는 경기장 자체가 바뀌고 있다. 오늘날 기업환경의 변화는 단지 눈앞에 보이는 상황이 아닌, 훨씬 넓은 무언가에서 비롯된 징후들이라 예측이 불가능하다. 비록 현재 높은 경쟁력을 갖추고 있더라도 경기장이 바뀌어버리면 그 경쟁력은 쓸모없게 된다. 마치 똑같은 스케이트 종목이라 하더라도 쇼트트랙에서 피겨로 바뀐 것과 같다. 같은 스케이트인데 뭐가 다를까 싶지만, 쇼트와 피겨는 전혀 다른 종목이다.

애플이 스마트폰시장이라는 새로운 경기장을 만들었다. 그러자 기존 휴대폰 경기장에서 열심히 뛰던 기업들은 사라졌다. 그렇다면 새로운 경기장에서는 누가 유리할까? 기존 강자가 오히려 불리한 입장이다. 허름한 차고에서 무언가를 만드는 그 누군가가 미래의 강자가 될 것이기에. 그런데 왜 경기장이 바뀌는 것일까? 창의성의 시대가 도래한 탓이다. 우리가 헐떡이며 쫓아온 현대 산업사회는 더 이상 지식기반 사회가 아니다. 인간 감성을 토대로 한 아이디어, 그것을 중심으로 한 창조경제 생태계로 이동하고 있다. 지시, 명령, 설득으로는 더 이상 창의성을 키워낼 수 없다. 그래서 가슴에 불을 지피는 발효리더를 절실히 필요로 하는 것이다.

최악의 리더인 부패 리더는 어떠한가. 한 가지만 짚고 넘어가자. 음식물의 부패가 영양분이 많은 곳에서 이뤄지듯 인간세상의 부패도 권한과 자원이 집중된 리더의 영역에서 발생한다는 사실이다. 공익을 내세우면서 사익으로 변질시킬 수 있는 그룹은 하층부가 아니라 상층부로, 권한이 가장 많은 영역일수록 리더들이 부패하기 쉽다.

멀리 바라보고 깊이 생각해야 한다

그렇다면 나는 어떠한가? 발효리더인가, 인스턴트 리더인가? 조직 안팎에서 자신의 역할과 관계를 생각해보라. 나는 어디에 해당하는가?

리더의 역량은 발효의 기초가 되지만 그 자체만으로는 불충분하다. 역량이 있다고 모두 발효시킬 수 있는 것은 아니다. 발효는 리더의 역량을 포함하며 역량보다 더 깊은 개념이다. 잠깐 숨을 들이쉬고, 목표를 향해 맹목적으로 달려가기보다 어떻게 하면 구성원들을 발효시킬 것인가 곰곰이 생각해봐야 한다. 아니, 먼저 리더인 내가 '발효하는 힘'을 잃은 것은 아닌지 자문해야 한다. 나아가기 전에 스스로 진단해보는 것이다. 발효는 정말로 장기적인 성공의 열쇠다. 자신에게 냉정하게 물어보라. 나는 발효라는 효모를 갖고 있는가? 취약한 문제에 정면으로 맞서야 한다. 리더인 당신은 늘 바쁘고 힘들 것이다. 이해한다. 하지만 현재 생존에만 사로잡혀 다른 생각을 할 여유가 없다면 결코 잠재력을 발휘할 수 없다. 우리 발밑에서는 거대한 지각변동이 일어나는 중이다. 리더는 구성원을 성장시켜야 한다. 그렇지 못하면 잉어를 작은 어항 속에 가두고 크지 못하도록 하는 것과 같다. 그래서 리더를 선발하고 권한을 부여할 때 전략적으로 고민하는 것이다.

미국의 캘리포니아 나파밸리의 와인 산업을 세계적으로 끌어올린 리더인 로버트 몬다비는 말한다. "최고의 리더는 지배하지 않는다. 그들은 영감을 불러일으킨다. 내가 생각하는 내용, 내가 전달하는 방식만이 옳고 최고다라는 생각에서 벗어날 때 비로소 리더십은 발휘된다. 하나의 사건도 다른 관점에서 관찰하고 판단할 줄 알아야 복잡한 문제 앞에서 결정을 잘 내릴 수 있다. 내 생각의 패러다임에서 벗어날 수 있어야 성공한 리더가 된다."

리더는 독불장군처럼 행세하는 사람이 아니다. 우리의 문제는 현장에 답이 있다는 '우문현답'처럼 어쩌면 현장에 더 많은 아이디어와 해결책이 있는지도 모른다. 또한 구성원들을 잘 가르쳐야 한다는 의욕이 앞서면 결국 리더가 나서서 모든 일을 챙기게 된다. 이런 만기친람萬機親覽 형 리더 역시 덫에 걸려 효과를 보기 어렵다. 리더의 시간과 에너지를 중요한 일에만 집중하기에도 벅차다. '나 혼자'라는 왜소한 인스턴트 리더 의식을 벗어나 멀리 바라보고 깊이 생각하는 발효리더로 거듭나야 한다.

우리는 지금 어디로 향해 가고 있는가

이제는 발효리더가 되기 위해 닻을 올리고 출항할 때다. 하지만 그 길이 험난하다. 왜 이토록 발효리더 되기가 힘든가? 인간의 약한 본성 탓이다. 일본의 이타미 히로유키 교수는 '성약설性弱設'이라는 인간관을 강조한다. '성약설'은 인간은 선하지만 약한 존재라는 것이다. 인간은 돈과 명예에 너무 약하며 불안, 결핍, 압박에도 너무 약하다. 눈앞의 욕망에 흔들리지 않는 사람은 거의 없다는 것이다.

처음에는 대부분 발효리더로 시작되다가 잘나갈수록 많은 유혹에 노출된다. 집요한 유혹을 이겨내지 못하고 인스턴트 리더나 부패 리더로 변질된다. 그 누구도 처음부터 인스턴트 리더였다고 생각하면 오산이다. 그도 초창기에 무언가 우수한 점이 있었기에 그 자리까지 오를 수 있었다. 시간은 처음에 갖고 있었던 장점도 마모시켜버린다. 더욱이 세상은 인간적 약한 본성을 교묘히 파고들어 리더를 부패시킨다. 스스로 약한 존재임을 인정하고 자신을 관리하라! 약한 본성에 무너지지 않으려면 스스로 경계심을 갖는 길 이외에는 다른 길이 없다. 오디세우스를 통해 절제의 지혜를 배우고 전진해야 한다.

그리스의 서사시인 호메로스의 『오디세이아』는 10년 트로이전쟁을 마치고 또 다른 10년간 온갖 고난을 극복하며 고향 이타케로 돌아가는 영웅 오디세우스의 이야기다. 표류 중 달콤한 노랫가락으로 뱃사람들의 넋을 빼앗는 요괴 세이렌의 마지막 유혹 장면을 통해 그의 리더십을 들여다보자.

오디세우스는 세이렌들이 사는 섬에 가까이 가자 부하들의 귀를 밀랍으로 막았다. 그리고 자신은 귀를 막지 않는 대신 몸과 손발을 단단하게 돛대에 묶었다. 세이렌이 달콤하게 노래하며 유혹해오자 오디세우스는 밧줄을 풀어달라고 간청을 한다. 그러나 부하들은 약속대로 그를 훨씬 더 단단하게 기둥에 묶어버렸다. 오디세우스 일행은 세이렌 해역을 무사히 빠져나왔다.

리더 주변에는 달콤한 노랫가락들이 흘러넘친다. 세상에 있는 모든 소리가 우리를 좋은 길로 인도하는 게 아니다. 어떤 소리는 우리를 돌이킬 수 없는 파멸의 길로 인도한다. 반면 어떤 소리는 절망의 웅덩이에서 벗어나게 해준다. 비극적인 것은 파멸의 길로 인도하는 소리가 더 유혹적이고 매력적이라는 사실이다. 오디세우스는 자신 역시 유혹을 이겨내지 못할 것을 알고 한 번 더 못질을 부탁한다. 밧줄을 묶는 것만으로 안 된다. 분명히 유혹에 빠져 밧줄을 풀어달라고 할 때 더 단단히 묶어달라고 한다.

오디세우스는 본인이 뛰어난 리더임에도 자신이 남보다 절제력이 더 있다고 과신하지 않았다. 또한 자신의 절제력을 굳이 시험하려고 하지 않았다. 그렇기에 오디세우스는 자신의 마음속에 있는 발효균을 끝까지 유지할 수 있었던 것이다. 발효리더는 좋은 스승이면서 좋은 학생이다. 그들은 다른 사람의 충고를 받아들이고 너무 자만해져서 보아야 할 것을 보지 못하는 함정에 빠지지 않도록 스스로 경계한다.

반면 인스턴트 리더는 결과 위주로 수단과 방법을 가리지 않아 결국 조직의 건강을 해친다. 조직에 해가 된다 하더라도 목표달성을 위해서는 물불을 가리지 않는다. 무엇보다 합슴이 좋지 못하다. 이 합에 대해서는 좀 더 설명이 필요하다.

팔로어일 때는 개인의 역량이 가장 중요하다. 개인과 개인의 경합이다. 그런데 부장이 되어서도 사원이나 대리 때와 같은 방식으로 자기 혼자 일을 한다면 리더로서 준비가 안 된 것이다. 부장은 '부' 전체의 합을 키워야 한다. 리더 혼자 수훈을 세우면서 부서원에게 나처럼 일하라고 하는 순간 팀워크는 깨지고 만다. 부장이 된 이후에는 개인이 아닌 부라는 조직의 시너지를 생각해야 한다. 각자가 역량을 발휘해 그 능력이 합쳐져서 성과가 나오도록 이끄는 것, 이것이 합의 개념이다.

책임감 없이 직위만 높은 인스턴트 리더

인스턴트 리더는 성과를 위해 무리수를 두다 보니 조직문화는 갈수록 황폐해진다. 그들은 어떻게 해야 잘 나가는지 알기 때문에 승승장구한다. 해바라기성을 가져 어느 상황이 와도 그들은 양지를 골라서 간다. 뜻밖에 최고위직에 인스턴트 리더가 꽤 많다. 그들은 다음과 같은 특징을 갖고 있다

- 역량도 있어 단기간에 수단 방법을 가리지 않고 성과를 잘 만들어낸다. 자기 목표를 달성하기 위해 구성원들을 가혹하게 대하고 무자비히다.
- 사내정치에 일가견이 있다. 자신의 이익과 연결되는 곳까지는 혼신을 다한다. 절대 그 이상은 하지 않는다. 미봉책은 많지만

근본적인 해결책은 제시하지 못한다.

- 일어날 수 있는 모든 변화를 자신에게 유리하도록 재구성한다. 자기 자신만 높아지려 한다, 구성원들을 통제하고 질식시키며, 사소한 일들에 시간을 낭비한다. 반면 자신에게 주어진 특전은 하나도 놓치지 않는다.

인스턴트 리더를 훨씬 위험한 존재로 발견하는 데는 시간이 꽤 걸린다. 질량보존의 법칙처럼 인스턴트 보존의 법칙이 있다. 인스턴트 리더는 질과 종류만 다를 뿐 어디에나 존재한다. 주위에 없다고? 그럼 본인일 확률이 높다.

스티브 잡스를 채용했던 놀런 부시넬은 인스턴트 리더를 독소 같은 존재라고 단정 지으며 그런 부류들은 뿌리째 뽑아버려야 한다고 강하게 주장한다. "그들은 아이디어로 인정받아 잘나가는 게 아니라 어떻게 해야 잘 나가는지를 알기 때문에 승승장구한다"며 다음과 같이 강조한다.[3]

"독소 같은 존재들은 훨씬 위험하고 찾아내기도 어렵다. 그들은 회사에서 일어날 수 있는 모든 변화를 자신에게 도움이 되도록 끊임없이 재구성한다. 그것이 회사에 도움이 될지 어떨지는 중요하지 않다. (…중략…) 회사를 위해 일하는 것이 아니라 자신을 위해 일하기 때문이다. 독소와 같은 존재들은 아주 교묘하며 정치적이다."

그렇다면 인스턴트 리더는 특정 영역에만 존재하는 특정 소수의 문제인가? 아니다. 정치, 종교, 교육, 경제계의 거의 모든 분야에 걸쳐 인스턴트 리더가 활발하게 활동하고 있다. 그들이 주역이 되고 있는 게 현실이다. 주변을 보라. 선거로 뽑힌 리더나 발탁된 리더들 대부분이 인스턴트 리더 수준에 머물러 있다. 그 분야에서 역량과 품성 면에서 꽤 괜찮다고 나온 인물이 그렇다. 귀신이 곡할 노릇이다. 고르고 고른 리더들이 자리만 차지하다 사라지기 일쑤라니.

'손가락을 자르고 싶다.'

선거가 끝나면 매번 들려오는 한탄이다. '최선은 아니어도 차악을 고르자'가 목표가 된 지도 오래되었다. 그런데도 또 최악을 선택하다니. 왜 매번 우리는 악화만을 고르는 것일까. 그만큼 대한민국 리더들의 생태계가 심하게 오염되었다는 방증이기도 하다. 타 종교 때문에, 타 기업 때문에, 다른 정치인 때문에 나의 종교나 우리의 정치가 오염된 게 아니다. 해당 분야 톱 리더들의 낮은 식견과 수준이 국민과 구성원들을 국가, 학교, 종교가 지향하는 정의와 이상에서 점점 멀어지게 하고 있다. 몇몇 사람의 실수나 일탈행위가 전체에 큰 영향을 끼친 게 아니라 너무 많은 리더들의 반복적인 일탈 때문이다. 그들은 그들의 리그 안에서만 맴돌고 자신들만 생각한다. 그렇게 권력을 쥔 소수가 국가를 위해 구성원들을 위해 어떤 이바지를 하겠는가.

톱 리더에게는
에이스ACE가 있다

성공 레시피의 으뜸은 사람 존중

　최근 톱 리더들의 언행을 보면서 머릿속에서 떠나지 않는 궁금증이 하나 있다. 과연 새로운 인물들이 투입된다고 해서 심하게 오염된 곳들이 정화될 수 있을까? 회의적이다. 생태계가 오염이 되면 '옳은 일'을 하려는 발효리더보다는 '나한테 좋은 일'을 하려는 인스턴트 리더들이 많아진다. 발효리더가 되기는 어렵고 인스턴트 리더가 되기는 너무 쉬운 세상. 인스턴트 리더가 자기 덫에 걸리기까지는 시간이 꽤 걸린다. 눈 밝은 리더는 인스턴트 리더의 단서를 발견하고 사실을 알아차리자마자 칼을 빼든다.

　호텔왕 메리어트 빌 회장의 성공 레시피의 으뜸은 바로 사람을 존중하지 않는 결과 위주의 인스턴트 리더를 골라내는 것이었다. 빌 메리어트 회장의 자서전 『어떻게 사람을 이끌 것인가』에는 그가 어느 실적 좋은 총지배인을 만난 대목이 있다.[4]

　'그는 부임 9개월 만에 놀라운 실적을 보여주고 있었다. 하지만 그 호텔 직원들은 어쩐지 이상하게 우울해 보였다. 심지어 보통 활달한 직원이 근무하는 프런트 데스크의 직원들조차 뭔가 불안해 보였다. 상사가 없을 때 그들이 어떤 모습일지 궁금해진 나는 총지배인을 떼어놓고 잠시 혼자서 산책을 하겠다고 했다. 잠깐 돌아다니며 몇 마디 나눠보았을 뿐이지만, 직원 전체가 살얼음판을 걷고 있다는 것을 알 수 있었다. 자세히 알아보니 직원들은 총지배인에게 겁을 먹고 있었다. 총지배인은 직원들을 괴롭히고 벌주었으며 직원들의 근심이나 걱정에는 냉담했다. 총지배인은 훌륭한 실적을 올리고 있었지만 직원들에게는 건강하지 못한 존재였다. 그는 직원이 최우선이라는 우리 회사의 철학을 받아들이지 못했다. 해결책은 분명했다. 그를 내보내야 했다.'

메리어트 회장이 말한 성공의 비결은 '인재 우선'으로 요약된다. 그는 "호텔이 직원에게 잘하면, 직원이 손님에게 잘하고, 손님은 다시 찾게 되어 있다"고 말한다. 이런 말은 다른 기업에서도 쉽게 내거는 구호들이다. 실제 현장에서 이런 철학과 가치가 적용되고 있느냐가 중요하다. 대부분 톱 리더들은 사람과 이익이 상충하면 이익을 선택하지 사람을 선택하지 않는다. 메리어트 회장은 평소 인재우선을 실천해온 것으로 유명한데 "함께 일하는 직원들을 격려하고 리드하며 용기를 주고 그들의 말에 귀를 기울이는, 사람을 대할 줄 아는 인물을 현장의 리더로 두는 일만큼 중요한 것은 없다"고 강조한다. "호텔 총지배인이 직원들 사이를 지나갈 때 이름표를 훔쳐보지 않고도 그들 한 명 한 명의 이름을 알고 있어야 좋은 리더"라고 메리어트 회장은 말한다.

날뛰는 야심 하나만으로 더 높은 자리로 도약하려는 인스턴트 리더들은 '자기지향적 야심self-directed ambition'을 갖고 있다. 물론 지금은 이것만으로 비난하는 시대는 아니다. 문제는 자기야심을 만족시키기 위해 짜낸 전략과 정실인사가 문제를 일으키고 조직에는 더없이 나쁜 영향을 미친다는 것이다.

이병철 전 삼성회장 역시 인스턴트 리더를 솎아내는 방법이 다소 조용하고 특이했다. 이 전 회장이 공장방문을 할 때 가장 먼저 보는 것은 정원, 식당, 기숙사였다. 공장의 동선에 있는 나무, 돌 하나 하나, 식당의 탁자와 공간들이 제자리에서 반짝반짝 빛나고 있는지. 그것으로 공장근로자들의 사기와 근무자세를 파악했다. 사원들이 제대로 지원받고 회사가 지향하는 가치를 잘 공유해 일을 좀 더 잘하려는 의지가 살아 있는지를 살피는 것이다. 전 직원들을 도열시켜 일장 연설하는 일회성 이벤트는 피하고 여러 공간을 돌아보며 리더들과의 조용한 전투를 즐겼다. 그는 조용한 걸음으로 인간의 바탕에 흐르는 마음가짐을 읽어내는 리더였다. 언젠가 그는 말했다.

"내가 관심을 갖는 것은 경영의 기술보다는 그 저류에 흐르는 기본적인 생각, 인간의 마음가짐에 관한 것이었다."

그의 공장방문 때는 공장장의 보고를 받고 격려하는 원님나팔 부는 식의 상투적인 행사를 지양했다. 공장장의 강한 의지 표명은 의지일 뿐 본질이 아님을 잘 알고 있었다. 그는 현장을 방문할 때마다 리더가 에너지와 열정을 갖고 공장과 직원들을 잘 돌보고 있는지 살펴보았다. 후미진 곳에서 잘하고 있다면 눈에 보이는 나머지 부분은 아무 문제가 없음을 잘 알고 있기 때문이다.

ACE

이제 본격적으로 톱 리더의 레시피 3원칙을 이야기해보겠다. 리더는 환경 변화를 읽고 민첩하게 전략에 반영하고(머리, 전략적 민첩성strategic Agility), 구성원들과 중요한 것에 대해 공유한 뒤(가슴, 소통Communication), 강력하게 '함께 실행'할 수 있도록(팔다리, 협업 Ensemble) 영향력을 발휘하는 존재다.

리더는 이 세 가지 관점에서 의사결정을 하고 실행한다. A는 사람의 머리, C는 소통하는 가슴(심장), E는 팔다리라는 근육에 해당한다. 건강을 유지하려면 머리와 가슴과 팔다리가 유기적으로 연결되어 있어야 한다. 머리만 온전하다고 해서 마음껏 걷고 힘껏 내달릴 수 없다. 심장이 튼튼하게 펌프질해주고 근육이 튼실하게 붙어 있어야 한다.

이 책에서는 톱 리더가 갖춰야 할 이 세 가지 요소를 머리글자를 따서 '에이스ACE'라 명명했고 자전거 모형을 통해 설명하려고 한다. 인체에 대한 비유는 독자들이 직관적으로 이해되도록 사용한 것이다.

A요소 : 자전거 앞바퀴→머리思에 해당하는 전략적 민첩성strategic Agility

C요소 : 연결 프레임→가슴에 해당하는 소통을 뜻하는 커뮤니케이션Communication

E요소 : 자전거 뒷바퀴→팔다리로 협업Ensemble

1. A요소 – 앞바퀴를 자세히 보면 나침반 모양이다. 나침반의 바늘은 북극을 가리킬 때까지 계속 흔들린다. 나침반의 자침도 흔들려야 제 기능을 발휘하는 것처럼 흔들림이 우리 자신을 돌아보게 하고 우리를 중심에서 벗어나지 않게 한다.

2. C요소 – 프레임은 소통을 의미하는데 점선으로 그려져 있다. 보통 사람에겐 소통은 없어도 될 것 같은, 잘 깨닫지 못하는 '허虛의 가치'를 지녀서 필요 없는 듯 보여도 앞바퀴(전략, A)와 뒷바퀴(실행, E)를 연결하는 유일한 연결축이다.

3. E요소 – 실행의 뒷바퀴는 앞바퀴보다 훨씬 크다. 결국 실행을 해야 실현이 되기도 하지만 전략만으로 해결할 수 없는 모순은 실행을 통해 완성되고 종합되기 때문이다. 단지 길을 알고 함께 가겠다고 하는 것만으로는 충분하지 않다. 그 길을 따라 걸어갈 수 있어야 완결된다. 아무리 좋은 전략을 세우고 혁신적인 생각을 해도 실행이 되지 않으면 의미가 없다. 빠르고 철저하게 실행해야 리더십은 완성된다. 실행이라는 뜻으로 많이 쓰이는 엑스큐션execution보다 앙상블을 훨씬 중요하게 여기는 이유는, 오늘날 시대정신인 협업의 가치가 중요하기 때문이다. 두 사람 이상의 연주자에 의한 합주(또는 합창)을 말하는 앙상블은 '함께' 머리를 맞대고 협력하면서 '함께' 일을 해야 하는 기업에는 꼭 있어야 할 필수요소다.

요즘 같은 불확실성 시대에는 외부와 끊임없이 아이디어와 지식 교류를 해야 하고 이를 통한 탐색은 절대적으로 필요하다.

"나를 열고 밖으로 나가 민첩하게 연결하라."

세계적 석학들은 이처럼 공통적으로 협업을 강조한다. 기업의 벽을 허물어서라도 미래를 위해 내외부를 가리지 않고 탐색을 강화하고 모두 활용해야 하는 것이다. 페이스북, 테슬러 등 글로벌 기업들은 자신의 핵심기능조차도 외부에서 활용하도록 공개하고 있을 정도다. '스마트'와 '모바일'로 대변되는 시대에 앙상블은 경쟁력의 필수요건이다. 협력이 글로벌 시대의 패러다임이다. 최후에 승리하는 조직은 서로 협력하는 조직이다.

세상은 복잡한 듯해도 단순한 요소들이 결합해서 새로운 것들이 생긴다. 이에 대해 로버트 루트번스타인 부부는 『생각의 탄생』에서 다음과 같이 설명한다.[5]

- 우주 안에 있는 수억 개의 화학물질은 불과 100개 미만의 요소들이 결합되어 만들어진다.
- 4개의 핵산 염기만으로 지구상 전 생명체의 모든 유전자정보가 암호화된다.
- 모든 언어와 정보가 0과 1로 변환되어 컴퓨터에 입력된다.

결국 세상에서 복잡성이 나타나는 것은 "결합되는 요소들의 복잡성이 아니라 그 결합방식의 교묘함과 의외성이다." 그들은 "결과물의 복잡성은 부속이나 요소 자체의 복잡성에서 나타난 것이 아니라 단순한 부속을 갖고 다루는 솜씨와 교묘함에 있다"고 갈파했다.

세상에 나와 있는 수천 가지 리더십 또한 매우 복잡해 보여도 패턴을 해체하고 새로운 형식으로 통합해 보면 A-C-E(머리-가슴-팔다리)로 귀결된다. 패턴 속의 패턴으로 들어가 보면 단순한 A, C, E의 결합에서 발생했음을 알 수 있다. 따라서 ACE는 그 어떤 상황이든 조립해 적용할 수 있고 당신만의 고유한 리더십을 만들어낼 수 있다.

ACE 모델이라는 새로운 형식의 조합이 갖는 높은 수준의 리더십은 현장에 놀라운 효과를 가져다줄 것이다. 직접 느껴보고 경험해보기 바란다. A→C→E 이것은 순서다. 이것을 역으로 하면 안 된다. 신영복 교수는 늙은 목수의 이야기를 통해 제대로 일하는 사람과 책상머리로만 일하는 사람의 차이를 보여주었다.[6]

"목수가 집을 그리는 순서는 지붕부터 그리는 우리들의 순서와는 완전히 거꾸로였다. 먼저 주춧돌을 그린 다음 기둥, 도리, 들보, 서까래, 지붕의 순서로 그리는 것이 아닌가. 그가 집을 그리는 순서는 바로 집을 짓는 순서였다. 일하는 사람이 그린 그림이었다."

그럴듯하게 집을 그리는 가짜 집과 튼튼하고 아늑한 진짜 집을 짓는 것은 다르다. 지붕부터 시작해 주춧돌을 그리는 사람은 집을 지어본 적이 없으며 쓸모 있는 집을 지어낼 능력이 없다. 화려한 지붕이 실행에 해당한다면 전략적 민첩성은 든든한 주춧돌에 해당한다. A부터 차근차근 단계를 밟아 실천해야 제대로 된 성과를 만들 수 있다. 하지만 세상일에는 학교처럼 정답의 세계가 존재하지 않는다. 단지 더 높은 성과를 내기 위한 다양한 선택과 시도가 있을 뿐이다.

또한 여기에서 A, C, E라는 머리-가슴-팔다리라는 재료를 갖고 요리를 하는 것은 당신 몫이다. 따라서 당신은 여기에서 제공하는 원료들과 지금까지 쌓아온 당신의 감각과 경험과 지혜를 조합해가면서 자신만의 독특한 방법을 만들어야 한다. 다양한 시도를 통해 감춰져 있는 당신의 재능을 발견하기 바란다. 중요한 것은 A - C - E라는 세 가지 모두를 골고루 사용해야 한다는 사실이다. 앞으로 각각의 핵심요소에 대해 심층적으로 설명하겠지만, 우선 전체적인 이해를 위해 세 가지 차원을 간단히 설명하겠다.

첫 번째 핵심요소 : 전략적 민첩성(A) strategic Agility

외부 환경의 변화에 맞춰 전략도 조직도 바뀌어야 한다. 전략만 앞서나가도 실패한다. 조직이나 리더 자신의 스타일이 바뀌지 않아도 실패한다. 상하좌우의 스위트 스팟이 딱 맞아야 한다. 전략적 민첩성은 환경, 스타일, 전략의 세 가지 관점에서 출발한다.

경영에서 가장 중요한 전제조건은 경영자원은 유한하다는 사실이다. 그것이 인적자원이든 물적 자원, 정보자원이든 간에 말이다. 리더는 어떻게 한정된 자원을 최적으로 조합해 최대의 성과를 이루느냐가 중요하다.

① 요소 S1(Situation, 외부환경) : 가장 먼저 외부환경 변화를 읽어야 한다. 아무리 내부 조화가 이뤄졌다 하더라도 우리를 둘러싼 환경이 변해버리면 아무 소용이 없다. 예컨대 조직이 옛날과 같이 똑같이 운영되어도 그것을 둘러싼 환경이 격변해버리면 그 효과도 역방향이 되어버린다. 우리는 IMF나 글로벌 금융위기 등 외부 환경변화의 무서움을 경험한 바 있다. 거대한 폭풍우가 휘몰아치면 많은 기업이 힘 한번 써보지 못하고 도산이라는 비극적 사태와 직면하게 된다. 외부환경과 조직의 궁합이 맞지 않을 때 상황은 점점 악화된다. 잘나갈 때도 변혁의 기업문화를 유지하는 것이 무엇보다 중요하다.

스스로 미래의 변화요인을 찾아내 활용하지 않으면, 언젠가는 미래의 기습을 받아 혼미한 상황에 부닥치게 된다. 리더는 늘 바깥을 쳐다보는 사람이다. 제삼자의 시각에서 객관적으로 바라봐야 한다. 고객들의 니즈는 어떻게 바뀌는지 기술이 어떻게 변하는지를 알아야 새로운 기회를 찾을 수 있다. 제품개발에만 몰두한 나머지 세상의 변화를 인지하지 못하는 우를 범해선 안 된다.

② 요소 S2(Style, 스타일) : 사람의 본성에 대해 깊이 성찰한 다음, 구성원들과 한 단계 위에서 내적 궁합을 이루어야 한다. 그런데 리더가 갖는 생각의 틀이 너무 강하면 한 단계 위에서 조화를 이루기가 어렵다. 리더와 구성원 모두 열린 마음을 갖고 있어야 한다.

③ 요소 S3(Strategic Agility, 어질리티 – 전략적 민첩성) : 비전의 씨앗을 발견하고 그 씨앗을 민첩하게 전략에 반영해야 한다. 가능한 많은 사람을 참여시켜 의사결정의 공범으로 만들어라. 세상의 온도를 느끼고 올바른 전략을 수립하기 위해서다. 방향이 결정되면 안에서 힘을 키우든, 외부와 협력을 하든, 아니면 아예 외부에서 사오든 구애받지 말고 변화무쌍하게 작전을 구상해야 한다. 전략적 민첩성은 나침반 정신을 갖는 것과 같다. 나침반 바늘이 멈추면 이미 죽은 것이다. 그 바늘 끝이 민감하게 전율할수록 그 방향은 믿고 나아가도 된다는 뜻이다.

두 번째 핵심요소 : 소통(C) Communication(creating 'WE')
리더의 현장은 수많은 걸림돌들이 나타나고 아우성치는 고단한 야전병원과 같은 곳이다. 한가하게 전체를 바라볼 여유가 없다. 이럴수록 리더는 여유를 갖고 전략에 스토리를 입혀 구성원들과 소통하고 공유해야 한다. "나무 한 그루 베어내는 데 6시간을 준다면 나

는 먼저 도끼날을 가는 데 4시간을 쓰겠다"는 링컨의 말처럼 실행하기에 앞서 생각하고 준비하는 과정을 충분히 가지라는 뜻이다. 산적한 과제를 성공적으로 수행하려면 구성원들의 호응이 필수다. 소통이라는 지렛대를 활용하면 실행을 극대화할 수 있다. 소통은 3C로 구성되어 있다.

① 요소 C1(Confidence, 겸손한 자신감) : 리더에게 있어 자신감은 모든 과업의 첫 번째 요건이다. 진정한 자신감은 과감해야 할 때와 신중해야 할 때를 아는 자기통제력이다. 겸손하면서도 합리적인 자신감이 있어야 성공할 수 있다.

② 요소 C2(Concentration, 집중) : 세상사 모든 일엔 소기의 목적을 이루기 위해 유효한 한계 시한이 있다. 이른바 골든타임. 한정된 우리의 노력과 시간을 분명한 목적의식을 갖고 중요한 곳에 투입하지 못하면 핵심과제를 달성할 수가 없다. 위대한 리더와 일반 리더를 가르는 분기점은 바로 고집스러울 만큼 강한 집중력을 가졌느냐, 갖지 못했느냐에 달려 있다.

③ 요소 C3(Consideration, 배려) : 사람이 먼저다. 일부터 덤벼드는 것은 하수다. 리더 혼자만의 노력으로 성취할 수 있는 것은 작은 일이다. 구성원들의 도움과 협력은 필수다. 반드시 구성원들의 지지를 유지할 수 있는 수단을 갖고 있어야 한다. 바로 배려다. 힘이 있을 때 힘이 없는 자를 헤아리지 못하는 리더는 자격 미달이다. 리더에게 있어 무엇이 희소자원인가? 정보도 지식도 기술도 아니다. 배려다. 배려를 통해 구성원들의 마음을 얻지 못하면 조직을 리드할 수 없다. 배려는 자신감(C1)과 집중력(C2)을 받쳐주는 토대이자 근간이다.

세 번째 핵심요소 : 앙상블(협업, E) Ensemble

실행의 중요성은 아무리 강조해도 지나치지 않는다. 똑같이 우수한 비전과 전략을 수립했음에도 불구하고 어떤 기업은 승승장구하고 어떤 기업은 실패하는 이유가 바로 실행력의 차이에 있다. 경영 컨설턴트 간다 마사노리는 "성공하기 위한 노하우가 분명한데도 실제 행동으로 옮기는 사람은 1퍼센트밖에 되지 않는다. 그러므로 성공하는 것은 간단하다"며 실천의 중요성을 강조하고 있다. 실행은 지속성이 중요하다. 계속되지 못하고 자주 끊어지는 실행의 모습에서 탈피해 조율하고 협력해 지속적으로 실천하는 앙상블의 장으로 나아가야 한다. '함께' 머리를 맞대고 협력하고 '함께' 일을 하는 기업에 꼭 있어야 할 필수요소가 바로 앙상블이다. 앙상블은 3S로 요약된다.

① 요소 S1(Simplicity, 간결함) : 간결하지 않으면 유리한 상황을 만들 수 없다. 너무 많은 것에 정신이 팔리다 보면 본질에 집중할 수 없다. 무자비할 정도로 곁가지를 쳐내고 중요한 것만 남겨라. 간결화는 단순한 요약이 아니라 핵심이 들어간 단순화다. 불필요한 것을 가지치기해 핵심만 남겨야 한다. 그렇지 않으면 조직은 비만해져서 피가 잘 통하지 못해 죽게 된다.

② 요소 S2(Speed, 속도) : 빠른 것이 느린 것을 잡아먹는 시대다. 속도가 새로운 경쟁 무기가 되었다. 특히 정보화 사회에서는 속도가 생명력이다. 기획, 의사결정, 행동의 전반적인 시간단축을 토대로 한 신속하고도 유연한 시장대응력은 점점 더 요구되고 있다.

③ 요소 S3(Sincerity, 진정성) : 진정성은 리더 개인의 이익이 아닌 조직의 사명과 목적에 진심으로 몰입하는 것이다. 진정성은 책임감의 다른 이름이다. 리더의 결정은 공정하게 이뤄져야 한다. 이러한

리더의 진정성은 구성원들의 진심 어린 헌신을 이끌어내고 그가 제시하는 방향으로 사람들을 움직일 수 있다.

이제 발효리더라는 목표를 향해 배를 띄우려 한다. 뜨거운 마음은 갖되 냉정한 준비가 필요하다. 당신이 진심으로 '발효리더'가 되려는 뜨거운 마음을 갖는 것이 먼저다. 그다음 그 열정을 냉정하게, 즉 합리적인 방법으로 쌓아가는 것이다. 단 따뜻한 가슴만으로 다가서는 것이 아니라 차가운 머리도 함께 있어야 한다. 리더십은 역량 관점에서 보면 콘셉트역량인 생각역량, 관계역량, 업무역량, 실행역량의 네 가지라 할 수 있다. 대부분의 연구도 이 네 가지에 집중되어 있다.

리더는 낮은 단계일수록 스킬에 해당하는 업무역량이 중요하다. 그러나 톱 리더로 향할수록 생각역량과 관계역량이 중요해진다. 여기에서는 기본적이고 실무적인 업무역량을 제외한 나머지를 논할 것이다.

'리더십이란 무엇인가?'는 본질적인 질문을 구체적으로 분해해보면 다음 세 가지에 모두 포함되어 있다.

- 어떻게 생각을 모으고 판단할 것인가?(통찰과 판단력)→핵심요소 A
- 구성원들을 어떻게 포용하고 설득할 것인가?(소통력)→핵심요소 C
- 어떻게 함께 실행할 것인가?(협업력)→핵심요소 E

그럼 지금부터 발효리더의 생각법, 소통법, 협력법을 구체적이고 효과적으로 살펴보도록 하자.

2장

톱 리더의 조건 A
– 전략적 민첩성

비즈니스는 기술 때문에 실패하지 않는다.
리더, 그 리더가 만드는 전략 때문에 실패하는
것이다. 과거의 성공경험이나 핵심역량이 아니
라 전략적인 감수성을 갖고 현재의 지혜를 모아
민첩하게 대응하라.
21세기 속도 경쟁의 승패는 전략적 감수성, 몰
입, 유동성의 삼박자를 갖춘 민첩한 조직의 구
성 여부에 따라 결정될 것이다.

왜
전략적 민첩성인가

오늘에 맞게 '업'을 재정의하라

우리가 진실이라고 믿는 사실이나 지식에도 반감기half-life가 있다. 미국 하버드대 새뮤얼 아브스만 선임연구원은 『지식의 반감기』라는 책을 통해 어느 분야의 지식이든 절반이 오류이거나 쓸모가 없어지는 데까지 걸리는 시간이 물리학은 13년, 경제학은 9년, 역사학은 7년밖에 되지 않는다고 발표했다. 어쩌면 우리는 잘못된 지식의 토대 위에서 잘못된 인식을 한 채 낡은 현실을 살아가고 있는지도 모른다.

비즈니스와 시장의 반감기는 이보다 더 짧다. 애플이 아이폰을 개발해 치고 나가자 삼성전자는 독자적인 기술(옴니아)로 스마트폰 시장에 뛰어들었지만 혹평을 피할 수 없을 정도로 기술격차가 컸다. 그러나 죽을힘을 다해 갤럭시 시리즈를 내놓고 스마트라는 우주에 간신히 착륙하는가 싶었는데 겨우 3년 정도 재미를 보더니 금세 위기라 한다. 새로운 파도에 올라타기 위해 고도의 특화된 지식과 기술로 수많은 사람들이 혼신을 다해 구축한 세계가 겨우 3년밖에 유효하지 않다니. 세계를 호령했던 삼성전자, 스마트폰 시장에서 삼성은 위아래에서 협공당하고 있다. 프리미엄 시장에서는 '아이폰 6'를 앞세운 애플, 보급형 시장에서는 화웨이, 샤오미 등 중국 업체의 공세에 시달리고 있다. 2015년 1월 미 경제전문지 『포브스』는 '스마트폰 왕좌복귀를 위해 고군분투하는 삼성'이란 기사에서 "삼성이 노키아의 길을 따라가고 있다"고 진단했다.

외신들도 삼성전자의 실적악화를 7년 만에 왕좌에서 밀려난 노키아의 패망에 견줬다. 이는 창조자First Mover가 아닌 추격자Fast fallower의 위치에서 성공의 한계를 생생하게 보여주는 것인가. 아니면 삼성은 완전히 모든 것을 바닥부터 다시 시작해 멋지게 부활할 것인가. 2015년 신제품인 갤럭시 S6가 '프로젝트 제로'란 이름으로 개발된 것을 보면 삼성의 위기감이 절실하게 와 닿는다. 제로라는 프로젝트명은 초심으로 돌아가 소재부터 디자인까지 모두 버리고 새롭게 혁신을 이루겠다는 삼성의 각오인 것이다. 이렇게 절박한 각오가 삼성의 비상飛上을 알리는 신호탄이 될 것인가? 하지만 어찌 삼성뿐이랴. 애플조차도 10년 후에는 소니와 같은 처지가 될지 누가 알겠는가.

지금까지 세계의 강자는 엘라 계곡의 양치기 소년 다윗처럼 초라하고 보잘것없는 변두리, 아무도 눈길을 주지 않는 가장자리에서 태어나 성장했다. 이탈리아 출장 중에 우연히 들렀던 에스프레소 바에서 소통과 휴식이라는 사업모델을 발견한 스타벅스, 손재주 많은 목수 삼촌이 어린 조카를 위해 만든 나무토막 선물에서 탄생한 레고 브릭, 청년 두 명이 허름한 차고에서 만들기 시작한 컴퓨터가 오늘날 애플이 되었다. 그처럼 우리의 눈길이 미치지 않고 우리의 손길이 닿지 않는 저 낮은 곳에서 시작했던 기업들이 세상의 중심에 지금 우뚝 서 있다. 여기에 숨은 성장hidden growth 전략을 구사하는 잠룡들이 기존 강자의 눈을 피해 보이지 않는 곳에서 무섭게 추격하고 있으니 이미 세상은 피 튀기는 전쟁터 그 자체다.

이렇게 시장의 변동성이 커지면서 기업 비즈니스 모델은 순식간에 구식이 되어버리고 최첨단의 기술이라 생각하고 있던 것들조차 어느 순간 너무도 평범한 기술로 변하고 있다. 외적인 환경의 변화와 내적인 논리와 내부 구성원들의 욕망 그리고 비즈니스 목적이 교차하면서 만들어내는 많은 변수들이 눈앞에 놓여 있다. 리더가 시대와 함께 호흡하지 못하고 변화하는 세상에서 가슴으로 먼저 화학반응을 일으키지 못하면 조직은 급격하게 쇠퇴한다. 우리는 매 기회의 순간마다 주어지는 불가역적인 어떤 지점에 도달하려고 노력하지만, 환경이든 사람이든 무엇 하나 단단하지 못하고 어느새 녹아물이 되어버린다. 이 같은 '액체화 현상'이라는 변덕스러운 오늘을 살면서 경쟁력을 유지하고 앞서 나가기 위해서는 관찰과 가정, 실험과 실천을 지속적으로 반복해야 한다.

끊임없는 재창조만이 살 길이다

변화는 이제 일상이 되고 너무 두려울 정도로 빠르게 일어나고 있다. 스스로 물어야 한다. '우리는 환경변화를 제대로 읽고 대처하고 있는가?' '우리의 경쟁력은 여전히 유효한가?' '고객에게 더 나은 것을 제공하기 위해 어떤 새로운 능력을 개발해야 하며, 장차 경쟁력을 확보하기 위해 개선해야 할 능력은 무엇인가?'

먼저 업業에 대한 본질적 정의부터 재정립해야 한다. '우리 기업은 무엇을 추구하는가?' '우리의 핵심역량은 무엇인가?'라는 가장 원초적인 질문을 던지고 답을 찾은 다음 이에 맞춰 전략을 다시 수립해야 한다. 새로운 커피문화를 내세워 진정한 커피 맛과 스타일로 고급 커피시장을 개척한 스타벅스가 20여 년이 지나면서 유사한 경쟁자들 때문에 위기를 맞는다. 이때 하워드 슐츠 회장이 선택한 것은 업에 대한 재정의였다.

"커피는 단순한 음료가 아니다. 사람과 사람을 이어주고 유대감을 형성하는 매개체"라고 했던 슐츠 자신의 경영철학에 맞게 공간을 재창조하기로 한다. 2011년 스타벅스는 자신들의 업을 '제3의 공간'으로 규정한다. 집과 사무실에 이은 제3의 공간, 즉 편안히 쉬고 이용하는 공간으로 규정하고 기분 좋게 시간을 보낼 수 있는 공간으로 재창조한다. 이에 따라 다양한 음료가 추가되면서 변화를 시도했고 결국 스타벅스는 위기를 넘어 새로운 성장을 만들어내는 데 성공했다.

이런 사례는 레고에서도 볼 수 있다. 전통의 완구강자인 레고 역시 1990년대 컴퓨터게임의 등장으로 직격탄을 맞는다. 레고브릭을 갖고 놀던 아이들의 흥미는 금세 컴퓨터 게임으로 옮겨갔다. 닌텐도 등 생각지도 못한 적의 출현으로 치즈는 사라져버렸다. '아날로그 장난감은 구식이다'는 평가에 매출은 급감했고 급기야 1998년 첫 적자를 시작으로 적자행진이 계속되었다. 여기에 브릭에 대한 특허가 1980년대 만료되자 중국에서 쏟아져나오는 플라스틱 브릭으로 인해 더 이상 레고는 역사의 무대에서 사라질 것처럼 보였다. 레고는 안팎의 변화에 당황했다. 아날로그의 레고 브릭은 빛을 잃고 시장은 점점 디지털 놀이로 진화할 것으로 판단했다. 그래서 레고는 전원만 켜면 바로 즐거움을 얻을 수 있는 비디오 게임시장에 서둘러 참여했다가 참혹하게 실패하고, 2004년 대규모 적자로 벼랑 끝에 내몰렸다.

이때 무너져가는 레고의 소방수로 등장한 전문 경영인 오르겐비 크누스토로프는 '놀이가 점차 디지털화되는 세상에서 레고의 미래는 어떤 모습이어야 할까?'라는 근본적인 질문을 던지고 연간 1,000억 원 수준의 대규모 자금을 아낌없이 연구 개발에 쏟아부었다. 레고는 '아이들은 어떤 장난감을 좋아할까?'는 기존의 질문을 버리고 '장난감은 아이들에게 어떤 의미가 있을까?'라는 생각의 전환을 통해 원점에서 다시 출발했다. 장난감과 놀이에 대한 근본적인 질문을 붙들고 주요 국가들 아이들의 행동을 관찰하고 의미 찾기를 시도하고 소비자들이 진정 원하는 바가 무엇인지 제대로 알아내기 위한 노력을 아끼지 않았다. 이를 통해 아이들은 놀이로 질서를 배우고 사회화를 이룬다는 점을 깨닫는다. 또한 아이들은 즉각적인 만족을 주는 것도 좋아하지만, 오히려 오랜 시간에 걸쳐 만든 성취물에 더 큰 기쁨과 긍지를 느낀다는 것을 알게 된다.

아이들은 복잡한 모형을 어렵게 완성했을 때 느끼는 쾌감과 뿌듯함 그리고 조립하는 과정 자체에서 오는 성취감을 중요하게 생각했다. 시장 반응은 쉬운 게임은 더 쉽게, 어려운 게임은 더 어렵게. 사실상 어중간한 게임은 살아남기 어려운 양극화된 성향으로 바뀌고 있었다. 그래서 레고는 오히려 더 어려운 제품을 개발해서 공급하기 시작했고 여기에 어른들의 관심을 끄는 스토리가 담긴 플레이테마와 미디어그룹과 협업을 통해 영화 '스타워즈' 시리즈 제품까지 더해지면서 레고의 매출은 수직 상승을 기록한다. 레고의 부활은 아이들의 노는 모습을 관찰하고 그 의미를 제대로 읽었기 때문에 가능했다. 그리고 더 나아가 어른들과 마니아층까지 확보하게 된 것이다.

요즈음 레고는 2,200개가 넘는 브릭들을 결합해 인간의 상상력만큼 무한대의 결과를 만들어낼 수 있다. 따로 떼어놓고 보면 무의미한 플라스틱 조각들이 일정한 패턴과 규칙에 따라 무한정하게 결합되고 여기에 인내심이 보태져 여러 차례 수정이 이뤄지면서 놀라운 작품이 탄생하는 것이다. 레고의 강력한 경쟁력은 비즈니스 모델을 혁신할 뿐만 아니라 제품 자체를 꾸준히 업그레이드하는 끊임없는 재창조에 있다.

새로운 생각은 21세기 화폐

'너 자신을 알라'는 잠언은 기업에서도 예외가 아니다. 근원적인 질문에 대한 답은 찾지 않고 경쟁사를 이기겠다는 강박관념에 사로잡혀 있다면 장래는 어두울 수밖에 없다. 정말 중요한 것은 조직 스스로 '나 자신'을 제대로 아는 것이다. 지금까지 이룬 성과에 도취하지 말고 환경변화를 읽고 생각해야 한다. 리더란 머리를 쓰는 존재다. 조직의 본질을 알고 근본적인 문제를 발견할 수 있어야 한다. 그리고 상황을 민첩하게 파악하고 의사결정을 내려야 한다. 지적능력이 모자란 리더는 조직의 생명을 갉아먹는다.

이순신을 천거한 류성룡은 "생각을 먼저 하라. 생각은 하늘이 나에게 부여한 것이다"고 말했다. 생각을 경영하는 것이 리더십의 본질임을 간파한 것이다. 변혁기마다 생각을 강조한 리더들이 나왔는데 함석헌 선생은 '생각하는 백성이라야 산다'며 정신의 자각을 알렸다. 이건희 회장의 첫 에세이 모음집 제목도 '생각 좀 하며 세상을 보자', 즉 벽을 넘어서 새로운 세상을 보기를 원했다. 새로운 세상을 볼 수 있는 생각은 '창조계급'이냐 아니냐를 결정하고 또 그것은 이제 성공과 실패를 결정하는 요소가 돼버렸다. 창의력은 틀을 벗어나서 고정관념을 깨뜨리는 생각, 뒤집어서 생각하기, 전혀 관계없는 영역을 연결하기 등 유연한 생각에서 나온다. '새로운 생각은 21세기 화폐'로 창조계급을 낳는다. 이제 생각, 그 자체를 경영해야 할 때다. 그렇다면 생각을 어떻게 경영할 것인가?

몸으로 결과를 만들어내는 운동은 연습과 훈련이 쌓여 실력으로 나타난다. 리더는 무엇으로 '생각의 몸매'를 가꾸고 '생각의 근육'을 단련시켜야 하는가. 먼저 현장에서 문제를 발견하고 새로운 기회를 찾아내고 대안을 만들기 위해 노력하는 그 중심에 있는 '생각'을 훈련하는 것이다. 이때 여러 분야의 다른 사례를 되짚어보는 것은 생각을 키우는 좋은 방법이다. 가장 따끈한 사례를 찾아보고, 거기서 느낀 걸 바탕으로 자기 생각을 덧칠하는 것이다. 이것이 몸에 배어야 한다.

리더가 올바른 방향을 정하고 나아가야 한다. 그러려면 현재 수준과 관계없이 여러 업종에서 성공과 실패를 가른 전략적 변곡점이 무엇이었는지 파악하고 일종의 생사를 결정하는 '사활死活풀이'를 꾸준히 해야 한다. 아무도 혼란스럽고 위험한 변화의 시대가 도래했음을 우리에게 알려주지 않는다. 더욱이 정확히 그때를 안다는 것은 불가능하다. 그렇다고 그 시기를 알 때까지 기다릴 수도 없다. 안타깝게도 전략적 변곡점을 알 수 있는 다른 지름길은 없다. 자신을 스스로 훈련시켜 변화의 조짐을 알아차릴 수 있는 예민한 감각과 본능을 기르는 수밖에 없다. 다른 업종에서 추출된 다양한 사례를 파악하고, 그들은 어떻게 대응했는지를 아는 것은 큰 도움이 된다. 앤드류 그로브 인텔 회장은 "이것이 우리가 시작할 전쟁의 절반이라"며 이렇게 말했다.[1]

"우리는 다른 회사의 뼈아픈 경험을 통해 배움으로써 우리에게 막 영향을 끼칠 전략적 변곡점을 인지할 수 있는 능력을 증진시킬 수 있다."

어디에나 승자와 패자가 있다. 누가 성장하고 누가 쇠퇴하는가? 그 원인은 무엇인가? 빠르게 변화하는 경영환경에 대처하기 위해서는 본질을 꿰뚫어볼 수 있는 안목을 키워야 한다. 아인슈타인의 말처럼 "어떤 문제를 만들어낸 것과 동일한 의식으로는 그 문제를 해결할 수 없다. 세계를 새로이 보는 법을 배워야 한다."

세상을 새롭게 보려면 본질적인 생각을 많이 해야 한다. 누군가 아인슈타인에게 물었다. "세계를 구할 시간이 1시간 주어진다면 무엇을 하겠습니까?" "문제가 무엇인지 규명하는 데 55분을 쓰고 해결책을 찾는 데는 단 5분만 쓰겠소."

그렇다면 생각思이란 무엇일까? 머릿속에서 이것저것 온갖 잡동사니가 떠다니는 것은 생각이 아니라 잡념이다. 잡념은 흔들의자와 같다. 열심히 움직인 것 같지만 아무 데도 도달하지 못하고 제자리인 것처럼 어떤 하나의 목표를 향해 나아간다는 느낌이 오면 생각이요, 아무 목적 없이 빙글빙글 돌거나 멍하니 그냥 있는 것은 잡념이다. 지구촌에 혁신의 열풍을 불러일으킨 스티브 잡스가 선택한 애플의 슬로건은 달랑 두 단어다. "달리 생각하라Think different." 바로 다른 생각이다. 그는 의식적으로 기존문법을 거부하고 '새로운, 다른'의 의미가 훨씬 더 두드러지기를 원했기에 'differently'가 아닌 'different'를 선택했다. 다르게 생각하는 것으로 부족하기에 그걸 뛰어넘어 아예 '다른 것을 생각'해 새로운 가치를 만들어내자는 뜻으로 'different'를 사용한 것이다.

스티브 잡스는 세월이 흐른 후 광고 아이디어를 처음 접하던 그때를 회상하며 눈물을 글썽거렸다.[2]

"다른 광고 회사가 내놓은 아이디어보다 10배는 멋진 카피였다.

나는 가슴이 벅차오르고 지금도 그때를 생각하면 눈물이 나려 한다. (…중략…) 다른 것을 생각하라는 것이다. 'Think differently'로는 그 느낌을 전달할 수 없었다."

냉정한 능력과 뜨거운 열정의 생각

작가 이지성은 『생각하는 인문학』에서 서양문명의 토대인 소크라테스의 'Think'로부터 출발해서 데카르트의 코기토(Cogito, 철학적 생각)를 지나 빌 게이츠의 '생각주간Think Week'에 이르기까지 생각에 대한 역사를 심도 있게 펼치고 있다. 그는 'Think'의 그리스 어원이 '독사doxa'에 대해 다음과 같이 말한다.[3] "독사는 육체적으로 하는 잘못된 생각, 버려야 할 대상이고 노에시스는 영혼이 하는 진짜 생각으로 고대 그리스 철학자들이 추구했던 생각이다."

여기서 말하는 생각思은 '독사'가 아닌 '성과와 성장을 위한 본질적인 생각'이다. 생각 사思는 밭田과 마음心으로 나뉜다. 마음心이 밭田을 머리에 이고 있는 모습이다. 뜨거운 마음을 갖되 냉정하게 추진해 생산적인 결과에 집중하라는 것이다.

생각은 냉정함과 뜨거움이 조화를 이룬 결과다. 세상은 차가운 머리와 뜨거운 가슴을 가진 리더를 원한다. 물과 불처럼 서로 상충되지만 상황에 맞게 적절하게 사용할 수 있느냐가 관건이다. 생각이란 단어의 본질을 생각해보면 칼이 떠오른다. 세계 최고 수준으로 알려진 일본도는 무엇이든 단칼에 베는 날카로움과 부러지지 않는 내구성을 함께 갖고 있다. 최고급 주방 칼로 유명한 슌旬, 도쿠가와 가문에 일본도를 대대로 납품해온 장인들은 세계 최고의 칼을 만드는 비결이 "서로 다른 성격의 쇠를 두드려 합치는 데 있다"고 밝혔다. 단단한 철은 날카로워 잘 벨 수 있지만 쉽게 부러지고 부드러운 철은 금세 무뎌지지만 잘 부러지지 않는다. 강한 철과 부드러운 철을 얇게 두드려 합치는 과정을 수없이 반복하는데 "슌의 주방 칼은 무려 33번 겹쳐 파도 같은 무늬를 만들어낸다"고 한다.[4]

생각은 이처럼 냉정한 생산성과 뜨거운 열정이 합쳐져 이뤄진다. 사물과 현상을 새로운 눈으로 관찰하고 해석하는 힘, 남들이 던지지 않는 질문을 던지고 답을 모색하는 지적 모험, 인간과 세상의 복잡성을 이해하는 능력, 이것이 바로 생각의 힘이다. 리더다운 생각이란 무엇인가? 떠오르는 영화가 있다. 스필버그 감독의 영화 「링컨」이다. 이 영화는 링컨이 남북전쟁 중 선언한 노예제 폐지안(수정헌법)을 헌법에 반영하는 과정을 그리고 있다.

무대는 1865년 미 하원, 헌법 수정에 필요한 정족수 3분의 2에 20표가 부족했다. 여야대치는 격렬하고 여당 내부조차 강온파로 갈렸다. 더욱이 남북으로 쪼개진 채 이미 전사자는 남북을 합쳐 60만을 넘었다. 전쟁을 끝내라는 여론이 빗발치고 있었다. 노예제 폐지니 뭐니 다 집어치우고 이 참혹함부터 멈추라는 질타가 이어진 것이다. 북부에서조차 노예제 폐지에 대한 찬반 입장이 여러 갈래로 갈려 국가의 분열은 점점 커지는 상황이었다. 입장이 다른 집단들의 다양한 의견 때문에 꼬일 대로 꼬인 정국 속에서 링컨은 하나둘씩 실마리를 풀어나가야만 했다. 링컨은 토론하고 고민하고 또 깊이 생각에 잠겼다.

링컨의 생각으로 평화협상은 쉬운 길이다. 전쟁이 멈추면 국민들은 환호할 것이다. 그러나 얼마 지나지 않아 노예제 폐지에 대한 찬반으로 또다시 국가는 분열된다. 내부갈등이 전쟁 전의 상태인 원점으로 돌아와 노예해방 찬성파와 반대파는 평화협상을 아전인수식으로 해석하며 갈등은 재점화될 것이다. 언젠가 나라가 쪼개지든지 아니면 후손들은 남북전쟁을 다시 치러야 한다.

연방에 대한 링컨의 신념은 확고했다. 남군을 이기는 게 목적이 아니라 나라 전체를 하나로 묶어야 한다. 진정한 평화는 노예해방을 통한 완전한 남북의 재통합밖에 없다는 결론을 내린다. 그것은 남부의 항복과 헌법에 따른 노예제 폐지를 보장받는 길밖에 없었다. 링컨은 직접 나서기로 한다. 그는 냉정하다 못해 냉혹할 정도로 차가웠다. 가야 할 길이 분명했다. 하지만 그를 가로막는 현실의 벽은 너무나 높았다.

링컨은 여론에 밀려 어쩔 수 없이 평화회담을 위해 남부대표들과의 만남을 승낙한다. 하지만 링컨은 그들과 만나는 시간을 질질 끌면서 그 사이 반대파를 우체국장, 세무서장 등 일자리로 매수하거나 지역구의 민원을 해결해주는 '현실적이지만 더러운 방법'까지도 사용해 결국 2표 차 승리를 거두고 미국 역사의 위대한 드라마를 완성한다. 톱 리더가 고고한 척하지 않고 설득, 하소연, 매수, 강요, 속임수 등 손에 때를 꽤 묻히고 나서야 이룬 성과였다. 노예제를 금지한 헌법 조항 '제13조 헌법수정'은 다음과 같이 두 개의 문장이다. 이 두 문장에 의해 세계 최강대국의 대들보가 세워진다.

- 수정헌법 제13조 제1항: 미국 혹은 미국이 다스리는 모든 곳에서 노예제 혹은(적법한 절차에 의해 유죄가 확정된 범죄에 대한 형벌을 제외한) 강제노동은 존재할 수 없다.
- 수정헌법 제13조 제2항: 이를 실행하기 위한 관련 법률은 의회가 정한다.

노예해방 관련법안이 의회에 발목이 잡혔을 때 여야의원들을 발이 닳도록 찾아다니며 이해와 협조를 구하고, 반대편에 있는 이해집단을 찾아 헌신적이고 열정적으로 설득했다. 그런 그의 모습은 리더의 고단함과 위대함을 동시에 느끼게 한다. 그는 사려 깊게 생각하는 사람이었고 모든 견해를 비교해서 판단을 내린 후에는 아무리 반대의견이 거세더라도 자신의 미션과 더 높은 목표를 향해 기어를 올리는 대통령이었다.

조선의 임금이 정무를 보는 공식 공간은 '사정전思政殿'이다. '사정' 즉 '선정을 생각하라'는 뜻에서 붙인 이름이다. 톱 리더는 반드시 깊이 생각하고 세밀하게 살피지 않으면 바르게 판단할 수 없는바 공무를 볼 때 늘 생각하며 실행하라고 지어진 이름이다. 그만큼 리더에게 있어 생각은 그 쓰임이 끝이 없다. 모든 기를 모아 진짜 욕심 - 자기만을 생각하는 탐욕이 아닌 전체를 위한 큰 욕심 - 을 내고 키우라는 뜻이다.

생각의 힘을 키우기 전에
느낌의 힘을 강화하라

우선 리더의 '느낌'이 생각보다 앞서야 한다. 리더는 경영일선에서 발견되는 각종 문제점을 느끼고 반사적으로 대처하는 감의 지혜가 있어야 한다. 그런데 이는 수시로 변화하는 현장의 문제점을 해결하는 방법이 그만큼 다양하다는 것일 게다. 그리고 모든 상황에는 각기 거기에 맞는 적절한 대응방식이 있다는 사실을 깨달아야 한다. 이 세상에 똑같은 현장은 한 곳도 없다. 같은 설계, 같은 공정으로 동일한 상품을 만드는 공장이 여러 군데 있다 해도 똑같지 않다. 또 같은 현장이라도 오늘과 내일의 현장은 다르다. 따라서 생각하는 힘을 키우기 전에 '느낌의 힘'을 강화함으로써 다른 사람들이 간과하거나 미처 신경을 쓰지 않는 그 무언가를 생각으로 발전시켜야 한다. 경영은 이론이 아닌 실제이며 '감'이기에 그렇다.

느낌感의 중요성을 YG 대표 양현석은 이렇게 말한다. "제작자로서 가진 단 하나의 능력은 '감'이라고 생각한다. 논리적으로 설득해서 풀어내는 건 잘 못하지만 나는 대중의 한 사람으로서 '좋다 싫다'를 가린다. 예술적인 분야에선 그 '감'이 엄청난 힘을 발휘한다."

신인등용문인 'K 팝스타'에서 세 명의 심사위원(박진영, 유희열, 양현석)은 높은 안목과 전문성을 가지고 저마다 독특하게 심사평을 한다. 특히 양현석은 철저히 대중의 시각에서 심사평을 한다. 그의 머릿속에는 기준이 되는 어느 인물이 존재하는 것일까. 음악을 좋아하지만 화성법 등 전문용어를 줄줄 꿰면서 분석할 만큼 전문적이진 않고 그냥 좋은 음악 들으면 '좋다' 할 정도인 가상인물을 상정하고 있는 듯하다. 최고수준의 음악 기획사를 운영하는 그가 음악을 바라보는 눈은 상당한 수준임에도 불구하고 '대중의 한 사람으로서'의 자세를 갖는다는 것은 놀라운 일이다. 그는 전문가다운 식견을 드러내기보다는 이 부분에 머무르려 노력한다.

우리는 제품이나 서비스를 어떻게 만들지 고민할 때 자칫하면 '전문가 오류'에 빠지기 쉽다. 이를 자기 전공만 아는 '전문바보'라 한다. 이들은 이용자인 '대중'의 눈으로 바라보고 기획하는 것이 아니라 기술적으로 멋지게 만들고 싶어하는 유혹에 휩쓸린다. 양현석은 프로가 가진 기술 중심의 맹점, 예술성을 추구하다 대중성을 놓치는 과유불급을 경계한 것이다. 그의 감각적인 직관과 높은 안목이 전문성과 결합해 한국 팝 음악이 세계시장에서도 경쟁력을 갖게 하는 것임을 실감나게 한다.

어찌 예술 분야에서만 중요하랴. 프로 감독들 역시 경기의 냄새를 맡고 느낀다. 야구감독은 지휘관격인 포수를 선택할 때 기술이 뛰어난 선수보다 '센스'를 지닌 선수를 더 선호한다. 아마추어나 팬들은 송구, 블로킹, 타격 등 겉으로 나타나는 재능만 보지만, 감독이나 전문가들은 눈에 잘 띄지 않지만 경기를 지배하는 포수의 센스를 더 중요시한다. 타자가 헛스윙한 후 나오는 탄식이 아쉬움인지, 놀라움인지, 파울 타구의 방향에 따라 타자가 타이밍이 빠른지 느린지를 파악하는 그야말로 타자에게 청진기까지 댈 정도로 파악되면 승부는 더 쉬워진다. 그래서 포수의 이런 센스는 쉽게 가르칠 수 없는 영역으로 수많은 위기상황에서 타자와 정면승부를 하면서 조금씩 감과 실력이 늘어나는 것이다.

이어령 선생은 생각의 탄생을 다음과 같이 말한 바 있다.[5] "줄탁동시 – 생각은 알 속에서 자란다. 그러다가 어느 날 껍질을 깨고 나온다. 알 속에 갇힌 새끼가 그 연약한 부리로 껍질을 두드린다. 하지만 혼자의 힘만으로는 두꺼운 껍질을 깨고 나올 수 없다. 어미 새가 동시에 밖에서 쪼아준다. 새끼가 쪼는 '줄'과 어미가 쪼는 '탁'이 만나 이윽고 생각이, 생명이 병아리 소리를 내며 탄생한다. 삐악삐악, 작지만 우주의 생명이 태어나는 천둥번개의 소리다."

느낌의 탄생이 곧 생각이라면, 느낌은 하늘이 주는 목소리다. 먼저 몸으로 느끼는 게 중요하다. 줄 – 느낌의 감각, 탁 – 현장에서 무엇인가 발견하는 때 이 둘이 만나는 순간, 견고한 껍데기에 균열이 일어나며 깨달음의 모멘트가 생긴다. '아하' 갑자기 빛나는 생각의 별이 몇 개씩 생겨나는 순간이다. 감각과 검증의 조화, 뭔가 잘될 것 같다고 생각이 드는 순간 잠시 멈추고 체크해야 한다.

'내 생각대로 하면 잘 진행되어갈 것인가, 혹시 어려운 걸림돌들은 없는가.'

현장에는 많은 문제와 답들이 함께 존재한다. 세상은 소리치고 아우성치면서 돌아가고 있는데 아무리 고민해도 '탁' 하고 불이 켜지지 않는 답답함을 경험한 적이 있는가? 그럴수록 현장에 가서 보고 듣고 또 물어야 한다. 호기심으로 가득 채우고 말이다. 이것이 리더십의 출발점이다. 내 안에서 싹트는 호기심과 깨달음의 순간을 꿈꾸며, 당신에게서 싹트기 시작하는 느낌의 알을 소중히 간직하고 현장으로 떠나라.

선조는 원균이 이끄는 조선 수군이 칠천량해전에서 궤멸하자 다급해져 이순신 장군을 3도 수군통제사로 재임명하며 전선에 내보낸다. 선조는 조선 수군이 열악한 상황을 참작해 차라리 수군을 폐지하고 훗날을 도모하자며 육군에 합류하라고 명령을 내린다. 그러나 이순신은 이렇게 말한다.

"제가 직접 해안지방으로 가서 듣고 본 후에 방책을 정하겠습니다."

먼저 현장 파악이 우선이라는 것이다. 이순신은 현실 상황을 먼저 확인하는 게 급선무라 생각한 것이다. 당면한 문제는 무엇이고 어떤 전략이 필요할지, 전략과 해답을 찾는 과정은 문제가 있는 현장에서 시작되어야 한다. 현장에서 실마리를 찾는 게 순서다.

이순신은 현장을 중요하게 생각했던 리더였다. 1592년 임진년, 일본군이 쳐들어왔을 때 원균은 자기 담당의 배 중 '네 척만 남기고 전선 100여 척과 화포를 바닷속에 침몰시킨 후 육지로 후퇴했는데°', 그것은 당시 조선의 공식 지침이었다. 조선 수군은 실력이 약해 일본

수군의 상대조차 될 수 없다고 판단한 것이다. 배를 그냥 놔두면 적에게 이용만 당하니 성 밖을 태우는 청야처럼 배를 없애고 육지에서 싸우려고 했던 것이다. 더욱이 이순신이나 원균 모두 육군 출신이지 않는가. 그러나 이순신의 생각은 달랐다. '일본 배는 우리 배보다 약하고 대포도 없으니 우리 수군이 더 강하다'고 판단하고 해전을 벌였다. 이순신 이전에는 조선에서 그 누구도 그런 생각을 하지 못했다. 그 후로는 무능한 선조부터 신하들까지 누구나 조선 수군이 우세하다며 해전을 당연한 것으로 생각했다.

현장으로 향하라

당신은 현장에서 무엇을 보고 무엇을 듣고 무엇을 느꼈는가? 이 모든 것들을 종합해 의미 있는 메시지를 이끌어내야 한다. 이 단계에서는 구체적인 자료나 치밀한 논리는 필요하지 않다. 느끼는 것들이 어떤 실체적 명료함을 띠면 그때부터 분석에 들어가는 것이다. 논리는 이런 느낌을 구체적으로 검증해가는 것이다. 제한된 정보 속에서 전체를 보려는 노력, 하나를 보고 열을 아는 훈련을 해라. 이것을 컨설팅에서는 가설이라 한다. 이 가설은 어디까지나 가정이다. 틀릴 수도 있다. 다음의 셜록 홈즈 추리방법도 도움이 될 것이다. 셜록 홈스는 『녹주석 크로닛』 등에서 스스로 밝힌다. "불가능한 것들을 제외하고 남은 것은 뭐든, 아무리 사실 같지 않더라도 틀림없이 진실이다." 그의 원칙을 정리해보면 이렇다.

- 가설을 세운다.
- 드러난 증거에 따라 타당하지 않은 것들을 하나하나 지워간다. 그리고 진실에 이른다.

- 정해진 결론을 얻기 위해 증거를 모으는 것이 아니라 열린 마음 으로 선입견을 배제하고 모든 가능성을 고려한다.

홈스는 현장에 가서 아주 작은 단서도 놓치지 않고 포착한다. 평소에는 신경 쓰지 않았던 사소한 것이나 작은 변화에서 커다란 가치를 찾아낸다. 홈스는 이렇게 사소한 것 하나 놓치지 않는 관찰력으로 증거를 모으고 객관적으로 사고한 후 가장 중요하고 의미 있는 증거를 부각하는 것이다. 홈스처럼 느낌과 관찰의 힘을 키우려면 '1차 정보'를 철저하게 획득하고자 하는 노력이 중요하다. 1차 정보는 직접 현장을 찾아 자신의 눈으로 보고 자신의 귀로 듣고 자신의 몸으로 느낀 생생한 정보를 말한다. 흔히들 3현이라는 현장, 현물, 현실에서 직접 얻어지는 것들이다. 반면 2차, 3차 정보는 보고서, 인터넷, 정부간행물 등을 말한다.

그래서 현장에 가야 한다. 눈앞을 가리고 있는 가리개를 벗어던지고 소용돌이치는 현장에서 부닥치면서 신선한 느낌을 얻는 것이다. 현장으로 달려가 땀 흘려 직접 발로 뛰어 얻은 사실을 바탕으로 생각이 이뤄져야 한다. 2, 3차 정보는 어디까지나 보조적인 자료에 지나지 않는다. '땀 냄새나는 느낌'을 출발점으로 삼아 사실에 바탕을 둔 자신만의 생각으로 이어가야 한다. 의사결정의 토대가 되는 든든한 배경지식을 얻게 되는 것이다. 이런 당신에게 어떤 문제나 아이디어를 들고 온 구성원이 현장을 장황하게 설명할 필요가 있겠는가. 이미 흐르는 현장 속에 리더가 계속 있었기 때문에 아주 빠르게 결정할 수가 있다. 가공된 2차 정보나 남의 설명을 듣고 나서야 뒤늦게 깨닫는 유형이라면 리더로서 실격이다. 그것은 실제로 무슨 일이 벌어지고 있는지 모르는 채 의사결정을 내리는 것이다.

마키아벨리는 인간의 두뇌는 세 가지 종류가 있다며 외워두라고 강조했다.[7] 첫째 두뇌는 자기 힘으로 이해할 수 있는 것, 둘째 두뇌는 남이 이해한 것을 감별할 수 있는 것, 셋째 두뇌는 자기 힘으로 이해도 못 하고 남이 이해한 것을 감별도 못 하는 것.

첫째 두뇌가 가장 좋고, 둘째 것이 그 뒤에 오고, 세 번째 것은 무능의 '능能'자로 바꿔놓아도 무방할 것이다. 일급리더는 논리 이전에 동물적 감각과 직감으로 판단할 수 있는 지혜를 갖추고 있다. 그리고 자신의 관점을 바탕으로 의견을 제시한다.

'자기류'가 없는 사람은 결코 일류가 될 수 없다

자신의 감각이 없는 사람은 자신감을 가질 수 없고 제때 판단할 수 없다. 자신감은 자신의 감각이다. 그다음에 객관적인 자료와 치밀한 논리로 '나의 감각'을 검증해야 한다. '느낌의 힘'의 토대는 예리한 관찰이다. 현장을 직접 방문하는 것도 바로 관찰을 위해서다. 대부분의 사람은 보고 싶은 것만 보기에 눈에 들어오는 다양한 정보 중 상당 부분을 놓친다. 전략의 달인이라 불리는 사람들은 사실 '관찰의 달인'이기도 하다. 월드컵 4강 신화를 만든 히딩크의 뛰어남은 한국 축구의 본질을 간파한 관찰력이었다.

"한국축구의 장점은 양발을 다 사용하는 기술력이고 약점은 체력이다."

그는 남다른 관찰을 통해 한국의 모든 축구인들이 깨닫지 못한 사실에 착안해 발상을 키워나갔다. 히딩크 이전 '한국축구는 기술력은 부족하고 체력이 강하니 끝까지 깡으로 버텨야 한다'는 상식을 뒤집어버린 것이다. 눈 밝은 리더의 관찰을 통해 사소한 것이 중요해진다.

그런데 한 가지 노파심에 말한다. 직관이 떠올랐다고 곧바로 지시해서는 안 된다. 리더가 내린 하나의 단정적인 제시는 문제를 해결하는 게 아니라 여러 개의 잠정적인 문제를 검토도 못 해보고 날아가게 한다. 공자도 "길에서 듣고 곧바로 길에서 말하는 것은 덕을 버리는 것이다"고 하지 않던가. 직관은 답을 곧바로 제시하는 능력이 아니라 해법에 이르는 과정과 방법을 대번에 알아차리는 능력이다.

느끼고 생각하라. 현장에서 깨달은 것은 작은 씨앗에 불과하다. 그 작은 씨앗에서 하늘을 덮을 만큼 나무가 자라게 하려면 치밀한 준비가 필요하다. 느낌을 생각으로 전환하기 위해서는 스스로 질문을 던져야 한다.

'이것은 어떻게 된 것인가?'

이건희 회장은 영화 한 편도 다양한 각도에서 생각하면서 본다. 일반적으로 대부분은 주인공의 입장에서 본다. 그런데 그는 주인공 역할을 포함해서 자신을 스스로 조연이라 생각하면서 보고, 등장인물 속 모든 배역을 각자의 처지에서 보면서 많이 느끼고 경험하는 것이다. 여기에 덧붙여서 감독과 카메라맨의 입장까지 두루 생각해보면서 영화가 주는 또 다른 세계를 맛본다. 한 편의 영화를 여러 시선을 통해 봄으로써 그 속에 포함된 다양한 세계를 입체적으로 느끼는 것이다. 어떨 때는 한 편의 영화를 스무 번도 넘게 보았다고 하니 엄청난 집중력이 필요했을 것이다. 그러나 "그것이 습관화가 되니 입체적으로 보고 입체적으로 생각하는 사고의 틀이 만들어졌다"고 고백했다. 그만의 시각과 통찰력을 갖게 된 것은 다양한 입장에서 생각하고 훈련한 결과에서 비롯된 것이다. 그는 눈에 보이는 것보다 그 이면에 숨겨진 원리를 찾는 데 열정을 가진 경영자다.

"나는 사물의 본질은 그것에 대해 최대한 다각도로 접근할 때 가장 분명하게 드러날 수 있다고 생각한다. 그것의 변화 가능성, 전체적인 문맥에서 갖는 의미 등을 여러 각도에서 생각하는 것이다. 물론 이것이 본질에 이르는 유일한 방법은 아니겠지만 적어도 유력한 방법은 된다고 믿는다. 나는 이와 같은 다각적 사고를 공간적 사고 또는 입체적 사고라 부른다. 입체적 사고의 훈련은 거의 초인적인 노력을 요구하는 과정이지만 나는 이 같은 노력을 모든 경영자에게 요구한다."

생각이라는 숙성의 과정을 거치지 않는다면 리더의 전략계좌 잔고는 항상 바닥 수준이기 십상이다. 두 가지 원칙만 지켜라. 하나는 '시선은 늘 미래에 발은 땅에' 그리고 또 하나는 '큰 문제에 대해선 깊이 생각하라. 그만큼 시간을 충분히 확보해야 한다'는 것.

생각의 불꽃은 지속적이고 반복적으로 배양해야 하는 불꽃이다.

이제 2단계. 생각을 전략화하는 과정이다. 리더의 지력이란 공부하고 지식을 저장하는 것이 아니다. 공부야 혼자 해도 되지만 실행이 되려면 반드시 언어의 과정을 거쳐야 내 생각을 전할 수가 있다. 시오노 나나미는 많은 학문을 연마한 인텔리인 브루투스(카이사르를 암살한 사람)의 지적능력을 30점이라고 평하면서 다음과 같이 말한다. "리더의 자질인 '지적능력'은 학문을 통해 얻어진 '지식'과 전혀 별개다." 그리고 덧붙인다. "지적능력이란 여러 가지지만 지도자에게 요구되는 지적능력은 현상을 정확히 파악한 다음의 문제해결능력이라고 할 수 있다. 선견지명도 거기에 포함된다."[8]

그래서 맥킨지에서는 '하늘, 비, 우산'이라는 사고법을 철저히 가르친다.[9]

- 하늘 → 사실: 현상은 어떻게 되어가는가?
- 비 → 해석: 그 현상이 의미하는 것은 무엇인가?
- 우산 → 조치: 그 의미로부터 무엇을 할 것인가?

　이처럼 현상, 의미, 타개를 기초로 생각한다. 느낌은 생각의 원형으로 밀가루 반죽처럼 형태가 없다. '느끼는 것'은 참으로 소중하나 이것만으로는 상대방을 움직일 만큼의 설득력은 없다. 그래서 느낌에서 생각으로 더 깊이 들어가야 한다. 그것은 머릿속에 가둬두지 않고 언어, 모형, 입체화 등으로 가시화하는 것이다. 그래서 스위스의 심리학자 피아제 교수는 생각의 본질을 '표상(表象, representation)'이라고 정의했던 것이다. 표상은 '보여주다'라는 의미의 프레젠테이션presentation에 반복을 뜻하는 're-'가 붙은 것으로 '다시 보여주다'라는 뜻이다.

　미켈란젤로가 말하는 "형상은 돌 속에 있다. 나는 단지 불필요한 것을 깎아냈을 뿐"이라는 말처럼 머릿속에 있는 느낌을 언어, 비유, 패턴 등을 통해 내 눈앞에 보이는 형태로 만듦으로써 느낌의 정체가 탄생하는 것이다.

남보다 두세 배 더 생각하라
　머릿속에 있는 것을 다시 떠올려 그 형태를 설명하고 주요 구성원들에게 깊게 물어보는 과정, 이는 숨 고르기에 해당한다. 구성원들이 다시 생각하도록 인사이트를 주고 생각하도록 만들어주는 것이다. 그 생각들은 최초의 생각에서 더해지고 빼지면서 골격화된다. 이는 집사集思의 과정이고 요즈음 말로 집단지능화라는 것이다. 타인의 생각과 의견을 구하는 집사의 과정 없이 내 생각만으로 독지獨

智를 곧바로 전략화해 실행하면 반드시 문제가 발생하고 곧 실패로 이어지기 쉽다.

모든 전략에 대해 집사할 필요는 없지만 주요 사항에 대해서는 지혜를 모으는 과정이 필요하다. 이는 논의와 토론을 통해 내용이 깊어지고 추진할 때 힘을 받기 때문이다. 잘못된 것이라면 논의과정에서 걸러진다. 전략수립을 할 때 강압은 위험하다. 의견을 수렴하는 방식으로 가야 한다. 거듭된 집사를 통해 결론을 얻어 방침을 굳힐 수 있다. 집사를 안 하고 독단적으로 결정하면 자신도 모르는 곳에서 암초를 만날 수 있다.

남보다 더 깊게 더 멀리 보기 위해서는 남보다 두세 배 생각하는 리더가 되어야 한다. 그러면 평소 생각지도 못했던 발상의 스위치가 켜질 것이다. 다카와라 게이치로는 이렇게 말했다. "아이디어는 하늘에서 쏟아지는 소나기 같은 것이 아니다. 하늘의 계시와 같이 어느 날 갑자기 번뜩하고 떠오르는 것도 아니다. 그것은 끊임없이 문제의식을 느끼고 좋은 해결책을 찾아 다른 사람의 두 배, 세 배 생각하는 사람에게 주어지는 것이다."

초지일관 다음의 것들을 바라보려고 노력하는 것이 결국에는 자신과 조직에 가장 큰 결실로 되돌아올 것이다.

- 누구에게나 보이는 것을 다르게 보기
- 잘 본다고 생각하고 있었으나 자세히 모르고 흐릿한 것을 제대로 보기
- 눈에 보이지 않는 것을 보기

환경변화를 읽어라
Situation

과거는 낯선 나라다: 그곳에서는 다른 방식으로 일한다

지금 이 순간에도 많은 조직이 흥망성쇠를 거듭하고 있다. 그 이유는 무엇일까? 그것은 바로 환경변화를 읽지 못하고 지금까지 해오던 방식을 고집했기 때문이다. 환경변화를 읽지 못하면, 그 앞에 기다리고 있는 것은 도태뿐이다. 그래서 A요소에서 '전략적 민첩성 strategic Agility'을 강조하며 가장 먼저 환경변화를 읽고 민첩하게 행동하라고 하는 것이다. 그것은 마치 시시각각 변하는 환경에 맞추어 자전거 핸들을 조정하며 계속해 페달을 밟아야 하는 것과 같다. 우리 앞에 놓여 있는 환경은 가쁜 숨을 몰아쉬며 오르는 울퉁불퉁한 오르막길이다. 지금까지의 성취도 가파른 오르막길에서 넓적다리와 장딴지의 굵은 핏줄이 바퀴 속으로 들어갈 정도로 시린 세월을 온몸으로 견디며 올라온 것이다.

잠시만 손을 놓기만 하면 그동안의 성취는 내리막길로 데굴데굴 굴러 내려간다. 전진은 어렵고 후퇴는 아주 쉽다. 리더는 어려운 일이 닥쳐 잠시 주춤하더라도 곧바로 다시 페달을 밟으며 올라야 한다. 도저히 올라가기 어려운 오르막길을 만나 쓰러질 것 같은 상황이라 하더라도 멈추어 설 수가 없다. 이것이 리더의 운명이고. 리더의 길은 이런 과정의 연속이다.

자전거 앞바퀴에 해당하는 전략적 민첩성은 환경변화(Situation, S1 요소)와 리더십 스타일(Style, S2요소) 그리고 전략(Strategic Agility, S3요소)의 3S를 포함한다. 앞바퀴를 자세히 보면 나침반 모양이다. 나침반의 바늘은 북극을 가리킬 때까지 계속 흔들린다. 나침반의 자침도 흔들려야 제 기능을 발휘하는 것처럼 그런 흔들림이 우리 자신을 돌아보고 우리를 중심에서 벗어나지 않게 하는 것이다.

전략적 민첩성(A)은 나무의 뿌리에 비유할 수 있다. 나무도 생존을 위해 공기와 소통하는 잔뿌리는 대부분 지표 토양인 현장 가까이에 있다. 전 수목원장 신준환은 이러한 진실을 『다시, 나무를 보다』라는 책에서 멋지게 표현하고 있는데 요약해보면 이렇다.[10]

- 나무의 지상부Top와 지하부Root 비율, 즉 TR율은 묘목의 품질 등급을 정할 때 가장 중요한 요인이다. 뿌리가 약한데 가지가 무성하면 나무가 말라 죽어나 쓰러지기 때문이다.
- 나무뿌리는 세상과 소통하기 위해 수직과 수평 방향으로 넓게 퍼지지만, 세상과 대화를 하는 잔뿌리는 주로 지표 토양에 집중되어 있다. 참나무와 소나무 숲의 경우 잔뿌리의 90퍼센트가 지표면에서 12센티미터 이내에 있다고 한다.

나무 역시 그 자체보다는 주변 맥락에 따라 의미와 결과가 달라진다. 숲의 일원이 되면 자기 고유성마저 달라진다. 그래서 우산처럼 자라는 느티나무도 숲에서는 제 본성을 고집하지 않고 곧추 자란다.

생명체의 원리가 그렇듯 나무나 경영환경이나 생존과 성장은 외부로부터 자극에 대한 반응의 결과로, 외부환경과의 긴밀한 관계가 필수적이다. 따라서 전략적 민첩성을 달성하기 위해서는 다음 3단계를 잘 밟아나가야 한다.

1단계: 환경 변화를 예민하게 읽고 → Situation(S1)
2단계: 이 시대는 리더에게 어떤 리더십스타일을 요구하는지 분명히 안 다음, 구성원들과 함께 한 단계 발전, 변화하고 → Style(S2)
3단계: 많은 이들의 의견을 듣고, 깊이 생각해 조직의 방향성을 민첩하게 결정한다. → Strategy(S3)

무엇보다 환경변화를 제대로 읽지 못하면, 누구도 살아남지 못하는 그런 시대를 우리는 지금 살고 있다. 규모의 대소를 떠나 앞으로 다가오는 시대를 읽어내지 못하면 공룡처럼 생존의 무대 위에서 퇴장당할 수밖에 없다. 이것은 효율성과 유효성의 문제다.

효율성이 아닌 유효성을 따져라

휴대폰을 예로 살펴보자. A는 휴대폰을 생산한다. A는 생산방식이나 경영에서 더 이상 말이 필요 없을 정도로 최고의 '효율성'을 달성했다. 그런데 갑작스레 환경이 바뀌고 스마트폰이 새롭게 등장한다. 그럼에도 A는 과거와 똑같이 휴대폰의 품질개선에 신경 쓴다면, 결국 A는 시장에서 외면을 받고 바람과 같이 역사의 뒤편으로 사라져갈 것이다. 열심히 일하고 아무리 좋은 제품을 만든다 하더라도 그것이 휴대폰에 머물러 있다면 시장에서 아무런 가치를 만들어내지 못하게 된다. 혁신이 아닌 기술개선 정도로는 떠나가는 소비자들의 마음을 잡을 수 없다.

휴대폰을 잘 만드는 것은 효율성의 문제지만 그것이 변화된 상황에 맞느냐 맞지 않느냐는 유효성의 문제다. 아무리 효율성이 높은 제품을 만들어도 '유효성'이 없다면 그 가치를 잃고 만다. 따라서 환경을 읽는 방법은 효율성을 보는 것이 아니라 유효성을 따져보는 일이다.

지금 내가 속한 비즈니스의 업은 어느 계절인가? 오는 계절을 미리 알고 준비하지 못한 채 무조건 내 스타일과 조직의 관성만 믿고 덤벼드는 것은 어리석다. 이미 일류 기업이 구사하는 방법은 어느 정도 알려졌고 비슷하게 따라할 수 있다. 흉내 내지 못할 것은 거의 없다고 해도 과언이 아니다. 그럼에도 불구하고 대부분은 일류의 벽을 넘지 못한 채 그 차이만 점점 뚜렷해지고 있다. 왜 그럴까? 그것은 세상과 환경을 읽는 눈이 부족하기에 나타난 결과다. 비슷한 듯해도 그 본질을 모르고 임하니 결과가 달라지는 것이다.

전혀 예상치 못한 스마트폰의 출현은 차량용 네비, MP3 플레이어, 카메라를 초토화시켜버렸다. 애당초 '아무리 똑똑해도 전화기' 일 뿐이라고 생각했는데 그 전화기에 업 전체가 초토화된 곳이 한두 곳이 아니다. 애당초 경쟁자로 생각하지 못한 방심과 자만 탓이던가. 이것도 배부른 소리다. 아예 충격적인 몰락으로 업을 접어야 했으니. 이제는 내게 속한 업뿐만 아니라 잠재적 경쟁자까지 조기에 파악해야만 한다. 그들을 이용하거나 다른 대안을 찾는 것은 그다음 일이다. 외부환경은 대폭발로 완전히 뒤집어지고 있는데 아직도 옛 시절의 감상에 젖어 있어서는 미래가 없다.

"과거는 낯선 나라다: 그곳에서는 다른 방식으로 일한다The past is

a foreign country: they do things differently there"라는 철학자 하틀리의 말처럼 과거를 화석화해 보지 말라는 경구를 담은 이 문장은 '과거에 대한 가장 설득력 있는 정의의 하나'라는 평가를 받고 있다. 과거를 현재와 유사하다는 가정 아래 바라보는 편견에서 벗어나 과정과 배경이 아주 다르다는 것을 이해해야 한다.

경영은 바둑처럼 전체가 부분을 결정한다

경영사상가인 맥그래스 교수는 오늘날 기업이 택해야 할 전략에 대해 이렇게 말한다.[11]

"과거 경영의 게임방식은 적과 아군이 명확하고 왕을 잡기만 하면 게임이 끝나는 체스 같은 것이다. 하지만 지금은 게임규칙이 그렇게 간단하지 않다. 오늘날의 게임방식은 좀 더 많은 영역에 진출해서 더 많은 집을 짓는 쪽이 이기는 바둑과 비슷하다. 이런 게임의 세계에선 과거의 경쟁우위 전략으로 승리할 수 없다. 시대와 사회의 변화에 따라 경쟁우위를 바꿔가면서 한 영역에서 다른 영역으로 자연스럽게 리듬을 타며 옮겨 가야 한다. 그런 기업만이 오늘날 게임에서 승자가 될 수 있다."

체스가 왕을 잡는 결정적인 전투게임이라면 바둑은 쉽사리 끝나지 않는 작전게임이다. 체스는 상대를 없애면 된다. 하지만 바둑은 돌을 많이 잃어도 게임은 계속되니 자기 세력을 키워야 한다. 결과와 관계없이 상대방 돌을 잡는 데 열을 올리는 것은 대개가 하수들이다. 바둑에서 상대방의 모든 돌을 다 없애겠다는 생각은 결국 자신을 죽이는 패착이 된다. 어쩔 수 없으면 모를까 내 집(세력)을 지키고 키우는 '나의 성장'을 더 중요하게 여겨야 한다. 따라서 모든 일에 즉각 반응하지 말고 거리를 둔 다음, 무엇을 먼저 해야 할지 우선순위를 결정해야 한다. 전투를 벌이는 이곳만이 아니라 미래에 벌어질 저곳도 생각하는 지혜가 있어야 한다. 한쪽 모서리 끝에 있는 돌이 움직이면 마치 파문이 일듯이 정반대 편에 있는 돌도 영향을 받는다. 하수는 눈앞의 한두 수에 매달리지만 고수는 국면 전체의 흐름을 읽는다. 지금 내가 어떤 수를 두면 상대는 어떤 대응을 할까. 상대의 수를 예측하고 내가 어떻게 해야 할지 미리 결정해야 전체 판을 볼 수 있다.

바둑판에서 선택은 언제나 어렵다. 갈림길에 서 있는 현재 상황, 침투한 적을 섬멸할 것인가. 아니면 영토확장에 주력할 것인가. 내가 나가야 할 길을 서너 가지 잡아서 가장 유리하다고 판단되는 길을 잘 선택해야 한다. 지킬 것은 지키면서 후퇴할 곳에서는 먼 훗날을 기약하며 쓰라리더라도 후퇴해야 한다. 그래서 바둑은 계산과 전투를 안배하며 '가치가 큰 곳'과 '급한 곳'을 골라내어 응대해야 하는 고차원 게임이다. 내가 가장 가치가 크다고 생각하는 곳에 착수했으면 그다음 가치가 큰 곳은 상대방 몫이다. 한 수의 가치를 가능한 계량화해 아주 중요한 요처를 위해 중요한 곳을 포기한다는 뜻이다.

이런 점에서 바둑은 경영과 거의 비슷하다. "전략이란 선택과 포기에 관한 것이다. 전략은 전쟁에서 이기는 것이고 전술은 전투에서 이기는 것이다"라는 정의를 마음에 새겨야 한다. 중요한 전투에서 이겼다고 기분에 치우쳐 전체 판을 망치는 경우가 허다하다. 이를 승자의 저주라 한다. 리더는 전투의 결과가 전체에 미치는 형세판단을 냉정히 다시 해보고 다음 수를 준비해야 한다. 바둑이 놀라운 점은 집을 차지하기 위한 영토 싸움임에도 불구하고 바둑돌 하나(병졸 한 명)가 한 집과 동일한 가치를 지니고 있어 병졸들 목숨 하나하나를 소중히 여기고 있다는 점이다. 이 절묘한 규칙, 회사도 국가도 영토와 사람이 두 축이란 점을 보면 바둑게임의 이치는 놀라울 정도로 지혜롭다. 따라서 승리에 이르기 위해서는 무작정 울타리만 치고 있어도 안 되고 내 병사들을 많이 잃어도 안 된다.

중요한 것은 형세판단. 이것이 절정고수와 일반고수를 가른다. 눈에 보이는 형形, 그 속에 숨어 보이지 않는 세勢, 손자가 이것에 대해서만 논한 것이 그의 병법 「형세편」일 정도이고 입신의 경지에 오른 초일류 바둑기사도 가장 어려워하는 게 형세판단이라고 한다. 지금이 상황에서 누가 유리한가? 왜 유리한 것인가? 변화의 가능성은 없는가? 그런데 이것만으로는 부족하다. 더 많은 수가 진행된 이후의 대세도 예측할 수 있어야 한다. 다시 말해 현재와 미래의 대세관, 이것이 형세판단이다. 깊이와 높은 표현력을 갖춘 문용직 기사는 이렇게 말했다.

"집을 헤아리는 것이 아니다. 관상觀相하는 힘이 형세판단이다."

관상하는 힘이란 이 상황에서 이렇게 두면 이쪽은 이리저리 변할 것이고 저쪽은 이리저리 결정될 것이라고 판단할 수 있는 것을 의미한다. 하지만 혼란스러운 상황과 급변하는 형세 속에서 윤곽을 그리고 그것의 유불리를 파악한다는 게 얼마나 어려운 일인가.

형세판단은 리더의 마음가짐과 생각에 달려 있다. 담백하게 현상을 바라보고 중심과 원칙을 갖고, 가치가 큰 곳에 집중할 수 있는 안목을 갖고 있느냐가 중요하다. 바둑계의 전설 오청원 선생은 이렇게 말했다. "거울의 표면이 아니라 안쪽을 닦아라." 바둑은 기술의 문제가 아니라 마음의 문제임을 간파한 것이다. 판단력은 섬세한 도구라서 평온함 속에서 가장 잘 발휘된다는 가르침. 한판의 바둑을 만드는 데 그 얼마나 많은 생각이 떠올랐다 사라지는가. 자만하면 방심하게 되고 방심하면 오만한 수가 나온다.

상대가 순순히 내 주문대로 응하는 일은 드물다. 고수는 상대에게 끌려다니지 않는다. 쌍방 간에 보이지 않는 급소를 찾아내면 고수다. 한 수를 잘못 놓아 대마가 잡히고 나서 한 수만 물러달라고 떼쓰는 것은 나 같은 하수나 하는 행동이다. 상대방의 손을 따라 바쁘게 이리저리 대응하며 급한 불을 껐지만 나중에 보면 손실이 더 컸음을 확인하게 되는 순간, 후회막급. 누군가 내 뒤통수를 강하게 치는 듯한 느낌이다. 쉽게 말해 생각과 손 사이의 거리를 유지하는 데 실패하면 승리와는 거리가 멀어진다. 손이 빨라지면 생각을 관장하는 뇌 역시 신중하게 결정을 내릴 충분한 시간을 확보하지 못한다. 손에도 제한속도가 있으면 좋으련만, 손으로 말미암은 과속과 충돌 사고는 우선 생각하기도 전에 손이 나가기 때문에 발생하는 일이다. 그런 하수상태를 벗어나려면 다음을 기억하라.

- 상대가 돌을 놓자마자 생각도 하지 않고 즉흥적으로 손을 따라 두지 않는다. 솔직히 두고 싶어 손이 근질거리는 곳은 뜻밖에 가치가 적을 수도 있다. 반드시 상대의 의도를 먼저 파악한다.
- 돌을 놓기 전에 전체적인 조망을 그려본다.
- 다음 수가 현재 이 부분에 미치는 영향과 전체 국면에 초래하는 영향을 생각한다. 그래도 의심스러우면 멈춰라. 다시 이 패턴을 사용하라.

리더들 역시 '손을 따라 두기 쉬운' 게 경영이다. 사고가 발생할 때 그 수습과정은 우왕좌왕의 연속이다. 대책을 세운다고 워크숍을 하고 요란을 떨어도 조급증에 의한 부분적인 대책밖에 수립하지 못한다. 이를 졸속拙速이라 한다. 졸拙은 손手을 툭 내어놓는出 것이다. 치밀한 계획 없이 무작정 손부터 댄다는 뜻이다. 졸속은 '서투른데 빠르다'는 의미다. 일을 지나치게 일찍 서둘러서 손부터 대고 본다는 것이다. 반대로 일류 리더는 구상을 끝난 뒤 일에 착수한다.

사실상 현실에는 졸속형 리더가 훨씬 더 많다. 호미로 막아도 충분한 일을 가래로도 막기 어려운 일로 키우기도 한다. 경영을 손 따라 바둑 두듯 운영하면 조직은 작은 충격과 위기에도 복원력을 잃고 심하게 흔들리게 된다. 전체 상황을 조망하면서 사태의 전개과정을 내다보지 못한 채 흡사 무엇에 쫓기듯 즉흥적인 조치와 대책에 급급하다 보면 내부에서조차 불신을 사게 되고 성과는 더더욱 기대할 수 없게 된다.

이와 같이 바둑과 경영은 많이 닮았다. 거대한 성채가 봄눈 녹듯 붕괴하는 장면을 바둑에서는 자주 접하게 되는데 적의 특공대나 테러에 심장부가 털리는 경우는 거의 없다. 적과의 접경지역에 남겨져 있던 자신의 약한 돌들이 대부분 붕괴의 원인을 제공한다. 나의 아픈 곳을 찌르며 야금야금 잠식하더니 어느새 철옹성 같은 내 집을 무너뜨린다. 왜 방비를 못했을까? 최선을 다해 수비해도 경쟁자는 한발 앞서서 공격하기 때문이다. 잘나가던 기업의 방심이나 예상치 못한 복병의 출현에 의한 쇠락 등 거대한 성채가 녹아내리는 현상은 현대사회 기업의 모습 그것이다.

경영은 바둑처럼 전체가 부분을 결정하는 게임이다. 전략과 방향이 옳다면 맘대로 해도 될 것 같지만 성장과 효율을 전제한다면 범위는 몇 개 안 된다. 무한 자유이되 자유가 아니다. 바로 이 작고 미묘함이 일류와 이류의 차이를 극명하게 한다. 대부분 방향은 찾아간다. 그러나 일류는 거기서 한 걸음 더 나아간다. 그 방향 너머까지(프로에서도 일류와 보통이 이 길에서 갈린다. 아마추어는 그 너머까지 보려고도 안 한다). 바둑은 포석과 정석의 합이 아니고 포석과 정석을 아우르는 융합의 미학이다. 포석, 사활, 맥점은 외우고 배운다고 해서 해결될 수 있는 영역이 아닌 창조의 영역이다. 검은 미지의 영역. 그곳을 더듬어 최선의 것을 찾아내는 재능이 곧 리더의 재능이다. 이것은 노력만으로 불가능한 재능이고 정복되지 않는 일류의 조건이다.

기계적인 정형화된 전략으로는 더더욱 성공할 수 없다. 정석이나 보편적인 원리는 변하지 않지만 상황에 따라 다르게 적용해야 한다. 저명한 미래학자 대니얼 핑크가 한 말이다.

"10년 전 세계와 지금은 완전히 다르다. 10년 뒤 무엇이 되겠다는 식으로 계획을 세우는 것은 난센스며 쓰레기 같은 일이다. 그대로 될 리 없다. 세상은 복잡하고 너무 빨리 변한다."

현실을 잘 반영한 말이다.

변화의 태풍 속으로 들어가라

"영원한 건 절대 없어, 결국엔 넌 변했지. 이유도 없어 진심이 없어~"

스피커에서 지드래곤이 부른 '삐딱하게'가 흘러나온다. 사랑이야기인데 내 귀에는 '고객과 시장은 영원한 게 절대 없어'라고 들린다.

고객은 변한다. 아니 계속해서 진화하고 있다. 상품도 서비스도 고객의 요구에 따라 변화하는 것은 이제 당연한 시대적 흐름이다. 특별함이나 차별화가 있어야 고객의 마음을 움직일 수 있다. 그러기 위해서는 느낌이 살아 숨 쉬는 상품으로 고객과 상품의 관계 형성을 만족시켜야 한다. 그런데 고객의 취향도 제각각인데다 까다롭다. 고객의 입맛을 충족시켜 특별한 감정을 느끼게 하는 것은 그야말로 하늘의 별 따기다. 어디로 가야 하는가.

2011년 3월 11일 일본 동해안을 강타한 강력한 지진해일과 이어진 쓰나미 때문에 많은 희생자가 발생했을 뿐만 아니라 후쿠시마 원자로의 수소폭발로 이어져 지금까지 고통을 주고 있다. 그런데 놀랍게도 이튿날 먼바다로 떠밀려 갔던 배가 미야기 현에서 발견되었는데 81명 모두 구조되었다. 이를 토대로 지인으로부터 실화인지 우화인지 모를 이야기 하나를 귀동냥했다. 과학적인 근거가 있는데다 선택의 중요성이 선명하게 그려져 있는 이야기였다. 일전에 대학생들에게 강의할 때도 이 사례를 인용했다.

2011년 3월 11일 거대한 쓰나미가 몰려올 때 조업하던 두 배. 한 배는 급히 항구 방향으로 돌려 힘차게 도망쳤고 한 배는 쓰나미가 몰려오는 방향으로 키를 돌려 전진했다.

'과연 이 두 배 중 어느 배가 안전했을까?'

답은 반반으로 나뉘었다. 답은 '항구 방향으로 몰았던 배는 침몰했고 먼 바다로 나간 배는 무사했다'였다. 수심이 낮아질수록 파도가 높아진 탓이다. 역사적으로 보면 항상 위기의 한가운데에 선택의 길이 있다. 본질을 외면하고 미봉책이나 술수로 대처하면 더 큰 위기가 온다. 문제로부터 도망치면 도망칠수록, 문제는 더 커져 대형 위기를 맞고 결국 불운의 자장이 깊어지면서 나를 침몰시키기까지

한다. 반면 결연한 각오로 문제의 중심, 근원으로 가면 고통스러울지 모르나 생명을 지켜낼 수 있다.

'변화의 태풍 속으로 들어가라.'

눈에 보이는 것만을 보고 보이지 않는 것을 무시하게 되면 치명적인 결과가 발생한다. 보이지 않는 것을 보도록 노력해야 한다. 리더는 상황을 정면으로 마주해야 한다. 디지털카메라라는 쓰나미가 몰려올 때 코닥과 후지의 선택, 그리고 스마트폰의 지진해일이 달려올 때 노키아와 삼성의 서로 다른 선택은 운명을 갈랐다. 비즈니스의 세계는 비정하다. 그동안 축적된 역량과 평판이 있으니 또 기회가 있을 것으로 생각하면 오산이다. 코닥과 노키아는 그 한 번의 쓰나미로 돌이킬 수 없는 상처를 받았고 쇠락의 길로 접어들었다.

결국 변하지 않으면 죽는다는 얘기다. 익숙하면서도 절실한 이 말은 기업들이 때만 되면 내뱉는 단골대사다. 하지만 위기를 기회 삼아 새롭게 도약하자는 기업들의 열망은 매번 좌절된다. 왜 그럴까? 익숙한 성공법칙으로 시작해 익숙한 그 방법으로 끝나는 폐쇄회로에 갇혀 아무리 노력해도 그 안을 맴돌기 때문이다. 마치 하나의 뫼비우스 띠처럼. 그들 대부분은 조직의 자원, 비용, 에너지를 소모하면서 오랜 시간에 걸쳐 실패했다. '기업이란 환경에 적응하는 업'이라는 말이 있듯이 궁지에 몰릴 때 웅크려 있거나 도망치지 말고 돌아서 맞서야 한다.

안전지대 밖으로 과감히 나아가라

고객의 요구가 점점 까다로워질수록 기업에서 새로운 제품을 개발하는 난이도는 점점 높아지고 있다. 경영생태계와 제품변화의 속도는 빨라지고 경쟁은 치열해지고 있다. 또한 너무 빠른 기술 변화 때문에 새로운 제품에서 누릴 수 있는 기간은 짧아져 곧바로 '레드 오션'으로 바뀌고 있다. 시시각각 변화하는 불확실성의 변수에 대비하지 못해 한때 대표주자였던 기업들이 모래성처럼 무너졌다. 김성근 삼성경제 수석연구원은 "평균기온 1~2도의 변화로 자연생태계가 급변하듯 1~2퍼센트 저성장으로 기업과 산업생태계의 격변이 불가피하다"며 "지금까지의 성장복원에 대한 막연한 기대를 버리고 새로운 경제질서를 받아들이고 기업경영환경에 대한 근본적인 변화를 꾀할 필요가 있다"고 역설했다.

어느 조직이나 그들에게 성공을 안겨준 방법으로는 지속적인 성장이 어렵다. 외부환경이 급격하게 변화하면 과거에 통했던 성공법칙이나 규칙들이 한순간에 무용지식이 된다. 위대했던 기업들의 위기는 환경변화를 읽지 못한 데서 왔다. 위기극복 역시 고객과 시장의 변화를 읽어낸 결과다. 급격한 환경변화는 각 기업의 본업이 소멸될 위기에 처하게 될 수도 있음을 예고하고 있다.

영국의 최고급스피커 회사인 바우어스&윌킨스의 위기 역시 아이팟과 아이폰으로 음악을 다운받는 습관의 변화라는 거대한 쓰나미가 몰려왔을 때 찾아왔다. 대부분의 고급 스피커 회사들은 이러한 현상을 일시적인 것으로 판단했다. "이 변화는 오래가지 못한다." "근사한 디자인과 탁월한 음질로 듣는 고급 층은 아이폰 같은 저질 매체로 음악을 듣지 않을 것이다." 변화의 필요성을 절감하지 못하고 현 상태를 유지하려는 관성이 커진 것이다. 하지만 바우어스는 이 현상을 일시적으로 보지 않고 자신의 업에 대해 다시 물었다.

"우리 업의 본질은 무엇인가? 최고급 대형 스피커를 만드는 것인가?" 결론은 아니었다. "우리는 고객이 더 좋은 음악을 들을 수 있는 매개체를 만드는 전달자"였다.

바우어스는 오디오 시장을 송두리째 뒤흔드는 호랑이 애플의 등위에 올라타기로 결정을 내렸다. 변화의 태풍 속으로 들어간 것이다. 그들은 결단하는 데 시간을 많이 소모하지 않았다. 아예 아이폰과 아이팟용 스피커를 만들었는데 아이폰을 거치대에 끼우기만 하면 음악이 나오는 간단한 제품이었다. 이 제품이 50만 대 이상 팔려나가면서 제2의 도약을 만들어냈다.

생각해보면 최근 10여 년은 격변의 시대였다. 앞으로 변화의 속도는 더 빨라질 것이다. 결국 발효리더의 첫째 임무는 '이대로는 안 된다'는 위기감을 불어넣어 현 상태를 유지하려는 관성을 깨트리는 것이다. 그것만이 조직과 구성원의 미래를 보장하는 유일한 출발점이 되기 때문이다. 남들이 다 가는 길, 남들이 다 자리 잡은 길을 가서는 안 된다. 안전지대 밖으로 과감히 나갈 수 있어야 한다.

'변화의 바람이 거세다. 당신은 지금 변화의 중심을 향해 나아가고 있는가?'

혁신은 끝없는 나그네 길이다

"인류의 역사는 인간이 가진 비전의 역사다"라는 말처럼 성공한 나라와 조직에는 비전을 갖고 실천한 리더가 있다. 비전은 자신이 누구이고, 어디로 가고 있으며, 무엇이 그 여정을 인도할지 아는 것이라고 경영컨설턴트인 켄 블랜차드는 정의했다. 비전이 얼마나 중요한지는 리콴유를 보면 알 수 있다. 고기 잡는 어부들만 살던 싱가포르에서 확고한 비전과 원칙으로 국민을 일깨우고 국가경쟁력을 최고로 이끈 리더가 바로 리콴유다. 독립 당시 말이 좋아 독립국이지 지하자원도 없고 먹는 물까지 말레이시아에서 수입해야 하는 상황이었다. 과연 싱가포르는 존립할 수 있을지 의문이 들 정도로 암담했다. 그는 그런 국제사회의 우려를 보기 좋게 깨뜨리고 싱가포르를 2014년 기준 1인당 국민총생산GDP 5만 6,000달러로 아시아에서 가장 잘사는 나라로 만들어냈다.

리콴유가 총리 시절 싱가포르 국민에게 제시했던 '비전 5'는 초기에 서방 국가들에겐 비웃음거리였지만, 그는 자신이 제시한 비전을 철저하게 실천하며 존경받는 리더로 우뚝 서게 됐다. '비전 5'는 이렇다. ①1인 1마누라 ② 한 가정 2자녀 ③ 한 집에 3개의 방 ④ 4바퀴 달린 마이카시대 ⑤ 주당 500달러 국민소득. 그가 내세운 이 야심 찬 청사진은 모두 성공했다. 지금으로 보면 우스운 일이지만 1부 1처제를 확립하고 국토를 고려한 가족계획과 국민소득증가를 1, 2, 3, 4, 5라는 숫자에 맞춰 제시한 쉽고 간단한 비전은 국민의 마음을 사로잡았다. 그는 생전에도 "싱가포르가 잘못되면 무덤에서라도 일어나겠다"고 할 만큼 조국의 지속 발전을 염원했다.

『리콴유와의 대화』를 쓴 톰 플레이트는 리콴유의 일생을 관통하는 키워드를 '생존'이라 평가했다. '아시아의 거인巨人이라는' 위대한 리더조차도 평생 '생존'을 붙잡고 씨름한 것이다. 그의 우려대로 리콴유와 그의 세대가 이룬 성공은 저출산, 빈부격차 등 적지 않은 과제 앞에 놓여 있는 싱가포르의 미래 생존을 보장하는 담보는 되지 못할 것이다.

"나는 과연 살아남을 수 있을까?" "우리 조직은 지속적으로 생존할 수 있는가?"

우리는 심각하게 물어야 한다. 아무리 외부에서 강한 위기의식을 불어넣는다 하더라도 우리 내면에서 위기를 절실히 깨닫지 못한다면 소용이 없다. 우리는 최근 S&P 500 기업의 평균수명이 15년 정도일 정도로 기류가 급격히 변하는데다 여기저기에서 쏟아지는 변화의 주문 앞에서도 그 심각성에 대해 깊이 인지하지 못하고 있다. 작은 변화면 모를까 큰 변화는 고통의 신호로 여겨져 외면하고 싶기 때문이다. 지금까지 하던 방식대로 유지하려는 본능은 변화하려는 본능보다 훨씬 강하다. 따라서 변화를 이루기 위해서는 양절이라는 두 개의 필수조건을 충족해야 한다. 이는 변화가 선택이 아닌, 생존을 위한 필수조건인가를 묻는 것이다.

- 절박한가? 이번에 변하지 않으면 이제는 끝장이다. 더 이상 갈 곳이 없다.
- 간절한가? 마지막 하나 남은 줄을 잡는 심정으로 이번 기회를 꼭 잡아야 한다.

변화에는 절박감과 간절함이 있어야 한다. 땀이 핏방울이 되어 땅에 떨어질 때까지 온 힘을 다한 절박한 심정이 아니고서는 아무것도 이룰 수 없다. 변화에는 이러한 절박함과 간절함이 있어야 하고 그래야 변화는 진짜로 살아 움직이는 목표가 될 수 있다.

위대한 혁신은 위기를 통해 탄생한다

생존에 대한 두려움은 편안하게 안주하려는 인간의 마음을 흔들어 놓는다. 또한 불가능해 보이는 어렵고 힘든 일 앞에서도 용기를 갖게 한다 두려움과 간절함이 결합될 때 기업은 지속적으로 생존할 수 있다. 위대한 혁신은 위기를 통해 탄생한다. 다가올 미래를 위해 현재의 성공을 잊고 계속 변화를 시도하고 도전하는 것이 중요하다.

다시 말해 내일의 생존을 위해 오늘을 비관하는 것이다. 과거의 성공에 안주하기 쉬운 것이 인간이다. 그러나 어느 정도 성공했으니 '이제 좀 쉬었다 가자'고 생각하는 순간 추락하는 것이 비즈니스 세계다. 마치 어려운 환경 속에서 사력을 다해 살던 친구가 겨우 일이 풀리고 이제 좀 형편이 풀리며 살 만하다 했는데 덜컥 몹쓸 병마가 찾아오는 것과 같다.

　삼성에서 20여 년 근무하는 동안 내가 가장 많이 들었던 단어는 '위기'다. 위기의식이야 어느 조직이나 다 강조하는 것이니 별 새로울 게 없다. 그런데 삼성은 위기에 대한 의식과 태도가 유별나다. 삼성의 성장사를 살펴보면 '위기의식'이 경영의 핵심 키워드였다. "마누라와 자식 빼고 다 바꿔라"라고 한 이건희 회장의 신경영 선언은 변하지 않으면 망한다는 위기의식의 발로였다. 5년, 10년 뒤 무엇으로 먹고살지 생각하면 등에서 식은땀이 흐른다고 표현한 것도 같은 맥락이다.

　심지어 사상 유례없는 실적을 낼 때도 찬물을 확 끼얹을 정도로 위기의식을 강조했다. 특히 산업에 변화가 예상되면 위기의식과 함께 체질개선을 더 강하게 요구한다. 아무리 선두그룹에 있는 위치라 하더라도 아주 잠시라도 한눈을 파는 사이 순식간에 판도가 바뀔 정도로 경영환경은 급변하고 있다. 여기서 자칫하면 기업의 운명은 뒤바뀐다. 소니와 노키아를 넘은 삼성 자신이 누구보다 잘 안다. 이 때문에 삼성은 틈만 나면 '위기'를 강도 높게 외친다. 그동안 나온 이 회장의 어록만 보아도 위기의식이 얼마나 중요한지가 보인다.

- 10년 안에 삼성을 대표하는 사업과 제품이 모두 사라진다.
- 국제화 시대에 변하지 않으면 영원히 2류나 2.5류가 된다.

- 다시 한 번 바꿔야 한다. 시장과 기술의 한계를 돌파해야 한다.
- 제트기가 음속의 2배로 날려고 하면 엔진의 힘만 배로 한다고 되는가? 재료공학부터 기초 물리, 모든 재질, 소재가 바뀌어야 초음속으로 넘어갈 수 있다.

이 같은 이 회장의 어록이 뉴스로 등장할 때가 바로 위기를 넘어 비장감이 감돌면서 변화가 가속화되는 시점이다. 오죽하면 전문가들이 이 회장의 트레이드마크는 '위기경영'이라고까지 했을까. 1993년부터 시작한 신경영도 위기의식을 불어넣어 조직원들의 인식을 바꾸려는 그런 취지였다. 더욱이 이 회장이 출근하는 날은 고강도의 체질개선과 사업의 구조조정 등 그야말로 초긴장 모드로 전환되고, 때로는 사장단에 대한 수시인사 등 위기경영을 가속화하는 조치가 일어나기도 한다. 2014년 4월에 출근할 때도 174일 만의 출근이라며 '마하경영'이 어떻게 되었는지 점검한다는 등 뉴스에서 그의 행보가 거론될 정도였다. 그는 강도 높은 후속대책을 세우고 변화의 고삐를 바싹 죄면서 임직원들의 긴장감을 한껏 고조시킨다. 회장이 기꺼이 메기 역할을 하며 '졸면 죽는다'는 말을 실감하게 한다.

이건희 회장의 성공 요인으로 꼽는 것 2개 중 하나가 '삼성이 망할지도 모른다'는 위기의식을 심어준 점이다(나머지 하나는 마니아 정신). 중요한 것은 항상 깨어 있어야 한다는 점이다. 카를로스 곤 일본 닛산 사장은 중환자실에 누운 닛산을 수술하면서 맨 처음 내린 조치가 메마른 위기의식에 불을 지핌으로써 분위기 쇄신과 낡은 관행을 타파한 것이다. 리더의 마음가짐 하나가 기업의 운명을 180도 바꾸어놓을 수 있다는 점을 보여주었다. 그는 이렇게 말했다.

"회사가 위기의식을 유지하는 것이 불가능하다면 직원들의 사기는 확실히 둔감해져 수익성 있는 회사를 만드는 데 중요한 요소를 놓치게 된다. 따라서 위기감을 체계적으로 유지하는 일은 경영에서 매우 중요한 요소다."

위기의식을 공유시키는 것은 일차적으로 리더의 몫이다. 이를 모든 구성원들의 가슴속에 깊게 자리 잡도록 해야 한다. 이것은 반복적으로 지속해야 하는 고단한 과정이다.

우리는 혹시 '우연한' '작은' 성공에 안주하고 있지는 않은가

오스트리아 출신의 세계적인 지휘자인 구스타프 말러는 "음악에서 가장 중요한 것은 악보에 없다"는 유명한 말을 남겼다. 나는 음표와 기호로 가득한 악보를 볼 때마다 아득함을 느낀다. 이 음표와 기호를 따라 연주하는 것만으로도 음악가들이 대단해 보인다. 그런데 여기에 자신의 혼을 담아야 생명력을 갖는다. 말러는 바로 이 '혼'의 가치를 말한다. 혼을 다해 작곡가의 가슴속에 새겨진 희로애락의 결을 탐색하는 과정이 없이 기계적으로 연주해서는 관객들의 심금을 울릴 수 없는 것처럼 비즈니스도 마찬가지다. 전략이나 계획을 수립하는 것이 중요한 게 아니라 구성원들 마음 저변에 위기의식과 조직의 핵심가치 정신이 흐르도록 해야 한다.

스포츠의 세계에서 승리, 더욱이 챔피언전에서 우승했을 때의 기쁨은 얼마나 지속될까? 수많은 난관을 헤치고 이룩한 우승, 그 감동의 순간을 누구나 오래도록 만끽하기를 원할 것이다. 그런데 막상 내가 스포츠 단장을 맡았을 적, 배구 단장들에게 우승의 기쁨이 얼마나 지속되는가를 물었다. 대답은 의외였다. 10분, 길게는 30분, 길다고 해도 그날 하루 정도였다고 답했다. 이 짧은 기쁨을 위해 그들은 수고하고 땀 흘리는 것이다. 17년간 최고를 유지하고 있는 신치용 삼성 감독은 우승이 결정된 날에도 술맛 떨어지는 말을 서슴지 않는 리더로 유명하다. "오늘만 기뻐해라. 내일부터는 알지?"라며 곧바로 지옥훈련을 예고한다. 그의 장수비결 중 하나가 우승 다음날에도 감독실에 앉아 다음 시즌을 대비한다는 사실이다. 우승의 기쁨도 즉시 과거임을 아는 냉철한 승부사 기질이 정상에 오르는 비결이었던 것이다.

어쩌면 지금의 패자가 내일의 승자가 되는 게 스포츠의 세계요, 인생이다. 일급리더가 갖는 주 무기는 위기의식을 불어넣는 능력이다. 전설적인 NBA 농구감독인 존 우든은 "연승하고 싶으면 (연승한 사실조차) 잊어버려라. 연패를 멈추고 싶으면 (연패한 것을) 다 잊어버리고 오직 최선의 노력과 치밀한 계획에만 집중하라"고 했다. 연승한 방법을 그대로 적용하면 될 텐데 그는 이 방법조차 잊고 팀이 최대치의 능력을 발휘하는 데만 집중한다. 그것이 그가 평생 8할의 승리를 거둔 비결이다.

"'자기만족'을 기업경영의 최대 적으로 간주하다. 그리고 5초간 승리를 기뻐한 뒤, 무엇을 더 잘할 수 있었는지 5시간 반성하라."

델컴퓨터 마이클 델 회장의 이 말은 너무나 유명하다. 그는 최고 판매실적을 거둔 직원에게도 칭찬은 짧게 하는 대신 향후 더 나은 판매법을 찾아보라고 독려했다는 일화를 가지고 있다. 경기장이 바뀌고 게임의 법칙은 변해버렸다. 기존의 방식을 고수하던 거대 기업들이 순식간에 무너지고 새로운 강자들이 등장하고 있다. 지금 무너지고 있는 거대 기업들은 느슨하거나 최선을 다하지 않아서가 아니라 과거의 방식으로 열심히 일한 탓이다.

그래서 집단적인 위기의식, 집단적인 헝그리 정신의 근력을 키워야 한다. 한 공동체가 번영을 누리려면 과거의 영광보다 고난을 기억하고 계속 깨어 있어야 한다. 집단적 위기의식을 가진 대표적인 민족이 유대인이다. 유대인은 이집트 노예 생활에서 탈출한 유월절마다 누룩이 들어가지 않은 딱딱한 무교병을 먹으며 고통스러운 기억을 되새김질한다. 유대인들은 신이 준 가장 중요한 선물로 '부족함'을 든다. 『탈무드』를 보면 이런 구절이 있다.

"가난한 아이들을 보라. 그들에게서 지혜를 얻게 될 것이다."

아이가 필요한 것을 갖고 싶어할 때마다 사준다면 그 아이는 자라서 무엇이든 돈으로 해결하려 할 것이다. 가난한 집 아이들은 장난감이 부족한 탓에 창의력을 발휘하여 스스로 장난감을 만들어 논다. 이런 경험들은 아이들이 자라서 어떤 문제가 생겼을 때 스스로 해결책을 찾아내는 능력 있는 인재로 성장할 수 있게 한다. 부잣집 아이가 똑똑하지 못하다는 얘기가 아니다. 아이의 태도가 문제인 것이다. 모든 것을 살 수 있는데 머리를 써가면서 문제 해결을 할 리가 없기 때문이다. 유대인들이 1948년 독립을 위해 이스라엘 땅에 도달했을 때 그곳을 젖과 꿀이 흐르는 땅이라고 믿었다. 하지만 그들을 기다리고 있는 것은 사막, 늪, 모기떼 그리고 주변 국가들의 적대감이었다.

"신이 약속했던 젖과 꿀이 흐르는 땅이 정녕 여기란 말인가? 신이 착각한 게 아닐까? 아니면 모세가 40여 년 동안 광야를 헤매며 혹 잘못된 땅을 찾은 것은 아닌가? 석유가 많이 나는 아라비아 반도가 혹 젖과 꿀이 흐르는 땅은 아닌가?"

그들은 수없이 많은 의문점을 던지며 마침내 깨닫는다. 신이 약속한 땅은 메마른 바로 이곳이다. 신은 젖과 꿀이 흐를 수 있는 잠재력이 있는 땅을 준 것이다. 이것이 바로 신이 그들에게 준 '부족함'이라는 선물이다. 신은 모든 새에게 먹이를 주지만 둥지까지 갖다 주진 않는다. 유대인들은 메마르고 척박한 땅을 젖과 꿀이 흐르는 땅으로 만들기 위해 각자 최선을 다했다. 그들은 전쟁과 지역 갈등 속에서 그곳을 젖과 꿀이 흐르는 땅으로 만들기 위해 온갖 노력을 다한 결과 과학, 의학, 경제 등 다양한 분야에서 젖과 꿀을 만들어냈다. 반면 넘치는 기름으로 젖과 꿀이 흐르는 지역이라 부러워했던 지역은 부패와 강압으로 유지하는 주유소국가가 되었다.

늘 갈망하여 우직하게 나아가라

스티브 잡스는 오래된 명언을 부활시켰다. '늘 갈망하여 우직하게 나아가라Stay hungry, Stay foolish!'

1970년대 『지구 카탈로그』최종판 뒤표지에 실린 한적한 시골길 밑에 쓰여 있던 이 문구를 20대 때 처음 읽은 이후 각인되어 줄곧 스스로에게 되뇌었다는 명언이다. 삶이란 냉혹하고 잔인하다. 기업은 더하다. 사자에 쫓기던 영양이 죽을힘을 다해 도망치다가 이제 안심해도 된다며 뒤돌아본 순간 먹잇감이 되는 것처럼. 세상은 늘 새로운 것이 일어나 낡은 것을 대신하는 방식으로 지금도 돌아가고 있으며 미래에도 그럴 것이다. 긴장의 끈을 놓지 마라. 지금이 진짜 위기의 시작인지도 모른다. 구성원들에게 위기의식을 불어넣기 위해서는 리더의 촉, 리더의 절대음감이 필요하다. 다양한 이슈에 대한 뉘앙스를 알아채고 핵심을 파악하는 능력이 중요해진 것이다. 그리고 이러한 리더의 능력 외에 촉을 가진 척후병 수준의 스태프도 필요하다. 조직 전체의 감지력을 키워야 한다.

우리가 있는 곳은 어디인가? 성공을 경계하고 끊임없이 돌아보라. 사주경계를 소홀히 하면 안 된다. 리더에게 필요한 능력 중 하나는 변화를 읽어낼 줄 아는 지혜와 통찰력이다. 세상이 어떻게 변해 가고 앞으로 어떤 상황이 닥칠지 미리 알고 대비하는 안목을 갖고 있어야 한다. 그리고 무엇보다 구성원들이 위기감을 가지고 변화의 절실함을 느끼도록 만들어야 한다. 리더의 가장 중요한 임무는 구성원들이 경쟁력을 유지하기 위해 열정적으로 헌신할 수 있는 환경을 만들어내는 것이다. 위기의식은 이러한 열정을 만들어내고 유지하는 데 중요한 역할을 한다.

생각하는 조직, 생각하는 구성원을 만들어라

리더 혼자만 생각하는 조직과 스태프까지 생각하는 조직이 서로 경쟁하면 누가 이기겠는가? 당연히 스태프까지 생각하는 조직이 이긴다. 리더는 구성원을 생각하는 사람으로 키워 활용하는 사람이다. 하지만 현실에는 수렵채집형으로 혼자서 어슬렁거리다 우연히 걸리는 정보로 판단하는 리더가 뜻밖에 많다. 아니면 리더 혼자서 열심히 일하고 모든 것을 챙기다 보니 구성원들을 눈앞에 닥친 일만 간신히 해내는 근시안적인 존재로 만들어버린다. 이렇게 리더가 혼자서 문제를 처리하다 보면 리더에 대한 구성원들의 의존성이 더 커지게 되고 작은 일조차 구성원들이 스스로 처리하지 못함에 따라 조직의 힘은 현격히 약화된다. 장기적으로 리더의 효용한계가 점점 줄어들게 된다. 누구를 탓하랴. 모든 것이 리더로 인한 것이다. 그렇다면 어떻게 생각하는 조직으로 만들 것인가? 오다 노부나가를 통해 살펴보자.

오다 노부나가는 열악한 환경 속에서 생각하는 부하를 만드는 데 성공한 후 골리앗 같은 경쟁자들을 물리치고 난세를 평정했다. 오다 노부나가의 생각하는 부하 육성법은 다음 세 가지의 투철한 현실감각을 바탕으로 이뤄졌다.

첫째, 정확한 정보획득을 통한 바른 판단. 둘째, 위기에 흔들리지 않는 침착한 태도. 눈에 보이는 형과 눈에 보이지 않는 세를 읽어내는 안목. 셋째, 임기응변의 대응책.

좀 더 자세히 살펴보자. 16세기 일본을 최초로 통일한 오다 노부나가가 전국구 인물로 등장한 것은 역설적으로 노부나가가 최악의 상황에 놓였던 시기였다. 1560년 스루가의 이마가와 요시모토가 이끄는 4만여 명의 병력이 오다의 본성으로 밀어닥쳤다. 노부나가가 동원 가능한 병력은 많아야 3,000여 명. 명성과 가문의 권위와 재력 등 모든 면에서 열세인 골리앗과 다윗의 싸움이었다. 바람 앞의 등불 같은 상황에서 노부나가는 침착했다. 핵심가신들로부터 '얼간이' '집안 말아먹을 놈'이라는 혹평을 들으면서도 평상심을 유지했다. 적진 근처에 나가 있던 한 무사가 가져온 정보 하나가 그에게 실낱같은 희망을 불어넣어 주었다.

"이마가와 군은 2만 명과 2,000명의 두 그룹으로 나뉘어 진을 치고 있다. 그들의 식사를 보니 2만 명은 주먹밥을 준비 중이었고 2,000명은 생선회와 술까지 준비 중이었다. 인근 노인의 말에 의하면 내일 점심 무렵 폭우가 쏟아질 것이다."

노부나가는 2,000여 명이 진을 친 곳이 적장과 가신그룹이 있는 곳이라고 결론 내린다. 사실 뭐 그리 대단한 통찰력도 아니다. 병사들에게 생선회와 술까지 나눠줄 리는 없지 않은가. 노부나가는 3,000명의 병력을 모두 적장 진영이 있는 곳에 집중하기로 작전을 수립한다. 다음날 맑은 하늘이 갑자기 흐려지고 천둥 번개가 치더니 후드득 빗방울이 떨어지기 시작하자 이마가와 진영은 잠시 당황한다. 지나가는 비겠지 했는데 빗방울과 함께 날카로운 번갯불 밑에 비친 얼굴들은 노부나가의 3,000군대였다. 그들이 급습하자 이마가 와 진영은 대혼란에 빠진다. 노부나가군은 역사적으로도 유명한 일 방적인 승리를 거둔다. 누구도 절대 이기지 못할 것이라고 예상했던 전투에서 '바보천치'라는 촌뜨기 노부나가가 압승한 것이다. 주군을 잃은 이마가와의 2만여 명은 뿔뿔이 흩어져 본국으로 도망쳤다. 이 승리로 노부나가는 전국구 스타가 된다.

노부나가는 유공자를 포상하면서 '정보가 제일 중요하다'는 것을 다시 인식시켰다. 1등 유공자에게 포상하는 4,500여 석의 토지가 놀랍게도 적장을 벤 장수 2명이 아니라 최초 정보를 제공한 무사에 게 돌아갔다. 이 논공행상에 웅성거리며 여론이 들끓자 노부나가는 분명하게 선언한다.

- 왜 그에게만 정보가 모였는가? 우리보다 10배가 넘는 적 앞에 서 공포가 엄습한 가운데에서도 정보를 가져오는 사람은 목숨 을 걸고 하는 것이다.
- 그렇다면 그는 그 사람들을 위해서 땀 흘리고 노력하면서 거듭 거듭 신뢰를 쌓았기 때문이다.
- 평소부터 진정성을 갖고 그들에게 최선을 다하지 않았다면 불 가능한 일이다. 그들은 결정적인 순간에 그 은혜를 갚은 것이 다.

노부나가는 자신의 평가기준을 분명히 각인시키며 마무리했다. "정보는 기다리기만 하면 모이지 않는다. 모아도 변변치 않은 것이 다. 평소에 얼마나 치밀하게 준비하고 노력하느냐가 중요하다."

노부나가의 판단은 『손자병법』의 「용간」편을 떠올리게 한다. "포상 가운데 간첩에게 주는 것보다 더 후한 상은 없으며 모든 일 가운데 간첩의 일보다 더 은밀한 것은 없다. 성스러운 지혜를 가진 자가 아니면 간첩을 쓸 수 없고 어질고 의로운 자가 아니면 간첩을 부리지 못하며, 신묘한 자가 아니면 간첩으로서 성과를 얻지 못한다.”[12]

손자는 최고의 지혜를 가진 자가 아니면 간첩 ― 다시 말해 은밀한 정보를 제공한 자 ― 을 쓸 수 없다고 단언한다. 노부나가의 가치관은 분명했다.

- 적장을 베는 무공은 용기 있으나 운에 좌우되는 일이다.
- 정보수집과 분석이 더 중요하다. 평소부터 용의주도한 준비와 문제의식을 느끼고 있지 않으면 중요한 정보를 수집할 수 없다.

말단 병사라 해도 정보를 중시하는 전략형 인재가 가장 가치 있는 인재임을 노부나가는 분명히 했다. 전국시대에 정보의 가치를 가장 중요하게 여기고 잘 활용한 노부나가군은 최강의 부대가 되었다. 도몬 휴유지는 노부나가의 일대기를 독특한 시각으로 분석하면서 이것이 노부나가의 최고 경쟁력임을 강조한다.[13]

“리더가 부지런해야 정보를 수집하고 처리할 수 있다. 정보를 분석하고 판단하기 위해서는 리더에게 치밀한 신경과 긴장감, 그리고 재빠른 두뇌 회전과 결단력이 필요하다.”

노부나가의 탁월한 점은 혼자서 정보를 수집하고 처리하지 않았다는 사실이다. 노부나가가 지적으로 아무리 뛰어난 능력의 소유자라도, 환경이 복잡하고 불확실성이 높아지는 상황에서 모든 정보를 제대로 읽어낼 수는 없다. 모든 사람이 그와 같이 환경변화와 그 영향력을 읽어내어 각자의 부서에서 전략적인 결정을 내리길 원했다. 다른 역량과 시각을 가진 사람들을 한 팀으로 구성해 더 높은 성과를 얻기를 바란 것이다. 그는 보좌그룹으로 엘리트 정보장교를 20명 두고 두 파트로 나누어 운영했다. 그리고 이들이 자신의 생각을 깨닫고 스스로 생각하게 만드는 데 많은 시간과 노력을 아끼지 않았다.

'내가 놓인 상황을 어떻게 이해시키고 어떤 식으로 내가 하고자 하는 일에 도움을 주게 할 것인가?'라는 기준으로 부하를 육성하고 평가했다. 이는 수많은 전투의 실제 사례를 중심으로 철저한 판단과 분석을 요구하는 일이었다. 생각하는 부하로 만들어 이끌어가는 것은 그의 쉴 틈 없는 책무였다. 노부나가는 직접 정보를 수렴하는 과정에서 정보의 깊이를 더했다. 그리고 정보를 해석하고 발산함으로써 생각의 폭을 넓혔다. 노부나가는 영특한 인재를 골라 측근에 두고 전략회의나 밀담 자리에도 끼게 하고 수시로 문답을 통해 갈고 닦는 번거로움도 마다치 않았다. 리더만 정보에 민감한 것이 아니라 조직 전체가 민감해야 한다는 것을 심어준 것이다.

실로 노부나가는 부하들의 생각을 발효시킨 것이다. 그는 꾸준히 자질이 있는 부하들과의 대화를 통해 세상을 해석하는 안목의 렌즈를 제공해 생각하는 부하들로 키워냈다. 사실 이 렌즈만 제공해도 꽤 훌륭한 리더다. 구성원들이 스스로 현주소를 알고 기회를 발견하게 하는 것이기 때문이다. 리더는 구성원들이 자기만의 성에 갇혀 있지 않도록 해야 하고 바깥세상과 환경을 똑바로 바라보게 함으로써 정보를 발견하는 눈과 상황에 맞게 전술을 구사하는 능력을 갖추도록 만들어야 한다.

뛰어난 리더 중 한 사람인 잭 웰치가 퇴임 후 자신이 잘못한 것 중 가장 큰 실수라고 생각한 것은 무엇이었을까? 전략을 잘못 세워 기회를 놓친 것이나 일을 추진함에 있어 큰 손실을 발생시킨 게 아니었다. 그는 말하길 "회사에 어떤 일이 일어나는지 내가 가장 마지막에 알게 되는 사람이란 사실을 망각하고 결정을 내린 것"이라 했다. 직급이 높을수록 조직에서 일어나는 일을 가장 늦게 안다. 톱 리더의 입맛에 맞는 것만 보고하고 나쁜 보고는 최대한 완화해 보고하는 정보의 필터링 때문이다. 웰치처럼 뛰어난 리더도 조직에서 일어난 일을 가장 늦게 알았다고 고백할 정도다. 리더는 매일 엄청난 정보를 접하지만 유용한 객관적인 정보를 얻기는 점점 어려워지고 있다. 제대로 된 정보를 수집하고 판단하는 일은 아주 중요하다.

『조선시대에는 어떻게 정보활동을 했나』의 저자인 송봉선은 조선 500년 동안 정보수집에 뛰어난 왕은 단연 세종과 광해군이라고 말한다.[14]

세종은 명나라에 대한 정보를 외교와 내통자를 적극 활용해 수집했다. 특히 여진족 정보 취득에 심혈을 기울였다. 3일, 5일, 7~8일 단위로 엄선된 정보병을 여진족 지역에 파견했는데 위험한 상황에는 사형수를 현지인과 2인1조로 보내어 적정을 신중하게 파악하는 데 전력을 다했다. 특이한 것은 여진족이 정보를 제공할 경우에는 진위를 떠나 포상금을 지급했다. 역정보든 허위든 간에. 가능한 한 많은 정보와 귀중한 정보가 모이도록 하기 위한 세종의 깊은 생각에서였다. 이것은 천금을 주고 사온 죽은 말뼈를 통해 자연스럽게 인재가 모여들도록 만든 천금매골의 고사를 생각나게 한다. 수많은 정보 중에서 결정적 단서를 발견하고 중요한 키워드를 찾아내는 것은 리더의 몫. 세종은 나중에 진위를 파악한 후 제대로 된 정보를 준 여진족에게는 추가로 상을 지급했다. "상으로 줄 재물이 부족하면 바로 보고하라. 내가 마련하겠다"고까지 했을 정도로 세종은 파격적인 보상조치와 전폭적인 재정지원을 통해 많은 정보를 획득했다.

오늘날 경영에도 이 정보의 가치를 잘 활용하는 기업들이 많다. 자동차 칠 공정의 마감용 사포 전문업체였던 3M. 1920년대에는 자동차에 두 가지 색상을 구분해서 칠했다. 한 색상을 먼저 칠한 후 기름종이에 아교를 붙여서 덮고 두 번째 페인트로 다른 색상을 칠했다. 문제는 아교 때문에 먼저 칠한 색상이 벗겨지는 일이었다. 이에 페인트 공들은 연신 투덜댔다. 새로운 사포를 판매하러 갔던 3M직원은 '이건 우리 일이 아니다'라고 생각하지 않고 페인트공들의 불평을 회사에 보고했다. 이에 그동안 사포를 개선하면서 축적된 기술로 페인팅 보조테이프를 개발해 제공하게 되었다. 이것이 바로 유명한 스카치테이프의 원형이다. 우연한 정보를 바탕으로 거대 시장을 선점하게 된 것이다.

이후 이 테이프는 주부들이 옷가지나 생활용품을 붙이는 데까지 활용해 기적적인 판매를 기록한다. 고객사의 작은 불편 하나가 경영자에게 보고되지 않았다면 놀라운 성장기회는 바람과 함께 허공에 사라졌을 것이다. 3M의 신의 한 수는 바로 현장에서 얻은 작은 정보를 흘리지 않고 개선의 기회로 삼은 데 있다. 이후 3M은 한 명의 엘리트나 경영진이 아닌 엣지, 즉 현장에서 의도치 않은 정보수집으로 혁신이 일어날 수 있음을 깨닫는다. 이에 직원들의 자유로운 사고를 허락하는 작업환경을 만들어 지금도 근무시간의 15퍼센트는 직원들 마음대로 사용하는 환경을 조성하고 있다.

시장환경은 점점 치열해져 가격경쟁이나 속도경쟁 등 단순한 양상을 띠는 것이 아니라 가치를 창출하는 창조경쟁으로 변해가고 있다. 리더 혼자의 창의력과 생각으로는 어림도 없다. 구성원들의 생각이 합쳐져야 높은 파도를 넘어 지속적으로 항해할 수 있다. 이 사실을 아는 발효리더는 구성원들의 생각을 끌어내기 위해 노력한다. 그렇게 함으로써 우리가 지금 어디에 있고, 지금 무엇을 해야 하고, 앞으로 어디로 갈 것인지, 지금 필요한 게 무언지 알려고 노력하는 '생각하는 구성원'을 만들 수 있다. 따라서 구성원들이 정보를 민감하게 여기고 상하 간 거리낌 없이 의견을 내도록 해야 한다.

어느 구름에 비가 들어 있을지 모르는 일, 구성원들이 수평선에 구름이 조금이라도 끼면 즉시 보고하는 조직문화를 만들어야 한다. 폭풍으로 변한 다음에 보고하면 아무 소용이 없지 않은가.

방안에 갇혀 있지 말고 창밖을 보라

세상은 너무 빠르게 달라지고 있다. 우리는 지금 경계 위에서 흔들리며 살아간다. 기업의 진화방식도 예상할 수가 없다. 회원들이 온라인 커뮤니티에서 토론하고 투표하며 제품설계와 이름과 판매까지 관여하는 새로운 형태의 기업이 등장했다. '쿼키'다. 창업자 코프먼은 자신들의 사업방식을 다음과 같이 설명하고 있다.

- 홈페이지를 통해 아이디어를 모은다(매주 4,000개 이상 아이디어가 쌓인다고 한다). 100만 명 정도의 회원이 투표를 통해 아이디어를 걸러낸다. 매주 목요일 저녁 뉴욕 본사 회의에서 상품화할 아이디어를 선택한다.
- 전문가나 기업과 파트너를 맺어 기술적인 문제를 해결하고 생산은 아웃소싱한다.

- 매출액 10퍼센트는 회원들에게 돌려준다. 최초 아이디어 발상자가 그중 30~35퍼센트를 가져가고 다른 사람도 기여도에 따라 나눠 가진다.

공유를 통한 공동창조, 그 중심에는 커뮤니티가 있다. 평범한 사람들의 아이디어라 하더라도 다른 사람들의 아이디어가 더해져서 더 나은 결과물을 만들어낸다. 혼자 할 수 없었던 것들을 다양한 사람들과 연결하고 협력함으로써 비범한 결과를 만들어내고 있다. 이런 과정을 통해 다양한 모양의 플러그가 서로 겹치지 않게 꽂을 수 있는 멀티콘센트 등 수백 종의 인기상품을 만들어냈다. 구전에 의해서 강력히 전파되다 보니 마케팅 비용은 제로다. 전통적 제조업의 상당 부분이 퀄키에 의해 잠식될 가능성이 높아지고 있다.

과거에 잘해왔던 성공 공식이 이제는 치명적인 위기 원인이 되어 성공의 덫으로 변하고 있다. '방안에 갇혀 있지 말고 창밖을 보라!' 창밖이란 조직 내부가 아니라 큰 변화가 일어나는 세상이고 시장이다. 우리가 내부에서 한참 열심히 일하고 있을 때 바깥세상에서는 큰 변화가 일고 있다. 이제는 우리의 고객을 넘어 비고객의 움직임까지 살펴야 한다. 우리 업의 동태는 물론 우리와 관련이 없는 업종의 최신 흐름도 훑어봐야 한다. 숲에서 나와야 숲이 보인다. 위기는 이제 너무도 흔한 단어가 되었다.

하지만 위기의 본질을 환경의 변화에서만 찾는 건 인스턴트 리더의 게으른 변명이다. 오히려 이는 리더의 마음속에 '어차피 안 돼'라는 관성의 힘으로 작용해 그 굴레에서 빠져나오지 못하게 한다. 물리학에서 관성을 깨려면 외부의 힘이 작용해야 한다. 내 안의 관성의 힘만으로 깰 수 없다. 문제의 심각성을 알고 그 문제를 해결할 수 있는 외부사람을 찾아 도움을 구하든지, 아니면 아예 리더 스스로 외부인이 되어 조직의 현실을 봐야 한다.

외부의 시각을 통해 객관적으로 나의 현실을 돌아보아야 한다. 하지만 어떻게 하더라도 진짜 외부인이 될 수는 없다. 난처하고 모순에 찬 현실을 그대로 보는 안목이 필요하다. 인텔의 부활을 이끈 앤드류 그로브는 스스로 외부인이 되어 기업문화를 바꾼 대표적인 리더다. 1985년 어느 날 그는 당시 CEO인 고든 무어를 찾아가 이렇게 말했다.[15]

"만일 우리가 쫓겨나고 이사회가 새로운 최고경영자를 앉힌다면, 당신은 그가 무슨 일을 할 것 같소?" "그는 우리 회사를 메모리칩 사업에서 손 떼게 할 것이오." 무어는 주저하지 않고 대답한다. 이때 그로브는 제안한다. "당신과 내가 새로 부임한 최고경영자와 사장이 되었다고 가정합시다. 즉 옛날의 사고방식에서 벗어나 이 골치 아픈 문제를 해결하려는 새로운 접근방법과 새로운 아이디어와 새로운 결심을 한 새사람이 되는 게 어떻소?"

그리고 그로브는 수개월 동안 지옥과 같은 논쟁 끝에 그들의 정체성이었던 메모리사업으로부터 영원히 손을 떼기로 결정한다. 그런데 '어금니를 박박 갈면서' 고객들에게 이 사실을 알렸을 때 반응은 의외였다. "정말 오래 걸렸네요. 진작 그만두었어야죠." 고객들은 당연히 인텔이 이 상황에 직면하기 전부터 피할 수 없는 상황이 오리라는 것을 알고 있었다. 인텔 임직원들만 수십 년 고수해온 메모리사업에 감정적인 집착이 강했던 것이다. 아무런 이해관계가 없는 외부인들은 인텔이 무엇을 해야 하는가를 좀 더 빨리 알아차리고 있었다. 이는 특이한 것도 아니다. 그로브는 말한다.[16]

"현재의 경영자들이 그들의 직책을 계속 유지하고 싶다면 반드시 외부인의 이지적인 객관성을 받아들여야 한다. 과거에 대한 감정적인 애착심에 사로잡히지 말고, 전략적 변곡점을 성공적으로 헤쳐 나오기 위해 필요한 일을 해야 한다."

이후 그로브는 회사의 생존과 성장을 위해 한시도 긴장의 끈을 놓지 않고 외부인의 시각에서 변화를 끊임없이 모색해 나갔다. 다시 말해 세상과 끊임없이 소통하면서 받은 피드백을 경영 의사결정에 적극적으로 활용했다. 그는 어려운 상황에 놓였을 때는 CEO가 아닌 아예 경영학자가 되어 자신의 비지니즈를 남의 일처럼 생각하고 시장을 객관적으로 보려고 노력했다. 그 결과 메모리반도체는 승산이 없다는 결론을 내고 과감하게 업종을 바꿔 마이크로 프로세스의 지배자가 된 것이다.

"경들의 의견을 말해보라"

외부인이 되어 성공한 사례와 외부인이 되지 못해 실패한 사례를 좀 더 살펴보자.

먼저 성공한 사례다. 미국의 통신업체 AT&T의 CEO인 랜들 스티븐슨은 이상한 것을 발견한다. 2007년 아이폰을 선보인 지 얼마 안 되어 엄청난 양의 데이터가 망을 타고 흘렀는데 매년 기하급수적으로 늘어나기 시작했다. 놀랍게도 2007년에서 2012년 그 5년 사이에 데이터 양이 200배 증가했다. 그는 곰곰이 생각했다. "구글은 왜 데이터 수집에 집착할까?" "우리는 혹시 파이프만 제공하면서 겨우 먹고사는, 한때 잘나갔던 한물간 기업인 데 반해 구글은 이것을 바탕으로 떼돈을 벌고 있지 않은가?"

그는 구글처럼 데이터를 사업에 접목할 기회를 찾기 시작한다. 이해하지 못하는 구성원들을 집요하게 설득해가며 기존 전화번호부 사업을 토대로 한 광고서비스를 했다. 광고서비스는 출범 2년인 2012년에 5억 달러 매출을 기록할 정도로 급성장했다. 결국 그의 통찰력은 비즈니스 가능성을 읽고 미래 흐름을 타는 데 성공해 한참 한물 간 기업을 부활시켰다.

실패한 사례는 미국 유니온 퍼시픽 레일로드 사례다. 미국의 건국 초기 철도회사들은 철도가 놓인 거대한 땅의 소유자였다. 철도망을 촘촘히 깔아놓으면 그 어떤 경쟁자보다 우위에 있을 수 있었다. 여기에 전보가 발명되자 전보회사에서 전선을 연결하기 위해 철도회사 땅을 이용하지 않을 수 없었다. 문제는 이 전보를 기차도착 시간을 빨리 알리는 데만 썼다는 것이다. 전화도 비슷하게 활용되었다. 철도회사들은 전화와 전보회사에 지분참여를 통해 통신혁명의 이니셔티브를 잡을 기회를 놓쳤다. 그런데 만약 토지소유권을 통신회사와 나누면서 그들의 성장에 대한 일정지분을 청구했더라면? 수요가 감소하는 철도에만 매달리다 파산하지는 않았을 것이다.

권영설 한국경제신문의 미래전략실장은 말한다.[17] "창밖에는 기회의 씨앗을 품은 변화들이 이렇게 요동치고 있다. (…중략…) 경기가 어려울수록, 희망이 적을수록 리더는 창밖을 봐야 한다. 저 밖에는 무슨 일이 벌어지고 있는지, 어디로 떠나야 할지를 항상 고민해야 한다. 큰 회사를 경영하는 리더라면 이건 숙명이다."

참고로 드러커의 충실한 제자인 윌리엄 코헨은 창밖을 내다보며 리더들이 눈여겨봐야 할 구체적인 대상을 이렇게 정리했다. '목표시장, 문화·종교·인종그룹, 사회적 계층, 인구구성, 기업구매자, 경쟁자, 기술, 경제환경·정치적 환경·사회문화적 환경' 등이다.

외부인의 시각을 가지려면 리더가 구성원과 고객의 의견을 듣고 아이디어를 채택하는 데 적극적이어야 한다. 그 중심에 창의적인 회의문화가 큰 역할을 한다. 발효리더는 회의라는 '집합적 아이디어 상자'를 잘 활용해 외부 시각을 받아들이는 통로로 사용한다. 세종이 우리 역사의 최고의 지식경영자로 꼽히는 것은, 회의를 통해 아이디어를 발굴하고 시행했기 때문이다. 세종전문가인 박현모 교수는 세종의 놀라운 업적의 비결이 회의하는 법이라고 밝혔다. 사실 비법에는 비법이 없다. 평범한 것을 비범하게 활용하는 것이 비법이라면 비법일 것이다. 박 교수는 『세종처럼』이라는 저서를 통해 세종의 회의규칙을 다음과 같이 밝혔다.[18]

- 어전에서 엎드리지 말고 곧은 자세로 회의에 임하고, 왕의 잘잘 못을 모두 직언하게 만든다.
- 긴급 사안 발생 시 한자리에 모여 의논한다.
- 소수의 의견도 끝까지 경청한다. 모든 말을 다 듣되 그대로 따르지는 않는다.

그중 가장 뛰어난 점은 '좋은 의견이 나오면 힘을 실어서 정책화'한다는 것이다. 특히 말끝마다 "경들의 의견을 말해보라"고 해 신료들의 생각을 듣기를 즐겨했다.

오늘날도 창의적인 리더들은 매우 중요한 문제나 기회가 발생할 때 한 가지 시각이 아니라 다양한 시각을 갖고자 노력한다. 극비사항이 아니라면 그 분야의 전문가뿐만 아니라 전혀 관련 없는 사람까지 모이게 한다. 전문가와 초보자를 모두 모으는 것이다. 초보자는 내부에 있으면서 외부인의 시각을 갖고 있는 존재다. 발효리더는 더 나은 도구와 새로운 해결책을 얻기 위해 초보자의 의견을 반영하고 전문가의 의견과 결합하는 것을 두려워하지 않는다. 이를 통해 가장 넓은 대안을 지닌 방법을 찾는 것이다.

기업의 중요한 의사결정을 '가상의 외부인'이 내리는 회사가 있
다. 주방용품 브랜드 조셉조셉이다. 창업자 형제는 절대 프로 요리
사가 되지 않고 아마추어인 대중의 눈을 유지하겠다며 이렇게 말한
다.[19]

"사실 저희는 절대 프로 요리사가 되지 않으려고 한다. 만약 저희
가 요리를 잘하기 시작하면, 자기도 모르게 어느새 전문가다운 생각
을 떠올리게 될 것이다. 예컨대 이 정도 맛을 내려면 약간의 불편함
은 감수할 수 있다는 생각이다. 여기서 프로와 아마추어가 나뉜다.
아마추어는 그런 불편함을 감수하고 싶어 하지 않을 거다."

전문가다운 생각은 자신의 전문지식에 의해 시야가 좁아져 대중
과 동떨어진 결정을 내릴 가능성이 클 수도 있음을 경계한 것이다.
전문가들은 아래와 같은 성향을 지니고 있기 쉽다.

- 고객은 기술력이나 디자인보다 실용성과 자금사정 등 종합적
  인 것을 보고 결정을 하는 데 비해 전문가는 기술을 중요하게
  여기는 편협성을 갖고 있다. '기술이나 디자인이 뛰어나니까~'
  등.
- 전문가 자신의 판단을 가장 중요하게 생각함으로써 고객을 배
  려하거나 이해하려는 노력을 소홀히 한다.

그래서 조셉조셉은 전문가의 오류를 최소화하고 대중의 눈을 유
지하기 위해 특별한 방식을 고안해낸다. 바로 가상의 '존스 부인'이

다. 존스 부인은 영국적인 30대 후반의 가정주부로 디자인 제품에 아주 약간의 관심이 있으나 전문적이진 않다. 그냥 예쁜 제품을 보면 예쁘다고 생각할 정도로 아주 평범한 사람이다. 존스 부인은 제품을 출시할까 말까를 결정하는 최종판단자다. 이 제품이 존스 부인에게 어울리는가? 만일 부인과 어울리지 않는 제품이라면 디자이너들이 찬성한다고 해도 제품은 탄생하지 못한다.

아마추어를 유지하려는 외부인의 시각은 다양성을 낳고 다양성은 창의성이라는 꽃을 피운다. 과학계에도 대단한 성과를 낸 학자들은 기존 학문을 오랜 동안 연구한 학자가 아니다. 아이러니컬하게도 젊은 학자이거나 다른 학문을 하다가 옆 학문으로 옮겨온 사람들이다. 2009년 노벨상 수상자들은 자신이 이룬 학문적 성과의 비결로 자율성과 휴식시간을 꼽았다. 화학상 수상자인 토머스 스타이츠 박사는 휴식시간에 커피를 마시며 동료들과 연구에 관해 토론했던 것이 큰 도움이 되었다고 밝혔다. 경제학 수상자인 엘리너 오스트롬 박사 또한 미래에 대한 아이디어를 거침없이 논의할 수 있는 열린 환경이 연구에 큰 도움이 되었다고 밝혔다. 회의시간에 나누는 가벼운 대화나 커피 한 잔 속에는 창의적인 씨앗이 들어 있다. 마크 엘리스는 저서 『커피하우스의 사회사』에서 이를 매우 정확하게 표현한다.

"쾌활하고 번잡한 커피하우스, 남자들은 그곳에서 이루어진 토론을 기초로 모험적인 사업을 시작하고 비판적인 여론을 형성하고 과학이론을 논의하고 정치적인 클럽을 형성하는 등 새로운 단합과 친선의 방식을 터득했다."

커피 한 잔에서 값진 인연이 생기고 몇 번의 대화가 새로운 아이디어의 씨앗이 되기도 한다. 영국 런던의 템스 강변에 있던 에드워드 로이드 커피하우스는 무역, 선박, 보험과 관련한 집중적인 토론장이었는데 훗날 같은 이름의 보험시장으로 변모했다. 뉴욕증권거래소의 기원도 이와 비슷하다. 창의성이나 독창성은 고독이 아니라 다양한 사람들과의 격의 없는 대화, 즉 '열린 구조'에서 나온다.

위대한 발명가나 전설적인 과학자가 홀로 어두운 방에 틀어박혀 고민 끝에 많은 성과를 만들어낸 것 같지만 그들이 성과를 낸 토대는 타인들과 함께 나눈 대화나 소통에서 온 경우가 대부분이다. 진정 위대한 리더는 여러 곳에 흥미를 두고 다양한 사람들과 열린 마음으로 소통하는 사람이다. 자기의 전문분야만을 고집하지 않고 하나의 중심점보다는 여러 교차점을 지닌 사람이 뭔가를 해낸다. 어느 한 가지에 몰두하느라 다른 사람의 이야기에 귀를 기울이지 않는다면, 당신은 좋은 기회를 놓칠 수도 있다는 말이다. 더 애석한 것은 바쁘다는 이유로 좋은 기회를 눈뜨고 놓친다는 사실이다.

외부인이 되어야 상황을 객관적으로 볼 수 있다. 끊임없이 외부를 통해 자기 업을 객관화시켜야 한다. 충성고객들뿐만 아니라 전혀 다른 시선을 갖고 있는 사람들의 새로운 시각을 받아들이기 위해 우리는 '내가 지금 제대로 가고 있는가?'를 지속적으로 물어봐야 한다.

어제의 성과를 내일의 현실로 착각하지 마라

인간이 성공에 똬리를 틀지 않고 항상 초심을 갖고 계속 나아갈 수는 없을까? 본질적으로 인간은 무언가를 이루면, 그곳에 안주하고 싶어한다. 아무리 작은 성취라도 마음속에 성을 쌓고 그것을 지키려 한다. 오늘날 성공의 유효기간은 더 짧아지고 있다. 그런데 우리는 성공을 양손에 꽉 쥐고 놓지 않으려 한다. 그러다 보면 어느새 우리가 지키려던 성공은 손가락 사이로 빠져나간다. 토인비는 『역사의 연구』에서 성공은 실패를 잉태한다는 유명한 말을 했다.

"한 대목에서 성공한 창조자는 다음 단계에서 또다시 창조자가 되기 어렵다. 왜냐하면 이전에 성공한 일 자체가 커다란 핸디캡이 되기 때문이다. 이들은 이전에 창조성을 발휘했다는 이유로 지금의 사회에서 권력과 영향력을 행사하는 요긴한 자리에 있다. 그러나 그들은 그 지위에 있으면서도 사회를 전진시키는 일에 쓸모가 없다. '노 젓는 손'을 쉬고 있기 때문이다."

유머를 통해 생각해보자. 결혼은 판단력이 부족한 탓이고, 이혼은 인내력의 부족에서 비롯되며, 재혼은 기억력이 부족한 탓이라고 한다. 승자는 왜 동일한 방식을 고수하다가 실패하는가? 기억력의 부족 탓이다. 칼로 흥한 자 칼로 망한다고 하지 않던가? 지난 세월 우리가 세계적으로 부상한 회사를 되짚어보면 금세 이해된다. 전자로 흥한 소니가 전자 때문에 고전한다. 필름으로 흥한 코닥이 필름 때문에 망했다. 생각해보면 섬뜩하다. 휴대폰이든 전자든 필름이든 그것은 인간의 메시지나 욕망을 읽고 전달하는 도구이지 그 자체가 목적이 아니다. 사람을 위한 것이지 그 자체가 가치가 있는 게 아니라는 뜻이다. 그런데 그 도구의 성공에 취해 애초에 무엇을 위한 것이었는지 헷갈린다면 이게 일단 불길한 징후다.

노키아는 휴대폰에 아예 순금까지 박아서 팔기까지 했다. 금테 두른다고 본질이 바뀌는 게 아니다. 지금 복기해보면 아예 망하려고 작정한 것이 아니라면 그런 것까지 해서는 안 되었다. 도구 그 자체가 목적이 되기 때문이다. 노키아는 원래의 목적을 잃고 가지 말아야 할 길에 들어선 것이다. 아이폰이라는 새로운 도구가 나오면서 휴대폰의 존재가치는 재정립되었다. 휴대폰의 본질은 무엇을 위한 것인가? 소통을 위한 것이다. 문자나 통화를 통해 더 빨리 사람들과 접하는 소통의 매개체. 휴대폰 그 자체가 좋으면 뭐 하겠는가? 통화 외에 궁금한 것을 즉시 해결해주는 것이 나왔는데. 좋은 도구를 가졌던 노키아의 쇠락은 본질을 놓쳐 생긴 결과다.

동일한 방법으로 승리는 반복되지 않는다

'도도새의 비극'이란 말이 있다. 도도새는 사방에 먹이가 널려 날갯짓을 잊어버릴 정도로 태평성대를 누리다 갑작스러운 환경변화에 멸종한 새다. 어느 조직이든 도도새가 되지 않기 위해 위기의식을 갖고 더 나은 제품과 서비스를 제공하는 조직으로 끊임없이 진화해야 한다.

『뉴욕타임스』는 디지털 시대의 인터넷매체에 대응하기 위한 최근 자체 혁신보고서에서 준엄한 자기반성부터 했다. "우리는 세계 최고의 뉴스를 쉴 새 없이 만들어내고 있지만 사실 게을러서 그런지 모른다. 가장 편하고 익숙한 일만 하기 때문이다." 『뉴욕타임스』는 8명의 젊은 기자가 6개월 동안 사내외 기자와 전문가들을 인터뷰한 뒤 혁신보고서를 제출했다. 결론은 인터넷에 새로운 서비스를 부가하는 단순 작업이 아니라 『뉴욕타임스』의 핵심이고 본질인 신문 그 자체를 바꾸지 않으면 안 된다는 것이었다. 세계최고도 생존을 위해 혁신을 고민하고 있는 것이다.

전승불복戰勝不復, 전쟁뿐만 아니라 기업 비즈니스에서도 영원한 것은 없다. 동일한 방법으로 승리는 반복되지 않기에 새로운 환경에서는 전과 같은 방법으로 성공할 수가 없다. 패러다임 자체가 변화하는 세상에서는 당연히 새로운 발상이 요구된다. 이것이 바로 일급리더들이 강조하는 위기의식의 실체다.

동일한 방법으로 승리를 도모하다 실패한 스페인 축구. 경로의존성의 덫에 걸린 것이다. 스탠퍼드 대학의 교수인 폴 데이비드와 브라이언 아서가 말한 '경로의존성path dependency'은 경로의존의 덫에 한번 사로잡히면 나중에 그 경로가 비효율적이라는 사실을 알고도 여전히 그 경로를 벗어나지 못한다는 이론이다.

2014 브라질 월드컵에서 일어난 일이다. "황금기 이후의 암흑기는 생각보다 빨리 온다"며 일찌감치 스페인의 몰락을 예견한 이영표 해설위원. 축구의 세계에서는 종종 최고의 팀이 급작스레 추락하는 일이 많다는 역사적 사례와 스페인 축구에 대해 이미 많은 나라가 익숙하다는 자신의 분석을 보태 결과를 예측한 것이다.

"무슨 일이 벌어진 것인지 모르겠다. 생각할 시간이 필요하다."

보스케 스페인 감독은 넋이 반쯤 나간 사람 같았다. 월드컵 B조 예선 2차전에서 칠레에 2-0으로 패한 직후였다. 네덜란드전 5-1 대패에 이은 2연패로 2014 브라질 월드컵에서 가장 먼저 탈락이 확정되는 치욕의 순간. 외신들은 '왕은 죽었다' '몰락하는 무적함대, 스페인 시대는 이제 저물었다'며 탈락을 송신했다.

스페인감독이나 팬들 그 누구도 스페인이 탈락할 줄 몰랐다. 축구의 세계에도 영원한 강팀은 없다. 가장 혁신적이었던 스페인의 티키타카 전법. 탁구처럼 짧고 빠른 패스로 경기를 풀어가면서도 동시에 강한 압박으로 수비를 수행함으로써 상대방을 당황하게 만드는 전법이었다. 여기에 높은 기술력과 체력까지 갖추어 2008년 유럽축구선수권 우승, 2012년 유럽축구선수권 우승에 이르기까지 그야말로 무적이었다. 하지만 어느새 영원할 것 같았던 스페인의 티키타카 전술은 낡은 전술로 변해 있었다. 상대방은 스페인축구의 빠른 리듬과 흐름에 익숙해져 아무도 허둥대지 않았다. 3연속 메이저 우승을 한 멤버들은 새로운 피가 수혈되지 않아 노쇠해진데다 똑같은 전술은 더 이상 통하지 않았다. 그렇게 스페인의 절대 패권은 사라져갔다. 또 한 번 영원한 것이 없다는 것을 깨닫게 한다. 변화를 두려워한 죄가 스포츠에도 적용된다. 결국 정상에 올랐던 모든 것들은 영원한 것처럼 보일지라도 결국 쇠락하고 만다. 세상에 절대적 정답은 존재하지 않는다.

영화 「대부」에서 알파치노가 한 말을 기억했더라면 이런 참변은 없었을 것이다. "네 친구들을 가까이 두어라. 하지만 네 적들을 더 가까이 두어라keep your friends close, but your enemies closer."

모든 것을 난기류에 적합하게 만들어라

살아 꿈틀거리는 현실에서 적은 나를 지켜주는 방패요, 나를 보호해주는 강력한 보호막이 될 수 있다. 적에 대한 경계를 늦추지 않고 능동적으로 정보를 수집해야 나를 지킬 수 있는 것이다. 류성룡이 『징비록』을 통해 우리에게 경고하는 것은 적(일본)을 경계하기는커녕 적을 깔보고 무시하며 정보 수집을 게을리 하다 발생한 임진란 같은 불행한 역사를 두 번 다시 반복되지 않게 하라는 것이다. 조선은 '적을 더 가까이' 두고 일본을 현미경처럼 들여다보지 못한 탓에 눈 뻔히 뜨고 있는데 코 베어간 꼴처럼 백주 대낮에 치욕을 당했다. '적을 더 가까이 한' 리더는 링컨이다. 링컨은 애송이 촌놈이라며 자신을 비하하고 반대하는 사람들을 내각에 기용했다. 링컨의 내각은 여야의 다양한 파벌의 지도자와 경쟁자까지 포함한 연합내각이었다. 링컨은 이들의 지혜와 역량을 이끌어내 상호간의 견제와 균형을 이루면서 국민을 위한 정책을 만들어낸 것이다.

리더가 내부의 반대세력을 포용할 수 없으면 바깥으로 시선을 돌리기도 쉽지 않다. 내외부 비판자들에게 우리 자신을 열어두고 물어보라. 현재 동향과 새로운 경쟁자와 우리가 해결해야 할 문제에 대해 말이다. 비판자들은 친구들이 알려주지 않는 교훈과 아이디어를 줄 수 있다. 우리가 스스로를 적 앞에 노출시킬 때 우리의 감각과 의지는 눈부시게 예리해질 것이다. 친구를 가까이하는 것은 상식의 영역이고 적을 더 가까이하는 것은 지혜의 영역이다. 당신은 지금 내 편을 가까이 두고 있는가? 적을 더 가까이 두고 있는가?

　발효리더는 조직 바깥을 본다. 고객들 생각이 어떻게 바뀌는지, 기술이 어떻게 변하는지를 알아야 새로운 기회를 찾을 수 있다. 우물 안에만 몰두한 나머지 세상의 변화를 인지하지 못하는 우를 범해서는 안 된다. 외부환경이 난기류 상태일 때 다시 과거와 같이 평온해지기를 기다리지 말고 조직이든 스타일이든 모든 것을 난기류에 적합하게 만들어야 한다. 난기류 같은 환경변화, 잠깐 멈춰서 나를 성찰해야 하는 시간이다. 떨어져 있는 점들을 서로 연결하고 더 폭넓은 관점에서 끊임없이 밀려오는 변화에 우리 비전과 전략을 맞춰야 한다.

　우리는 하루하루 미래와 전쟁 중이다. 눈 깜짝할 사이에 경쟁자도 아니었던 변방에서 누군가 어느새 치고 올라와 우리를 코너로 몰아넣을 수도 있다. 리더인 당신은 과거가 아니라 미래의 사람이 되어야 한다. 세븐일레븐의 스즈키 도시후미 회장이 가장 강조하는 말이 이것이다. "성공하고 싶으면 성공기억 상실증에 걸릴 줄 알아야 한다. 과거의 영광에 머무르는 사람에게 기다리는 건 미래의 실패뿐이다."

스타일을 파악하라
Style

자기자신을 알지 못하면 비극을 초래할 수 있다

『군주론』을 통해 '비르투(virtus : 재능, 역량, 능력)'라는 '탁월함의 가치'를 깊이 신봉했던 마키아벨리는 용병대장 카스툴루초를 통해 '포르투나(fortuna : 운, 운명)의 냉혹함'에 대한 통찰을 얻고 카스툴루초의 생애를 책으로 남긴다.

- 주저하지 말고 운명에 맞서라. 탁월함을 추구하고 용기 있게 살라. – 비르투의 삶
- 하지만 자신의 능력부족이 아닌, 불가항력에 의해 날개를 꺾일 수도 있다. – 포르투나의 힘

모든 조직은 인간과 마찬가지로 생성과 소멸, 확장과 수축의 순환을 갖는다. 마키아벨리는 누구도 쇠퇴와 몰락이라는 운명의 수레바퀴를 되돌릴 수 없다는 사실을 새삼 깨닫는다. 영웅의 등장과 몰락은 다름 아닌 운명의 심술궂은 여신 포르투나의 장난이라는 사실

을! 우리는 영웅 카스툴루초조차 포르투나의 힘에 의해 갑자기 죽게 되는 것을 보면서 어떻게 삶을 헤쳐 나가야 하는지를 성찰하게 만든다. 그는 카스툴루초의 생애를 빌어 자신이 꼭 남기고 싶었던 유언 같은 메시지를 남긴다.

"탁월함을 추구하되 냉혹한 운명의 힘을 항상 잊지 마라."

카스툴루초, 그의 이름을 부를 때마다 그가 느꼈을 가슴의 통증과 내면의 황량한 풍경이 나에게 전해져온다. 사생아로 태어나 부단한 노력으로 세상에 도전장을 던졌으나 끝내 불운했던 한 사내의 아픔과 세상은 실력보다 행운이 더 좋은 결과를 나을 수도 있다는 사실이. 그가 공기처럼 들이마시고 숨결처럼 내뱉는 회한 속에서 인생의 부조리를 읽는다. 그가 남긴 메시지의 진정한 의미는 무엇인가.

카스툴루초는 태어나자마자 포도밭에 버려졌으나 한 신부에 의해 구해진다. 비록 출발은 비참했으나 그는 절제력과 용기를 가진 멋진 젊은이로 성장한다. 이탈리아 중북부 지역인 '루카'의 용병대장이 재능을 알아보고 후계자로 삼는다. 세상을 떠나면서 그는 자신의 아들을 카스툴루초에게 맡긴다. 오늘날도 그렇지만 용병은 곧 돈이라는 등식이 성립될 정도로 돈에 죽고 돈에 사는 존재다. 그 당시 용병대장은 돈이면 친구도 적으로 만들 수 있을 만큼 신의를 털끝만큼도 여기지 않는 존재였다. 하지만 카스툴루초는 신의를 중시하고 뛰어난 전략과 헌신을 통해 탁월한 성과를 만들어내는 일급리더였다.

그가 얼마나 뛰어난 리더인가를 두 가지 측면에서 보면 첫째는 성과다. 그는 황제파와 교황파가 나눠진 혼란한 시기에 피사 등 경쟁도시를 누르고 수많은 전투를 승리로 이끌어내며 탁월한 성과를 만들어냈다. 둘째는 신의다. '결혼하지 않겠다'는 그의 일관된 고집에 사람들은 모두 놀랐다. 그로서는 용병대장의 후계자로 발탁될 때부터 결혼하지 않겠다고 생각했던 모양이다.

'이 자리를 은인의 혈통에게 넘겨주리라.'

사생아로 태어나 용병대장의 후계자가 되고 이제는 어느 정도 영토를 가진 리더였기 때문에 보통사람 같으면 자신의 혈통에게 상속시키려 할 것이다. 한번 잡은 이 행운의 자리를 다른 사람에게 물려주지 않으려는 것이 당연한 생각이다. 그럼에도 카스툴루초는 이 유혹을 뿌리쳤다. 비록 사생아로 태어나 핏줄 하나 남기지 못한다 하더라도, 운명과 맞서 싸우며 탁월함(비르투)의 삶을 지향했다.

카스툴루초는 죽을 때까지 결혼을 하지 않고 은인의 아들인 양자에게 모든 것을 물려주었다. 신의를 중시함으로써 카스툴루초는 빛나는 별 중의 별, 스타가 된 것이다. 하지만 부조리극의 한 장면처럼 가혹한 운명의 여신에게 버림받는 일이 일어난다. 운명의 힘을 강조하기에는 너무 시시한 영웅의 추락이었다. 카스툴루초는 불리한 상황에서 대승을 거둔 뒤, 전투를 마치고 돌아오는 병사들을 격려하기 위해 말 위에서 기다리다 모기에 물린 뒤 어이없이 말라리아에 걸려 혼수상태에 빠진다. 마키아벨리는 예리한 눈으로 포르투나의 무서운 힘을 발견했다. 그는 체사레 보르자를 통해 그 깨달음을 언급했다. 『군주론』에 실질적 영감을 주었던, 또 다른 영웅인 체사레 보르자도 카스툴루초처럼 활동의 절정기에 모기에 의해 순식간에 몰락의 길로 접어든 인물이다. 두 영웅 모두 포르투나에 의해 버림을 받은 것이다. 마키아벨리는 체사레의 몰락을 안타까워하며 포르투나의 엄청난 파괴력에 대해 다음과 같이 말한다.

"그래도 현재까지는 하느님이 한 인물, 즉 체사레 보르자에게 이탈리아의 속죄를 명한 것처럼 한 줄기 서광이 비친 것처럼 보였을 때도 있었다. 그러나 안타깝게도 그는 활동의 절정기에 포르투나에 의해 버림을 받았다."[20]

체사레는 이탈리아가 통일국가로 재탄생하기 위해 '하늘이 내려준 한 줄기 서광 같은 존재'였다. 하지만 어떠한 영웅도 포르투나에게 버림을 받게 되면 그 운명을 피할 수 없는 것이다. 카스툴루초 역시 전쟁에 진 것도 아니고 부하들에게 배신당한 것도 아니고 순전히 모기 한 마리 때문에 죽게 될 운명이라는 것은 알지 못했다. 카스툴루초는 양아들에게 커다란 기반을 남겨줌과 동시에 잠재된 위기국면을 강조하며 마지막 유언을 남긴다.

"나는 용기를 가지고 포르투나를 제압하려 했다. 나는 맨손으로 루카를 차지했고, 피사와 피스토이아도 정복했고, 네게 나라를 물려줄 만큼 비르투의 삶을 살았다고 자부한다. 그러나 너는 네가 가지고 있는 영혼의 힘과 너의 나라를 잘 파악해라. 만약 네가 전쟁을 치르기에 적합한 인물이 아니라면 평화의 방법으로 나라를 다스려라."

혼란한 시대에 자기 자신을 알지 못하면 비극을 초래할 수 있음을 강조한 것이다. 리더가 자신의 스타일을 성찰하고 스스로의 한계와 가능성을 먼저 아는 것, 이것이 가장 중요한 일임을 카스툴루초는 말하고 싶었던 것이다. 아니, 이것은 마키아벨리가 사실史實을 떠나 자신의 생각을 반영한 것이라 하더라도 마지막 독백은 몇 번이고 음미해볼 필요가 있다. '나는 전쟁의 방식에 적합한가, 평화의 방법에 어울리는가. 나는 어떤 스타일인가?'

인간 내면, 그 알 수 없는 하나의 수수께끼

급류를 헤치고 살인적인 경쟁을 거쳐 용문에 오른 리더들. 용이 된 다음 하고 싶은 것이 무엇인가?

'나는 용이고 너희는 지렁이다. 나는 다른 존재다. 억울하면 출세해라.'

이런 하찮은 경지를 위해 용이 되려고 수많은 날들을 몸부림치면서 노력한 것인가? 용이 되기 위해 온통 정신을 팔다가도 막상 용이 되어서 길을 잃어버리는 리더들이 많다. '그 자리'가 탐난 것이지 '그 자리' 너머를 향한 꿈이 없는 것이다.

내가 겪은 용들의 세계에서는 독특한 개성의 소유자들이 외로움에 떨며 가망 없는 인정을 갈망했다. 오만할 정도의 강한 자존심, 완벽주의자, 범접하기 힘든 성격, 속사포, 위엄 있는 대범함, 개떡 같은 성질에 주눅 들게 하는 깐깐함, 날카로운 레이저 광선을 쏟아내는 갈매기, 타고난 승부사, 조울증 환자, 질긴 생명력 그리고 나를 따르지 않는 자를 제거하는 킬링필드의 세계. 상습적인 개입자, 영감의 원천, 극장의 우상, 쇼의 왕(쇼킹shocking). 이 모두가 바로 리더의 얼굴로 그 깊숙한 곳에는 복잡한 모순을 안고 있다.

인간의 내면은 너무 복잡해 그 속에 뭐가 들어 있는지 알 수 없는 블랙박스와 같다. "나는 나 자신이 알 수 없는 하나의 수수께끼였다"는 아우구스티누스의 고백처럼 내 속에 여러 모습이 투영되어 백변천화를 만들어낸다. 밝음과 어두움, 영민함과 어리석음이 공존하는 세계. 정말로 서글픈 현실이지만, "인간은 권력을 가지면 가질수록 그것을 사용하는 방법이 서툴기만 해 그것으로 점점 더 남이 참기 어려운 존재가 된다."[21] 내가 겪은 리더들의 스타일은 다양하다.

A 타입 : 존경받기를 갈망하는 외로운 늑대. 칼이 손에 쥐어지자 고약한 성격을 노골적으로 드러내고, 그 자리에 오른 것만으로 존

경심을 강요하고, 존경심을 표하지 않는 자는 어둠 속으로 내던져 춥고 배고프게 만들어버리는 존재

B 타입 : 하나만 보아도 열을 아는 분석력을 지닌 독수리, 엄격하고 지혜로워 보이면서 대담한 그 무엇인가가 있는 존재. 심연의 섬 같고 알 수 없는 넓이를 가진 듯한 존재.

C 타입 : 생존만 할 수 있다면 어떠한 일도 가리지 않는 하이에나. 가혹하면서 빠르고 엄격해 그가 지나는 곳마다 시체가 뒹군다. 심리전에 능해 인간의 약점을 공략해 자신의 의도대로 몰고 가 목적을 달성하는 존재.

A, B, C의 리더십이 다른 것은 각자의 경험과 인식이 달라 그것이 태도와 가치관에 반영된 탓이다. 경험, 그중에서도 강렬한 체험이 리더의 현재 스타일을 결정짓는 데 아주 중요한 역할을 한다. 물론 체험은 양이 아닌 질이고 그 질은 해석의 문제로 귀결된다. 리더를 지금의 자리로 승진시킨 것은 그의 업무 스타일과 실적이다. 특별한 계기가 없다면 이 성공 경험을 바꾸긴 쉽지 않을 것이다. A와 B처럼 구성원들을 바라보는 관점이 서로 다르다. 때로는 그 관점이 합쳐진 적도 있고, 때로는 강하게 충돌한 적도 있지만, 대부분 한쪽으로 치우쳐 각자 스타일대로 구성원들에게 적용된다. 다만 회사라는 조직은 성과를 내는 리더가 부하를 고약하게 다루든 합리적으로 다루든 상관하지 않는다. 세상의 인심이란 성과에 따라 평가하고 판단하기 때문이다.

스티브 잡스에 대한 평가는 시기마다 달랐다. 애플의 성과가 좋았던 초창기에는 '혁명가'였던 것이 한때는 하버드 비즈니스 스쿨의 대표적 실패사례로 성격적인 결함을 가진 '미숙아, 편집광'으로 바

뀌더니 지금은 시대를 변화시킨 '카리스마를 가진 풍운아' '천재'로 바뀌었다. 실제 스티브 잡스의 성격이 이렇게 롤러코스트를 탈 정도로 수시로 변한 것은 아니지 않는가.

선수 스타일을 알면 경기 예측이 가능하다

그렇다면 스타일이란 무엇인가? 스타일은 라틴어 스틸루스stilus에서 왔는데 원래의 뜻은 '납판에 문자를 쓰는 철필'이다. 처음에는 문체의 의미로 쓰이다 점차 확대되어 예술적인 표현방식, 더 나아가 특정한 격식과 질서의 의미로 발전했다. 복싱에서는 'Styles make fights'라는 말이 있다. 경기의 양상을 결정짓는 것은 선수의 스타일이라는 뜻이다. 맞붙는 두 선수의 스타일을 구체적으로 파악하게 되면 경기 예측이 가능해진다. 하지만 스타일을 알아내는 것은 그 선수의 전체를 조망하는 폭넓은 시각과 디테일을 파고드는 집요함이 필요한 일이기에 전문가의 영역에 속한다. 리더십에서 스타일이란 밖으로 드러나는 형식이자 그 형식을 만드는 내적인 구성 원리이고 그 둘의 연결 방식까지 포함한다. 다시 말해 스타일은 리더가 살아온 방식들, 내면에 쌓인 경험의 질과 양, 욕망과 취향 그리고 그것이 나타나는 방식까지 포함하는 종합적인 것이다.

당신의 스타일을 아는 것이 무엇보다 중요하다. 리더는 안과 밖의 많은 사람들과 끊임없이 상호작용한다. 이 상호작용은 다른 어떤 요소보다 스타일과 밀접하게 연결되어 있다. 스타일은 사람들과 만나면서 부대끼고 세상을 경험하면서 '이것이다'라는 것들이 각자의 마음속에 제법 실하게 뿌리내린 나무요, 일머리가 트일 무렵 움튼 욕망의 그림자다. 그러므로 리더가 편견과 선입견이 강한 스타일이라면, 구성원들과 공감이 어려워지고 조직의 발전을 위한 객관적인 판단을 내릴 수 없게 된다. 당신의 스타일이 평소에 어떠한 상황에서 어떠한 모습으로 나타나는지, 일을 수행할 때는 어떠한지, 타인에게 어떤 방식으로 영향을 미치는지를 면밀히 살펴야 한다. 이것은 스스로를 객관화하기 위함이다.

현재 나의 스타일은 내가 좋아하는 취향과 경험과 지식과 그동안 선배들로부터 받은 영향과 충고 같은 것들이 섞여서 만들어진, 그야말로 짬뽕이다. 문제는 이 짬뽕스타일이 현실에서 엄청난 영향을 미친다는 사실이다. 한 개인의 독특한 스타일은 그 시기를 살아가는 개인의 경험과 정서에 의해 총체적인 패턴을 만들어내면서 구조화된다. 리더의 스타일 역시 중요하다고 생각하는 가치들의 결정체라 볼 수 있다.

스타일은 리더의 생각, 지향점, 정서, 감정, 역량, 경험의 영향에서 벗어날 수 없는 탓에 똑같은 사안에도 다른 형태로 나타난다. 단지 위로 오르면 오를수록 사다리는 좁아지고 그 사이에 초식성 리더는 다 잡아 먹히고 맹수형 리더만이 살아남는다. 협력의 가치보다는 자기 생존에만 몰두하고 남의 피를 흘려서라도 성공하려고 하는 냉혈한이 득세한다. 리더를 이해하고 알아간다는 것은 참 힘든 일이다. 하지만 파악하기 힘들다고 해서 내가 만난 리더들의 스타일과 그로 인한 영향을 알려는 노력을 멈춰서는 안 된다. 리더의 블랙박스를 해독하려는 노력은 곧 다가올 나 자신을 보는 일이기에 끊임없이 살피고 파악해야 한다. 마치 자동차로 서울에서 출발해 부산을 가려고 할 때, 천안의 교통상황은 현재지만 나에게는 1시간 뒤의 미래가 된다. 앞서간 선배의 과거나 현재는 내가 겪을 가깝고 먼 미래다.

모든 상황에 맞게 대응할 수 있는 스타일은 존재하지 않는다. 실제로 정답이 없는 세계다. 단지 상황에 맞게 좀 더 나아지고 좀 더 달라져야 한다. 스타일론의 본질은 일과 사람이라는 두 가지 기초 위에서 다음과 같이 과제와 문제점을 파악한 후 유연하고 효과적으로 대응하는 것이다.

첫째, 리더인 당신에게 주어진 시대적, 상황적 과제는 무엇인가?

둘째, 이 과제를 수행하기 위해 현재의 조직목적이나 구성원들의 의식이 현 상태로 괜찮은가 어떤가를 재점검하라. 괜찮지 않다면 이것을 어떻게 개혁해 앞으로 나아갈 것인가?

셋째, 이 과제를 성공적으로 해결하기 위해서는 어떤 스타일의 리더십이 필요한가?

무언가를 성취하고 싶은 리더는 그것이 큰 과업일수록 자신이 살고 있는 시대적 과제와 그 과제를 함께 해결해야 할 구성원들을 파악해 스스로를 그것에 맞추지 않으면 안 된다. 따라서 현장에서 이뤄지는 스타일의 양상을 직시하지 않는 리더는 현재 가진 것을 지키기는커녕 모든 것을 잃어버릴 수밖에 없다. 왜냐하면 자신의 스타일이 어떤지, 개선이 필요한지도 모르는 자가 정글 같은 세상 속에서 파멸하지 않는 사례는 찾기 어렵기 때문이다. 그러므로 자기 몸을 보전하고자 하는 리더는 반드시 자신의 스타일을 파악해 필요에 따라 그에 적합한 대응 방법도 터득해야 한다.

첫 장에서 줄곧 얘기한 환경변화를 읽는 힘을 갖는 것도 바로 리더의 시대적 과제를 찾기 위한 여정이다. 어설프게 이름만 바꾸는 신장개업만으로는 이 요구를 감당할 수 없다. 이 과제를 감당하기 위해서는 전혀 다른 리더십, 운영방식, 인적구성의 변화가 필요하다. 시대적 과제를 정확히 인식하고 과거와는 다른 방식으로 대처해야 하며, 구성원들의 생각과 에너지를 한 군데로 모아야만 가능하다. 이런 조건을 확보하지 못하면 과제를 달성할 가능성이 희박해지고, 요행이 달성했다 하더라도 지속되기는 어렵다.

광고인 박웅현은 저서 『여덟 단어』에서 이렇게 말한다.[22] "인생은 개인의 노력과 재능이라는 씨줄과 시대의 흐름, 시대정신, 운이라는 날줄이 합쳐져 직조된다. 하지만 많은 사람들이 나의 의지와 노력과 재능이라는 씨줄만 놓고 미래를 기다린다. 치고 들어오는 날줄의 모양새는 생각도 안 하고 말이다."

요즘처럼 호락호락하지 않는 날줄은 우리의 통제 밖에 있어 적절하게 대응하는 것이 쉽지 않다. 삶은 누구도 예측할 수 없다. 나의 스타일을 상황에 맞게 유연하게 바꾸는 게 중요하다. 그러기 위해서는 나도 알고 남도 알아야 하지만, 사실 '내 안의 나'도 잘 모르면서 내 바깥의 '사람'과 '세상'을 어찌 알 수 있을까. 그래서 인생의 씨줄과 날줄이 엉성해지는 것이다. 이 엉성한 옷감으로 급변하는 시대의 한파를 어찌 막겠는가.

그래서 마키아벨리는 환경의 변화에 맞추어 자기 스타일(삶의 방식)을 바꾸어나갈 수 있을 만큼 현명한 사람은 그리 많지 않다고 갈파한다. 왜냐하면 인간이란 타고난 성향을 좀처럼 벗어나기가 힘들기 때문이다. "지금까지 줄곧 성공한 방식을 바꾸려면 상당한 용기가 필요하다"며 그는 다음과 같이 말한다.[23]

"운명은 변화한다. 인간이 자기 나름의 방법을 지속할 때, 그것이 시류와 합치하는 동안은 잘 되어나간다. 하지만 시대의 흐름에 부응하지 않게 되면 실패하는 수밖에 없다. 나는 분명하게 말한다. 신중하기보다는 과감한 편이 낫다. 왜냐하면 운명의 신은 여신이라 그녀에 대해 주도권을 난폭하게 다룰 필요가 있는 것이다. 운명은 역량이 모자라는 자에게 보다 강하게 그 힘을 발휘한다."

새롭지 않다면 리더를 기다리고 있는 것은 죽음뿐

인간이라는 존재는 한 가지 야심이 채워지면 곧바로 더 큰 야심에 사로잡히는 속성을 갖고 있다. 어떤 압력이나 어쩔 수 없는 상황이 아니라면 리더들은 스스로 자신을 돌아보고 시대에 맞는 스타일을 구축하기 위해 노력하지 않는다. 하지만 한 단계 도약하려고 하는 리더는 무엇보다 먼저 준비를 철저히 해야 한다. 기회가 온 다음 준비를 시작해서는 이미 때가 늦다.

문제는 '어떻게 리더가 새로운 스타일로 재창조하는 것이 절대적으로 필요하다고 느끼게 할 수 있을까?'다. '리더가 변해야 한다'고 아무리 강조해도 인간이란 꼭 필요하지 않으면 자신의 스타일을 바

꿀 생각조차 하지 않는다. 그래서 에펠탑 모델을 통해 직관적으로 깨닫고 실천할 수 있도록 고안한 것이다. 물리학자 제럴드 홀튼의 말처럼 '은유는 미지의 세계로 가는 유일한 다리'이기에 에펠탑의 이미지로 스타일의 재창조에 대한 필요성을 절실히 깨닫기 바란다. 기본 모형을 먼저 설명하고 자세한 사례로 이어가겠다. 실제 에펠탑 건설공사와 유사해 에펠탑 모델이라 명명한 것이다.

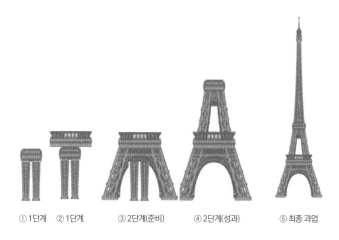

① 1단계　② 1단계　　③ 2단계(준비)　　④ 2단계(성과)　　⑤ 최종 과업

　1) 기존 리더십 스타일(네모진 기둥, 그림 ①)로 탑을 쌓듯 성과(그림 ②)를 낸다. (1단계)

　2) 이 스타일을 계속 유지해 탑을 올리려 하나 한계에 봉착한다.

　어떤 리더는 기존 스타일이라는 경직된 박스에 새로운 상황을 억지로 구겨 넣는다. 기존 스타일을 지키려고 할수록 상황은 점점 악화된다. 기존 리더십 스타일의 한계 효용이 제로가 되어 걸림돌로 작용한다. 또 다른 리더는 자기중심에 똬리를 튼 과거 스타일과 결별하려고 노력한다. 내면에는 많은 혼란이 잠복된 채. 세상에 새로운 패러다임은 장례식을 치러가면서 받아들인다고 하지 않던가.

3) 불가피하게 새로운 리더십 스타일로 보강(측면의 새로운 기둥, 그림 ③)한 후 2단계의 탑(그림 ④)을 올린다. 주목할 만한 점은, 최초의 스타일, 탑의 1단계 부분(그림 ③의 붉은 원)은 불필요해졌으므로 철거해야 한다. 그림 ④를 보면 하단부에 1단계의 기둥이 없고 측면부만 남아 있다. 물론 사람은 건설공사처럼 기존 스타일을 모두 버릴 수는 없다. 다만 기존 스타일, 기존 성공모델에 대한 의존도를 최소화하고 새로운 스타일로 보강하는 것으로 이해해야 한다.

'나를 위한 기념비'를 허물어라
이제 리더십으로 눈을 돌려 리더의 인식 속에 있는 문제점을 들여다보면 다음과 같다.

- 문제 1 : 리더가 그림 ①, ②처럼 기존에 성공한 모델을 버리지 못하고 오히려 계속 강화한다. 기존 스타일을 다 버릴 수는 없지만 최소한 강화시켜서는 안 된다.
- 문제 2 : 리더십 스타일도 유효기간이 있다는 사실을 알지 못한다.
- 문제 3 : 새로운 리더십(그림 ③)을 보강할 생각을 하지 못한다.

위 문제들은 리더 내면의 인식 문제라 블랙박스처럼 아예 보이지 않는다. 외부환경 변화와 리더에게 부여된 과업(그림 ⑤)을 간과한 채 기존 리더십(그림 ①)으로 대응할 때 과업을 달성할 수가 없다. 지금부터 다양한 사례를 통해 상세하고 세부적인 설명을 할 것이다. 많은 사례로 인해 반복적인 느낌이 들 것이나 조금만 참아주면 당신에게 큰 기쁨이 될 것이다. 눈높이에 따라 깨달음의 차원이 달라지고, 나를 제대로 보는 특수인식능력을 얻게 되어 당신의 삶이 위태롭지 않게 될 것이다. 내가 생각하기에 여기에서 얻을 수 있는 교훈은 보편적이기 때문이다.

〈문제 1〉 리더가 그림①, ②처럼 기존에 성공한 모델을 버리지 못하고 오히려 강화한다.

리더가 기존 리더십 스타일을 통해 1단계의 탑을 쌓는 성과를 내었다. 1단계를 이루고 난 후 리더들은 각기 다른 종류의 기념탑을 마음속에 세운다.

A. 내가 성과를 냈다. 나만이 가능한 일이다. – 나를 위한 기념비를 세운다.
B. 다른 사람의 도움이 컸다. 더 준비하고 노력해야겠다. – 새로운 리더십 탐구

대부분의 리더는 '나를 위한 기념비'를 세운다. 그것이 인간의 본성이기에. 그리고 마음속으로 깊게 다짐한다. '이제 1단계와 동일한 방법으로 2단계. 3단계의 탑을 쌓으리라. 내게 더 큰 권한만 주어지면 나머지는 식은 죽 먹기다.'
1단계의 성과를 반복적으로 경험하면서 마치 성공 공식 같은 스

타일로 굳어진다. 1단계의 리더십이 문제가 되는 것은 아이러니컬하게도 1단계를 성공적으로 쌓았다는 반증이다. 리더십이 잘 작동해서, 다시 말해 성공했기에 생기는 문제다. 한신이 토사구팽을 당한 것도 이순신 장군이 백의종군을 하게 된 것도 실력이 있고 성과를 냈기 때문이다.

당 현종의 치세 초기의 뛰어난 명재상 요숭과 송경은 시대의 과제를 잘 성공시켰고, 바로 그 성공으로 인해 버림을 받았다. 승진하는 날이 오히려 물러날 날을 재촉하는 소환장일 줄이야. 그런데 인간은 실패에서 생기는 문제는 고칠 수가 있으나 성공에서 생긴 문제는 고치기가 쉽지 않다. 지혜와 역량을 갖춰 승승장구한 자가 장량(유방을 도와 한나라를 세운 일등공신. 나라를 세운 후 스스로 권력의 자리에서 물러나 나중에 유방이 한신 등 공신들을 처단할 때 화를 면하고 장가계에서 은둔했다고 알려짐)의 깨달음마저 갖추기를 바란다는 것은 무리다.

꿈에도 못 잊을 정도로 원하던 큰 공을 세우고 적시에 물러나기! 세상에서 자기의 시대가 언제인지 잘 아는 것처럼 어려운 게 또 있던가. 쉽게 깨닫기 어려운 것을 깨닫는 자가 진짜 현명하다. 이것이 세상사의 지혜이고 서글픈 도리라고 해야 할까. 그러나 기존 스타일을 계속 적용하다 보면 언젠가는 어려운 상황에 직면하게 된다. 첫 반응은 내 스타일의 문제가 아니라고 부정하는 것이다. 이런 상황에서 사람들이 대개 그렇듯이, 리더는 용감하게 자신의 스타일에 상황을 억지로 구겨 넣고 결연하게 의지를 표출한다.

"이번이 다시 일으켜 세울 수 있는 마지막 골든타임이다. 이 시기를 놓치면 우리는 회복하기 힘들다."

절실하고 절절하게 반복적으로 강조하며 배수진을 친다. 하지만 곧 교착상태에 빠지게 되면서 말은 점점 거칠어진다. 막다른 길에서도 돌아 나올 수 있는 시간이 있었는데도 고집을 부리다 그만 '길 없는 길'에서 서성이고 있는 것이다. 마치 산을 오르다 '등산로 폐쇄'라는 팻말을 발견했을 때의 막막함같이. 시간이 많이 있다 하더라도 오랜 동안 퍼즐이 풀리지 않으면 반드시 위기를 맞는다. 어떻게 위기를 벗어나야 할까?

1단계 네모진 기둥의 한계를 인식하고 둥근 원처럼 사방 측면에 기둥을 보강해야 한다. 그래도 여전히 이해가 잘 안 갈 것이다. 실패한 자가 절치부심하며 치열하게 보강하고 열심히 수선해야 할 필요성은 충분히 이해가 가지만, 승리자가 기존 모델을 버리거나 보강해야 한다는 것은 이해하기 힘들다. 자신을 성공시킨 1단계의 리더십을 어떻게 버린단 말인가? 그리고 왜 버리거나 축소해야 한단 말인가. 오히려 강화해야 하는 것 아닌가. 우리에게 장점이던 것이 우리의 발목을 잡는다. 하지만 장점이라는 특질은 단점의 다른 면일 가능성이 높다. 단점을 억지로 고치려 들면, 장점이 약화되는 것을 볼 수 있지 않던가. 상황에 따라 조직의 규모에 따라 리더십의 요소는 달라져야 함에도 막다른 골목에 도달할 때까지 기존 스타일을 끝까지 고수하다 '이게 아닌데' 하고 깨닫는 순간, 리더의 자리도 함께 사라진다.

이와 관련해 강준만 교수는 '왜 장관들은 물러날 때쯤에서야 업무를 파악하게 되는가?'라는, 제목만으로도 내용이 드러나는 재미난 칼럼을 썼다. 역할과 자리에 따라 '리더십 암묵지'가 존재하는데 장관에서부터 공기업 사장들은 자리 자체가 벼슬자리로 통하기 때문에 나눠주고 즐기는 데에만 의미를 둘 뿐, 그 직에 필요한 암묵지를 배우려 하지 않아 실패한다는 날카로운 지적을 했다. 어찌 장관들뿐이겠는가.

여기서 우리가 얻는 교훈은 명확하다. 리더가 기존의 성공모델을 버리지 못하면, 잘해야 근근이 생존하는 정도의 가장 낮은 단계의 리더십밖에 발휘할 수 없다.

〈문제 2〉 리더십 스타일도 유효기간이 있다는 사실을 알지 못한다.

1단계 리더십을 계속 고수하면 현상유지는커녕 변질이 되고 결국 자기파멸을 부른다. 모래성을 쌓을 때처럼 어느 정도는 잘 쌓여지다가 한순간 와르르 무너지듯이. 이에 대해 경영 전략의 대가인 리처드 다베니 미국 다트머스대 교수는 피터 드러커와 저녁식사를 하면서 나눴던 대화를 소개한 적이 있다. "만약 신이 당신을 파멸시키고 싶다면, 당신에게 25년의 성공을 보장해줄 것이다. 25년간 성공하면 내 시스템이 최고라고 생각하게 될 것이다. 하지만 '나는 다르다'고 여길 때 추락이 시작된다."[24]

25년도 필요 없다. 10년만 계속 성공해도 우쭐할 것이고 자신의 방식만이 정답이라고 믿지 않겠는가? 한번 생각해보자. 상하로부터 신임을 한 몸에 받고 계획을 수립한 것도 나요, 실행에 옮긴 것도 나요, 성과를 올린 것도 나다. '놀랄 만한 재능의 소유자'라고 사람들은 나를 극찬한다. 능력자인 '나'는 가득 찬 확신으로 일을 해낸다. 또 때로는 사람들과 부딪치며 전진을 서슴지 않는다. 자연히 명예와 부귀를 꿈꾸고 높은 지위와 편안함을 추구하면서 이런 날들이 늘 가득하길 바란다. '앞날이 밝게 빛나리라. 나 외에 누가 있으랴.' 사람들의 칭찬에 익숙해지면서 자신의 공에 스스로 취해 자만의 길로 들어선다.

총명하기 이를 데 없는 나도 인간이지 않겠는가. 성공을 계속하다 보면 자신도 모르게 권력에 중독된다. 예외적인 인간이 있을까. 누구라도 자신의 능력을 과대평가하고 자신의 앞길을 막을 장애가 없다고 느끼게 된다. 이들은 주변의 충고는 무능한 사람들의 질투로 간주하고 무시한다. 하지만 내가 권력을 부린 듯하지만 어느새 권력의 노예가 되어버린다. 신뢰를 한 몸에 받아 권력이 집중되면, 비록 그런 마음이 아니었다 하더라도 초심을 잃게 되고, 결국 주위 인간들에 의해 타락의 길로 접어들게 된다. 비난이 사람을 망치는 게 아니라 칭찬이 사람을 망친다. 칭찬의 속성은 내리사랑으로 아랫사람에게는 자존감을 키워주나, 윗사람을 향하면 아부로 변질되기 쉽다. 리더에 대한 무조건 찬사, 이것이 비극의 시초다.

한때 나는 톱 리더의 유효기간에 대해 관심이 많았다. 초심을 잃지 않고 유지할 수 있는 기간은 얼마나 될 것인가? 윤병철 하나은행전 회장의 인터뷰가 힌트를 주었다. "CEO로서 처음에는 밤새 고민하고 최후의 순간까지 최선을 다했던 결정이 10년쯤 되니까 나도 모르게 매너리즘에 빠지더라. (…중략…) 그게 조직에 피해가 간다는 생각이 들어 2년 정도 준비해서 후임자에게 넘겨줬다."

뛰어나고 현명한 리더라도 10년 정도 성공을 경험하게 되면 자만심이나 매너리즘에 빠지는 게 인간이다. 누구나 성공한 자신의 기존 스타일을 고수하기 위해 극도의 노력을 기울이지 않겠는가. 버틸 수 있는 데까지 버티다가 어느 지점에 가면 리더의 존재 자체가 마이너스가 되는 지점에 도달한다. 그리고 추락한다.

의자왕과 궁예는 바른 마음가짐과 올곧은 태도 그리고 뛰어난 역량까지 가진 리더였다. 그들이 역사의 무대에 등장했을 때 백성들은 무한한 찬사와 기대를 보냈다. 모처럼 신선한 인물이 등장하자 그동안 깔려 있던 어둠이 걷히고 나라는 부강해져갔다. 하지만 부강의 원천이었던 톱 리더의 변질로 인해 백성들은 매우 큰 상처를 받았고 나라는 더 깊은 어둠에 휩싸였다. 초반의 성과가 멋지면 멋질수록 실패는 더더욱 참혹하다. 리더의 성공은 낡은 폐단을 부수는 것도 아니고 새것을 만드는 것도 아니고, 처음의 마음가짐을 어떻게 유지하느냐가 관건이라고 느낄 때가 많다. 인간이란 부족하면 괴로워하고 풍요로우면 따분해 하는 변덕스러운 존재다. 게다가 자신의 능력 이상을 바라는 주변인들 탓에 불만투성이가 되어 폭주하다가 자신의 멸망을 가속화시킨다.

리더십에도 유통기한이 존재한다

미륵으로 자처하며 세상을 구하겠다고 나선 궁예. 처음에는 겸손과 타고난 사명감으로 백성들의 마음을 얻었다. 그는 매우 현명하고 의지가 강한 리더였고, 훈련을 할 때는 선두에서 시범을 보이며 식사 때나 잠잘 때도 항상 군사들과 함께했다. 그는 백성들의 갈채를 받으며 한 걸음 한 걸음 올라 왕이 되었다. 하지만 성공의 정점에서 실패의 싹은 자라기 시작했다. 채 10년도 안 되어 엄청난 성공에 따른 자만감을 끝내 이겨내지 못했다. 변덕에 가까운 그의 통치 스타일은 처음 그가 지녔던 동고동락과 공평무사의 이념과는 거리가 멀었다. 그가 전가의 보도처럼 휘두르던 것이 관심법觀心法인데 사람의 마음을 읽는다는 것이다. 이 신통력은 말년으로 갈수록 악행에 가까운 리더십의 원천이 되면서 그를 사면초가와 고립무원의 곤경에 빠트렸고 끝내 민심의 이반을 불러 백성에게 버림받는다. 모진 인생역정의 풍운아는 갑작스런 종말을 맞게 되고, 그의 시대는 비극으로 끝이 난다.

또 백제의 마지막 왕 의자. 왕위에 오르기 전까지 자신을 최대한 낮추고 사람들과 원만한 관계를 유지해 귀족들 사이에서 흠잡을 데 없는 평판을 받아 해동증자라 불릴 정도였다. 왕위에 오르고 나서도 신라의 40여 개 성을 정복하는 등 연이은 승전고를 울리며 역량을 과시했다. 자신의 역량을 바탕으로 큰일을 이뤄냄으로써 그의 명성은 온 천하에 자자했다. 그러나 성공에 취해 득의만만해하던 그때 그의 마음속에는 소리 없이 위험이 싹트고 있었다. 집권 15년을 넘기면서 자신감이 넘쳐 독단적으로 일을 처리하고 자신의 기분을 맞추는 인물들을 기용하면서 백제는 한 발짝 한 발짝 구렁텅이로 들어갔다. 한번 자제력을 잃으니 다시는 균형감을 찾지 못했다. 애써 이룩했던 찬란한 치세가 급전직하해 700여 년 이어온 백제를 몰락시킨 망국의 주범이 되었다.

지금도 의자왕 하면 삼천궁녀가 생각날 정도로 여자의 치마폭에서 헤어나지 못한 칠칠치 못한 혼군이라는 욕된 이름을 역사에 남겼다. 흑치상지, 복겸 등 백제의 부흥세력이 3년 반 동안 왕성하게 저항한 것에 비해 그는 웅진성에 도피한 지 단 5일 만에 항복하고 말 정도로 자신의 백성들에게 먼저 버림을 받았다. 총명함을 잃고, 자제력을 잃고, 충신을 잃고, 성을 잃고, 백성을 잃고, 결국 나라를 잃어버렸고, 용서할 수 없는 죄인이 되었다. 명석하고 뛰어난 역량과 보잘것없음, 웅혼함과 어리석음, 영광과 치욕. 궁예와 의자는 총명하기 이를 데 없었으나 또한 어리석기 그지없었다.

사람은 참 묘한 동물이다. 남들이 보면 석탄덩어리와 같은 것을 자신은 다이아몬드와 같다고 생각할 때가 종종 있다. 나는 자신이 구축한 리더십 스타일이 그의 앞길에 가장 큰 걸림돌이 된 리더들을 많이 보았다. 마치 자기 스스로 넘어지기 위해 스타일을 콘크리트처럼 단단하게 만들어 '자신만의 스타일'이라는 프레임에 스스로 갇혀 있는 경우가 종종 있다. 이들은 한결같이 과거 경험에 기초해 판단하고 새로운 것을 인정하려 들지 않는다. 자신의 제한된 스타일에 의해서만 사람을 품고 일을 추진하다 보니 보다 큰 차원에서 사물을 보지 못하는 것이다. 눈앞의 성과에 취해 개혁의 원대함을 잊은 탓이다. 현실이나 역사 속에서 이런 사례는 부지기수다.

'뛰어난 역량을 지닌 리더의 자만'은 유통기한이 지난 과거완료형일까? 그렇지 않다. 현재진행형이다. 대통령을 보자. 5년 단임 대통령의 임기 반환점을 도는 3년차를 '집권 3년차 징크스'라 하면서 모두가 경계했다. 과거 역대 정부가 이 시기에 권력에 취하면서 권력형 비리가 터지거나 당청 갈등이나 인사 실패 등이 불거지면서 권력 누수 현상이 급속히 진행됐다. YS정부 3년차 때는 성수대교 등 대형사고와 '소통령' 차남의 국정 개입 논란이 부각되면서 민심 이반이 커져갔다. DJ정부 역시 3년차인 2000년 6월에 김정일 국방위원장과의 역사적인 첫 남북 정상회담으로 정국 주도권을 잡는 듯했으나, 벤처붐에 편승한 '정현준 게이트'와 '진승현 게이트' 등 하반기에 잇달아 터진 권력형 비리에 발목이 잡혔다. 노 대통령과 이 대통령도 마찬가지였다. 앞으로도 이런 일은 계속 일어날 게 분명하다. 왜냐하면 다른 대통령을 반면교사로 삼아 스스로 경계하려고 하지 않기 때문이다.

권력은 한번 형성되면 스스로 팽창하는 속성을 갖고 있다. 가장 심한 중독이 권력 중독이라 하지 않던가. 여기에 종지부를 찍는 결정적인 한 방은 몸에 밴 예전 스타일을 버리지 못해 레임덕을 맞는 것이다. 이렇게 역사는 어김없이 반복된다. 왜 우리는 역사를 배우는가? 전후 맥락을 읽고 어떤 선택을 했느냐에 따라 어떤 결과가 나왔는지를 알아보는 것은 아주 중요한 반면교사다. 인간은 독특하게도 남의 얼굴은 다 볼 수 있으나 자신의 얼굴은 거울이라는 도구가 없으면 볼 수 없다. 역사가 바로 리더의 거울이다.

더욱이 톱 리더들은 자신의 성공을 자신의 능력 탓이라고 해석할 가능성이 높다. 불확실한 경영 환경에서 기업의 성과는 경영자의 능력 외에도 운運에 좌우되는 부분도 크다. 아무리 완벽한 전략을 수립했더라도 외부 상황이 불리하면 실패할 수도 있고 어영부영했음에도 횡재하는 경우도 많다. 분명 리더십에도 유통기한이 존재한다. 리더가 성공한 기존 스타일을 계속 고수할수록 그 앞에 기다리고 있는 것은 죽음뿐이다.

〈문제 3〉 새로운 리더십을 보강할 생각조차 안 한다.

리더는 아무리 허우적대도 헤어나올 길이 보이지 않고, 어떻게 해도 풀리지 않을 때 자신의 성공 경험이 과연 현재와 미래에 적합한지 의문을 가져야 한다. 에펠탑 1단계를 쌓듯이 동일한 사고와 방식으로 2단계의 탑을 쌓을 수 있을까. 최근의 경영환경을 살펴보면 변화의 물결이 더욱 심화되고 있고, 이에 따라 리더들은 환경변화에 보조를 맞추어야 하는 심각한 도전 앞에 놓여 있다. 시시각각 변화하는 특수한 상황을 반영하고 새롭게 구축해야 할 일이 무엇인지 찾아야 한다. 이를 철근 콘크리트 구조물에 비유하면, 철근과 시멘트를 보강해 물리적인 지탱 능력을 키워야 2단계 구조물을 올릴 수 있는 것과 같다. 수시로 쏟아지는 새로운 문제들과 쌓여 있는 오래된 문제들을 처리하면서 2단계의 탑을 쌓으려면 리더의 스타일부터 바꿔야 한다.

가령 제2차 세계대전 당시 영국의 윈스턴 처칠 수상은 탁월한 리더십을 발휘했다. 하지만 전쟁이 끝난 후 평화로운 시기에는 제대로 된 리더십을 발휘하지 못했다. 새로운 환경변화에 적합한 2단계 리더십을 개발하지 못한 탓이다. 리더로 승격했다고 해서 그곳이 결승점이 아니다. 새로운 출발이다. 2단계 성과를 위해 또 다른 출발점에 서 있는 것이다. 1단계와 전혀 다른 2단계의 성과를 만들어내지 못하면 리더 앞에 기다리고 있는 것은 죽음뿐이다.

상황이 변하면 게임의 룰도 바뀐다. 이에 따라 리더도 게임을 보는 관점이 달라져야 한다. 1단계까지가 리그전이라면 지금부터는 토너먼트로 바뀐 것이다. 다음 단계로 진출하기 위해서는 자신이 가진 한계에 도전해야만 한다. 무승부는 없다. 어떤 방법으로든 결정을 내야 한다. 혼자 나가서 경기할 것인지, 팀을 짜서 조직적으로 경기할 것인지는 당신의 선택에 달려 있다. 리더십은 나름의 역할을 통해 성과를 창출해야 하는 게임이다. 이런 현실을 하루빨리 깨닫고 치열한 상황 앞에서 재점검하는 편이 리더 본인에게 유리하다.

미래 성공의 최대의 적은 오늘의 성공이다. 당신을 그곳까지 오게 해준 방법들이 당신을 계속 그곳에 머물러 있지 못하게 한다.

'내가 나를 만나는 그 순간'에 다가서라

그렇다면 이러한 세 가지 문제들에 대한 해결책은 무엇인가? 새로운 리더십으로 스스로를 재창조해야 한다. "새로운 리더는 새로운 안내인이다. 새로운 리더십은 재창조라는 아주 간단하면서도 아주 어려운 목표를 가진 끝없는 프로젝트다"라고 세계적인 경영컨설턴트인 톰 피터스는 말한다.[25] 더 이상 안정된 경영환경은 존재하지 않는다. 새로운 스타일이 필요한 상황에서 리더가 세 가지 실수를 어느 하나라도 범하게 되면 심각한 결과를 가져온다. 리더가 기존 성공모델을 버리지 못하고 오히려 강화한다든지, 리더십 스타일도 유효기간이 있다는 사실을 알지 못한다든지, 새로운 리더십을 보강할 생각을 하지 못한다든지 하는 이런 사고로는 구성원들의 생명력을 발효시키지 못한다. 그런 리더 앞에는 고통과 죽음만이 기다리고 있다. 하지만 이런 실수들은 피할 수 있는 것들이다. 상황을 분명히 인식하고 새로운 스타일을 구축한다면, 이런 실수들은 피할 수 있고 아니면 적어도 그 폐해를 크게 줄일 수 있다.

리더는 계속 사용이 가능한 스타일과 더 이상 유효하지 않은 스타일의 차이를 이해하고 있어야 한다. 스타일은 절대적으로 좋고 나쁜 것이 없다. 과업의 난이도, 직무의 내용, 구성원들의 수준, 사업의 성장단계 등에 따라 효과적으로 스타일이 달라져야 한다.

- 자신의 기존 리더십 스타일의 특징은 무엇인가? 과업형, 규범형, 관계중시형, 방임형, 비전형, 혁신형 등
- 어떠한 상황에서 그런 스타일이 형성되었는가?
- 상황의 변화와 과업의 변경, 구성원의 성숙도 등 기본 전제가 바뀌지 않았는가?

기본 전제가 바뀌었는데도 기존 스타일을 고집하는 것은 어리석다. 상황에 맞춰 유연하게 대응하기 위해서는 리더십의 내용이나 방법도 변해야 하기 때문이다. 기존 스타일은 현재 업무의 일부분에는

적합할 수 있다. 그렇다면 적합하지 않은 나머지 부분은 어떻게 할 것인가? 골프채를 한번 생각해보기 바란다. 골프에서 드라이버, 아이언, 퍼트는 각각의 목적이 있는바 한 가지 도구만으로 모든 상황에 적용하려 한다면 어리석지 않겠는가. 리더십도 그 상황과 목적에 맞는 가장 적합한 도구를 선택해서 가장 효율적으로 성과를 올려야한다. 그러기 위해서 우선 리더는 자신의 스타일에 대해 자각하고 이를 새롭게 재창조해야 한다.

'나 혼자, 과거의 내 스타일대로는 2단계를 올릴 수 없다.' '새로운 뭔가가 필요하다.'

이 자각이 자신의 피와 살이 되게 하지 않으면 안 된다. 피와 살이라 하면 본래 자기 자신을 수용하고 그에 따라 자신을 변화시키려는 용기를 내는 것이다. 삼성이 이 자각으로부터 시작해 초일류기업이 되었다. 삼성의 제2창업기에 삼성비서실에 근무했던 강신장 모네상스 대표는 삼성 혁신의 출발점을 본질적으로 해석하고 있다. 이건희 회장은 1993년 2월 미국 LA의 베스트바이 매장의 한구석에서 뽀얀 먼지가 쌓인 채 방치돼 있던 삼성TV를 보게 된다. 볼품없고 초라한 그곳에서 그는 자신과 자신의 회사가 처한 현실을 알게 된다. 10여 년 전에도 지적했고, 회장에 취임해서도 삼성전자의 불량률을 거론하며 "이대로 가면 망한다"고 했더니, 경영진들은 "매년 망한다고 하더니 망하지 않는데 왜 그렇게 걱정하느냐"고 갸우뚱거렸다. 이 회장은 매년 몇백 억씩의 이익이 나는 국내 1위 회사라는 경영진들의 말에 깊은 분노와 안타까움이 치밀어 올랐다. 근근이 연명하는 것을 잘된다고 하는 한심하고 오그라진 발상, 안타깝게도 제자리걸음만 하고 있다. 그 결과가 쌓여 뽀얀 먼지를 뒤집어쓴 나의 제품들, 나의 회사 그리고 나!

'나는 누구인가?' '어떻게 해야 제대로 사업을 하는 건가?'

무섭게 엄습해오는 책임감에 등골이 오싹해졌다. 시간이 없다. 착각과 자만에 빠진 삼성인들, 저들을 어떻게 깨울 것인가. 이런 질문을 안고 돌아와 1993년 6월 '마누라와 자식을 빼고 다 바꾸자'는 프랑크푸르트 선언을 하게 된다. 나도 당시 영국 연수 중에 런던주재소로 차출된 터라 긴박한 상황을 느끼고 있었다. 이 회장은 국내 1위라는 허명에 사로잡힌 임직원들을 보며 현 상태로 가면 망하는 길밖에 없다고 판단한 것이다. 이 회장은 먼저 자신과 대면한다. 그리고 자신의 사업의 민얼굴을 들여다보고 모든 것을 걸고 개혁에 몰두하기로 한다. 내가 나를 만나는 그 순간, 리더는 새롭게 탄생하고 그의 리더십은 이전과 다른 질적인 차이를 만들어낸다.

이전과 다른 리더십, 에펠탑 모델의 2단계 리더십이다. 몇 번이고 강조하지만 무엇이 되고자 하기보다 무엇을 이루고 싶은지가 더 중요하다. 이것이 없으면 당신은 또 한 명의 평범한 리더일 뿐이다.

2단계의 리더십을 쌓기 위해서는 동서고금을 다 뒤져봐도 해법은 단 하나. 2단계의 탑을 지탱해줄 인프라를 먼저 구축해야 한다. 그것은 바로 탑을 올리고 싶은 리더 스스로를 바꿔야 가능하다. 그러기 위해선 최대의 적인 나부터 죽어야 한다. 어떻게 죽느냐고? 내 몸의 털끝 하나 건드리지 않고 내가 다른 사람이 된다는 것은 불가능하다. 하지만 나를 버린다는 것은 얼마나 큰 고통인가? 고통이 두려워 아무런 조치도 취하지 않게 되면, 과업에 더 나쁜 결과를 가져올 것이며, 그 결과는 무엇보다도 당신을 두렵게 만들 것이다.

버리고 버리고 또 버려라

'위기십결'은 바둑의 10가지 비결을 말하는데 바둑뿐만 아니라 삶이나 조직운영에도 적용할 수 있는 동양의 오랜 지혜다. 그런데 10가지 중 4가지는 버리거나 마음을 비우라는 것이다. 그것들만 보자.

• 부득탐승不得貪勝 - 바둑은 분명히 승리를 위한 경기지만, 이기기 위해 집착하다 보면 큰 그림을 놓치고 오히려 실수하게 된다. 욕망이 날뛰면 호흡이 거칠어지고, 호흡이 거칠어지면 판이 전부 보이지 않는다. 그래서 이기는 것을 탐하면 그르친다고 말한다. 다시 말해 이기려는 마음을 버려라. 자기를 비우는 평정심의 경지에 이르러야 승리에 도달한다. 박치문 한국기원 부총재는 말한다.[26] "승부는 불이다. 불이 타오르지 않으면 승부조차 없다. 그러나 그 불이 물과 조화하지 않으면 심안心眼이 멀어버린다."

• 기자쟁선棄子爭先 - 돌 몇 점을 사석으로 버리더라도 선수를 잡아라. 고수는 버려서 더 큰 것을 얻고 하수는 버릴 줄 몰라서 더 큰 것을 잃는다.

• 사소취대捨小取大 - 작은 것을 버리고 큰 것을 취하라. 큰 것과 작은 것을 판단할 줄 아는 능력이 중요하다. 작은 이익은 눈앞에 보이고 큰 이익은 눈에 보이지 않고 불확실하다. 멀리 내다볼 수 있어야 눈앞의 작은 이익을 내려놓을 수 있다. 눈앞의 것만을 보면 당장의 이익을 포기하기가 어렵다.

• 봉위수기逢危須棄 - 위험을 만나면 과감하게 버려라.

바둑 기사棋士는 기사(棄捨 : 버릴 기, 버릴 사)가 본질인가. 가장 중요한 첫 비결이 승리에 대한 집착을 버리는 것에서 시작하고, 중추에 해당하는 비결이 모두 버리라는 메시지다. 버리고 버리고 또 버려라. 그리고 또 버려라!

바둑에서 버린다는 것은 정말 중요한 덕목인가 보다. 이미 위험에 처해 있다는 것은 기존 방식으로 통하지 않거나 도저히 가망이 없거나 아니면 큰 대가를 치러야 한다는 의미다. 그렇다면 미련을 두지 말고 과감히 버리는 것이 차선책이다. 이때는 사태를 직시할 줄 아는 냉정함, 분별력이 필요하다. 그래야 내일을 기약하는 법이니까. 가망 없는 곤마困馬 같은 상황을 억지로 끌고 가 살려낸들 결국은 지고 만다. 덩치가 커지기 전에 일찌감치 생사를 결단해야 한다. 어느 하나를 선택하면 어느 하나는 포기해야 한다. 그 둘을 다하려 들면 육체적 정신적 탈진을 겪을 것이고, 또 잘해낼 수도 없다.

새로운 것을 만드는 창創이라는 단어에도 이 버림의 철학이 숨어 있다. 민중서림의 『한한漢韓대자전』에서 찾아본 '창'의 뜻이다. ① 다치다. ② 상처傷處 ③ 부스럼 ④ 비롯하다. 시작하다. ⑤ 징계懲戒하다. 한번 혼이 나서 조심하다. ⑥ 슬퍼하다. 상심하다.

창은 6개의 의미 중 1개만 우리가 잘 알고 있는 창조-만들고 시작한다는 의미-이지 나머지 5개는 '다치고 상하다'는 뜻을 가지고 있다. 글자의 합성 자체가 칼 도刀와 '상처를 내다'의 뜻을 가진 창倉으로 이루어져 있다. 나는 이 창이라는 글자만 보면 연극에 빠졌던 고교와 대학 시절이 기억난다. 인원이 몇 명 안 되다 보니 대본도 쓰고 주인공이나 조연도 했던 어둡고 침침한 지하실이나 먼지가 희뿌연 창고가 떠오른다. 무대에 오르는 날엔 배우뿐만 아니라 조명, 음향 심지어 대사를 까먹을 수 있는 사태에 대비해 무대 뒤에서 대사를 읽어주는 스태프까지 초긴장이다. 조명은 색상을 갈아 끼우며 배우들을 제때 쫓아가야지, 마이크 상태는? 왜 그 당시에는 줄마이크라 그런지 단선이 잦아 잡음이 많은데다 고장이 자주 났다. 수없이 준비하고 연습을 해도 사고는 늘 발생했다.

드디어 주인공인 나한테 스포트라이트가 쏟아진다. 처음에는 빛이 강해 객석이 보이지 않는다. 하지만 시간이 좀 지나면서 적응이 되고 주위를 둘러보면, 좌우 구석과 내 앞과 뒤에는 조명이 비추고 있다. 또한 음향을 조절하는 여러 명의 선후배들이 긴장한 채 각자 제 역할을 하고 있다. 무대 전체로 보면 어둠이 빛보다 훨씬 넓고 깊다. 뿌연 먼지를 뚫고 나를 비추는 이 빛 역시 관중을 덮고 있는 어둠 저 너머에서 보내온 것이다. 눈에 보이는 화려함 뒤에는 눈에 보이지 않는 이들의 수고와 땀이 배어 있다. 하나의 작품이 감동을 주기 위해서는 두 무대가 충분한 조화를 이뤄야 한다. 하나는 조명이 비치는 밝은 무대, 또 하나는 무대 뒤편인 어두운 막후의 조화.

이와 같이 무엇을 새로 창조한다는 화려한 앞모습 뒤에는 어둠 속의 스태프처럼 고통과 희생이 뒷받침되어 있다. 창創이라는 한 글자에 포함된 여러 의미들은 화려한 앞모습만 보지 말고 그 뒤편으로 눈을 돌려 상처와 아픔을 헤아려보게 하는 풍성함을 준다. 이렇게 상처와 슬픔이라는 1단계의 핏빛 황혼에서만 새로움을 만드는 2단계의 서막이 열린다.

삶은 인간에게 끊임없이 새롭게 태어나도록 요구한다

타이거 우즈는 1997년 마스터스대회에서 2위와 무려 12타차라는 압도적인 스코어로 우승하면서 명실상부한 세계 최고의 골프황제로 등극한다. 그런데 놀랍게도 그는 스윙폼을 바꾸기 위해 스스로 1년 6개월간의 슬럼프를 선택한다. 아니, 세계 1위가 그대로 폼을 유지하면 계속 일등일 텐데. 그런데 그의 생각은 달랐다. 계속 세계 1위를 유지하기 위해서는 스윙을 바꾸지 않으면 높은 수준의 일관성을 유지할 수 없다고 판단한다. 그 후 다시 돌아온 그는 4개의 메이저 대회를 석권해 이른바 '타이거 슬램'이라는 대기록을 달성한다. 그런데 또 우즈는 다시 한 번 스윙을 바꾸기로 한다. 믿기지 않는 사실이다.

"단지 최고의 경기를 좀 더 자주 하고 싶을 뿐이다. 그것이 스윙을 바꾸는 이유다. 그러한 변화로 더 수준 높은 경기를 펼칠 것으로 생각한다. 나는 늘 좋은 골퍼가 되기 위해 모험을 해왔다."

타이거 우즈의 위대함은 바로 정상에서 변화와 모험을 선택하는 용기에 있다. 그의 큰 성공을 만드는 원인은 바로 '나는 개선한다, 고로 존재한다'는 것이다. 시사주간지 『타임』은 그를 이렇게 소개했다. "우즈에겐 지칠 줄 모르는 개선욕구가 있다. 도요타의 엔지니어들은 조립라인에 문제가 생기면 그 근본원인을 끝까지 찾아내 고치며 시스템을 확장해 나갔다. 그것이 개선이다. 또한 그것이 타이거 우즈의 특징이다."

정상에 섰는데도 현실에 안주하지 않는 매일매일 진보하는 프로, 그게 타이거 우즈다. 한때 비거리와 파워에서 상대자가 없던 LPGA 최정상의 청야니가 1년 만에 무너진 것은 기존 스타일을 고수하고 새로운 도전을 하지 않은 결과가 아닌지 모르겠다.

결론을 내리겠다. 리더가 기존 스타일을 고수하는 것은 전혀 준비가 안 되어 있다는 뜻이다. 우리가 만병통치약처럼 여겨온 방법은 아주 적은 분야에서 일정한 조건 아래에서만 활용이 가능하다. 부가가치를 가진 새로운 스타일이 필요하다. 혹시 당신은 자신의 스타일에 대해 스스로 반성해본 적이 있는가? 있었다면 그것은 자신의 한계를 알았다는 뜻일 거고, 없었다면 '내 스타일'이 미래에도 유효하다고 믿어서일 것이다. 다시 한 번 묻겠다.

• 새로운 도전에 나의 스타일은 도움이 되는가? 아니면 걸림돌이

되는가?

- 가장 먼저 무엇을 보수하거나 버려야 하는가? (stop list)
- 새로운 스타일을 만들 때 가장 먼저 무엇을 더하고 싶은가? (start list)

누구나 실패를 하고 싶어서 하는 것이 아니다. 다만, 상황이 좋을 때 그다음 날 상황이 악화될 수 있음을 생각하지 않았기 때문에 실패하는 것이다. 그래서 리더는 깨어 있어야 한다. 리더에겐 환경변화에 어울리는 생각과 행동이 필요하다. 노벨문학상 작가인 가브리엘 마르케스는 이런 말을 했다.

"인간은 어머니 뱃속에서 태어나는 날 그날 한 번만 태어나는 게 아니다. 삶은 인간에게 끊임없이 새롭게 태어나도록 요구한다."

색다른 종류의 과업과 구성원들 사이에서 더 높은 포부를 갖고 성과를 내기 위해서는 리더가 전략적인 방향전환을 해야 한다. 지금부터는 2단계 리더십을 재창조하기 위해 다음 세 가지의 변화 방식에 관해 이야기하고자 한다. 첫째 성찰, 나를 먼저 보기. 둘째, 한 치수 큰 모자를 쓰고 변화하기. 셋째, 스위트 스팟 찾기(상향지향성).

어떻게 스타일을 재창조할 것인가

스타일의 재창조를 위해서는 우선 나를 제대로 보는 일이 필요하다. 성찰은 리더가 골방에 들어가 과거로 난 길을 들여다보고 미래를 바라보는 '오래된 새길'이다. 성찰은 바둑의 복기와 같다. 복기는 바둑에서 승패의 원인을 분석하는 마지막 과정이다. 어떤 수가 정수고 패착인지 살펴 반성과 성찰을 위한 기록으로 남김으로써 똑같은 실수를 반복하지 않겠다는 의지의 표현이다. 보통 수준의 아마라도 복기할 수준은 된다. 그러나 복기를 즐거워하지 않는다. 아마추어는 이기겠다는 욕심은 앞서지만 실수를 확인하는 고통을 즐길 줄 모른다. 하지만 프로는 반드시 복기한다. 바로 그 확인의 차이가 아마와 프로를 가르게 한다.

나의 결정이 옳았는지, 내가 제대로 가는지, 항로를 이탈한 것은 아닌지를 알기 위해 지금까지 걸어온 길을 복기해봐야 한다. 이것이 성찰이다. 왜 되돌아보는가? 그것은 앞으로 동일한 실수를 하지 않거나 더 나은 선택을 하기 위한 것이다. 그래서 성찰은 과거를 보는 듯하지만 과거를 넘어 미래를 꿰뚫어보는 것이다. 성찰은 앞뒤 두 개의 눈을 갖고 있다. 과거의 눈과 미래의 눈. 성찰을 아주 높은 경지로 여기는 것은 과거를 보면서 동시에 미래를 보는 눈을 함께 갖고 있기 때문이다. 아니 어쩌면 과거를 보는 눈 속에 미래를 볼 수 있는 렌즈가 달려 있다고 생각하는 게 적확한 표현일지 모르겠다.

새로운 스타일을 구축하는 길은 어렵다. 공동체의 안녕과 번영을 위해서 리더들이 무엇을 해야 하는지 끊임없이 교육받은 '준비된 리더'라 하더라도 현실에서는 성공하기 어렵다. 이해하기 쉽도록 조선의 톱 리더들의 사례를 보고자 한다.

리더의 자각, 나를 먼저 보라

조선이 장수한 것은 경이로우나 리더십 관점에서 보면 평가는 달라진다. 리더가 마땅히 어떠해야 하고 리더십은 어찌어찌해야 한다는 당위성은 의미가 없다. 조선왕조 27대 519년 역사 속에서 성공한 왕은 세종과 정조 두 명뿐이다. 어느 정도 성공한 왕으로는 영조,

성종 정도를 꼽을 수 있다. 조선왕조실록을 연구한 신봉승 극작가는 『국가란 무엇인가』에서 이렇게 말한다.[27]

"조선왕조란 무엇인가? 세종의 치세다. 그러면 세종의 치세는 무엇인가? 곧 조선왕조다. (…중략…) 32년간의 세종의 치세를 빼면 조선왕조는 건질 것이 없다는 게 내 주장이다."

조선의 왕자들은 아침 점심 저녁 눈만 뜨면 각종 사례와 베스트 프랙티스 등 준비된 수많은 리더십 교육을 집중적으로 받았다. 이 정도면 왕 역할을 하는 데는 충분하지 않은가. 천만의 말씀. 태반이 기본실력이 부족해 왕위에 오르자마자 가시방석에 앉은 꼴로 오로지 권력유지에만 급급할 뿐 나라와 백성은 안중에도 없었다. 위대한 포부와 뛰어난 지략을 지녔던 세종의 후손이라고는 도저히 믿기 어려운 인물들투성이다. 뛰어난 아버지의 지혜와 판단력은 대물림되지 않으나, 어리석음이나 불행한 트라우마는 대물림되는 게 인생이다.

조물주는 눈썹, 이마, 손발 아니 눈썹의 길기와 각도까지 부모를 닮아 태어나도록 허락해주나, 절제나 통찰력 등 위대한 정신적 특징은 유전자 속에 넣어 전달하지 않는 공평한 분이다. 뛰어난 리더의 자식들이 주변의 기대와 달리 부모의 재능과 현격한 차이를 보이는 경우가 많은 것이 다 이런 이유다. 호랑이 자식 중에는 강아지도 많다. 불행한 어린 시절을 보낸 사람일수록 자신의 트라우마로 말미암아 가까운 사람들에게 영향을 미친다. 그 연결고리를 끊어내야 하는데 누가 대신 끊어줄 수 없다. 스스로 끊어내지 않으면 안 된다. 그러기 위해서는 철저한 자각과 성찰이 필요하다. 이 정도 결단력을 가진 인물은 일급리더인데 그런 리더가 한 시대에 몇 명이나 있겠는가.

조선 시대에는 비전을 갖고 멀리 내다보는 안목을 가진 리더는 극히 소수에 불과했다. 가까이 보고 현상유지에 급급한 리더는 조금 있었고, 멀리는커녕 가까이도 볼 줄 모르는 왕이 대부분이었다. 한 왕조에 몇 명쯤은 평범한 왕이어도 괜찮다. 특별한 업적을 만들어내지 못하더라도 현상유지만 잘해도 된다. 그럭저럭 평화롭게 이어가다 후대에 왕위를 물려주면 되니까. 그러나 조선은 놀랍게도 평범한 재능을 가졌으나 대세를 파악하지 못해 결국 무능으로 끝난 왕들이나 선조, 인조와 같이 형편없는 왕들로 넘쳐났다. 무능한 그들도 아버지를 능가한 것이 하나 있다. 바로 권력욕! 왕의 무능함은 왕 자신만의 비극으로 끝나지 않고 나라의 비극으로 이어졌다. 도대체 그들은 그 많은 교육을 통해 무엇을 얻었으며 무슨 생각으로 왕 노릇을 한 것일까? 제대로 된 리더십을 발휘하려면 금기로 삼아야 할 것이 무엇인지 파악하고 스스로 절제하지 않으면 안 된다.

리더의 성공은 지극히 예외적인 일이고 대부분은 실패로 귀결된다. 이러한 현실을 냉철하게 인식한 후, 일에 임하고 사람을 대해야 한다. 리더는 사람들의 마음 찌꺼기를 처리하는 하수 처리장과 같고 진흙탕에서 뒹군 다음에야 겨우 연꽃을 피우는 그런 존재인지도 모른다. 죽기 살기로 임해도 실패할 확률이 90퍼센트가 넘는데 '잘되지 않겠어?' 식의 안이한 마음으로 접근하는 리더는 반드시 실패하게 되어 있다. 중간리더야 어느 정도 결과를 만들어낼 수 있지만 톱 리더의 자리는 태풍의 한가운데로 들어가는 자리이고 잘해야 살아남는 자리다. 그만큼 톱 리더의 자리는 어렵다. 리더의 자리를 무겁고 무서운 자리로 인식하지 못하고 편하고 누리는 자리로 인식하니 자신의 취향과 정서에 맞는 사람을 선택하고 끼리끼리 노는 것 아니겠는가.

성찰의 눈으로 과거를 돌아보면 상황 상황마다 고비 고비마다 어떤 판단을 했고 무엇을 추구했고 무슨 일을 했는지 비교적 쉽게 확인할 수 있다. 앞으로 비슷한 상황에서 어떤 결정을 내리고 어떻게 대응할지도 탐색된다. 어떤 결정이든 정답은 없다. 기존의 해답이 없기 때문에 우리가 결정을 내리고 행동하는 것이다. 성찰은 우리를 발효리더로 성장하게 하고 성숙하게 한다.

스티브 잡스의 위대함은 성찰을 통해 시대의 요구를 읽어낸 데 있다. 그는 33년 동안 매일 거울을 보며 물었다. '오늘이 마지막 날이라면 어떻게 할 것인가?' 자기 자신을 지독하게 성찰하며, 진실로 원하는 것이 무엇이고, 원함에도 불구하고 아직 이루지 못한 것은 무엇인지 묻고 또 묻고, 이를 사업으로 구현해 냈다. 그를 바다에 뛰어들게 한 절박함stay hungry은 무엇인가. 그것은 '지금 내가 간절히 원하는 일에 나의 시간과 자원을 투자하고 있는가?'라고 자신에게 계속 질문한 결과였다.

그는 기존의 아이디어나 새로운 아이디어를 가리지 않았다. 기존의 제품을 훑어보면서 부활시킬 품목을 골라내고, 마침내 그것을 세상 최초로 나온 제품인 것처럼 만들고 "이 제품은 인간의 피부요, 머리다. 절대적으로 필요하다"며 마케팅을 하고 제품들을 통해 소비자의 행동을 변화시켰다. 소비자가 접했을 때 "이런 게 왜 이제 나왔지?" 싶을 정도로 그동안 제대로 인식하지도 못했던 불편함을 시원하게 해결해주었다. 한마디로 그는 소비자가 생각지도 못한 필요한 상품을 만들어내는 마술사였다.

모든 것의 출발은 리더인 '나 자신부터'다
나를 아는 것, 자기 성찰이 무엇보다 먼저다. 박종평 이순신 연구가가 말한 바로는 이순신 장군은 『난중일기』에서 지피지기知彼知己가 아니라 지기지피知己知彼를 두 번이나 언급했다고 한다. '적을 알고 나를 알면 백번 싸워도 위태롭지 않다'라는 『손자병법』의 표현을 이순신은 굳이 '지기지피'라 했다. 표현의 순서를 뒤바꿔, '나를 먼저 아는 게 더 중요하다'고 강조한 것이다.

반면 우리는 바쁘다는 이유로 자신을 돌아보지 않는다. 사실상 성찰의 가치를 인식하지 못하기 때문이다. 바빠서 시간이 없다기보다는 활동적 타성에 젖어 현상을 제대로 보지 못하고 지나치는 경우가 많다. 우수한 리더가 한순간에 무너지는 것은 사소하지만 치명적인 문제를 발견하지 못하고 계속 전진한 탓이다. 세상은 흐름에 한 발 앞서 변화를 감지해야 한다. 리더의 폭넓은 시야와 변화의지가 조직을 변화시킨다. 변화하는 만큼 성장하는 것. 변화 없이 성장은 없다.

리더 자신만의 '매력적인 스타일'은 백화점에서 옷을 고르는 것처럼 살 수도 없고 급조할 수가 없다. 공을 들여야 완성되고 노력한 만큼 빛이 난다. 스타일은 나 자신, 나와 타인, 나와 조직의 세 가지 관계 라는 트리플 바텀Triple Bottom을 생각해야 한다. 모든 것의 출발은 리더인 '나 자신부터'다. 아무리 역량이 뛰어나고 다른 사람과 주변 환경에 대해 잘 알고 있더라도 나 자신의 상태를 모른다면 그 어떤 일도 성공적으로 처리할 수 없다. 일이든 판단이든 그 일을 판단하는 주체인 나 자신부터 알아야 한다.

'나의 성격은 어떠한가? 나를 열정적으로 만드는 것은 무엇인가?'

나를 알아야 나를 제어할 수 있고 감정의 포로가 되는 것을 막는다. 분노와 같은 격한 감정도 건설적인 에너지로 전환해내는 게 리더다. 자신을 정확하게 파악하려고 애쓰는 것은 스스로를 객관화하는 것이다. 리더의 자리는 상하좌우 내외부와 끊임없이 상호작용해야 하는 자리다. 그런데 리더가 자기중심적이고 편견과 선입견으로 가득 차 있다면, 구성원들과 공감을 이룰 수가 없고 전체를 위한 객관적인 판단을 내릴 수 없다.

한량이던 유방을 황제로 만든 것은 그의 뛰어난 성찰능력이었다. "나는 전략에 있어서는 장량만 못하고 싸움에 있어서는 한신만 못하고 정치에 있어서는 소하만 못하다."

한 나라를 건국한 리더가 이렇게 자신을 냉정히 볼 수 있는가. 앞에서도 나를 버리는 것의 당위성은 충분히 설명했다. 하지만 나를 안다는 것이 얼마나 힘든 일인가? 놀랍게도 나를 모르는 '자기인식의 결여'는 리더들 사이에서는 너무 흔한 병이다.

리더가 스스로 대단한 직감이나 대단한 전략이 있어 틀릴 리 없다고 믿는 게 실패의 지름길이다. 하지만 진실과 직면하는 것은 늘 두려운 일이다. 스타버 그룹 CEO인 마이크 스타버는 수많은 리더들을 만나고 컨설팅을 한 결과 자신을 정확히 아는 리더가 많지 않다며 다음과 같이 말했다.

"그들에게 가장 중요하면서도 어려운 일이 진실과 마주하기였다. 안타깝게도 리더들은 자신이 속한 시장에서 벌어지는 소소한 일들에 대해 정확히 알지 못하고 있었다. 사람들과 시장이 자신을 어떻게 보는지도 몰랐다. 특히 자신의 리더십이 어떤지 전혀 알지 못했다. 그들은 자신이 내뱉은 말들이 직원들에게 얼마나 큰 영향을 끼치는지 알고 싶어 하지도 않았다. 그러면서도 자신들의 영향력은 과대평가하고 있었다."

그는 이런 리더들을 '겁쟁이 리더'라며 리더의 자격이 없다고까지 단언한다. 만약 어떤 리더가 결정을 최대한 늦추고 어려운 질문을 받기 싫어하는 겁쟁이라면 그를 리더의 자리에 둬서는 안 된다고 강조한다.

모든 종교에서는 나를 버리라고 한다. 기독교는 "나를 버리고 십자가를 져라." 하고 불교는 "나를 매일 죽여라." 한다. 또한 노자와 장자 역시 '자망(自忘, 나를 잊어라)'을 강조한다. 왜 모두 나를 버리라는 것일까? 한자에서 나를 지칭하는 아我는 손을 나타내는 수手와 창을 가리키는 과戈로 분해된다. 나라는 자아는 늘 창을 들고 남을 찌르는 형상이다. 늘 '나, 나, 나' 하는 사람은 가해자가 될 가능성이 높다. "나란? 고집과 편견을 가진 완고함을 말한다"며 한학자 한형조 교수는 이에 대해 깊게 지적한다.[28]

"이런 고집과 편견의 토대가 사적 자아인 나我다. (…중략…) 눈앞에 펼쳐지는 모든 사태를 자기를 축으로 판단하고 해석하는 인간의 오래된 습성이다. 이게 굳어진 게 완고함이다. (…중략…) 상처는 외부에서 오는 화살이 아니라 내 안의 완고함이다. (…중략…) 강한 '자기중심적' 속성이 상처를 만드는 공장이다. (…중략…) 강한 중심이 더 강한 상처를 만든다. (…중략…) 상황은 일의 3분의 1, 나머지는 내게 달렸다."

자신을 성찰하고 변화하는 일은 아무도 대신할 수 없다

어떻게 우리는 '나 중심'이라는 사고에서 벗어나 좀 더 포괄적이고 더 나은 관점을 가질 수 있을까? 당신이 열정적으로 헌신하며 쌓아온 경험의 깊이로 당신이 갖고 있지 않은 시각이나 폭을 얻을 수 있을까. 이에 대해 조지 소로스 회장의 철학은 우리에게 도움을 준다. 그는 런던정경대학을 다닐 때 세계적 석학인 칼 포퍼 교수의 사상에 깊은 영향을 받았는데 여기에 자신의 생각을 더해 '오류성'과

'상호작용성'이라는 개념을 정립한다.

- 오류성 – 인간은 불완전하기 때문에 세상을 인지하는 데 왜곡된 시각을 갖게 되며 전체가 아닌 부분을 보게 된다. 따라서 인간의 지식은 틀리기 쉬우며 남은 물론 자신의 판단도 틀릴 수 있음을 인정하고 사업에 임해야 한다.
- 상호작용성 – 기대와 현실 속에서 사람과 사람은 서로 영향을 주고받으며 행동한다. 투자에 있어서도 서로 상대방의 행동과 그에 따른 결과에 영향을 받기 때문에 이를 염두에 두어야 한다.

한 가지 잊지 말아야 할 것은 성찰은 리더가 변화에 이르러야 빛을 발한다는 사실이다. 리더는 보통 사람보다 고차원적으로 자신을 합리화하는 데도 능하다. 일부 리더들은 자각능력이 상당히 높아 자신의 스타일에 대한 문제점을 알아차린다. 그는 위험한 지경에 처해 있으나 도리어 그렇지 않다고 여긴다.

내가 경험한 K 사장. 처리해야 할 일을 주저하지 않고 과단성 있게 처리해 나갔으며 강렬한 책임감도 갖고 있었다. 하지만 사람 보는 눈이 없어 제 사람 중심으로 사람을 편협하게 쓰다 보니 조직은 점점 피폐해갔다. 그 역시 자각능력이 있는데다 주변에서 이런저런 소리를 듣다 보니 본인의 스타일로 인해 발생하는 문제점을 잘 알고 있었다. 잘 알았으니 그가 자신의 스타일에 변화를 주었을까? 결론부터 말하자면 그는 전혀 변하지 않았다. 영리했지만 지혜가 무자란 사람처럼 자신을 합리화한 것이다.

모든 걸 견해의 차이 정도로 인식하고 자신이 온 힘을 다해 조직을 위해 일한다고 생각했던 것이다. 그는 이러한 견해의 차이가 어떤 결과를 불러오리라는 것을 전혀 생각하지 않았다. 그는 "경영이란 정답이 없다. 어떤 것을 선택해도 거기서 거기다. 내가 선택한 것을 모두 집중해서 하면 된다"며 끝까지 일을 밀고 나갔다. 자기가 옳다고 여기면 그대로 시행할 뿐 아니라 주위사람들이 좋아하든 원망하든 전혀 개의치 않았다. 유감스럽게도 자기 자신에게도 헛된 시간을 다른 사람에게 더 헛되게 사용한 꼴이다.

"어떻게 하면 잘되게 할까? 하면서 불면의 밤을 보내는 나의 충정과 헌신을 몰라줄 수 있는가?"

빗나간 화살. 일이 이렇게 흘러가자 구성원들은 자신들의 감정을 꾹 누르고 겉으로 내색은 하지 않았지만, 그는 연민을 넘어 혐오를 불러일으키고 그의 이름만 들어도 넌더리를 내기 시작했다.

"주변에서 뭐라 하든 자기 식대로 세상을 보고 이해하는 꽉 막힌 모습에 할 말이 없다."

"사장이 되기 전에는 남의 말을 경청하는 것처럼 보였다. 지금 그는 말로는 귀를 열어둔다지만, 궁극엔 자신의 의견만 내세운다. 언제부터 저런 고집불통이 됐는지 알 수가 없다."

결국 그는 스스로 사면초가 고립무원의 곤경에 빠지고 말았다. 경험이 자양분이 되어 형성된 리더의 스타일은 그때그때 필요에 따라 벗어던질 수 있는 옷이 아니다. 스타일은 피부요, 보이지 않는 손으로 자신도 모르게 반복되는 어떤 리듬이고 마음의 밑바탕에서부터 풍기는 냄새다. 리더의 현재 행동 하나 말 하나에는 개인사가 진하게 묻어 있다. 그런 까닭에 스타일을 바꾼다는 것은 삶의 철학과 방식을 모두 바꾸는 것처럼 엄청나게 힘든 일이다.

인스턴트 리더의 전형인 '노예 리더'라는 단어를 들어본 적이 있는가. 노예와 리더는 서로 조합할 수 없는 상극의 단어다. 리더는 조직을 이끌어가는 위치에 있는 사람이다. 반면 노예는 모든 권리와 생산수단을 빼앗기고 물건처럼 사고 팔리는 존재다. 그렇다면 노예가 해방되어 간난신고 끝에 리더가 되었다는 뜻인가? 아니면 노예 중에서 선발된 리더인가? 어찌 되었건 두 단어 '노예'와 '리더'를 이어붙이니 음습하고 굴욕적이다. 이 단어는 평생 중국이라는 창을 통해 희귀한 자료와 통찰력의 세계를 보여주는 김명호 교수를 통해 처음 접하게 되었다. 책임감 없이 직위만 높은 자들을 일컬어 장쉐량은 아주 독특하게 '노예 리더'라 명명했다.

'그들만의 리그'는 이제 그만

중국판 12·12사태인 1936년 12월 12일 시안사변西安事變은 중국의 운명을 바꿔놓는 계기가 된다. 게다가 공식적인 제일인자인 장제스와 이인자인 장쉐량 그리고 장제스의 부인인 쑹메이링 등 대스타들이 등장하는 거대한 드라마로 중국인들에게는 지금까지도 끊이지 않는 영원한 얘깃거리가 되고 있다. 시안에 온 장제스에게 동북군 사령관인 장쉐량은 공산당 토벌을 포기하고 나라의 생존을 위해 일본을 물리치자고 간곡히 권한다. 심지어 장쉐량은 장제스 앞에서 통곡하면서 간언을 해보지만 오히려 질타만 듣는다. 장제스는 공산당이라는 내부의 적을 먼저 제거하겠다는 확고한 신념이 있었기에 설득이 통할 리 없었다.

결국 장쉐량은 12월 12일 장제스를 시안에서 감금하고 국공합작을 주도한다. 국공합작이 이뤄진 후, 장쉐량은 장제스를 안전히게 직접 호송하기 위해 남경까지 동행했다. 그런데 장제스는 도착하자마자 약속을 저버리고 장쉐량을 잡아 가둔다. 장제스는 "장쉐량은 후계자다. 그를 아끼기에 감금한다"는 무슨 뜻인지 알 수 없는 말을 남긴다. 이후 장쉐량은 무려 50여 년이 넘도록 징역과 가택연금을 당한 후 말년에 이르러서야 하와이로 이주한다. 장쉐량은 하와이에서 인터뷰하면서 '노예 리더'에 대해 언급한다.[29]

"국가지도자라는 게 남들 보기엔 대단한 것 같지만 별거 아니다. 인재를 보는 눈만 있으면 된다. 나는 처음엔 장제스를 존경했지만 날이 갈수록 꼴도 보기 싫었다. 장제스는 인재를 찾으려고 노력하지 않았다. 항상 노예를 구하느라 혈안이 돼 있었다."

그는 노예에 대해 명확하게 정의한다.

"노예는 말 잘 듣고 윗사람을 기쁘게 해주는 묘한 재주가 있는 부류들이다. 앞에서는 '네, 네' 하고 뒤에 가서 딴소리하기 일쑤였다. 장은 어디서 찾아내는지 그런 것들을 잘도 구해왔다. 중앙위원회에 참석했다가 별난 꼴을 본 적이 있다. 장이 뭐라고 지시하자 다들 받아 적기에 바빴다. 의견을 말하라고 했지만 아무도 입을 열지 않았다. 나는 결정된 것으로 이해했다. 그런데 회의가 끝나자 딴소리하는 놈들이 많았다. 나는 '뭐 이런 놈들이 다 있나?'라는 생각이 들었다."

이 글을 읽는 도중에 TV 화면 속에서 대통령 말씀을 받아 적고 눈치만 살피는 우리나라 장관들의 모습이 자꾸 오버랩되었다. '지시하는 자'와 '지시받는 자'의 관계로 고착된 듯 보이는 회의장, 미안한 말이지만 장쉐량 표현에 의하면 그것이 노예 리더일 가능성이 아주 높다. 너무 심한 말인가? 그러나 초라한 현실에 비추어볼 때 달리 표현할 길이 없다. 내친김에 몽테스키외가 쓴 『법의 정신』 제4편 제3장에 나오는 유명한 말을 떠올리기 바란다.

"극단적 복종은 복종하는 자의 무지를 전제로 한다. 그것은 또한 명령하는 자의 무지까지 전제로 삼는다. 명령자는 검토하고 의심하거나 이성을 작동시킬 필요가 없다. 다만 바라기만 하면 된다."

시야가 협소한 데서 오는 무지, 우물 안 개구리들의 합창, 그야말로 무지의 이중주이지 않은가. 권력의 곁불이나 쬐려는 기회주의적 처신은 예나 지금이나 변함이 없다.

"가까운 충언은 소홀히 하고 먼 데 있는 허사虛事를 아끼는 것이 보스의 고질이다. 일을 욕심내지 않고 자리를 탐하는 것은 참모의 말증이다."[30]

노예 리더들의 합창인 '예스'는 먹기 좋은 독약이 되었고 결국 장 제스는 중국을 잃고 말았다. 일류리더의 노하우는 팔로어의 'No'를 지혜롭게 다루는 방법을 잘 알고 있다는 것이다. 그들의 'No'는 입에 쓴 약이며 썩지 않게 만드는 소금이라는 사실을.

나 역시 노예 리더들을 많이 모셨고 많이 보았다. 최고의 인재가 모였다는 기업에서도 많은 톱 리더들은 '내 말을 잘 듣는 그러나 유능한 임원'을 원한다. 이것은 모순이다. 내 말을 잘 듣는 임원은 말만 잘 듣지 유능과는 거리가 멀다. 허수아비나 말 잘 듣는 꼭두각시를 임원으로 임명한 것이다. 리더의 살은 그럴듯해도 뼈는 만들어줄 수 없다. 스스로 작은 결단과 자율이 쌓여야 살과 뼈가 단단해진다.

이 세상에서 가장 무서운 것은 무엇일까? 한밤중에 만나는 귀신, 암에 걸리는 것, 상사, 선생님 등등 참으로 다양할 것이다. 하지만 가장 무서운 것은 사람이다. 사르트르가 '타인은 지옥'이라고 말하지 않았던가. 그런데 진짜 무서운 것은 한 가지만 아는 백치가 신념을 가질 때다. 그런 사람은 자신의 신념을 위해서라면 물불을 가리지 않기 때문이다. 그런데 백치가 리더라면 훨씬 더 무서워 자신의 신념을 구성원에게 강요까지 한다. 그걸 거부하면 적敵으로 간주해

주저 없이 괴롭히거나 제거한다. "하나도 모르면 백지, 하나만 알면 백지, 백지보다 백치가 더 무섭다." 배상문의 촌철살인 같은 표현이다.[31]

안된 얘기지만, 기업의 수명도 불확실한 상황에 당신이 백치 같은 리더라면 생존할 수 있는 기간은 얼마 남지 않았다. 변화의 홍수는 우리가 일하는 영역과 기업을 모두 휩쓸고 지나간다. 기업이 사업 전반에 걸친 총체적 변화 앞에서 적응하려고 몸부림치는 동안 수십 년 동안 유지해왔던 스타일은 이제 박물관에서나 찾을 수 있는 유물이 되고 있다. 당신이 이런 환경 속에서 실패하지 않고 조직에 기여할 수 있도록 자신을 성찰하고 변화하는 일은 아무도 대신할 수 없는 당신의 몫이다.

당신의 업은 얼마나 존재할 것 같은가? 그리고 당신이 거듭나지 않고서 앞으로 얼마큼 생존할 수 있겠는가? 과연?

'어떻게 하면 더욱 발전시킬 것인가'에 힘을 쏟는다

당신이 앞서는 명예와 권한을 얻게 된 것은 무엇 때문인가. 어려운 상황에서도 자기 몸을 아끼지 않았던 희생정신, 뛰어난 역량과 지혜, 높은 기상을 갖고 자기 나름대로 충성한 로열티, 고도의 정치 감각과 순간순간의 임기응변에 능한 순발력. 그 어떤 것이든 간에 얼마나 많은 풍상을 겪었으며 얼마나 많은 피와 땀을 뿌렸던가.

마치 쇼윈도에 맵시 있게 진열된 화려한 마네킹, 그 뒷면에는 옷 맵시를 살리기 위해 여기저기 시침핀이 꽂혀 있는 것처럼 당신의 화려한 앞모습 뒤에는 수많은 고통과 희생이 시침핀처럼 꽂혀 있었으리라. 현재 어떤 자리에 올랐든 간에 당신이 할 일은 분명하다. 과업의 요체를 파악해 '어떻게 하면 더욱 발전시킬 것인가'에 힘을 쏟으라는 것이다. 머무르지 않고 끊임없이 더 나은 비전을 향해 나아가야 한다. 이제 기회가 왔다는 기대감과 함께 모든 책임을 떠안아야 하는 중압감이 어깨를 무겁게 할 것이다. 성숙한 리너라면 사신 앞에 놓인 두 가지를 기억해야 한다.

- 2단계의 탑을 올려야 하는 과제
- 그 탑을 나와 함께 쌓아올릴 구성원들

탑을 쌓는 데 도움이 되느냐 하는 한 가지 잣대만 가지고 판단하자. 리더 자신의 취향이나 그때그때의 기분이나 감정 등에 휩쓸리지 말고 냉정하게 주어진 과업만을 중심에 두고 판단해야 한다. 그러면 새로운 관점에서 구성원들을 바라보게 된다. 목표가 달라지면 이전과는 다른 재능을 필요로 하며, 달라진 환경은 달라진 인재를 필요로 하는 법이다.

리더는 구성원들의 능력과 공동체의 역량을 끊임없이 점검하는 존재다. 그러기 위해서 리더는 한 치수 큰 모자를 써야 한다.

미 항공우주국의 항공연구 부문 최고 책임자 신재원 박사. 그는 2008년 NASA에서 동양계 최초로 국장보가 됐다. 대학졸업 후 미국에 가서 40대 후반의 젊은 나이에 어떻게 차관급까지 오르게 됐을까? 그의 한마디는 이렇다. "한 치수 큰 모자One Size Bigger Hat를 쓰라!" "자신의 위치보다 한 직급 높은 시각으로 문제를 바라보고 고민할 때 역량이 크게 향상된다. 현재 자신의 위치에 안주하지 말고 도전정신으로 시장을 선도하는 인재가 돼야 한다"는 것이다.

신 박사의 '한 치수 큰 모자' 비유는 너무 적절한 표현으로 리더들이 자주 사용하는 비유다. 한 치수 큰 모자를 쓰게 되면, 리더의 생각을 읽고 리더를 이해함으로써 리더와 같은 방향을 보게 된다. 변덕스러운 리더의 비위를 맞추는 게 아니라 리더와 호흡을 맞추기 위해 노력하는 것이다. 당신이 지금 사업부장이라면 최고경영자CEO의 시각에서 팀과 자신이 하는 일을 살펴봐야 한다. 한 치수 큰 모자를 쓰고 리더의 관점에서 자신에게 질문을 던져라.

'왜 이 일을 하는가' '고객은 무엇을 원하는가'를 스스로에게 물어야 한다. 산등성이를 하나하나 오를 때마다 다른 빛깔과 새로운 경치가 펼쳐지듯 자신의 위치보다 한 치수 더 큰 모자를 쓰고 세상을 바라보면 더 깊은 생각과 대안을 모색할 수 있게 된다. 지금의 위치에서 생각을 스스로 제한해서는 안 된다. 그것은 잠시 지나가는 정거장일 뿐이다.

많은 리더들이 우수하고 창의적인 구성원을 원한다. 물론 중요하다. 하지만 '훨씬 더' 중요한 것은 같은 사람이라 하더라도 창의적인 생각을 할 수 있도록 상황과 조건을 만들어주는 노력을 하는 리더가 돼야 한다는 것이다. 있는 자원을 좀 더 효율적이고 창의적인 존재로 만드는 노력을 소홀히 한 채 인재타령을 하는 것은 연목구어나 다름없다.

'내 조직의 성장과 건강을 위해 내가 공헌할 것은 무엇인가?'

리더가 스스로 이 질문을 던지지 않는다면 목표가 너무 낮게 설정되기 쉽고 지난 시절에 이룬 성과를 자랑하는 우를 범하기 쉽다. '지나간 성과'는 자랑하기에는 좋지만 의지할 수 없는 두세 장의 상장에 불과하다. 일단 눈앞에 닥쳐 있는 과제를 해결하지 못하면 이 상장들은 백지보다 더 나을 것이 없다는 것을 리더들은 왜 자주 깜박하는 걸까. 역사가 증명하듯 구성원들에게는 리더가 '지금 무엇을 해주는가'가 중요할 뿐이다. 따라서 공헌의식이 없는 리더는 남을 이끄는 데 한계에 봉착해 성과를 창출하지 못하고, 구성원들이 갖고 있는 내재적 동기마저 앗아가게 된다. 리더가 사명감의 발견이나 공헌의식을 알지 못하게 되면 자신을 위해 조직을 이용하는 해악을 끼칠 가능성이 높다.

리더의 진정한 역량은 구성원들의 능력을 곱셈으로 만들 수 있는 환경을 조성하는 것이다. 리더가 능력이 있다고 뭐든지 나서서 직접 하게 된다면 구성원들은 능력을 발전시킬 기회를 놓치게 된다. 리더는 다른 사람들을 활동케 해 성과를 만들어내는 존재다. 해야 할 과제가 높으면 높을수록 혼자서 할 수 있는 일은 제한적이다. 이스라엘의 최고 영웅인 모세, 엄청난 리더십과 역량을 갖춘 그도 혼자서 일을 이룬 게 아니다. 모세가 호렙산에서 민족을 해방시키라는 음성을 듣고 이집트로 돌아와 파라오를 만날 때 형 아론의 도움을 받아 함께 싸우고 이기며 히브리 민족의 해방을 이뤘다. 유대인에게 민족의 해방자일 뿐만 아니라 신의 율법을 인간에게 전한 거룩한 선지자인 모세는 가장 중요한 리더다. 이런 톱 리더도 다른 사람의 도움을 필요로 했다.

손자가 구분한 리더를 보면, 스스로 모든 것을 해결하는 리더는 삼류요, 누군가의 힘을 빌려 일을 도모하면 그보다 조금 똑똑한 리더요, 힘뿐 아니라 남의 머리까지 얻어다 쓰는 리더야말로 가장 뛰어난 리더라고 하지 않던가.

우리의 존재 이유는 우리 내부가 아닌 바깥에 있다

도쿠가와 이에야스는 세키가하라 전투에서 승리를 거두고 패권을 확립했다. 적의 편에 선 다이묘들의 가문은 멸망당해 그들의 영지를 빼앗겼다. 그리고 그 영지는 이에야스 편을 들었던 다이묘들에게 재분배되었다. 논공행상을 할 때 이에야스는 독특한 두 가지 기준을 갖고 실시했다. 우선 시대의 흐름을 읽고 내편이 되어준 다이묘들(과거 히데요시, 노부나가 가신그룹)에게 더 많은 포상을 한다. 정말로 믿을 수 있는지 장담할 수 없으니 포상으로 불만요소를 제거하겠다. 그리고 충성되고 희생이 많았던 가신그룹은 적게 포상한다. 그래도 그들은 내게 충성할 것이다.

그런데 공로가 많았던 가신 그룹에서 반발이 나왔고 포상을 거부하는 가신들도 나왔다. 기회주의자에게는 더 큰 보상이 주어지고, 충성을 다한 충신들에게는 변변치 않은 포상을 주는 것에 대해 이해할 수가 없었다. 이제 천하를 움켜쥐었으니 '이번만은 큰 포상을 해줄 것이야' 하고 달콤한 예측을 하고 있던 터라 배신감이 더 컸던 것이다. 극도로 난처한 입장에 처한 이에야스를 구한 것은 나오이 나오카쓰라는 가신이었다. 그는 한 치수 큰 모자를 쓰고 자신의 입장이 아닌 주군의 입장에 서서 이에야스의 고민을 읽고 불만에 찬 가신들을 설득했다.

- 포상은 내 편을 들어준 것에 대한 의례적인 인사다. 혹시 저 다이묘들 마음속에 있을지 모르는 반발을 잠재우려면 기여보다 더 크게 포상할 수밖에 없다.
- 우리는 측근으로서 주군의 난처한 마음을 이해하고 어떤 포상을 내리든 불만을 품어선 안 된다. 우리 측근들이 포상이 적다고 내부에서 분란이 생긴다면, 히데요시를 여전히 마음속에 품고 있는 영주들이 우리를 제거하려 할 것이다.

놀라운 나오카쓰. 그는 고독한 톱 리더의 생각을 읽을 줄 알았던 이에야스의 진정한 참모였다. 그의 설득으로 논공행상 문제는 조용히 수습되었다. 도몬 후유지는『적을 경영하라』에서 나오이 나오카쓰가 활약한 징면을 상세히 묘사했다. 나오카쓰는 가신그룹들에게 작은 지방의 무사에서 천하의 신하가 되려면 새로운 사고방식으로 이에야스를 모셔야 한다고 말한다.[32] "지금까지 우리의 사고방식은 이에야스의 손발이 되어 충성을 다하는 것이었다. 즉 이에야스가 머리였다. 그렇기 때문에 우리는 그저 그분이 명령을 내리는 대로 움직이는 것으로 충분했다. 극단적으로 표현하면 개와 마찬가지였다. 그러나 앞으로는 생각하는 부하가 되어야 한다."

이에야스의 생각과 마음을 읽지 못하는, 즉 머리가 없는 단순한 손발에 지나지 않으면서 높은 포상과 지위를 바라면 안 된다는 것이다. 나오카쓰처럼 톱 리더의 입장에 서서 그 고민을 이해하고 보좌해야 하는데 늘 '나'라는 입장에 서서 판단하는 리더들이 많다. 스포츠에서도 우승한 팀은 선수들의 과도한 기대 때문에 포상금과 연봉 문제로 몸살을 앓아 다음 해에 좋은 성적을 내지 못하는 경우가 많다. 주전급은 물론 2진급 선수까지 자신들의 기여로 우승했다며, 과도한 연봉인상을 주장함에 따라 협상이 장기간 이뤄지지 않아 팀워크를 해치게 된다.

'승자의 혼미'라 해서 개인이든 조직이든 몸집이 커지면 반드시 혼란이 오는 법이다. 그래서 공을 세우고 오히려 화를 입는 리더들이나, 또는 측근에게 과도한 포상을 해 협력해준 그룹을 적으로 만드는 어리석은 톱 리더가 예나 지금이나 넘쳐나는 것이다.

세상사는 천변만화를 보이는 만화경과 같아서 끊임없이 새로운 모양을 만들어낸다는 것을 잊어서는 안 된다. 노키아의 사례에서 보듯이 업業이 놓여 있는 판 그 자체도 무한 리스크에 노출되어 있다.

최소한 두 개의 판은 읽어야 한다. 우리는 지금 어느 판에 서 있는 가? 성장판에서 우리는 계속 성장하고 있는가? 이는 다음과 같이 말할 수 있다.

첫째, 외부와의 조화가 가장 먼저임을 잊지 말자. 냉철한 현실 인식과 분석을 바탕으로 환경변화와 고객의 요구변화에 맞는 목표를 설정해야 한다. 이것이 조직의 존재 이유다.

둘째, 이 과제에 적합한 인재들을 등용해 잘 활용할 수 있는가? 내부 활동과 기능이 유기적으로 연계되었는가를 확인해야 한다. 그러기 위해서는 기존의 인맥이나 편견에 얽매이지 않고 능력, 잠재성, 팀 화합 등 다양한 시각에서 과감한 쇄신을 시도해야 한다.

한 가지 실수하기 쉬운 것은, 조직의 존재이유를 잊고 내적인 조화에만 신경을 써서 조직원 간 화합이 잘돼도 외부환경과 맞지 않으면 무의미한 일만 하다가 조직은 사라진다는 것이다. 코닥이나 노키아 등 한때 시장의 지배자들은 자사에 가장 적합한 내부역량과 정합성도 갖췄고 자부심도 대단했다. 하지만 그들의 실패는 "자신들이 구축한 내부정합성이 너무나 공고해 외부변화를 받아들이지 못할 정도로 경직되었던 탓이다. 세상이 바뀌었는데도 자신들의 논리로만 세상을 해석하려 했다. 그들 눈에 세상은 천천히 변하는 것처럼 보였지만 어느 순간 자신의 힘으로 되돌릴 수 없는 수준으로 변해 있었다. 아무리 내적 정합성이 좋은 기업이라도 외적 정합성을 잃으면 붕괴될 수 있음을 노키아의 사례는 잘 보여준다."[33]

이와 반대로 외부조화를 잘 이뤄 외형성장이 급증하는데도 내부조화가 깨져 안쪽에서부터 붕괴되기도 한다. 인간의 병이 외부환경 변화에 의해 혹은 내부질환에 의해 생기듯, 조직의 건강을 위해서도 외부환경과 조화를 이루고 내적인 구성원 간 조화를 이뤄야 한다.

다시 한 번 강조하지만 외부조화가 내부조화보다 우선이다. 국제 금융위기 등 조직의 내부능력으로 도저히 어찌할 수 없는 힘이 기업을 덮치자 힘 한번 제대로 써보지 못하고 수많은 기업들이 도산이라는 비극을 맞이했다. 리더와 구성원 간의 수직이 먼저이고 구성원 상호간의 수평관계는 그 다음이다. 마찬가지로 조직은 외부환경과 고객이 우선이고 내부 구성원 간은 그다음이다. 우리가 존재하는 이유는 우리 내부에 있는 것이 아니라 우리의 바깥에 있다.

리더가 협소한 실행자 역할에 머물게 되면, 눈앞의 일상에 매몰되어 큰 흐름을 놓치게 된다. 인간은 장자가 비유한 까치처럼 행동하기 쉽다. 눈앞의 먹이인 사마귀에만 정신이 팔려 장자가 자신을 화살로 겨냥하고 있는 것을 모르는 까치처럼 말이다. 세상엔 얼마나 많은 위험이 도사리고 있는가. 분명 리더는 한 치수 큰 모자를 쓰고 경계심을 늦춰서는 안 된다. 일과 구성원을 대하는 의식수준을 높여야 한다. 한발 앞선 준비야말로 조직을 지속 성장하게 만드는 최선의 비결이다.

'스위트 스팟', 효과만점의 최적지점을 찾아라

리더가 구성원을 판단하는 기준은 일이다. 사람이 성실하고 성품이 좋고는 그다음이다. 적재적소가 아니라 적소한 곳에 적재한 사람을 배치하는 것이다. "저 사람은 다 좋은데 일을 제대로 못해." 그렇다면 뭐가 좋다는 것인가?

리더 중심으로 스타일을 고집하거나 구성원들의 스타일에 맞춰야합하는 것은 모두 바람직하지 못하다. 리더가 자신의 스타일만을 고집할수록 누구도 기대에 부응하지 못하고 조직은 정체되고 만다. 어느 한쪽을 고집할 게 아니라 균형 잡힌 스위트 스팟sweet spot을 찾아야 한다. 여기서 균형이란 리더와 구성원의 딱 중간지점을 말하는 게 아니라 끊임없이 움직이는 역동적인 균형을 말한다.

2인 3각 경기처럼 서로가 보조를 못 맞추면 비틀대거나 넘어진다. 마음이 먼저 앞서도, 평소 자기 스타일을 고수해서도 안 된다. 일을 대하는 리더의 중심에 혼자만이 아닌 더불어 가는 스위트 스팟을 만들어나가야 한다. 단 리더십에서 스위트 스팟은 점이 아닌 면의 개념으로 넓게 이해해야 한다. 스위트 스팟은 스포츠에서 테니스 클럽, 야구 배트 등에 공이 맞았을 때 가장 멀리 날아가는 부분을 의미하는 스포츠 용어다. 이에 비유해 여기서는 적당한 노력으로 가장 효과를 발휘하는 최적지점을 말한다.

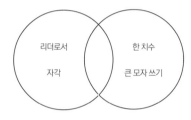

스위트 스팟 / 최적지점

스위트 스팟은 페어바둑에 비유할 수 있다. 페어바둑은 이렇다. 남녀가 한 팀을 이뤄 대국하는데 전략을 상의할 수도 순서를 바꿀 수도 없다. 말은 물론이고 눈빛 등 어떤 사인도 주고받을 수 없어 서로 한 몸처럼 생각하고 한 몸처럼 움직여야 승리할 수 있다고 한다. 바둑 실력이나 스타일이 제각각인데 어떻게 한 마음처럼 바둑을 둘 수 있을까? 나와 한 팀인 파트너의 스타일을 배려해 내 순서에서 그의 구상대로 돌을 놓아야 한다.

이 게임은 전략에 엇박자가 나면 엉망이 된다. 당연한 이야기지만 페어바둑은 같은 편 둘이 전혀 다른 스타일을 고집해선 안 된다. 특히 혼자 잘난 척해서는 소용이 없다. 파트너를 포용하지 못하면 같은 팀 상수上手가 놓은 수를 하수下手가 말아먹어 패배하게 된다. 당장 내가 두고 싶은 한 수를 접고 전체 이익을 위해 다른 수를 계획해야 한다. 이것이 페어바둑의 급소로 마음의 하모니를 이뤄야 한다.

이제 스위트 스팟을 찾기 위해서 리더가 해야 할 일은 구성원들이 무엇을 좋아하는지 알고 자신의 스타일에 변화를 주는 것이다. 콜린 파월 미 국무부장관의 말처럼 "그들이 내 방식대로 따라주기를 바라지 말고 그들의 능력을 잘 활용할 수 있는 방식을 찾아서 내 방식을 바꿔야 한다."

리더가 조직목표 달성을 위해 팀워크를 형성하기 위해서는 동기를 유발시켜야 한다. 구성원들에게 동기를 유발한다는 것은 막연한 칭찬이나 평가를 잘 준다는 의미가 아니다. 효과적인 방법은 바로 그들에게 관심을 갖는 것이고 스위트 스팟을 찾는 것이다. 동기부여는 뜨겁게 가열된 리더의 불로 상대방을 가열시키는 게 아니라, 리더의 작은 불씨를 구성원들의 가슴에 옮겨 원래 구성원 속에 내재된 불씨와 결합하는 것이다. 그러기 위해서 리더는 적응력과 융통성을 갖추고 있어야 한다. 리더의 스타일대로 일률적으로 적용해서는 효과가 반감된다.

리더는 변화라는 것에 대해 자주 언급하고 강조함에도 불구하고, 사실 리더들은 변화를 매우 꺼린다. 특히 그 변화가 자신과 관련이 있을 때는 더욱 그렇다. 지금의 자리에 오르기까지 생의 대부분을 헌신해 온 결과다. 그런데 변화라는 혼란의 가장자리로 스스로 갈 리더는 그리 많지 않다. 그들 또한 인간이라 자신의 정체성에 매여 있기 때문이다. 전혀 변화할 의향이 없으며 지금까지 해온 방식대로 계속해 나가기 쉽다.

하지만 변화하지 않을 경우 앞서 언급한 수많은 사례들처럼 그들의 자리 또한 위험에 처할 것이고 다른 리더로 대체될 것이다. 따라서 당신이 해야 할 일은 기존의 낡은 스타일을 버리고 새로운 스타일로 재창조하는 일이다. 리더는 가치 있는 목표를 향해 자신을 포함한 구성원들을 함께 변화시켜 실천하게 만드는 사람이기 때문이다. 그렇다. 리더는 과거로부터 배우는 것이 아니라 현재에 적합한 지혜를 모으는 일에 애써야 한다.

실로 변화를 아는 자, 변화의 도도한 물결을 타는 자가 승리할 것이다. 미국 제3대 대통령인 토마스 제퍼슨의 다음 말은 변화하고자 하는 열정을 가진 리더들이 가야 할 길을 명쾌하게 정리해준다. "스타일에 있어서는 시대의 흐름에 맞추어 나아가라. 그리고 원칙에 있어서는 바위처럼 꿋꿋이 서 있으라."

이것이 요점이다. 큰 틀에서 보면 어느 조직이나 추구해야 할 가치나 목표는 이미 주어져 있다. 이제 남은 것은 리더 자신이 이 과제에 적합한 스타일을 알고 거듭나는 것. 그러기 위해서는 리더의 성찰과 자각이 필요하다. 다시 말해 거듭날 수 있는지가 가장 중요하다. 이것은 물론 힘들다. 힘들다는 것은 그만큼 도전할 가치가 있다는 것이다. 리더십의 요체는 자신이나 전체를 위해 힘든 선택을 피하거나 미루지 않고 용기 있게 고뇌에 찬 결단을 내리는 데 있지 않던가. 새로운 환경이 펼쳐질 때마다 나를 성찰해야 한다. 다음 세 가지 스타일에 대한 핵심적인 질문에 스스로 답해보기 바란다.

첫째, 나의 스타일은 환경변화를 담아낼 수 있는가? (S1과 연계)
둘째, 구성원들의 의식이 현 상태로 괜찮은가 어떤가를 재점검하

라. 나의 스타일은 그것을 어떻게 보완, 발전시켜 앞으로 나아갈 수 있는가? (나의 스타일은 현재 구성원들의 생각과 에너지를 결집해 미래로 나아갈 수 있는가가 중요하다. 현재 조직원들과 화합하고 있는가는 그리 중요한 질문이 아니다)

셋째, 나의 스타일은 시대가 요구하는 전략을 수행할 수 있는가? (S3와 연계)

전략을 세워라
Strategic Agility

지혜를 모으는 연금술, 집사광익

양의 동과 서를 떠나 21세기는 희망찬 미래가 될 것이라던 전망은 어디로 사라지고 불안과 불확실성만이 세상에 떠돌고 있는 것일까. 1929년 10월 24일 미국 주식시장의 주가폭락으로 촉발된 신용경색은 순식간에 세계를 집어삼키며 세계공황이라는 경제 붕괴를 일으켰다. 시꺼먼 폭풍우에 휩싸였던 1930년에 케인스는 인류의 미래가 절망과 혼란의 소용돌이 속으로 빠질 것이라는 상황오판을 경계했다. 그는 「손자 세대의 경제적 가능성Economic Possibilities of Our Grandchildren」이란 에세이에서 예외적인 번영의 시대가 올 것이며 "하루 3시간의 노동이면 경제문제는 해결된다"며 100년 뒤의 삶을 이렇게 예측했다.

"인류는 지상에 창조된 뒤 처음으로 실질적이고 영원한 문제, 즉 절박한 경제적 근심에서 벗어날 것이다. 그리고 그들은 그 후에 얻은 자유를 어떻게 사용할지, 여가를 어떻게 보낼지, 어떻게 해야 현명하고 잘살게 될지 등의 문제로 고심할 것이다."

케인스의 낙관적인 전망처럼 소득은 늘어나고 삶은 더 나아졌다. 그러나 그가 예측한 것처럼 여유와 자유가 들꽃처럼 만발한 삶으로는 아직 진입하지 못했다. 안타깝세도 여전히 불평등과 실업의 두려움 속에 살아가고 있고 아직도 물질적 부에 대한 갈망이 크게 차지하고 있다. 여기에 고령화라는 새로운 변수 앞에 매일 밀물처럼 밀려오는 '먹고사는' 문제와 그에 따른 파이를 뺏기지 않으려는 세대 간 경쟁은 후손들의 미래를 위협하고 있다.

기술의 연속성이 사라진 시대, 커다란 이노베이션이 일어날 때마다 플레이어가 대부분 교체된다. 생존과 성장의 길은 기존 핵심 속에 있는 것도 아니고 새로운 분야는 짙은 안개에 쌓여 잘 보이지 않는다. 안개 속에서 업계도 기능도 모든 경계가 모호해지고 있고, 어느 순간 경기장이 바뀌어버렸다. 아마존은 전통 서점을 문 닫게 하고 이베이는 1744년에 창립된 전통의 경매사인 소더비를 흔들었다. 기껏 만들어낸 우위성을 지속하기는 점점 어려워지고 있고, 오히려 생존에 더 집중해야 하는 상황에 놓여 있다. 향후 2~3년을 막연하게 보낸다면 설령 최강자라 하더라도 곧 밑바닥으로 추락하게 된다. 이미 이길 수 있는 조건이 내게 있는 것이 아니라 경쟁자에게 달려 있는 현실로 변한 탓이다. 심지어 '경쟁자가 누구인가?' 그것조차 오리무중이다.

미래의 강자는 우리의 눈길이 미치지 못하는 멀리 떨어진 곳에서 소리 없이 나타난다. 이런 상황 속에서, 톱 리더는 자신의 기업을 변화시키면서 보이지 않는 경쟁자를 한발 앞서서 준비해야 한다. 이길 수 있는 길은 단 하나, 전략적 민첩성을 통해 끝없이 변화하는 길뿐이다. 승리의 길은 우리의 변화와 경쟁기업의 변화 사이에 있다. 지난 20여 년을 돌아보면 핵심역량으로 탁월한 성과를 달성했던 기업일수록 대참사를 경험했다. 모토로라와 노키아도 그랬고 제록스 또한 그랬다. 톱 기업일수록 딜레마에 빠지기 쉽다. 현재의 고객을 충실히 섬기는 일이 기업을 구렁텅이에 처박는 일이 될 수도 있다는 역설적인 사실은 우리를 더욱 당혹스럽게 한다.

핵심역량에서 이뤄낸 탁월한 성취는 오히려 다른 분야에 둔감해지는 역효과를 낳아 '승자의 저주'라는 이름이 붙여질 정도로 다반사가 되었다. 기존의 핵심역량의 함정에서 빠져나오지 못하고 새로운 역량을 찾고 있는 와중에도 커다란 파도는 계속 기업을 덮치고 있다.(S1 – Situation)

소설가인 김훈의 『칼의 노래』에는 등골이 서늘해지는 문장들이 많은데 여러 분야에서 패러디를 만들어 냈다. "끼니는 어김없이 돌아왔다. 지나간 모든 끼니는 닥쳐올 단 한 끼 앞에서 무효였다."[34] "닥쳐올 싸움은 지나간 모든 싸움과 전혀 다른 낯선 싸움이었다. 싸움은 싸울수록 경험되지 않고 지나간 싸움은 닥쳐올 모든 싸움 앞에 무효였다."[35]

수험생은 말한다. "수능은 어김없이 돌아왔다. 지나간 모든 시험은 닥쳐올 단 한 번의 수능 앞에서 무효였다." 여기에서도 이를 패러디하면 이렇다. "지나간 모든 성과는 닥쳐올 단 하나의 현안 앞에서 무효였다." 읽으면 읽을수록 의미가 깊다. 싸움 하나하나는 개별적이고 그 자체로 완결된다. 새로운 싸움 앞에서 지나간 싸움들은 영향을 미칠 수 없고 완전히 낯설다. 지난 성과는 무효다. 무서운 진실이다.

여기에서의 교훈은 이렇다. 따라서 과거, 특히 성공에서 배우지 않는다. 증명된 방식은 버려라. 현재 구성원들이나 외부 등 폭넓은 이해관계자로부터 현재의 지혜를 모아야 한다. 과거의 경험을 갖고 예측하지 말고 현장에서 직접 실험하라.

리더가 이런 환경을 조성해야 좋은 방향으로 나아갈 수 있다. 스타일 편에서 성공한 리더일수록 자신의 스타일을 고수하기 쉽고, 그로부터 오는 위험을 알렸다. 미래는 과거의 연장선이 아니다. 그럼에도 불구하고 기존의 연장선에서 과거의 방식을 바꾸려 하지 않으면, 리더 자신이 걸림돌이 될 것이다. 이미 전략적인 방향전환을 하기 위해 리더가 지향해야 할 세 가지 변화를 촉구한 바 있다. 첫째 성찰, 나를 먼저 보기. 둘째, 한 치수 큰 모자를 쓰고 변화하기. 셋째, 스위트 스팟 찾기.(상향지향성)

현재 리더와 구성원 간 내부궁합이 최적화된 조직은 오히려 그것이 변화와 발전의 미래선상에서 스위트 스팟을 찾는 데 장애가 될 수도 있다. 현재에 강한 애착을 갖게 되어 혁신이 끼어들 틈이 없기 때문이다. 더욱이 계속 성공했다는 리더의 혜안과 심모원려는 지속되지 않는다. 벼랑 끝으로 몰리는 딜레마.(S2 - Style) 여기서의 교훈은 이것이다. 고체화된 스타일을 액체화한다. 나 때문에 성공한 것이 아니라, 환경, 구성원, 경쟁사 등 여러 요인들이 합쳐진 것으로 내 역할은 일부분에 지나지 않는다는 것을 알아야 한다.

이로써 리더가 유연하고 균형 있게 판단하고 시대적 과제에 적합하게 사고의 틀을 바꾸는 것이 쉽지 않다는 것을 알았을 것이다. 따라서 다음의 기준에 의해 균형감을 갖고 판단해야 한다.

- 환경 변화를 예민하게 읽고 - S1
- 복잡다단하게 얽혀 있는 현 상황을 극복하는 데 어떤 리더십스타일이 요구되는지 명확히 알고 변화하는 - S2
- 많은 현명한 이들의 의견을 듣고 깊이 생각해 조직의 방향성을

결정한다. - S3

시간이 촉박하다며 코앞에 닥친 일만 보고 일을 처리하다간 길을 잃어버리기 십상이다. 큰 그림을 먼저 그리고 나서 행동에 옮겨야 한다. 방향성이 없이 얻어진 작은 결실들의 모음은 단순하게 모아진 것일 뿐 한 단계 진일보시킬 수가 없다. 부분의 합이 전체의 합과는 다르다. 전문가들은 말한다.

"큰 그림을 그린 뒤에 작은 승리의 경험들을 쌓아가라."

리더 스스로 가둔 사고의 틀에서 벗어나야 한다. 그러기 위해서는 현명한 이의 의견을 많이 듣고 깊게 생각한 후 결단해야 한다. 심사숙고와 정확한 판단은 리더의 역할이다. 집사광익集思廣益을 통해 구성원들과 이런저런 대화를 나누다 보면 묘안이 떠오르기도 하고 헌신적인 참여를 이끌어낼 수 있다. 또한 판단을 내리는 데 있어서 자칫 놓칠 수도 있는 기회와 위험요인을 점검할 수 있다.

널리 구해야 모든 것이 넓어진다

집사광익. 제갈량이 촉나라 승상이 된 뒤 수하 장수들에게 보낸 글인데, 여러 사람의 의견을 널리 구해야(집사集思) 이익과 충성심을 넓힐 수 있다(광익廣益)면서 한마음 한 뜻으로 협조해줄 것을 당부한 데서 유래된 말이다.

리더의 역할은 조직이 나아갈 방향성을 결정하고 구성원들을 결속시켜 높은 수준의 성과를 창출하는 것이다. 그렇다면 다양한 이들로부터 어떻게 현명하게 의견을 모을 것인가? 어떤 기준에 의거해 판단을 내릴 것인가? 이에 대한 의사결정을 하는 모델의 조건은 딱 두 가지다.

- 간결해야 한다. 그래야 반복가능하다
- 다양한 이들의 의견이 반영될 수 있어야 한다.

도전과제에 따라 달라지겠지만 미래는 예측하는 게 아니라 판단하고 어떻게 대응하는가가 중요하다. 각자 속한 업에 따라 판단기준은 달라진다. 따라서 이 장에서는 세부적인 판단기준보다는 기준점으로서 집사광익을 제시하게 된 것이다. 핵심원리는 다음과 같다.

원리 1 : 집사를 통해 현명한 의견을 모아 더 나은 대안을 얻는다.
원리 2 : 광익을 위해 업의 본질과 핵심가치에 맞게 판단한다.
원리 3 : 집사광익에 의해 종합적으로 판단한다.

집사광익의 원리가 자리 잡을 경우 얻는 이점은 많다.
첫째, 보편적인 오류와 리더의 과신편향 방지 – 잘못된 의사결정의 대부분은 리더의 지나친 과신으로 인한 것인데 이런 오류를 줄여준다.
둘째, 장단기 이익의 균형 확보 – 광익의 실천은 자세히 들여다보면 복잡하다. 어떤 일은 결과가 몇 달, 몇 년 뒤에 나타나다 보니, 리더가 미래의 광익이나 대의보다는 당장 손에 잡히는 구체적인 이익을 선택하기 쉽다. 미래는 멀고 오늘은 가깝다. 이를 방지하는 데 도움을 준다.
셋째, 반복 가능함에 따라 점점 판단의 과정과 결과가 좋아져 성과를 극대화한다. 이에 대해 다양한 실제사례를 보여준 것이다.
역사 속으로 들어가 보자. 뛰어난 능력의 소유자인 제갈량이 끝내 사마의에게 판정패하게 된 이유는 무엇일까? 전투에서는 번번이 사마의가 제갈량에 패했지만 최후의 승리자는 사마의였다. 모든 것을 혼자서 다 했던 천재의 실패담이랄까. 제갈량은 마지막까지 다른 이들의 도움 없이 혼자서 모든 일을 처리해야 했다. 혼자서 일하면 일사분란하고 정확하게 의도를 전달하는 장점이 있다. 반면 본인 자신은 피폐해질 수밖에 없다. 제갈량은 그를 둘러싼 둔재들 속에서 자신의 천재성을 유감없이 발휘했다. 반면 사마의는 수많은 인재들 속에서 자신의 역량이 남보다 미치지 못함을 인식하고 조심조심 행동했다.

제갈량의 단점을 상징적으로 보여주는 일화가 있다. 한번은 사마의가 전략가인 제갈량에게 경외심을 갖고 앞뒤를 신중하게 재어보면서 대응하자, 초조해진 제갈량이 선물과 함께 사자를 보냈다. 사마의가 선물상자를 열어보니 부인용 머리 장식과 의복이 들어 있었다. 편지 내용과 선물을 보니 규방에 들어앉은 부인네처럼 겁을 먹고 출전하지 못하는 것은 대장부로서 기개가 부족하다는 뜻이었다.

'날 여인네로 취급한다 이거로군.'

사마의는 애써 분을 삭이면서 사자에게 두둑한 상을 내렸다. 그리고 툭 한마디 물었다. "승상께선 평소에 식사는 어떻게 하시는가? 일은 여전히 바쁘신가?"

"승상께선 매일 밤늦게까지 일하십니다. 곤장 스무 대가 넘는 형벌에 관한 일을 무조건 손수 처리하시지요. 하지만 식사는 아주 적게 하십니다."

사자는 자랑스럽게 얘기했다. 사마의는 고개를 돌려 웃으면서 자신의 부하장수에게 말했다.

"제갈량은 충신이요 뛰어난 전략가다. 단지 남을 믿지 못하는 것이 커다란 흠이지. 그는 지나치게 세심해서 모든 일을 자신이 직접

관장하려 드는 것이 문제다. 이처럼 남을 믿지 못하는 태도는 윗사람이 가져야 할 자질이 아니다. 게다가 식사를 조금밖에 하지 않다니 어떻게 장수할 수 있겠나?"

사자는 돌아가 사마의와 주고받은 대화를 소상히 보고했다. 보고를 다 들은 제갈량은 자신도 모르게 탄식을 내뱉었다.

"사마의가 내 처지를 다 알아버렸군."

사실 이때의 제갈량은 계속되는 과로로 신경이 날카로워져 있었고 가끔씩 각혈을 하기도 했다. 그리고 얼마 지나지 않아 과로를 이기지 못하고 병사하고 말았다. 나라의 톱 리더로서 중요한 결정에서부터 세부적인 일까지 너무 지나치게 몰두한 탓이다. 집사광익의 의지를 표명한 제갈량 자신도 이를 적용하지 못해 널리 의견을 구하지 못하는 우를 범했다. 그 역시 인간이니까. 그만큼 집사광익의 길은 힘들다.

이제부터 집사광익으로의 본격적인 여행을 시작해보자.

지적능력이 요구되는 '집사'의 길

조직을 책임지는 톱 리더에게 요구되는 능력은 멀리 내다볼 수 있는 안목, 결정적인 시기에 흔들리지 않고 결정하는 판단력, 그리고 포부다. 이 세 가지 재능의 영역에서 하수는 고수를 알아보지 못하고 가늠조차 할 수 없다. 능력과 경험의 결합, 경영의 촉, 판단력이 없는 리더는 자기 자신뿐 아니라 조직에도 비극이다. 여기에 초심까지 잃게 되면 마이너스 방향으로 가속도가 붙는다. 어설픈 재능으로 톱 리더가 되면 압박과 스트레스로 간이 쪼그라들어 병만 키우게 된다. 밀물일 때는 아무 데나 그물을 쳐도 고기가 잡히지만, 썰물이 되면 벌거벗은 채 진검승부를 해야 한다. 환경이 좋을 때는 선두 회사의 전략을 모방하고 명령과 지시만 내려도 가능하다. 하지만 급변하는 환경에서 얼치기 재주의 환상에서 깨어나지 못하면 리더 개인뿐만 아니라 조직에도 커다란 해가 된다.

그렇다면 왜 집사를 해야 하는가? 널리 의견을 모아야 더 큰 이익을 얻을 수 있기 때문이다. 지금은 리더가 책상에서 세상을 판단하기에는 너무 위험한 시대다. 집사의 길을 걸은 세종. 그는 자신의 안락을 버리고 수없는 아이디어를 듣고 골라 실행한 최고의 리더다. 집현전은 집사를 체계적으로 하기 위한 기구였다. 그는 한 사람의 천재가 세상을 바꿀 수 없음을 알았다. 뛰어난 리더는 반드시 그를 도와줄 인사이드 인재를 필요로 한다. 이 집사를 디자인계 거장 누스바움 교수는 '그룹 싱킹'이라 한다. 그래서 전략의 제1조건이 바로 집사다. 한 사람의 힘으로 다수를 이길 수 없다. 한 사람의 지혜로는 만물의 이치를 알기 어렵다.

집사를 통한 성공사례를 보자. 도요타 자동차의 '프리우스' 사례는 집사의 힘을 잘 보여준다. 도요타는 1990년대 초 G21이라는 비밀 프로젝트를 추진했다. G21은 21세기를 대비한 신개념 자동차 개발을 목표로 했는데 기존 차량에 비해 연비를 두 배 이상 높인다는 전략이었다. 그런데 도요타는 이 프로젝트 책임자로 자동차 개발이나 디자인 경험이 전혀 없는 우치야마다 다케시를 임명했다. 결과적으로 우치야마다는 우려를 씻고 엄청난 성공을 거두었다. 그의 성공비결이 바로 '집사'다. 그는 익숙한 기존방식을 버렸는데 그 방식은 다음과 같다.

우선 그는 모든 기술자가 한자리에 모일 수 있는 큰 공간을 만들었다. 그는 자주 모이는 것 자체가 경쟁력임을 간파한 것이다. 자동차의 특성상 다양한 기술과 소프트웨어를 집중해야 하기 때문에 소프트한 두뇌를 자주 모이게 해서 창조적 발상이 가능하도록 하는 두뇌의 복합화를 시도했다. 자동차는 어느 한 부서가 잘한다고 잘되는 것이 아니다. 디자인, 설계, 기획, 판매 등 조직에 있는 모든 사람이 어떻게 만들어야 할지 머리를 짜내야 한다. 그렇게 한자리에 모여 대화, 표정, 손짓, 눈빛을 통해 종합적인 아이디어를 만들어낸 것이다. 모든 기술자가 한 공간에 모여 나이와 직급에 관계없이 자유롭게 토론하는 분위기를 형성했다. 기술평가나 의사결정은 모두가 참여해 의견을 내고 즉석 토론으로 결정했다.

이로써 프로젝트의 속도는 놀랄 정도로 빨라져 15개월 만에 1997년에 하이브리드차인 '프리우스'를 개발하기에 이르렀다. 한 공간에 모여 두뇌의 복합화를 이룬 결과, 개별적인 것들이 유기적으로 합쳐지더니 기하급수적으로 상승효과를 낸 것이다. 당시 미국 자동차회사의 신차개발 기간이 5~6년임을 감안하면 거의 기적적인 결과였다. 프리우스는 친환경차의 '퍼스트 펭귄'이라 불린다. 경쟁사보다 2년 빨리 출시했고 그 후 15년 동안 약 300만 대를 판매한 히트상품이 되었다.

이젠 우리도 리더를 바라보는 시각을 바꿔야 한다. 혼자서 모든 것을 해결하는 시대가 아니다. 리더가 구성원들을 압도하고 군림해서는 안 된다. 리더는 다케시처럼 구성원들의 다양한 협력을 이끌어내는 의견조정과 소통능력이 필요하다.

집사에 실패한 사례는 이와는 반대로 톱 리더의 뛰어난 재능에만 의존했던 마이클 아이스너 전 디즈니 CEO를 들 수 있다. 그는 카리스마와 재능이 뛰어난 리더였다. 그의 훌륭한 리더십은 「라이온 킹」을 비롯한 수많은 히트작을 만들어내 1984년부터 1997년까지 디즈니의 주가는 26배나 뛰었다. 그러나 플로리다의 테마파크나 도쿄

디즈니의 성공 등 수많은 성공에 취해 그만 독단에 빠져 들었다. 그의 마지막 패착은 유로 디즈니였다. 최종 후보지로 스페인과 파리가 거론되었다. 프랑스 문화에 심취해 있던 아이스너는 주위의 반대를 무릅쓰고 자신의 취향에 맞는 파리로 결정했다.

주변 참모들이 객관적으로 검토한 결과 스페인이 날씨, 부지여건, 세금혜택, 인건비 등 대부분에서 유리했다. 여기에 미국문화까지 동경하니 스페인이 최적지였다. 그런데 프랑스는 미키마우스나 맥도널드 같은 미국문화를 천시하는 경향까지 있어 유로 디즈니는 적자를 면치 못했다. 결국 아이스너는 2005년 3월 쫓겨나다시피 CEO 자리를 사임했다. 그가 이룬 13여 년의 성과는 단절된 성과였고 모래 위의 성이었을 뿐이었다. 자신의 취향과 스타일에 빠져 다른 사람의 이견을 받아들이지 않은 독단의 결과였다.

이렇듯 톱 리더가 어떤 방법을 선택하고 어떻게 의사결정을 했는가가 기업의 운명을 결정한다. 그리고 이것이야말로 집사의 과정이 얼마나 중요한지 보여주고 있다.

2014년 1월에 방영된 EBS 교육대기획 6부작 '왜 우리는 대학에 가는가'는 학점과 취업이라는 장애물 앞에서 맹목적 경쟁을 할 수밖에 없는 이 땅의 청춘들에게 던지는 화두로 많은 생각거리를 던져 준 멋진 다큐였다. 그중 대학생을 두 팀으로 나눠 실험한 내용이 흥미로웠다. 혼자 공부한 그룹과 둘씩 짝을 이뤄 토론하며 공부한 그룹의 결과, 후자가 거의 2배나 높은 점수를 받았다. 전문가들은 이를 '메타인지' 때문이라고 한다. 메타인지란 내가 알고 있는 것, 안다고 착각하고 있는 것, 내가 잘 모르는 것이 무엇인지 인지하는 것을 말한다. 일반적인 인간의 생각을 인지라고 하면, 그런 인간의 생각을 바라보는 또 하나의 눈 메타인지가 바로 질문하고 대답하는 공부를 통해 키워진다는 것이다. 혼자 공부하다 보면 안다고 착각하는 영역이 의외로 많다. 잘하고 있다고 믿었던 일이 실은 엉망이었다는 것을 알고 좌절한 경험이 있을 것이다. 자신의 입을 통해 묻고 설명함으로써 자신이 아는 것과 안다고 착각하는 것과 모르는 것이 분명해짐에 따라 자신의 진짜 생각이 키워지는 것이다.

새로운 시대는 메타인지 같은 새로운 리더 스타일을 요구한다. 과거에는 리더일수록 더 현명하고 정확한 판단력을 가질 수 있었다. 그 이유는 단 하나, 모든 정보가 리더에게 쏠렸기 때문이다. 그러나 세상이 바뀌었다. 리더의 정보력 하나만 믿고 조직을 이끈다는 것은 눈을 감고 산을 오르는 것과 같다. 리더의 판단이 구성원들의 집약된 판단보다 우월하다고 장담할 수 없는 시대다. 직장인들 사이에 유머 하나가 유행인 적이 있었다. '스마트한 리더와 멍청한 구성원이 합쳐지면 무언가를 생산한다. 그러나 멍청한 리더와 스마트한 부하가 만나면 리더가 승진한다.'

더욱이 현대는 혼자서 모든 것을 해결하는 시대가 아니다. 톱 리더가 구성원들을 압도하고 군림해서 낸 성과는 단기간밖에 효력이 발생하지 않는다. 구성원들의 다양한 협력을 이끌어내는 집사능력이 무엇보다 필요하다. 구성원들의 움직임과 마음을 살펴 걸림돌을 제거하고 일할 수 있는 분위기를 만들어주어 원활하게 조직이 돌아가게 해야 한다. 이 집사의 과정에는 사사로움이 개입되어서는 안된다. 대부분의 리더들은 사사로움을 개입시킨 후 자기 입맛에 맞는 집사를 한다. 이것은 하인을 부리는 방식으로, 뛰어난 인재를 다스릴 때는 역효과를 부른다.

자세히 묻고 깊게 생각하라

그렇다면 어떻게 집사에 이르는가. 전략적 민첩성은 『중용』에서 말하는 학문하는 방법에 이미 답이 들어 있다. 학문이 어쩌다 암기하고 시험을 봐서 좋은 성적을 내는 것으로 전락했는지 모르겠다. 학문하는 방법은 이런 것과는 다르다. 일부 교수 사회도 외국이론의 수입상이 되어 특정이론과 방법론을 무조건 따르다 보니 완고함의 대명사가 교수로 지칭될 정도다. 하지만 이것은 학문하는 자세와는 거리가 멀다. 과학자들이나 훌륭한 학자의 학문하는 사고방식은 다음과 같다. 이를 과학적 사고방법이라 부른다.

- 문제인식 : 현상에 대한 관찰과 생각을 통해 기존의 이론이나 체계에 끊임없이 의문을 제기한다.
- 가설을 세운다.
- 가설의 검증 : 실험, 자료, 데이터를 수집해 분석하고 해석해서 검증한다. 검증을 통과한 것은 사용하고 통과하지 못한 것은 버린다.

맨 처음이나 중간에 내린 가설이 흔들리면 그 이론을 얼마나 높이 쌓았든지 상관없이 와르르 무너지게 된다. 그 이론은 종잇조각에 지나지 않는다. 문제는 토대로 삼고 있는 가설의 정의가 얼마나 튼튼한가에 달려 있다. 또한 이 정의는 반드시 검증을 받아야 한다. 혼자만 맞다고 주장하고 검증이 안 된다면 가설에 머물 뿐이다.

새로운 이론은 모두 예외 없이 이런 과정을 통해 나왔는데 혁신 프로세스와 동일하다. 전략적 민첩성 역시 학문하는 자세와 많이 닮았다. 훌륭한 리더는 예민하게 환경변화를 읽고 기존 리더십스타일의 문제점을 발견하고 폭넓은 시각에서 새로운 지식과 정보를 수용한다. 그리고 새로운 관점에서 현상을 관찰하고 가설을 세워보고 작은 실험을 해보고 가설이 검증되면 과감히 도전한다.

공자 역시 학문의 업그레이드를 주장한 온고지신의 주창자다. '학문사변'의 방법론은 비단 학문에서만 필요한 것이 아니라 리더의 올바른 판단에 있어서 절대 필요한 정신이요 지혜와 방법이라 하겠다.

- 박학博學 – 널리 배워라.
- 심문審問 – 자세히 물어라.
- 신사愼思 – 깊게 생각하라.
- 명변明辨 – 명쾌하게 판단하라.

즉 널리 배우고 자세히 물어 미진함이 없도록 한 다음, 이를 토대로 깊게 생각해 바르게 판단하고 현실에 맞게 새롭게 응용하라는 것이다. 이것은 일급리더의 판단법과 정확히 일치한다.

칠레 최대 농축산기업인 '아그로슈퍼'는 놀랍게도 이 네 가지를 집요하게 실천한 기업이다. 널리 배우고(박학), 자세히 많이 물으며(다문) 5년 동안 한국의 시장을 조사했다. 거리를 걷고 시장에 가보고 식당에서 한국인들이 어떻게 돼지고기를 먹는지 관찰하고 한국인들에게 묻고 배운 것을 기록했다. 그리고 깊게 생각하고(신사) 해야 할 일과 하지 말아야 할 일을 명확히 구별(명변)해서 우선순위를 정했다.

아그로슈퍼는 수집한 자료를 토대로 한국인들이 좋아하는 고기, 지방 비율, 크기, 형태, 색깔을 어떻게 만들지 연구하기 시작했다. 50년 역사를 자랑하지만 그들은 한국인의 입맛에 맞추기 위해 품종까지 개량한다. 사료 먹이는 법부터 자신들의 방식을 버리고, 삼겹

살 자르는 방법까지 한국 소비자들에게 맞게 처음부터 다시 배웠다. 그 결과 국내 전문가들은 한국산과 거의 차이를 느낄 수 없다는 평가를 받았다. 구즈먼 CEO는 『조선위클리비즈』와의 인터뷰에서 이렇게 말했다.[36]

"칠레산 1킬로그램 납품하기까지 한국을 70번 오가며 연구했다."

처음부터 그들은 세계시장에 진출한다는 큰 꿈을 꾸었다. 그리고 품질에 대한 집착으로 국제시장에서 인정받았다. 정리해보자. 집사를 하는 순서는 이렇다. ① 널리 배우고 ② 많이 묻고 ③ 신중히 생각하고 연구해서 ④할 일과 안 할 일을 구분하는 우선순위를 결정하는 것이다.

이번에는 조직규모가 큰 기업의 집사사례를 살펴보자. 마약밀매에 연루되어 '돈 세탁소'라는 오명을 쓴 HSBC는 직원만 30여만 명에 이르렀던, 바람 잘 날 없이 멸종동물인 공룡에 비유되고 있었다. 최악으로 치닫고 있던 상황에 취임한 스튜어트 걸리버 CEO는 자신이 직면한 특정 상황에 적절한 결정을 내리고 HSBC를 대수술해 세계 정상 은행으로 재 복귀시켰다. 그는 어려운 현실을 인식하고 그것의 핵심적인 의미를 파악함으로써 나아갈 방향을 찾아냈다. 그는 무대를 만들어 집사하고 소통하는 연결을 통해 비전을 공유하고 북돋음으로써 변화를 만들어냈다. 집사라고 해서 모든 사람의 의견을 다 들을 수는 없다. 소통과 경청의 한계선은 존재하는데 그의 방법은 매우 독특했다. 전 세계에 분산된 상황에서도 집사와 소통의 두 유형이 섞이면서 중요한 역할을 수행해나갔다.

(1단계) **집사**

1. 먼저 최고 경영자들과 현실 인식을 공유한다.

2. 상위 1퍼센트급 관리자 2,500명과 토론하면서 그룹의 나아갈 방향을 모색한다. 나아갈 방향 설정 그 자체도 중요하지만 상위 1퍼센트급 리더들과 상호간 토론과 소통이 이뤄지는 집사과정 속에서 이미 실행의지도 전달된다. 위로부터의 일방적인 지시가 아니라 아래로부터 의견을 흡수하는 파이프를 중시한 것이다. 스마트한 시대, 기술이 발전하면 할수록 공감이 더욱 소중해진 것이다.

(2단계) 소통

3. 집사를 통해 수렴된 의견을 국가별 리더 2만 5,000명에게 다시 설명한다. 이 리더들은 지금 결정된 전략을 가지고 근무지로 돌아가서 어떻게 실행할 것인지 전술에 대해 고민한다. 그리고 전술을 논의할 때 구성원들과 토의를 통해 상하가 소통하는 회로를 만든다.

4. 마지막으로 전 직원들에게 그룹 비전을 설명하는 등 지속적인 이해를 유도함으로써 모두가 협력할 수 있도록 만드는 것이다.

전 직원들은 2, 3단계에서 이미 대략적인 내용을 전달받아 이해하고 있는 상황에서 톱 리더로부터 직접 설명을 들으니 더 구체적으로 인식하게 된다. 이런 4단계 집사와 소통 방식을 통해 직원들과 변화의 공감대가 형성되어, 직원들의 적극적인 참여가 뒷받침되었고, 그것이 실행으로 이어진 것이 HSBC의 성공비결이 된 것이다.

우리는 나보다 똑똑하다
한 줄의 전략과 비전이 만들어지는 과정을 생각의 깔때기 그림으로 살펴보자. 먼저 수많은 아이디어를 모은다. 내외부로부터 모은 A라는 생각, B라는 의견, C라는 조언, 그리고 나의 생각인 D까지. 이 모든 것을 전략의 깔때기를 통과시키는 과정에서 건져지는 알갱이 한두 개. 이것이 현실에서 빛이 되고 성과로 이어지기 위해서는 받침대가 필요하다. 그러는 와중에 C라는 생각이 다시 부활하기도 하고 의외의 생각인 E가 나타나기도 한다. 이전의 작업이 직감과 경험 그리고 집사라면 전략 이후의 작업은 논리와 검증이다. 논리적인 작업은 더 많은 아이디어와 데이터를 필요로 한다.

좋은 아이디어를 알아차리려면 민감성의 촉수를 더 개발해야 한다. 직관 역시 하루아침에 생기지 않는다. 오랜 경험과 관찰 속에서 종유석처럼 자라난다. 세상 어디에도 아이디어의 창고나 생각의 보물섬은 존재하지 않는다. 그야말로 불현듯 스치는 생각이나 지나가는 말, 전에는 아무 상관도 없던 두 가지 이상이 합쳐지면서 전혀 새로운 것이 만들어지기도 한다. 리더가 해야 할 일은 아이디어를 찾는 것보다 막상 아이디어가 떠오르거나 나타났을 때 '이것이 좋은 아이디어감이다'라는 사실을 알아채는 능력에 있다. 리더는 천리마를 보는 눈을 갖고 있어야 다른 사람의 제품이나 말이나 생각에서 아이디어를 낚아챌 수 있다.

1979년 팰러알토 연구소를 방문한 스티브 잡스는 마우스로 조작하는 컴퓨터를 대하는 순간 그것을 '대단한 놈. 인간의 마음을 터치하는 제품'으로 즉각 인식했다. 잡스는 "당신들은 돈방석 위에 앉았는데 왜 이걸 활용하지 않느냐"며 제록스 엔지니어에게 소리까지 지르며 발을 동동거렸다고 하지 않던가. 훗날 잡스는 이 방문으로 컴퓨터의 미래가 선명히 보이기 시작했다고 회상했고 스스로 '도둑질'을 자랑스럽게 인정했다. 피카소가 말한 "좋은 예술가는 모방하고 위대한 예술가는 훔친다"는 말까지 인용하며. 잡스는 제록스가 보지 못한 기술의 본질을 한눈에 꿰뚫어본 것이다.

사실 비전과 목표수립도 중요하지만 그것들을 수립하는 과정이 더욱 중요하다. 이 과정을 생략하면 조직 내 주요부서 간 의견조율과 협력기반 조성이 형성되지 않아 설익은 전략이 나오거나, 실행을 할 때 삐걱거리게 되어 어려움은 배가된다. 더욱이 목표 간 불일치로 인한 반발까지 감안하면 그 악영향은 실로 지대하다.

'우리는 나보다 똑똑하다We are smarter than me.'는 말이 있다. 아무리 잘난 리더라고 해도 여러 사람의 지혜를 당해낼 재간이 없다. 오늘날 급변하는 시대에 살아남기 위해서는 내외부의 아이디어와 의견을 모으는 집사가 매우 중요하다. 우수한 기업들은 집사를 통해 현장(외부포함)의 지식과 지혜를 활용하면서 많은 성과를 올리고 있다. 이런 방법들은 이미 곳곳에서 실천되고 있다. 당신이 해야 할 일은 그 방법을 자신들의 조직에, 행동에 도입하는 것이다. 이제 특별한 천재나 영웅이 없는 세상이 됐다.

집사는 다른 말로 여러 사람들의 지혜를 얻는다는 중지와 같은 의미다. 중지를 잘하는 리더는 뛰어난 독지를 이긴다. 혼자 잘난 영웅은 없다.

타협할 수 없는 가치, 광익의 길

평생 돈을 위해 펜을 들었던 도스토옙스키는 인간에게 가장 끔찍한 벌은 "평생 동안 아무 쓸모도 의미도 없는 일을 하도록 만드는 것"이라고 했다. 그의 말처럼 구성원 각자에게 있어 '쓸모'와 '의미'는 아주 중요하다. 이것은 자신이 하는 일에 대한 의미부여를 통해 탄탄하게 경쟁우위를 지켜갈 수 있기 때문이다. 광익廣益은 더 큰 이익과 새로운 가치를 창출하는 것을 말한다. 광익은 기업이 가지고 있는 핵심가치를 실천하는 것이다. 탁월한 기업에는 모두 타협할 수 없는 핵심가치와 신념이 있다. 핵심가치가 중심이 되어 구성원들과 공유되고 현장에서 실천되고, 의사결정의 기준으로서 활용되어야 한다.

조직차원에서의 광익과 개인차원에서의 '의미'를 최대한 일치시켜 나감으로써 조직과 개인은 상생할 수 있다. 광익의 출발선은 업의 본질과 핵심가치다. 리더의 의사결정은 자신의 스타일이나 개인적 능력에 의해서가 아니라 조직이 추구해야 할 가치와 정체성 아래에서 이뤄져야 한다. 단기적인 이익과 효율의 증대보다도 더 중요한 것은 '업業의 본질'을 알고 그 업에 적합한 핵심가치와 원칙을 공유하는 것이다.

업의 정의는 '언제나 변함없는 업의 본질과 시대와 환경의 변화에 따라 달라지는 업의 특성을 통합한 것'이다. 그런데 이 말은 읽어보면 그럴 듯한데 무슨 뜻인지 잘 이해가 되지 않는다. 업의 개념을 올바르게 정립하기 위해서는 사업의 기본정신과 목적이 무엇이며, 사업을 하는 데 필요한 핵심이 무엇인지 파악하고, 그에 따른 기술개발과 소비자의 니즈변화 등 외부 변화의 추세를 반영해야 한다. 업의 개념도 변화하는 시대에 맞추어 끊임없이 변신을 시도하는 기업만이 살아남아서 성장한다. 그런데 이것도 참으로 모호하다. 업에 대한 모호성은 한 인물의 등장으로 구체적으로 해결된다.

'위대한 결과는 위대한 질문에서 나온다'고 했던가. 업의 개념의 첫 테이프를 끊은 인물은 피터 드러커다. 드러커는 매니지먼트 세계에 거대한 발자취를 남긴 현대 경영학의 창시자로 1954년에 『경영의 실체』라는 책을 통해 놀라운 내용을 주장했다. 이는 오늘날에도 많이 언급되고 있다. 그는 이 책에서 기업경영은 기계적인 내부관리가 아니라 크게 세 가지 측면에서 생각해야 한다고 밝혔다. 첫째, 고객의 가치창조. 둘째, 인간적 기관 : 기업은 사람을 생산적인 존재로 만들기 위해 존재한다. 셋째, 사회적 기관 : 기업은 사회와 공동체의 공익을 위해 존재한다.

수십 년이 지난 지금도 기업들이 그의 주장을 따라가지 못하고 있다. 업이란 개념은 그가 잭 웰치 GE 회장에게 던진 질문에서 출발되었다. 이를 정리해 1993년에 『우리 사업은 어떻게 되어야 하는가』라는 저서에서 다섯 가지 질문을 던진다.

"첫째, 우리의 사업은 무엇인가? 둘째, 우리의 고객은 누구인가? 셋째, 우리의 고객이 가치 있게 생각하는 것은 무엇인가? 넷째, 우리 업의 성과는 무엇인가? 다섯째, 우리의 사업은 어떻게 되어야 하는가?"

드러커는 지속 가능한 조직을 만들려면 반드시 숙지해야 할 다섯 가지를 모두 질문형으로 던졌다. '과거의 리더는 말하고 미래의 리더는 질문한다'는 그의 지론처럼.

기호의 생김새로 비유하자면 물음표(?)는 물고기를 낚는 낚싯바늘 형태로, 그의 질문은 강력한 화두가 되었다. 그는 톱 리더에게 '어떻게 행동하라'가 아니라 '어떻게 존재할 것이냐'고 물었다. 경영은 기업이 가고자 하는 올바른 방향을 설정하고, 끝없는 항해를 통해 목표에 도달하는 길고 먼 여정이다. 상황에 따라 주먹구구식으로 대응하지 말고 본질에 대해 스스로 생각하는 리더의 자세를 강조한 것이다. 리더라면 자신의 사업과 고객에 대해 먼저 생각하라. 그 다음에 행동해도 늦지 않는다. 이 다섯 가지 질문은 사업을 추구하는 의미인 동시에 거꾸로 우리의 의욕과 에너지를 쏟게 만드는 원천이 되기도 한다.

그로부터 몇 년 뒤 우리나라에 업의 개념을 경영에 도입해 성과의 문을 활짝 열어젖힌 리더가 나타났다. 삼성의 이건희 회장이다.

"회사가 제대로 안 되는 것은 기본적인 업의 개념을 모르고 있기 때문이다."

그는 경영진에게 업의 개념을 스스로 파악하고 그에 맞는 사업의 방향과 전략을 세우기를 권했다. 지금 하는 일을 정확히 정의해야 사업을 효과적으로 확장할 수 있다는 지론이었다. 당시로서는 업의 개념을 정립하는 것이 경영자의 역할이라는 생각 자체가 획기적이었다. 그전까지는 누구도 업의 개념 및 본질의 중요성을 인식하지 못했다. 그랬던 터라 업의 개념은 신선한 울림 이상이었다.

당시 삼성은 국내 제일이라고 스스로 자만에 빠져 무엇이 부족한지도 모르고 있던 상황이었다. 삼성의 리더들은 "회장이 경영이나 영업실적 같은 실질적인 문제보다 업과 가치 등 추상적인 문제에 집착한다"며 고개를 갸우뚱했다. 그 의문은 시간이 지나면서 차츰 풀리기 시작했다. 지속적인 경영을 위해서는 처음부터(제2창업) 정체성을 확고히 하고 그 토대 위에 지향점인 비전과 목표를 설정하는 일임을 깨닫게 되었다.

더 나아가 이 회장은 업의 본질을 리더를 양성하는 도구로도 활용했다. 무엇보다 업의 정확한 정의는 급변하는 경영현실 속에서 직관적으로 '핵심을 보는 눈'을 키우게 한다. 이것저것 찔러보는 반복적인 적응과 실패에 의한 최적화가 아니라 일격으로 핵심을 찾으라는 수준 높은 주문이었다. 물론 잘못 짚어 고생할 수도 있으나 수없는 생각과 훈련으로 핵심을 남보다 빨리 짚을 수 있으면 그것이 가장 큰 경쟁력이라 판단한 것이다. 그럼으로써 시시각각 변하는 경영환경에서 가장 큰 영향을 끼칠 수 있는 핵심적 과제를 신속히 파악할 수 있게 된다.

이렇게 해서 반도체업은 타이밍이다. 카드업은 술장사와 본질이 동일하다. 따라서 외상채권관리가 핵심이다. 호텔업은 숙박업이 아닌 장치산업이다 등 각사마다 업의 본질이 만들어졌다. 당시 삼성 임직원들은 모든 곳에 업의 정의를 내리는 게 유행이었다. 가령 분식집은 '추억'을 팔고 학교는 '미래'를 팔고 술집은 '위로'를 파는 곳으로 말이다. 업을 잘 정의하고 본질에 충실하게 되면 그 안에서 엄청난 혁신과 성장을 가져온다.

'우리 사업은 어떤 목적과 사명을 갖고 있는가?'

업의 개념이 다르면 일하는 방식, 사고, 시스템 모두 달라진다. 따라서 업은 행동의 관제탑이고 나침반이며 원점에서 바라본 존재의 이유다. 하나의 조직이 어떤 업에 포지셔닝을 주느냐는 조직의 현재와 미래에 매우 중요한 일이다. 업을 명확히 정의할 수 있다면 의사결정을 내릴 때나 자원을 배분할 때 분명해진다. 쓸데없는 시간과 자원의 낭비를 자연스럽게 방지할 수 있다. 수많은 회의를 불러일으키는 회의와 회의 속에서 표류하지 않아도 된다. 인력과 자원은 유한하다. 우리가 가치 있다고 여기는 곳에 집중 투자할 수 있어야 한다.

월인천강月印千江의 비유는 바로 업의 본질을 아는 것이 중요함을 깨닫게 한다. 월인천강은 '하나의 달빛이 일천 강에 골고루 비춘다'는 뜻으로 '부처의 가르침이 모든 사람의 마음에 깃드는 것'을 말한다. 하지만 여기서는 다른 시각에서 월인천강을 해석하고자 한다. 하나의 달은 천 개의 강에 비추나 강의 모습에 따라 각기 달리 보인다. 이 사람은 이 달이 본모습이라 하고 저 사람은 자기가 지금 보고 있는 이지러진 달이 본모습이라 하는 등 수천의 이견이 존재한다. 천 개를 모아도 하나의 달은 보이지 않는다. 고개를 들어 하늘을 보면 되나 고개를 처박고 세세한 것에서 헤어 나오지 못한다.

하늘에 뜬 단 하나의 달, 그것이 당신이 추구하는 업의 본질이고 핵심이다. 서로 다른 이견들이 충돌하고 방향을 잃을 때 고개를 들어 볼 수 있는 단 하나의 달, 그것이 명확히 정의되어 있지 않으면 제각각의 주장과 원인 때문에 본질은 보지 못하고 같은 실수를 되풀이하게 된다. 대부분의 리더들은 우리가 무슨 업을 하고 있는가, 우리 업의 본질은 무엇인가 하는 질문에 대해 깊게 생각하지 않는 경향이 있다.

가장 주요한 분야인 정치리더들 역시 정치라는 '업의 본질'을 추구해야 한다. 정치의 본질은 여러 정의가 있지만 간단히 말해 '최대 다수의 최대 이익과 자유'를 장단기적으로 균형 있게 이뤄내는 것이다.

더 귀한 것을 위해 귀한 것을 포기하는 일

'정치는 누구를 위해 하는 것인가?'

이 질문은 '국가는 누구를 위해 존재하는가'라는 질문과 연결된다. 정치에 있어 업의 본질을 가장 잘 알았던 인물이 있다. 로마가 낳은 가장 위대한 창조적인 정치 천재 카이사르. 그런데 천재라는 말이 정치인에 어울리는 말인가. 세계의 대통령급 정치인 하면 독재자, 술수에 능한 정치구단, 고집불통 심지어 악당이나 도둑 등 안하무인과 후안무치의 이미지가 떠오른다. 하지만 카이사르는 정치 천재라 불릴 만한 리더였다.

그는 사적인 것이든 공적인 것이든 어떤 결정을 내릴 때 장기적으로 국가에 이익이 되는가를 늘 고려했다. 자신의 결정과 발걸음이 제국의 기초에 큰 영향을 줄 것임을 인식한 것이다. 그는 높은 식견과 용기와 문학적 재능까지 갖춘 보기 드문 인재였다. 식견과 재능을 바탕으로 정치, 경제, 사법개혁을 이룸으로써 로마제국의 토대를 만들고 그 이름을 온 천하에 떨쳤다. 그의 이름은 존경과 힘을 가진 황제를 일컫는 칭호가 되었다. 영어로는 시저, 러시아에서는 차르 Czar, 독일에서는 카이저Kaiser로 불리며 불멸의 이름을 얻었다. 하지만 이보다 더 중요한 것은 세계적인 지배자로서 그의 태도와 생각이었다. 그가 유일하게 창조적인 천재로 불리는 바탕은 다음 세 가지다.

첫째, 관용정신. 그는 패자를 지배하고 착취하는 것이 아니라 패자를 끌어들여 동화시키는 로마의 전통정신을 계승했다. 다음 두 통의 편지는 카이사르의 진면목을 보여준다.

먼저 키케로가 다른 친구에게 보낸 편지다. "적을 용서하는 카이사르와 자기편까지 버리는 폼페이우스는 얼마나 다른가!" 그리고 카이사르가 키케로에게 보낸 편지다. "내가 석방한 사람들이 다시 나한테 칼을 들이댄다 해도 그런 일로 마음을 어지럽히고 싶지는 않소. 내가 무엇보다도 나 자신에게 요구하는 것은 내 생각에 충실하게 사는 거요. 따라서 남들도 자기 생각에 충실하게 사는 것이 당연하다고 생각하오."

이 가치관에 따라 폼페이우스 편에 선 브루투스를 석방했고 결국 그는 브루투스에 의해 암살당한다.

둘째, 투명성. 카이사르가 처음 집정관에 취임 후 가장 먼저 한 일은 원로원 토의내용을 기록한 의사록을 벽에 날마다 붙인 일이다. 원로원들이 밀실에서 그들만의 리그를 즐길 수 없도록 만든 것이다. 광장으로 나오게 된 원로원들은 겉으로는 웃고 있으나 속으로는 이를 갈았겠지만.

셋째, 균형감각. 인간은 누구나 그 출발점이 사익임을 인정하고, 그것이 공익과 조화를 이루기를 바랐다. 카이사르는 자신의 개인적인 이익을 남의 이익이나 공익과 밀접하게 결부시켰다. 시오노 나나미는 『로마인 이야기』에서 "(카이사르는) 남의 이익 내지는 공익을 이롭게 해야만 비로소 개인의 이익을 충분히 추구할 수 있고, 그것으로 충분히 실현할 수도 있다고 생각했기 때문이다"라고 말한다.

카이사르는 천재다. "천재는 다른 많은 사람들에게는 보이지 않는 것까지 볼 수 있는 사람이 아니라 다른 사람들이 뻔히 보면서도 그 중요성을 깨닫지 못하는 것을 깨닫는 사람이다."[37]

현실을 있는 그대로 보는 자는 성공할 것이요, 현실을 보고 싶은 대로 보는 리더는 패할 것이다. 집사광익, 여러 사람의 지혜를 모으면 더 큰 효과와 이익을 얻을 수 있다. 광익은 핵심가치를 실천해 널리 이롭게 하는 것이다. '이번 결정이 조직의 현재와 미래에 도움이 되는가?'

리더가 사익을 추구할 때도 전체에 미치는 파장을 고려해야 한다. 재간이 뛰어난 리더 중에 재물이나 사소한 이익을 탐하는 버릇을 가진 사람들이 꽤 있다. 중대한 문제에 부딪혔을 때 그 문제를 장악하고 해결해나가는 데 있어서는 영리하기 그지없다. 그러나 이재에도 밝아 공사 영역을 교묘하게 넘다 제 발에 걸려 넘어지는 어리석음을 갖고 있다. 공사의 균형,

일정한 선을 넘어서는 안 된다. 그 선은 조직에 미치는 영향이 최소화되는 선까지로 리더의 생각 밑바탕에 깔려 있어야 한다. 사회적으로 많은 파장을 일으키는 리더의 일탈행위나 과욕 등은 그러한 행위 후에 나타날 결과를 단 5초만 생각해보았어도 미연에 방지할 수 있는 것들이다.

중심추, 리더의 내면 속에 있는 저울추가 공익과 사익의 어느 지점에서 멈출 것인가? 정치, 기업, 종교, 체육단체 등 세상 대부분의 영역에서의 문제는 힘 있고 능력 있는 리더들이 자신의 힘을 사리사욕을 위해 사용하기에 생기는 문제다. 나는 지금껏 자리를 차지하려는 권력욕에 있어서 무능한 자를 본 적이 없다.

먼저 판세와 우리 조직의 문제점을 알고 임해야 한다. 방향이 틀리거나 대응이 느리면 거인이라도 도태되는 세상에서 많은 리더들의 의사결정은 방향감각을 상실한 채 주요 결정들을 내리고 있다. 속도가 중요한 것이 아니라 올바른 방향이 중요하다. 미국 16대 대통령인 린든 존슨은 올바른 방향성을 결정하는 어려움을 이렇게 토로한 적이 있다.

"일을 올바로 하는 것은 어렵지 않다. 문제는 무엇이 올바른지 아는 것이다."

복잡할수록 더 넓게 보고 더 멀리 보는 방법으로 시야를 조절해야 한다.

"경영의 본질은 관리가 아니다. 방향제시와 자원의 효율적 배분과 인력의 활용에 있다. 하나를 고른다면 방향제시다⋯⋯ 방향제시가 잘못되면 아무리 올바르게 관리해도 위기로 치달을 뿐이다."[38]

이때의 방향제시란 무엇을 할 것인가 하지 말 것인가를 결정하는 것이다.

어느 조직이나 존재목적을 갖고 있다. 이 존재목적은 리더가 끊임없이 의사결정을 해야 할 때 나침반이 된다. 나침반 하니까 가장 일하기 좋은 직장으로 알려진 '마이다스아이티'를 방문했을 때가 기억이 난다. 판교 본사에 들어서면 나침반이 제일 먼저 눈에 띈다. 접견실이나 대표이사실에도 나침반이 놓여 있고 복도에도 나침반 정신이 곳곳에 붙어 있다. 나침반은 마이다스 아이티 신념의 기본정신을 상징하는 아이콘인 셈이다. 이형우 대표는 이렇게 말했다.

"나침반은 항상 정북正北을 찾기 위해 부단히 좌우로 움직이기 때문에 방향성, 혁신성, 일관성을 상징한다. 구성원들이 나침반 정신을 새기며 기술로 행복한 세상을 만들겠다는 목표를 향해 변함없는 열정으로 나아가기 바라는 마음에서 나침반을 두게 됐다."

나침반이 지향하는 목적지는 어디일까? 그 목적지는 바로 업의 본질이 실현되어 도달할 곳이다. 얼마나 중요하면 피터 드러커 역시 어떤 조직이든 리더의 제일 책무는 업을 정의하는 것이라 강조했겠는가. 하지만 업에 대한 정의는 그렇게 쉽지 않다. 어니스트(정직)를 상품명으로 내건 '어니스트 티' 사례를 보자.

할 말을 잃게 만드는 무시무시한 통찰력

오바마 대통령과 오프라 윈프리가 사랑하는 음료, 유기농 공정무역 음료회사 '어니스트 티'. 그들의 출발은 단순했다. 목이 마른데 마시고 싶은 음료가 시장에 없었다. 과일은 1퍼센트도 함유가 안 되었는데 건강음료라 하질 않나, 아니면 설탕이 잔뜩 들어간 것들뿐이었다. 이에 배리 네일퍼드 예일대 교수와 제자는 '우리가 마시고 싶은 건강한 음료를 우리가 직접 만들어보자'며 의기투합한다.

그런데 이들의 독특한 아이디어는 이미 다른 사람들도 생각했을 만한 아이템이었을 정도로 무모한 것이었다. 하지만 드디어 이들은 1998년 온전한 찻잎으로 건강에 좋은 차를 만들어 '어니스트 티(honest tea, 정직한 차)'라는 이름을 내세우며 보온병 5개로 사업을 시작했다. 초라한 출발이었으나 간난신고 끝에 어니스트 티는 미국의 대표적 차 브랜드로 성장했으며 창업 15년 만에 1억 달러 이상 매출을 올리는 신화를 창조해냈다.

그동안 얼마나 많은 시련이 있었겠는가. 기존 브랜드가 장악한 판매망을 어떻게 뚫을지, 당도는 어느 정도로 할지, 용기는 유리병으로 할지 페트병으로 할지, 라벨은 무슨 모양으로 할지, 판매대금을 떼어먹는 유통업자는 어떻게 할지 등 A부터 Z까지 그야말로 '맨땅에 헤딩'하는 정신으로 뛰었다. 창업자 중 한 명은 한 병이라도 더 팔려고 배달하다 교통사고로 목숨까지 잃을 뻔했다. 쉬운 일이었다면 다른 누군가가 이미 해냈을 것이다. 그렇게 우여곡절 끝에 이루어낸 그들의 성공신화는 많이 알려져 만화, 동영상으로까지 소개되었다. 여기에서는 이들 업의 본질에 대해 좀 더 논의해보려고 한다.

어니스트 티의 업의 본질은 무엇일까? 두 가지로 분해해볼 수 있다.

- 어니스트(정직한) - 꿀과 유기농 설탕으로 단맛을 조절하는 등 더 많은 시간과 비용이 들어가더라도 소비자들의 건강이 더 중요하다.
- 티(차) - 공정무역 인증(생산자의 이익을 보장)을 받은 재료만 사용한다.

'정직한(어니스트)'은 '어니스트 티'를 창업한 리더들이 소비자에게 내거는 약속이며 정신이다. 당연히 업의 본질은 '차(티)'가 된다. 회사는 자신들 업의 본질이 유기농재료를 통해 만들어내는 건강한 '차'라고 판단했다. 차에 강조점이 찍혔다. 너무나 당연해 보였다. 따라서 병 제품 매출이 궤도에 오르고 매장에서 티백 제품 차를 만들어달라는 요구가 계속되자 티백 제품을 출시하기로 결정했다. 병으로 만든 제품과 동일하게 티백 제품으로 영역을 넓힌 것이다. 전문가들 역시 신사업 분야로 진출해 성공하려면 기존 사업의 역량을 신사업에 활용해 고유의 시너지를 내는 것이 중요하다고 말하지 않던가. 창업자 본인도 예일대 교수였고 어찌 보면 '어니스트 티백'의 성공은 당연해 보였다. 동일한 제품을 형태만 바꾼 단순 확장이지 않은가.

그런데 웬걸? 거의 팔리지 않았다. 그것도 6년 동안 거의 팔리지 않고 외면 받는 기현상, 이해할 수 없는 일이 벌어졌다. 무슨 일이 일어난 것일까? 놀랍게도 원인은 업의 본질에 있어 회사와 고객의 생각이 서로 다른 데 있었다.

- 회사입장 – '어니스트 티'는 티(차)가 업의 본질이다. 고객이 우리를 선택한 것은 차Tea다. 따라서 고객은 병으로든 티백으로든 우리를 선택할 것이다.
- 고객입장 – 진짜 중요한 것은 '어니스트(honest · 정직한)'지 '티(차)'가 아니다. 우리가 '어니스트 티'를 선택하는 것은 건강한 음료수이기 때문이다. 그런데 티백은 타사제품의 티백도 설탕이 거의 들어 있지 않는 영역이다. 굳이 어니스트 제품을 살 이유가 없다.

이 차이를 인식하는 데 무려 6년간이라는 긴 시간이 걸렸다. 티백 제품 생산과 공장시설에 자금과 에너지를 소진하고 난 후 얻은 값비싼 교훈이었다. 소비자들은 브랜드에 맹목적으로 반응하지 않는다. 매 순간 최선의 가치만을 선택한다. 다시 생각해봐도 그저 놀라울 뿐이었다. 과연 소비자들의 안목은 다르구나. 그 말 외에 달리 표현할 말이 없었다. 이렇듯 업의 본질을 기업의 입장에서만 보면 위험하다. 고객의 시각이 반영되어야 한다. 조직의 뿌리에서부터 톱에 이르기까지 최종 소비자에 대한 갈망이 있어야 한다. 1차 고객인 파트너보다 회사의 최종 고객에 대한 깊은 이해가 더 필요하다. 고객이 회사의 미래를 결정하기 때문이다.

이렇게 어니스트 티는 시행착오 끝에 소비자들이 원하는 것은 설탕범벅이 된 기존 음료시장에서 유기농으로 만든 건강한 음료수임을 깨달았다. 그렇다면 어니스트라는 말 그대로 정직해질 수 있는 영역이 어디에 있을까? 이렇게 생각을 하자 그들은 비로소 시장을 보는 눈이 열리게 되었다. 좀 더 '어니스트(정직)'해질 수 있는 제품군들이 눈에 확 들어왔다. '유레카!' 바로 성인용 주스와 어린이용 주스시장이었다. 이들은 2005년에 레몬음료 '어니스트 에이드'와 어린이용 주스 '어니스트 키즈'라는 건강한 유기농 음료를 만들어 시장에 선을 보였다. 소비자들은 폭발적인 반응을 보였다. 말 그대로 '어니스트'한 제품이었던 것이다. 드디어 어니스트 티가 '어니스트'를 간절히 원하는 고객의 취향을 제대로 찾아낸 것이다. 어니스트 티의 사례를 볼 때 업의 본질이 얼마나 어려운지 이해가 갈 것이다. 고객은 겉이 아닌 본질을 보는 눈을 갖고 있다. 실로 할 말을 잃게 만드는 무시무시한 통찰력이다.

업의 개념 추구야말로 리더의 시각을 넓혀주는 것이다. 모든 문제의 본질은 이익 극대화나 시장 점유율이 아닌 엉뚱한 곳에 있을 수 있다. 우리는 업의 개념을 좁게 보거나 잘못 판단할 수 있다. 한 번 더 외부의 시각에서 바라보기를 바란다. 업의 본질은 한번 정했다고 고정되는 견고한 것이 아니다. 고객들의 니즈변화와 환경변화에 의해 기회를 잡거나 차후에 생길지 모르는 위협에 적절하게 대응하기 위해 주기적으로 '업의 본질'을 되물어야 한다. 전문가들은 1년에 한 번 공식적으로 묻기를 권장한다.

'우리는 무엇을 위해 사업을 하는가? 우리 업의 본질은 무엇인가?' 리더 스스로 물어야 한다. 업의 정의를 내리는 데 정답은 없다. 끊임없는 탐구만 있을 뿐이다. 그럼, 근원적인 질문의 힘을 통해 위기를 극복하고 다시 도약한 메리어트 호텔의 사례를 살펴보자.

승리를 부르는 '감춰진 축복'

2014년 현재 전 세계에 4,200여 개 호텔을 운영하고 있는 호텔계의 1인자 메리어트 호텔. 성장에 성장을 거듭하던 메리어트는 1990년 갑자기 '쿵!' 하는 사태를 맞이한다. 미국 부동산 시장의 급작스러운 폭락과 경기침체로 큰 위기를 맞게 된 것이다. 1991년 걸프전이 시작되자 비행기 여행을 꺼리게 되면서 상황은 재앙수준으로 급변했다. 메리어트 회장이 말한 3D, 즉 '개발Development, 거래 Deals, 빚Debt'이 한 세트로 몰려온 것이다. 당시 메리어트는 해마다 100개 정도의 호텔을 개장했고 설계 혹은 건축단계에 있는 호텔도 많았다. 1980년대 미국 숙박업계는 약 100만 개씩 객실이 추가되었고 골목 모퉁이마다 호텔이 지어질 정도였다.

위기 상황에 처한 이때 빌 메리어트 회장의 마음은 어땠을까? 경기예측을 잘해 세계 곳곳에 호텔을 짓지 않았으면 좋았겠지만 이미 때는 늦었다. 세상 모든 일이 그렇듯 호황과 불황은 반복된다. 경기예측을 아무리 잘한다 하더라도 부지매입부터 호텔건설과 오픈까지 시차 발생은 불가피하다. 다가올 미래를 주시하는 것도 좋지만 안전거리 확보도 필요하다. 외부환경 변화에 따라 업의 본질과 색깔도 변해야 한다. 그는 자신이 호텔이라는 고정된 틀 속에 갇혀 있음을 깨달았다. 그는 기업을 호텔경영과 부동산투자회사(미운영 호텔도 포함)로 분리한 다음, 호텔업을 재 정의하기 시작했다.

'우리의 업의 본질은 무엇인가? 숙박업이 아니다. 우리의 진정한 업은 객실판매 경영과 그와 관련된 프로세스 운영이다.'

그는 호텔 프랜차이즈에 새롭게 눈을 뜬 것이다. 호텔을 짓고 손님에게 숙박을 파는 로케이션업이 아니라 호텔운영 노하우까지 판매하는 회사로 업을 재인식한 것이다. 이에 따라 그는 하드웨어에서 벗어나 브랜드와 노하우라는 소프트웨어를 핵심으로 삼았다. 이제 그는 세계 곳곳에서 호텔을 짓고 운용하는 100퍼센트 리스크 감당 방식에서 탈피해 호텔을 지어서 투자자에게 팔고 그 호텔을 운영하는 장기 경영 계약을 맺는 방식으로 변경했다.

그는 이렇게 핵심경쟁력에 집중함으로써 위기를 넘기고 성장가도를 향해 달려갈 수 있었다. 그 결과는 놀라웠다. 현재 메리어트가 직접 소유권을 가진 호텔은 1퍼센트도 되지 않으며 나머지는 장기 위탁 계약으로 운영 중이다. 메리어트 호텔의 사례는 업의 본질을 재발견하는 것이 얼마나 위대한지를 보여준다. 빌 회장은 힘든 상황 앞에서 호텔을 헐값에 매각하지 않고도 문제를 해결했을 뿐만 아니라 오히려 더 나은 기회를 창출한 것이다. 그는 어려움의 한복판에서도 본질을 끊임없이 생각했다.

'우리는 무엇을 하는 회사인가?'

메리어트 호텔의 사례를 드라마에 비유해보자. 시간에 쫓긴 작가가 촬영 직전에 급하게 내보낸 쪽대본으로 촬영하다 보니 연기자는 대본을 숙지할 시간도 없어 극단적인 피로를 느낀다. 전체 스토리를 모르니 더욱 힘들다. 메리어트에게 닥쳐온 위기도 이와 같았다. 처음엔 벽에 부딪쳐 앞이 보이지 않는 컴컴한 터널 속에 갇혀 있는 듯한 느낌이었다. 하지만 빌 메리어트는 좌절하지 않고 고개를 들어

업의 본질에 대해 끊임없이 캐물었다. 업의 본질은 그를 드넓은 세상으로 이끌었다. 그에게 닥친 고난과 위기는 승리를 부르는 '감춰진 축복'이었다.

2015년 벽두에 상영된 KBS 4부작 '바다의 제국'은 다큐멘터리의 질적인 우수성을 넘어서 깊은 깨달음을 주었다. 500년 전만 해도 뒤떨어진 서양이 앞선 동양의 바닷길로 나오면서 세계를 지배하게 되었으니, 바다를 바라보는 동서양의 시각 차이가 두 문명의 운명을 바꿔놓았다는 것이다. 바다를 바라보는 관점의 차이가 세계사의 흐름을 뒤바꿔놓은 것이다. 국가든 기업이든 눈 밝은 리더로 인해 평범하던 것이 특별해지는 법이다.

선택할 용기로써 잘라내고 또 잘라내라

중요한 기로에서 요구되는 것은 단연 리더십이고 이때의 리더십은 결단력을 의미한다. 조직에서 결정을 내리는 사람은 단 한 사람뿐이다. 국가는 대통령, 회사는 회장밖에 없다. 그러나 결단을 내리기 위해서는 당연히 집사(정보수집과 정보에 대한 분석과 판단)를 한 후 선택해야 한다. 톱 리더가 백지 상태에서 의사결정을 하는 경우는 거의 없다. 중간 리더들이 정보를 수집하고 분석해서 여러 가지 대안을 가져오면 톱 리더는 자신의 의견을 반영해 그중 하나를 선택하는 것이다. 물론 정보를 수집하고 분석하는 방식 등 방법을 설정하는 것도 리더의 몫이다. 그런데 결과가 나쁠 경우, 누가 그런 방법을 생각했느냐, 왜 내게 리스크는 말하지 않았느냐며 책임을 추궁하면 그때부터 보신주의 문화가 만연하게 된다. 책임소재도 담당자나 중간리더로 귀결되어 더 큰 내상을 입게 된다.

사실상 조직에서 발생하는 많은 위기는 리더가 결단하지 않아서 생기는 문제가 많다. 위기와 혼돈의 순간, 맨 위만 처다보는 건 동양이나 서양이나 예나 지금이나 변하지 않고 있다. 위기에 올바르게 대처하는 것은 수순을 밟는 일이다. 정확한 수순을 밟지 않아 순서가 틀어지면 예상 밖의 결과를 초래한다. 정확한 수순은 정보수집이나 의견수렴 등 집사를 먼저 하고 광익에 의거해 의견을 구하고 최종 결정은 전적으로 톱 리더가 한다. 의사결정에도 골든타임이 존재한다. 촌음을 다투는 위기상황 앞에서 타이밍을 놓치면 아무리 훌륭한 결정이라도 아무 소용이 없다.

인스턴트 리더는 현명한 의견을 모으는 집사를 방치하고 있다가 어려움이 닥쳐 막상 판단을 내려야 할 때도 판단을 유보한다. '나는 잘 모르겠으니 중지를 모아 판단해라.' 자신이 내려야 할 중요한 판단을 회의에서 결정하라고 미뤄버린다. 따라서 회의는 장시간 이어지고 무엇을 제대로 할 수도 없고 결정할 수도 없는 어정쩡한 상태에 도달하고 만다. 이렇게 되면 방법론도 없고 그 누구의 희생도 없이 현상유지에서 맴돈다. 이런 상황에서 누가 톱 리더에게 직언할 수 있겠는가.

도쿠가와 이에야스는 '직언과 충언은 전쟁에서 선두에 서는 것보다 더 어려운 법'이라고 말했다. 설사 중간리더들이 결론을 낸다 하더라도 그것은 안전한 대책일 뿐이지 결코 위기를 극복하는 데 도움이 되지 못한다. 톱 리더가 결단을 회피하는 것은 책임감이 없는 것이다. 아무리 진지하게 보고하고 협의해봐야 그에게 나올 것은 언제나 모호한 대응일 뿐. 따라서 현실에서 아무런 힘을 발휘할 수가 없다. 의사결정의 틀이 헝클어지는 것은 마이너스 리더십을 가진 리더가 존재하기 때문이다.

무릇 왕이 된 자, 그 왕관의 무게를 견딜 수 있어야 한다. 톱 리더 자리는 유지하면서 의사결정에 있어서 무임승차자가 되는 일은 있어서는 안 된다. 리더십의 알파는 현실을 직시하는 것이고 오메가는 판단하고 결단을 내리는 것이다. 판단을 분해해보면, 판判은 절반半을 칼刀로 자르는 것이고 단斷은 이어놓은 실繼을 도끼斤로 끊는다는 의미다. 어떤 사건의 진위나 더 중요한 것을 위해 중요한 것을 반으로 잘라내는 아픔을 수반하는 것이 판단이다.

왜 중요한 의사결정을 하는 판단이라는 단어 속에 칼과 도끼로 자르고 끊는 것이 포함된 것일까. 결정하고 판단하는 것은 모든 사람의 이해관계를 만족시킬 수가 없기 때문이다. 누군가는 손해와 불만이 생기더라도 그것을 감수하면서 잘라내고 끊어내야만 한다. 그런데 고수든 하수든 끊는 건 어렵다. 잠재심리 탓이다. 자르고 끊는 순간 모두 리더의 책임으로 돌아온다. 그 순간 외롭다. 고립감이 밀려온다. 고립은 두려움뿐만 아니라 고통을 수반한다.

"고냐? 스톱이냐?"

결정적인 의견에 대해서는 톱 리더가 아니면 모두 입을 다문다. 누가 독박을 쓸 결정을 하겠는가? 뻔한 결정은 결정이 아니다. 49퍼센트와 51퍼센트의 경계선에 있는 모호한 결정은 완전히 리더의 몫이다. "내가 끊어야 한다"고 결심하지만 끊는 순간 제외된 안案들은 사라진다. 내가 끊지만 끊긴 안들이 또 나를 끊는다. 그런데 '내가 버린 것 속에 정답이 있다면?' 그래서 끊어야 할 장면에서 과감히 끊어버리지 못하고 망설이게 되는 것이다. 그렇게 오락가락 우왕좌왕하다 보면 조직은 흔들리고 기회는 날아간다. 사태만 악화시킨 무책임한 리더가 된다.

'신속한 결단력으로써 강한 추진력을 갖춰라.'

이런 마인드가 없으면 그 어떤 것도 해낼 수가 없다. 해 봐야 남 뒤만 졸졸 따라다니다 만다. 이리 재고 저리 재고 하면 기회는 날아가기 때문이다. 리더는 최종 결정자이고 최고 책임자다. 반목과 불화를 없애고 최고의 조직으로 만든다며 '이래도 흥! 저래도 흥!' 하면 망하는 지름길로 향할 뿐이다. 지혜를 모으는 연금술로서 집사광익의 설계원리는 다음과 같다.

설계원리 1 - 집사로 지혜를 모으라.
설계원리 2 - 타협할 수 없는 가치로서 광익의 길
설계원리 3 - 선순환 시스템으로서의 집사광익

집사광익을 통해 판단을 내리고 성과를 낳은 두 사례를 통해 집사광익을 종합화하고자 한다.

자극과 반응 그 사이를 창대히 하라

예리한 분석과 풍부한 정보로 숨은 이면을 그려내는 박동희 기자는 "'넥센이 무슨 프로팀이가?'했던 롯데"라는 칼럼을 통해 새로운 패러다임을 개척한 넥센을 분석한 바 있다.[39] 2014년 프로야구 우승은 삼성에게 돌아갔으나 세간에 가장 많이 회자된 것은 넥센이다. 넥센은 모기업에 의존하지 않는 야구 전문기업이다. 쉽게 말해 모기업 혼자 돈을 댈 수 없어 후원사를 필요로 하는 팀이다. 창립 초기에 대형선수를 팔아 현금을 확보하다 보니 많은 전문가들은 "길면 3년 짧으면 1년 내 망할 것"이라고 했다. 하지만 그들을 비웃기라도 하듯이 넥센은 2014년 플레이오프에 진출했다. 새로운 패러다임을 갖고 해마다 팀을 혁신한 결과였다.

감독선발 방식부터 달랐다. 최고위층 입맛대로 묻지 마 선임을 하는 구단과 비교하며 감독을 메이저리그의 인터뷰 방식으로 선발했다. 면담 후 그들의 능력과 비전을 구단에서 면밀히 검토했다. 우선, 집사의 과정으로서 사장 단독이 아닌 구단 내 여러 사람의 의견을 취합했다. 그리고 광익의 판단으로서 '누가 우리 팀의 현재와 미래에 적합한가?'로 판단했다. 염 감독은 이런 복잡한 과정을 통해 그의 능력과 비전이 넥센에 가장 적합한 인물로 평가되어 사령탑으로 선발되었다.

그런데 집사광익에 의해 판단하는 것이 무슨 성공비결이냐고 묻고 싶을 것이다. 그렇게 간단한 걸 누가 못하느냐고? 지금까지 대통령들이나 한국의 축구국가대표 감독들이 실족하는 이유가 무엇인가? 광익이 기준이 아니라 '나와 인연이 있는 사람' 다시 말해 이너서클을 선택해서 제 잇속만 챙기고 제 역할을 못한 탓이다. 월드컵 신화의 주인공 히딩크 감독의 성공요인은 간단하다. 기존 인연이나 틀에 얽매이지 않고 오로지 실력으로만 선수를 선발하고 현장의 목소리를 중시하는 수평적 소통으로 팀워크를 이뤘기 때문이다. 그런데 이렇게 간단한 비결 하나 실천할 감독이 없어 외국에서 수입하는 것이다. 가끔 대통령이나 정치인도 수입하면 이런 문제는 일시에 해결되지 않을까 하고 생각할 때도 있다.

아무튼 넥센의 염 감독은 선수시절 1할 6푼대의 저조한 성적을 보인 그저 그런 선수 출신이었다. 10년 넘게 지독하게 야구 공부를 하면서도 감독이 되리라곤 꿈에도 생각하지 않았던 염 감독. 박동희 기자는 이렇게 설명한다. "넥센 사장 개인의 호불호였다면 염 감독은 사령탑에 오르지 못했다. 하지만 염경엽이란 야구인에 대해 종합

평가 절차를 거치는 동안 그의 능력과 비전을 높이 샀고 그의 새로운 면모를 알게 됐다. 그리고 염 감독이 팀의 수장이 되자 무한 신뢰를 보냈다."

박 기자의 분석에 따르면 감독은 톱 리더의 호불호에 의해 결정되기 쉽다. 감독의 비전과 능력은 그다음이다. 이런 현실에서 넥센은 집사와 광익의 과정을 거치며 귀한 보석을 얻게 된다. 반면 톱 리더의 호불호로 감독을 선택한 일부 구단은 선택한 감독이 보석인 줄 알았더니 자갈을 고른 격이 되어버린 곳도 있다. 누가 자갈을 고르고 싶었겠는가. 눈앞의 성적만 보고 내 마음대로 감독을 바꾸는 방식, 그것이 바로 문제의 시작인 셈이다. 과정이 결과를 만든다. 그런데 왜 똑똑한 톱 리더가 복잡한 상황에서 잘못된 판단을 내리는 것일까.

폴 슈메이커 교수는 이것이 리더의 편견에서 나온다고 하며 다음 네 가지를 얘기했다. "이는 첫째, 자신에게 익숙한 정보만을 받아들이거나(정보여과) 둘째, 불편한 상황을 피하기 위해 정보를 왜곡해 인식하거나(왜곡유추) 셋째, 자신의 관점을 뒷받침해줄 일방적 근거를 찾거나 넷째, 조직내부의 정보단절과 집단적 사고로부터 유발된다."

다시 말해 기업이 위기에 처하는 이유는 위험신호를 파악하지 못해서가 아니라 위험신호를 감지하고도 잘못된 판단을 내리는 데 있다. 작은 시그널을 미리 간파하고 대책을 세울 수 있는 기업은 10퍼센트가 채 안 된다고 알려져 있다. 작은 위험신호라는 자극이 발생하면 그에 대한 반응을 해야 한다. 그런데 그 자극과 대응 사이에 조직이 끼어 있다. 이 조직체가 자극을 어떻게 받아들이고 어떻게 생각하고 해석하느냐에 따라 대응은 달라진다. 새롭고 창의적인 대응은 부정적인 자극이라 하더라도 새로움과 성장의 씨앗이 된다. 자극과 반응 사이의 틈새에서 이뤄진 생각과 해석의 방향과 실천이 조직의 성장과 퇴보를 만들어낸다. 구성원들의 능력과 시스템이 아주 작은 위험의 시그널일지라도 이를 증폭시켜 해석하고 대책을 세울 수 있도록 하기 위해서는 단연코 리더의 역할이 중요하다.

혹자는 말한다. 이 바쁜 세상에 언제 집사를 하고 광익에 의해서 판단하느냐고. 하지만 이보다 더 바쁘고 급한 전쟁 상황에 처한 군대에서도 집사광익을 통해 성공한 참모총장이 있다면 믿겠는가. '까라면 까야 하는' 군대사회는 조직적 위계의 수직축을 따라서 움직이는 상명하복과 명령이 중시되는 곳이다. 이런 곳에서는 집사광익은 어울리지 않는다고 할 것이다. 이스라엘이 배출한 최고 참모총장인 '모세 다얀' 장군의 사례를 보자.

명분과 실리를 한꺼번에 얻는 일, 그것이 집사광익

14세에 유대인 무장조직에 가입해서 평생 무장투쟁을 했던, 애꾸눈 장군으로 유명한 모세 다얀. 제2차 세계대전 당시 롬멜이 이끌던 독일군의 적정을 살피고 있을 때 총탄이 날아와 그의 쌍안경을 치면서 깨진 유리조각 등이 왼쪽 눈 속을 뚫고 들어가는 중상을 입었다. 이때부터 왼쪽 눈을 감싼 검은 안대는 모세 다얀의 트레이드마크가 되었다. 그는 1956년 시나이 전투는 참모총장으로서, 1967년 6일 전쟁 때는 국방장관으로서 두 번의 큰 전쟁을 모두 승리로 이끌었다. 현대전에서 1주일 만에 전쟁이 끝난 것은 유례가 없는 일이다. 군의 통수권자인데다 젊은 시절부터 무장부대에서 생의 대부분을 보낸 독불장군으로서 독단적으로 의사결정을 했다고 생각할 것이다. 하지만 그는 부하들의 헌신적인 참여를 끌어내기 위해 부하들의 의견에 귀를 기울이는 리더였다.

"명령적이고 즉각적인 의사결정 방식에 익숙한 사람들은 다얀 장군이 중요한 의사결정을 내리는 방식을 보고 모두 놀랐다. 왜냐하면 그는 상당수의 중요한 의사결정을 참모들과의 회의를 통해서, 그리고 회의를 마친 후 다수결 투표를 통해서 결정했기 때문이다."[40]

이것만이 아니다. 그는 참모총장시절 직접 전방부대를 돌아다니며 말단 병사에서부터 고급 지휘관까지 여러 의견들을 귀담아 들은 다음 군 개혁을 실시했다. 행정과 지원부대 등의 군살은 빼고 전투부대를 강화한 것이다. 아주 중요한 결정을 내릴 때도 집사를 하고 공개적인 회의를 하고 투명하게 일을 처리한 것이다. 그는 사전에 결정된 안을 만들어놓고 설득한 게 아니라 집사를 통해 여론을 수렴하고 광익의 기준 하에 의견을 통합했다. 그 결과 부하들이 그의 후원세력이 되어 결정된 안을 적극적으로 돕게 함으로써 군을 성공적으로 이끌게 된 것이다. 솔직히 그의 의사와 지시대로 한 것은 아니지만 그의 의도를 어긋나는 큰 결정이 있었겠는가. 그는 자신의 직진 본능을 무리하지 않게 우회해 구성원들의 지지와 참여를 유도한 것이다.

다얀 장군처럼 다수결이 꼭 옳은 것은 아닐 것이다. 각자 처한 상황에 따라 판단하면 될 듯싶다. 다만 세상 일이 그렇겠지만 특히 조직을 운영함에 있어 집사와 광익은 절대 수순이다. 정치든 경영이든 명분과 실리는 트레이드오프 관계다. 하나를 얻으면 하나를 잃어야 하는 제로섬 게임이다. '존경과 성과'라는 명분과 실리를 한꺼번에 얻는 경우가 있다면 그건 '집사광익'이다. 집사를 통해 현명한 의견을 수렴하고 광익에 의한 객관적 판단을 한 리더들은 결과적으로 원하는 꿈과 성과를 이뤘다. 반면 나 홀로 국정이나 나 홀로 경영을 한 리더들은 원하는 꿈을 이루기는커녕 명분도 실리도 모두 잃어버린 패배자로 귀결되었다. 우리 현대사가 말해준다. 김우중 회장에 대한 대우 구조조정 본부에 근무했던 한 임원의 평가는 그래서 시사적이다.[41]

"똑똑하고 부지런한 김 회장은 자신감이 넘쳐 수십 년 동안 혼자서 수십 개의 접시를 돌리는 묘기를 부렸지요. 그러나 IMF라는 태풍이 불어 닥치자 이 접시들이 우수수 떨어지기 시작한 것이다."

제갈공명이 간파했던 전체 이익과 로열티를 확보(광익)하기 위해 여러 사람의 의견을 널리 구하는 집사, 이 단순명료한 원리를 현실에 적용하는 것은 쉽지 않은 길이다.

전략적 민첩성을 구하라

업의 본질을 통해 '우리 회사는 무슨 일을 하는 회사이며 어떤 가치를 추구하는가'를 분명히 했고 '어디로 가는가?'라는 방향성을 정해야 한다고 강조했다. 이러한 것은 바람직한 장기 전략의 토대가 된다. 업의 본질을 공유하지 못한 채 당장의 우선순위만 쫓아간다면 회사의 영속성이 위협받게 된다. 그러나 업의 본질을 잘 정의했다고 해서 전략이 저절로 결정되는 것은 결코 아니다. 예나 지금이나 업의 개념에 대해 비판적인 시각을 가진 사람들도 꽤 존재한다. 요지는 이렇다.

"업의 본질을 알았다 치자. 그래서 뭐 어쩌라고? 말뿐이지 그것이 우선순위를 정해주는 것도 아니지 않는가."

이것은 업에 대한 오해라기보다는 비판자의 초조한 입장을 반영하는 말이다. 사람이 초조해지면 과거방식에 집착하게 마련이다. 본질을 들여다볼 이유가 없는데다 이것저것 생각하는 것 그 자체가 싫은 것이다. 업의 개념은 스스로 체화해 새로운 판을 짜고 새로운 룰을 만들려는 리더에게만 가치를 높여준다. 또한 각 콘셉트에는 원래의 사용목적이 있는데 업의 개념은 '우리는 무엇을 하는 회사인가?'라는 본질을 알기 위한 도구다. 우선순위를 정하고 구체적인 전략을 짜는 것은 각자가 처한 상황에 따라 달라진다. 따라서 업의 개념은 조직의 개별적인 환경과 여건이 충분히 고려된 구체적인 전략과 비전을 수립해야 활용가치가 극대화된다. 킹스칼리지 런던대 교수인 로렌스 프리드먼은 『전략의 역사』에서 전략을 다음과 같이 이야기한다.[42]

"전략을 세운다는 것은 단기적이고 사소한 관점이 아니라 장기적이고 본질적인 내용을 바라보는 능력, 증상보다는 원인을 밝히는 능력, 다시 말해서 나무보다는 숲을 바라보는 능력을 지닌다는 뜻이다. 어떤 문제를 해결하거나 목적을 달성하려고 할 때는 어떤 것이든 간에 전략을 가지고 있지 않을 경우 소홀해 질 수밖에 없다."

전략은 목표와 방법 사이에 일정한 균형을 갖고 현명하게 실천하는 것이다. 우리 조직이 다른 조직보다 경쟁력을 가지면서 새로운 기회를 포착할 수 있는 길은 '전략적 민첩성'을 발휘하는 길밖에 없다. 전략적 민첩성은 유럽의 석학인 이브 도즈(인시아드 전 교수로 기업혁신과 글로벌 전략분야에서 유럽 최고의 경영석학) 교수의 책 『신속전략게임』에서 나온 개념이다. 그는 이렇게 급변하는 속도와 불확실한 경영환경에 적응하기 위해 기업들에게 "전략적 민첩성을 갖추라"고 강조했다.[43]

이브 도즈 교수가 제시한 '전략적 민첩성'을 간단히 살펴보면 이렇다. 급속한 기술변화나 환경변화에 잘 대응해 여전히 번창하는 기업이 있는가 하면, 일부 기업들은 쇠퇴하거나 몰락해 사라졌다. 이는 난공불락이라 여겼던 글로벌 리더 기업들이 만들어낸 핵심역량의 우위성은 눈 녹듯이 금세 사라진다는 것이다. 이러한 때 그는 성공한 기업들이 전략적 민첩성을 발휘해 빠르게 방향을 전환하고 변신할 뿐만 아니라 원대한 야심을 여전히 품고 있는 최고경영자들은 '신속전략게임'이라는 새로운 경쟁 게임을 새로 배워야 한다고 주장했다. 특히 컴퓨터 하드웨어 기업에서 솔루션 서비스라는 소프트웨어 기업으로 불사조처럼 다시 태어난 IBM을 대표적인 성공 사례로 들고 있다.

어떠한 경쟁 우위도 지속되지 않으며 지속적인 능력 개발과 혁신만이 유일한 우위의 원천이다. 따라서 이브 도즈는 전략적 민첩성을 통해 '승자의 저주에서 벗어나라'고 강조한다. 전략적 민첩성은 다음 세 가지로 구성되어 있다

- 전략적 감수성 – 변화무쌍한 트렌드를 신속하게 인식하고 이를 현장에 활용하는 능력
- 집단적 몰입 – 공통의 목적을 향해 함께 열정적으로 몰입하는 능력
- 자원 유동성 – 필요에 따라 신속하게 자원을 재배치할 수 있는 능력

그가 제시한 방법론은 조직민첩성, 운용 민첩성, 포트폴리오 민첩성 등 다양한 형태로 변주되면서 이미 여러 곳에서 실천되고 있다. 우리가 해야 할 일은 그 방법을 자신들의 조직에 도입해 실제 적용

해보는 것이다. 과거의 성공경험이나 핵심역량이 아니라 전략적인 감수성을 갖고 현재의 지혜를 모아 민첩하게 대응하라. 이것이 이븐 도즈가 가르쳐준 해답이다. 그리고 이것은 이 장에서 서술할 전략의 지향점과 일치한다. 21세기 속도 경쟁의 승패는 전략적 감수성, 몰입, 유동성의 삼박자를 갖춘 민첩한 조직의 구성 여부에 따라 결정될 것이다.

그렇다면 민첩성agility은 스피드와 어떤 차이가 있는가? "스피드가 100미터 달리기의 우사인 볼트처럼 결승점을 향해 방향전환 없이 전속력으로 달리는 것이라면 민첩성은 축구의 리오넬 메시처럼 속도를 조절하면서 다양한 경로로 신속히 골대를 향해 전진하는 것을 의미한다."[44]

민첩성은 메시처럼 공간 침투능력이 중요하다. 빽빽한 숲을 이룬 수비수 사이에서도 절묘한 움직임을 보이다가, 남들이 생각하지 못했던 공간으로 치고 들어가 공을 넣듯이, 그의 골 결정력은 이런 공간 확보 능력에서 비롯된다. 비단 축구뿐만 아니다. 모든 경쟁은 누가 좋은 자리, 좋은 공간을 차지하느냐의 문제다. 민첩성은 스피드뿐만 아니라 변화무쌍한 수비수를 신속히 감지하는 '상시경계'와 다양한 루트로 목표를 향하고 유연하게 대응하는 일이 더해진 개념이다.

인생도 기업도 마찬가지다. 운명을 바꾸는 결정적인 순간에 올바른 판단을 하면 문제가 없으나 사소한 실수는 비극을 부른다. 개인의 삶 역시 어떤 순간의 선택(생을 통틀어 몇 개 안 되는)이 평생 짐이 되는 경우가 많다. 전략적 민첩성은 두 가지다. 외부 환경변화에 맞추어 전략을 아주 빠르게 적응할 수 있는 민첩성이 그 하나요. 또 하나는 지속적으로 경쟁력을 갖추어나가는 것이다.

진정한 민첩성은 흔히 말하는 제도와 절차만 바꿔서는 얻을 수 없다. 리더와 구성원이 변화를 감지하는 능력과 변화를 수용하는 마음 자세를 갖추는 것이 그 출발점이 될 것이다. 그런데 소수의 리더를 제외하곤 민첩성의 가치를 잘 모른다. 위기를 피부로 느끼지 못하기 때문이다. 대부분의 사람들은 속이 썩을 대로 썩어서 결국 밖으로 터져야만 위기의식을 느낀다. 하지만 그때는 이미 늦다. 조직은 하루아침에 망하지 않는다. 하인리히 법칙처럼 300개의 작은 징후들과 29회의 사건을 통해 하나의 큰 사건이 발생한다. 그렇게 아주 작은 것들이 쌓여서 조직은 천천히 쓰러져간다. 게다가 리더가 멀리 내다보지 못하고 지금 잘나가는 것에 안주하면 몇 년 뒤 심각한 문제가 발생하게 되더라도 신경을 쓰지 않게 된다. 유명기업들이 하나 둘 사라져도 빨리 움직일 생각을 하지 않는다. 마치 그것이 다른 곳에서 일어나는 일들이고 나와는 상관없다는 듯이.

전략적 민첩성은 자전거 앞바퀴에 해당하는 3S를 종합하는 장이다. 앞바퀴를 자세히 보면 나침반 모양이다. 나침반의 바늘은 북극을 가리킬 때까지 계속 흔들린다. 나침반의 자침도 흔들려야 제 기능을 발휘하는 것처럼 그런 흔들림이 우리 자신을 돌아보고 우리를 중심에서 벗어나지 않게 하는 것이다.

'계속 나아가야 하는가? 아니면 새로운 길을 찾아야 하는가?' '길이 보이지 않는 오리무중의 시대에 어디를 향해 가고 있을까?' 그렇게 흔들렸기에 환경에 민감하게 반응하고 민첩하게 대응할 수 있는 것이다.

비즈니스 승패는 기술이 아닌 전략이 가른다
150년 전 미국 아이오와 주 시골마을의 곡물창고로 시작해서 세계적 곡물기업으로 성장한 카길의 사례를 통해 전략적 민첩성, 그

3S의 과정을 종합해보자. 카길은 놀랍게도 창사 후 150년 동안 예기치 못한 사고와 수많은 굵직한 혁명(철도혁명, 농업혁명, 세계화혁명, 정보혁명)의 대변혁 속에서도 여전히 세계 1위 자리를 굳건히 유지하며 성장하고 있다. 기업수명이 15년이 안 되는 현실에서 생존을 넘어 초일류기업을 유지하고 있다는 것이 놀랍다.

이에 대해 그렉 페이지 카길 회장은 "카길의 역사를 보면 카길은 두 가지 중요한 조합이 있어 성공할 수 있었다"면서 "한 가지는 예기치 못한 사건 사고나 대변혁이 벌어질 때 즉각적으로 대응할 수 있는 민첩함이었고, 또 한 가지는 장기적인 시각을 가지고 미래를 준비해왔다는 것"이라고 말했다.[45] 카길의 전략적 민첩성은 3S에 대한 요약이고 정수라 할 만하다. 거대한 변화의 변곡점에서 카길은 다음과 같았다.

- 낙관적 시각과 호기심으로 끊임없이 등장하는 이슈를 주목하고 관찰하고(S1)
- 그 이슈의 궤적 속에 깔려 있는 복선들을 미리 감지해 기존 관행을 바꾸고(S2)
- 그 속에 내재된 기회를 포착해 민첩하게 대응해 위기를 기회로 만들어 성장했다.(S3)

현실 속에서 전략대로 실천되는 경우는 드물지만 그래도 가능한 한 구체적으로 전략을 짜고 환경변화에 대응해 민첩하게 반응해야 한다. 전략이 잘못되면 실행이 방향을 잃고 설령 목표를 달성하더라도 괴리가 발생하게 된다. 매출은 달성해도 손익은 악화된다든지, 손익은 달성했는데 성장 잠재력이 축소된다든지 부조화가 생기는 것이다. 따라서 올바른 전략을 수립하려면 결국 시장과 고객에게서 답을 찾아야 한다. 모든 것에 적용할 만한 만병통치약 같은 전략은 존재하지 않으니까. 특히 판 자체가 바뀌고 환경이 급변하는 오늘의 경영환경에서는 장기 계획의 무용론이 제기되기도 한다. 정태영 현대캐피탈 사장의 말이다.

"우리는 중장기 목표는 없다. 대신 매년 3년 치 앞만 보고 3년 치 계획만 세운 뒤 수정해 나간다. 포화상태이고 규제도 심해진 시장에서 중장기 목표를 고민하는 대신 당장 3년 치 앞을 내다보며 비용은 줄이고 내공을 쌓는 '전투 지향적'인 회사를 만드는 게 목표다."

어쩌면 매년 제로베이스에서 우선순위와 목표를 재설정해야 하는지도 모른다. 이와 같이 전략 역시 환경과 조건의 변화에 따라 조정될 수 있는 유동적인 것임을 잊어서는 안 된다. 전략, 비전 수립, 블루오션은 사라지고 거의 모든 분야가 레드오션화되어 피가 튈 정도로 경쟁이 치열하다. 심지어 베끼기가 최선의 전략이라 할 정도로 전략의 동일화 현상도 심화되고 있다.

애플의 사례를 통해 생각해보자. 애플은 수많은 위기 속에서 기회를 창출해 컴퓨터회사에서 스스로 커뮤니케이션 회사로 탈바꿈했다. 이름만 남았지 본질은 바뀌었다. 그런데 한 가지 의문점이 생긴다. 과연 애플은 기술이 탁월한 기업인가? 아니면 리더의 안목과 결단이 탁월한 것인가? 결론을 말하자면, 애플은 기술 때문에 세상을 지배한 게 아니다. 애플보다 탁월한 기술을 가진 회사는 많았다. 미 시사주간지 「타임」은 무려 7페이지[46]에 걸쳐 애플에 대한 분석기사를 냈는데 문장의 유려함을 떠나 애플의 본질을 잘 분석한 칼럼이다.[47]

"애플의 비즈니스는 사물을 발명inventing things하는 게 아니다. 바로 기존 카테고리 속에서 필요한 것을 부활시키는 것이다. 죽었다 살아난 '나사로'식 전략이 애플의 고전적인 방식이다. 애플의 방식은 죽은 제품의 카테고리를 훑어보면서 디지털 뮤직 플레이어나 태블릿 컴퓨터처럼 소생할 시기가 된 사체가 들어 있는 갓 생겨난 무덤을 찾는다. 이미 죽었지만 아무도 알아채지 못한 스마트사업처럼 말이다. (…중략…) 애플은 가능성이 보이는 후보 제품을 찾으면, 제품을 해부해서 다양한 사망원인을 찾는다. 그리고 매우 철저한 계획 하에 유혹적으로 디자인하고 콘텐츠, 서비스, 통신으로 구성된 망에 딱 맞는 제품을 개발해서 그 제품을 소생시킬 뿐만 아니라 그 이전의 기억은 말살시키는 수준까지 성장시킨다. (…중략…) 애플은 존재하지 않았던 수요를 창출한다. 우리가 원해본 적이 없는 제품을 가지고, 그 제품 없이는 살 수 없다고 우리를 설득시킨다."

「타임」의 기사를 살펴보면 애플을 생각할 때의 몇 가지 특징이 분명하게 드러난다.

첫째, 애플은 새 판을 짜는 기업이다. 다만 그 방식은 굳이 무언가를 만들고 발명하는 방식이 아니라, 새로운 업의 개념을 세우고 게임의 룰을 만들고, 자기만의 판을 짜는 것이다. 옛날 카테고리를 그저 부활시키는 게 아니라 경계를 옮겨 새로운 제품으로 인식시킨다.

둘째, 세상에 없는 새로운 가치를 만들어내는 통찰력을 바탕으로 마치 스스로 처음인 것처럼 만드는 능력을 가졌다. 희망이 없어져버린 카테고리들 속에서 잘 선택해 이를 독특한 시각으로 부활시킨다.

셋째, 애플은 삶의 필수품을 제공함으로써 애플이 없었더라면 마치 구석기 시대로 돌아간 것처럼 착각하게 만든다.

애플의 사례는 새로운 것을 만들어야 한다는 강박증에서 벗어나, 우리 눈앞에 있는 기술 속에 숨어 있는 가치를 다시 발견해내는 눈을 갖는 것이 중요하다는 것을 배울 수 있다. 백지에서 새로운 것을 창조하는 것이 아니라, 이미 있는 것有에서 새로움을 창조하는, 유有에서 또 다른 유有를 만드는 리더의 해석력! 마치 예술가가 새로운 장르를 만들기 위해 기존의 기법을 탈피해 수많은 탐색과 실험을 마다 않듯, 리더들 역시 새로운 가치를 만들어내기 위해서는 다양한 도전이 필요하다. 비즈니스는 기술 때문에 실패하지 않는다. 리더, 그 리더가 만드는 전략 때문에 실패하는 것이다.

모든 성취의 출발점은 바로 '열망'에 있다

벤처캐피탈 업계에서는 사람을 보고 투자한다고 한다. 기발한 사업 아이디어를 먼저 알아보는 안목도 중요하지만 창업가의 담대함이 더 우선인 것이다. 사업은 계획대로 진행되지 않는다. 벤처캐피탈 역시 잘 알고 있다. 사업이 계획대로 진행되지 않을 때 리더의 유형은 두 가지로 크게 나뉜다. "내가 시장을 잘못 보았나? 이 기술로는 안 되나?" 하고 자기회의에 빠지는 유형과 "이 시장은 분명히 크다. 어디를 보완해야 하지?" 하고 전투의욕을 불태우는 형.

담대함은 바로 이 지점에서부터 더 강한 빛을 발한다. '실패에 무릎 꿇지 않는 도전 정신'을 가진 리더만이 성공할 수가 있다. 알리바바, 아마존, 소프트뱅크 모두 사업계획과 어긋난 현실 앞에 굴복하지 않고 불꽃을 더 활활 태웠기 때문에 글로벌 무대에서 성장을 일궈낸 것이다. 그래서 모순일지 모르나 벤처투자가는 사업계획서가 틀릴 줄 알면서도 사람을 보고 결정하는 것이다. 사람에게서 멋진 아이디어도 나오고 사람을 통해 성공도 실패도 하게 되기에 사람이 전부인 것이다.

뚜렷한 비전이 없는 리더는 조직에 도움이 되지 않는 자기 멋대로의 방향성을 만들어 기업이 갈지자 행보를 하게 만든다. 다양한 경험과 배경을 가진 사람들이 모여 있는 곳이 조직이다. 이 다양성이 하나의 지향점을 갖고 있지 못할 경우 반목과 분열은 극심해진다. 여기에서 비전과 전략을 만드는 법이라든가 기술적인 언급은 생략하겠다. 보다 효율적인 전략을 원한다면 참고할 만한 책들과 도구들은 많다. 폭넓은 전문가들의 통찰과 체크리스트에서 중요한 것들을 뽑아 현명하게 사용하면 될 듯싶다. 다만 전략과 비전을 세울 때 반드시 기억할 것은 담대하게 생각하라는 것이다.

비전이나 전략을 세움에 있어 큰 꿈과 생각을 갖되, 작은 일들로부터 시작하고 실천하는 것이다. 처음 시작할 때부터 확장가능성을 염두에 두고 전략을 짜야 한다. 설령 현실은 고달플지라도 생각은 담대해야 한다.

야후와 구글의 사례를 보자. 그 둘은 처음부터 전략적 방향성이 승패를 갈랐다. 야후는 1994년 스탠퍼드 대학원생인 제리 양과 데이비드 필로가 설립했다. 야후 디렉토리는 인터넷 초기 현재 구글과 비견될 만한 영향력 있는 사이트로서 야후를 야후답게 해주는 서비스였다. 야후는 직원이 직접 사이트를 방문하고 평가한 뒤 분류했다. 즉 야후는 기능이 아닌 정보의 질로 승부했다. 인덱싱 분류를 1,000여 명이 앉아서 일일이 해냈다. 그러나 네트워크 참여자가 기하급수적으로 증가하자 더 이상 인력으로 분류할 수 없게 되었다. 이용자들이 점점 최신 자료와 관련성 높은 검색결과 그리고 상세한 정보를 요구하자 더 이상 따라가지 못하고 잊힌 존재가 되었다.

반면 구글은 처음부터 전 세계 인구가 인터넷을 사용할 것을 예상했다. 구글 출발 당시에 이미 야후는 세계 제일의 인터넷기업이었다. 반면 구글은 야후US 검색엔진을 몇 개 받아서 운영하는 영세업자였다. 구글은 내일을 알 수 없는 상태에서도 큰 스케일로 접근했다. 자동검색 엔진을 도입해 웹문서 양이 늘어나면 검색로봇의 기능을 추가하는 방식을 채택한 것이다. 구글은 사용자가 원하는 방식으로 검색엔진을 만들어 업계 선두가 되었다. 출발부터 생각의 차이가 두 기업을 갈랐고, 구글의 초창기 철학이 주효함으로써 글로벌 검색엔진으로 발돋움한 것이다.

모든 성취의 출발점은 열망에 있다. 평범한 리더와 위대한 리더를 가르는 분기점은 생각과 열정의 합이다. 200미터 산을 오르는 데도 징징거리는 리더가 있다. 위대함의 씨앗은 담대한 생각에서 나온다. 새로운 꿈, 새로운 루트, 새로운 코스, 새로운 레시피를 시도하라. 리더의 큰 의사결정은 항상 내부가 아니라 외부에서 온다. 하지만 상황에 압도당하면 안 되고 목적의식에 압도당해야 한다. 성장하고 진화하는 방향으로 나아가야 하는 것이다. 구성원들은 리더인 당신의 결단과 선택을 바라고 있다. 대담한 목표를 선택하라. 그래야 구성원들이 편안하고 일상적인 틀에서 벗어나지 않으면 안 된다는 것을 비로소 자각하게 된다.

게일 브룩 버켓의 시는 뛰어난 리더들의 정신 상태를 잘 그리고 있다.

"평탄한 길, 쉬운 길을 가게 해달라고 기도한 적이 없다. / 나는 돌로 뒤덮인 길을 가기 위해 힘과 용기를 달라고 기도한다. (…중략…) / 그런 용기를 준다면 나는 가장 험난한 봉우리도 오를 수 있다. / 나의 발부리에 걸리는 모든 장애물을 디딤돌로 바꿀 수 있다."

이제 전략적 민첩성을 마무리할 때가 되었다. 외부 환경의 변화에 맞춰 전략, 조직, 자원을 재 정렬해야 한다. 자원은 유한하다. 선택한 영역에 집중하고 힘을 쏟아야 한다. 전략만 앞서나가도 실패한다.

조직이나 리더 자신의 스타일이 바뀌지 않아도 실패한다. 외부 환경과 상하좌우의 스위트 스팟이 딱 맞아야 한다. 이때 환경과 전략은 불가분의 관계에 있다는 점에서 적합성이란 개념은 중요하다. 여기서 외부 적합성이란 변화하는 환경에 맞게 전략을 민첩하게 적응해야 한다는 것, 그리고 내부 적합성 면에서 기막히게 좋은 전략을 수립했다 하더라도 리더의 스타일이나 조직이 적합하게 뒷받침되지 않으면 실행되지 않는다는 점을 알아야 한다.

환경과 조직과 전략은 서로 깊게 연결되어야 한다. '기업이란 곧 환경에 적응하는 업'이라는 말도 있듯이 급변하는 시대에 지속적인 생존을 위해서는 변화에 강한 체질을 만드는 것이 매우 중요하다. 이를 위해서는 다음 세 가지를 갖춰야 한다. 이것은 앞에서 살펴본 발효리더의 지향점과 일치한다.

- S1(환경) – 외부 환경변화를 빨리 감지한다. 내 조직의 힘만으로 도저히 어찌할 수 없는 힘이 바깥에 존재한다.
- S2(스타일) – 리더의 스타일, 구성원의 스타일 등 내부 적합성을 고려해 구성원 전체가 변화를 수용할 수 있는 감성을 갖추도록 한다.
- S3(전략적 민첩성) – 환경변화에 맞게 전략을 결정하고 민첩하게 대응한다.

3장

톱 리더의 조건 C
– 커뮤니케이션

삼현일장, 세 가지는 밖으로 드러내지만 하나는
감춰야 한다.
여기서 하나는 기다림의 시간이고 성찰의 시간
이고 성장을 준비하는 소리 없는 외침이다. 리
더라면 최소한 20~30퍼센트는 모든 면에서 구
성원들과 항상 연결되어 있어야 한다. 그런데
리더가 소통을 위해 만들어놓은 파이프가 녹이
슬고 여기저기 막혀 있다면, 그것을 완전 복구
해야만 소통이 가능하다.

왜
커뮤니케이션인가

막힌 곳을 뚫는 '소통'과 서로 도와주는 '커뮤니케이션'

전략적 민첩성의 과정을 거쳐 민첩하게 환경변화를 반영해 훌륭한 전략을 수립했다 하더라도 전략 수립은 고민의 끝이 아니라 문제의 시작이다. 구성원들에게 전략을 "어떻게 잘 전달해 '우리의 과업'으로 인식시키느냐" 하는 더 큰 과제가 남아 있기 때문이다. 전략을 만드는 전략적 민첩성이 1의 노력으로 가능하다면 잘 전달해야 하는 커뮤니케이션은 3 이상의 노력을 필요로 한다. 그만큼 어렵다. 가장 먼 여행은 머리에서 가슴으로 가는 여행이라 하지 않던가. 전략은 리더의 머리에서 나왔지만, 커뮤니케이션은 리더의 가슴에서 나와야 한다.

그런데 많은 리더들은 전략적 민첩성을 마무리하면 일이 거의 끝난 것으로 착각한다. 물론 전략은 매우 중요하다. 전략이 없으면 전달하고 공유할 내용 자체가 없으므로 소통은 아무 의미를 갖지 못한다. 인체에 비유하면 A는 머리요, 커뮤니케이션 C는 실행해야 할 손발을 연결하는 가슴이다. 필요한 영양분을 몸의 구석구석까지 잘 전달할 수 있는가가 유기체의 생존여부를 결정하는 것처럼 조직의 성공 여부는 톱 리더의 핵심 비전과 전략이 전체 구성원들에게 골고루 전달될 수 있느냐에 달려 있다. 구성원들이 조직의 목표를 이해하고 달성하기 위해서 커뮤니케이션은 필수다. 커뮤니케이션은 마치 혈액과 같다. 혈액이 막히면 혈관에 문제가 생겨 고혈압과 뇌졸중을 일으키듯 커뮤니케이션이 원활하지 못한 조직은 점점 병들어갈 것이다.

다시 자전거 모형을 통해 보면 소통은 프레임(C)인데, 소통은 일반적으로 잘 깨닫지 못하는 '허虛'의 가치를 지녀서 필요 없는 듯 보여도 앞바퀴(전략)와 뒷바퀴(실행)를 연결하는 유일한 연결축이다. 리더에게 있어 소통력ヵ은 전략이나 계획을 성과로 연결하고 성과를 내기 위해 필수적인 핵심능력이다. 그러나 리더에 따라 소통의 능력차가 심하다. 소통력이 약한 리더들은 대부분 실패하거나 미미한 성과밖에 내지 못한다. 좋은 전략과 콘텐츠를 갖고도 아이디어를 제대로 전달하지 못해 사장되기 때문이다. 어도비의 산타누 나라엔 CEO는 「파이낸셜 타임스」와의 인터뷰에서 이렇게 말했다.

"최고경영자로서 중대한 결정을 내리는 건 어쩌면 쉬운 일인지 모른다. 가장 어려운 일은 구성원과 비전을 공유하고 새로운 방향으로 이끄는 것이다. 그렇게 하지 못하면 자신의 몸을 공격하는 항체처럼 내부의 반발에 부딪혀 회사는 좌초하고 말 것이다."

이 시대의 화두는 소통이다. 비전과 전략이 결정되는 과정, 공유하는 과정, 실행하는 과정, 건축되는 과정 과정마다 소통을 해야 한다. 잭 웰치 역시 경영은 '소통, 소통, 소통'이라고 했지만, 현재 기업은 말할 것도 없고 대통령도 가정도 소통이 안 된다고 아우성이다. 박근혜 정부의 스타일이 국민과 소통 없이 일방적이라고 비난받고 있다. 이는 정책에 스토리를 입혀 소통하려는 노력이 없었던 탓이다. 일방적인 정책은 성공한 적이 없다. 국민에게서 공감과 동의를 끌어낼 수 없기 때문이다. 아무리 좋은 정책이라도 수요자인 국민을 감동시키지 못하면 실패하기 마련이다.

경영 컨설턴트 뤼커룽은 "경영자들은 실제로 70퍼센트의 시간을 의사소통을 위해 사용한다. 기업의 문제 중 70퍼센트는 의사소통의 장애로 야기된다"고 하는 소위 '70퍼센트 법칙'을 말하며 경영에서 소통의 중요성을 강조했다. 그런데 왜 이렇게 소통이 안 되는 것일까? 혹시 우리는 소통에 너무 많은 기대를 갖고 있는 것은 아닐까?

소통은 겸손만큼이나 힘든 것

소통. 너무 많이 우려먹어 사골국만큼 식상한 주제다. 내가 만난 많은 리더들은 소통이 가장 짜증나는 일 중의 하나라고 한다. 소통을 하자니 성과는 낮고 그렇다고 안 할 수도 없는 계륵 같은 존재라는 것이다. 빙고! 구성원들 역시 똑같이 생각하고 있을 것이다. 리더는 시시포스와 같은 운명에 처했다. 시시포스는 신들로부터 커다란 바위를 산꼭대기까지 밀어 올리라는 가혹한 형벌을 받았다. 힘겹게 바위를 밀어 올려 산꼭대기에 다다르면 바위는 아래로 굴러간다. 그렇게 떨어진 바위를 다시 산꼭대기로 올리면 바위는 또 아래로 글러 떨어진다. 신화는 시시포스의 이 고역이 영원히 반복될 것이라고 전한다. 소통 또한 바위를 언덕 위로 올리는 것처럼 더디고 고된 일이다. 잠시 방심하면 다시 바닥으로 굴러 떨어진다. 열심히 소통하면 할수록 더 괴롭고 투여된 시간과 정성에 비하면 너무 미미해 문득문득 짜증이 나고 분노가 밀려온다.

구성원들은 리더가 밤낮 가리지 않고 몸부림치는 것을 알지 못한다. 구성원들에게 소통은 이렇다. '따분한 일이다. 감정 에너지가 너무 많이 소비된다.' '리더는 댐이 무너진 것처럼 평소 자기 생각을 너무 많이 쏟아낸다.' '말만 소통이지 리더의 일방적인 설교나 설득이다.' 리더들은 소통과 잔소리, 커뮤니케이션과 설교의 경계선을 넘나들고 있는 것이다. 구성원들은 "이런 헛수고를 왜 하는지 모르겠다"며 고개를 갸우뚱한다.

두 그룹의 줄다리기는 극명하게 갈린다. 구성원들은 "리더가 자신을 비우지 않고 일방적으로 설명하는데 뭐가 통하겠느냐"고 하고 리더는 "서로 통하자고 하면 저들도 마음을 열고 와야지, 무조건 나만 마음을 비우라니 적반하장이다"라고 한다. 리더와 구성원의 주장은 각각 옳은 면을 갖고 있다, 구성원들은 비움인 소)통으로 소에 방점을 찍고 있다. 반면 리더는 비움인 소보다는 통할 통에 비중을 더 둔다. 소통에 대한 양측의 줄다리기, 두 마음의 엇갈림이 허무할 뿐이다. 먼저 서로 어떻게 소통을 생각하는지를, 소통에 대한 기대가 어떻게 다른지를 이해해야 한다. 이것만으로도 많은 문제가 해결될 수 있다.

그렇다면 소통이란 무엇일까? 먼저 그 말을 살펴보자. 한자로 트일 소疏와 통할 통通이다. 좀 더 자세히 분해해보면, 소疏는 짝 필疋과 물의 흐름을 뜻하는 류流가 합쳐서 물이 잘 흐르게 한다. 통通은 책받침과 대나무 속같이 비어 있는 모양인 용甬이 합쳐져 속이 뻥 뚫려 쉽게 빠져나간다는 뜻이다. 즉 소는 막힌 곳을 뚫고 흐르는 것이고 통은 대나무 통처럼 비어 있음을 의미한다. 어원으로 보면 소가 되어야 통이 된다. 부등호로는 소)통이다. 소통은 나의 바깥에서 이뤄진다. 나의 마음을 열고 바깥으로 걸어나가지 않는 한 소통은 이뤄질 수 없다. 막힌 곳을 놔두고, 내 마음을 먼저 비워내지 않고는 소통이 되지 않는다. 이렇게 높은 차원이니 소통은 겸손만큼이나 힘든 것이다.

소통의 영문단어인 커뮤니케이션communication을 살펴보면 어원은 라틴어에서 '함께'라는 뜻을 가진 'cum'과 '도와주다'라는 'munire'가 합쳐진 말이다. 즉 '서로 도와준다'는 뜻으로 어느 한쪽이 일방적으로 귀를 기울이는 것이 아니다. 리더와 구성원들이 통하려고 노력을 기울이지 않으면 안 된다는 뜻이다. 이렇듯 커뮤니케이션과 소통의 뜻이 같지 않다. 이 둘의 차이를 볼 때 커뮤니케이션을 소통으로 번역한 것이라면 오역에 가깝다.

소통과 커뮤니케이션 모두 외래어다. 거기다 의미마저 아주 다르다. 더욱이 우리말이 소리언어이기 때문에 모든 말을 따라 할 수 있다 보니 한자와 영어로 쓰인 것을 의미를 몰라도 소리만 베낄 수 있다. 주위 사람들에게 한번 "커뮤니케이션과 소통의 정확한 의미가 어떻게 되죠?" 하고 물어보라. 자세히 모르든가 아니면 당신이 아는 것과 다를 것이다. 한글이 열린 구조라 놀라운 언어이긴 해도, 실제 사용에서는 많은 오해를 부르기도 한다.

막힌 곳을 뚫어 흐르게 해 대나무처럼 뻥 통하는 것인 '소통'과 서로 도와주는 것을 의미하는 '커뮤니케이션'. 이렇게 뜻이 다른 것을 창의적으로 해석해서 "서로 도와주며 살려면 소통이 필요하다"고 하는 사람도 있다. 이 둘의 의미를 한 세트로 만들어내는 멋진 해석이다. 하지만 멋지기엔 너무 어렵고 난해하다. 본질은 이 둘의 뜻이 다르다는 사실이다. 미묘한 정도가 아니라 확연히 다르다. 어쩌면 진정한 의미의 소통은 기존의 소통과 커뮤니케이션 그 중간 어디쯤에 존재하는 것인지도 모른다. 우선 단어의 의미가 달라지면 현실에서 큰 문제가 발생한다. 일류 기업에서 '사내용어집'을 따로 만들어

의미를 공유하는 것은 이런 혼란을 방지하기 위함이다.

소통에 대한 균형감각이 필요하고 일정한 거리를 두고 입체적으로 살펴본 후 완전히 새로운 개념의 소통을 정립해야 한다. 그렇지 않으면 리더와 팔로어는 소와 통 사이에 갇혀 한 발자국도 앞으로 나아가지 못하게 된다. 소와 통 사이 그 어딘가에 있을 소통, 우리는 그리스 신화에 나오는 프로크루스테스의 침대와 마찬가지로 소통을 자신의 관점에 억지로 끼워 맞춘다. 현실적으로 두 개의 큰 계곡으로 인해 소통은 점점 이상하게 흘러간다.

첫 번째 계곡은 구성원들과 리더 사이의 아주 큰 틈이다. 구성원들은 리더가 솔선수범해서 소통을 위한 노력을 하기를 기대하지만 리더는 "나는 법이고 정당하다. 너희들이 나의 기준을 따르라"며 자신은 속을 전혀 비우지 않는다. 두 번째 계곡은 각자 기준점의 차이다. 기준점이 다르다 보니 아무리 용을 써도 양쪽 모두 늘 소통부족이라는 결론에 도달한다. 소통이라는 동일한 용어를 쓰지만 의미를 서로 다르게 해석하고 있는 탓이다.

그런데 셀 수도 없이 많은 소통 관련 책들은 말한다. "소통은 상대방이 하지 않는 소리를 듣는 것이다. 귀를 훔치지 말고 가슴을 흔드는 말을 하라." "내가 하고 싶은 말보다 상대방이 듣고 싶은 말을 하라." "내가 1을 말하면 9는 경청하라. 입술의 30초가 가슴의 30년이 된다."

다 옳다. 환자가 서너 명이고, 학생이 10여 명이고, 부하가 대여섯 명이면 그럴 수 있다. 하지만 환자가 수십 명이고 구성원이 수백 명이라면 가능하지 않은 주문이다. 친분이 있는 의사가 언젠가 그랬다. "하루에 서너 명 환자를 대한다면 한 분 한 분의 의견을 들으면서 진료가 가능하다. 하지만 하루에 수십 명을 진료해야 하고 보고서 등 처리해야 할 일이 산더미 같은데 어떻게 한 분 한 분의 환자를 소중히 대할 수 있겠는가. 회의가 든다. 그저 업무일 뿐이다. 나 역시 환자와 충분히 소통하며 생명을 살리려 의사가 되었다. 하지만 현실이 허락하지 않는다."

역지사지와 이심전심은 불가능하다

흔히 소통의 출발점은 역지사지라 한다. 역지사지는 만일 '네가 내 입장이라면 어떻게 하겠느냐'라는 가정법이다. 하지만 역지사지는 인간에게 불가능한 요구다. 어느 정도 유추가 가능할 뿐 역지사지는 존재할 수가 없다. '나라면?'이라는 문장 속에는 이미 '나는 네가 아니다'라는 정의가 내려져 있다. 중학교 때 배운 영어교재에는 '내가 만약 새라면?'이라는 가정법이 등장한다. 하지만 나는 절대 새가 아니다. '나라면'이라는 이야기는 철저히 가정일 뿐이고 나 또한 직접 상대방과 같은 상황에 놓여 있다면 어떤 선택을 할지 알 수 없다. 이 세상에 '나라면?'이라는 라면은 절대 존재하지 않는다. 역지사지가 가능하다고 믿고 있다면 그 순수함이 부럽긴 하나 그건 미성숙한 어른아이의 생각일 뿐이다.

역지사지는 불가능하다. 개그콘서트의 '젊은이의 양지'라는 코너에서 그 점을 잘 보여주었다. 취직이 고민인 취업준비생, '인생에 낙이 없다'는 백수, 모든 게 고민이라는 재벌2세를 대비시켜 뼈아픈 현실을 웃음의 코드로 녹여 제대로 짚어냈다. 취직이 안 되어 고민인 친구가 재벌2세로 나온 친구를 부러워한다. 재벌2세 왈, "넌 면접 볼 자유가 있지만 나는 선택의 여지가 없어. 들어가자마자 사장이야." "나이 50 넘은 직원이 90도 인사를 하면 불편해."라고 토로하는 걸 보며 거꾸로 취업준비생이 위로를 해준다. 이는 코미디에만 존재하는 풍경이 아니다.

또한 이심전심以心傳心이라는 커뮤니케이션 방법이 있지만 마음은 생각하는 만큼 상대방에게 잘 전달되지 않는다. 가까운 구성원은 너무 가까워서 전달되지 않고 먼 구성원은 멀어서 아예 전달되지 않는 속성을 갖고 있다. 리더가 '전한 것'이 소통이나 정보가 아니라 '전해진 것'이 소통이고 정보다. 따라서 이심전심에 기대어 '말을 하지 않아도 구성원들이 알아줄 것'이라는 사고방식은 굉장히 위험하다. 말이나 태도를 통해 표현되고 전달이 되어야 비로소 공유를 한다. 우리가 가정과 직장에서 소통이 안 되는 이유는 마음을 전하는 일이 서툴러 생기는 문제이지 않던가. 이심전심은 부처와 가섭같이 심오한 수준의 텔레파시로 마음과 마음이 통하는 것이다. 일반조직에서 기대하는 것은 무리다. 당신은 부처가 아니고 구성원은 가섭이 아니기 때문이다.

고등동물의 세계에서는 무한정한 소통은 불가능하다. 세포벽이 생기면서 동물은 진화했고 그 결과 고등동물이 된 것이다. 100퍼센트 소통하기를 기대하는 사람이 있다면, 그는 다양한 세포들의 역할을 '일치충동(연애기 잠깐은 가능)' 하나로 환원시켜놓은 사람이거나 타인을 단세포 동물로 인식하는 사람일 게다. 여기에서는 기존의 커뮤니케이션과는 다른 관점에서 소통을 논할 것이다. 소통의 가치를 한번 생각해보고 현실적인 소통의 방법론을 제시하고자 한다. 리더와 구성원 간에 다소 소통에 대한 이해가 다르더라도, 소통은 포기할 수 없는 절대가치다. 어렵기에 더 가치가 있고 다른 사람과 차별화되는 경쟁력의 근원이 된다. 소통은 너무 귀하고 절실한 덕목이다.

1982년 영국과 아르헨티나의 포클랜드 전쟁은 많은 시사점을 준다. 1920년대까지 세계적 경제부국이었던 아르헨티나는 1940년대 이후 쿠데타에 의한 군사정권의 연속이라 할 정도였다. 게다가 경제정책마저 실패해 극심한 물가고와 인권탄압으로 국민들의 불만이 끊이지 않았다. 1981년 집권한 갈티에리 대통령은 장기간의 군사독재에 의한 염증과 국민의 불만을 외부로 돌리기 위해 이듬해 4월 포클랜드를 침공한다. 당시 아르헨티나 국민들 사이에선 정부가 나서지 못한다면 의용군을 조직해서라도 포클랜드 제도를 탈환하자는 움직임이 있었기에 아르헨티나 정부는 이를 이용한 것이다. 또한 영국이 남대서양 끝에 있는 조그만 섬에 무력으로 개입하지 않을 것이라고 판단했다.

하지만 영국의 대처 수상은 지구 반 바퀴를 돌아가야 하는 기나긴 전쟁터에 긁어모을 수 있는 함대와 비행기는 물론 호화여객선 퀸 에리자베스 2세까지 징발해 병력을 수송할 정도로 적극적으로 나섰다. 처음에는 영국이 무모해 보였다. 아르헨티나는 첨단 방공레이더를 보유해 다가오는 영국의 전투기를 쉽게 탐지할 수 있었다. 인근에는 영국군 항공기지가 없기 때문에 영국군의 항공기는 전투지역까지 침투하려면 항속거리의 한계까지 비행한 이후 버려야 하는 그야말로 자살에 가까운 임무였다.

하지만 이 전쟁은 많은 우연과 필연이 겹친 끝에 영국군의 승리로 끝났다. 전문가들은 이 전쟁을 두고 "영국이 약 1만 3,000킬로가 넘는 긴 병참선을 극복하고 단기간에 매우 어려운 작전을 훌륭하게 수행한 결과다"라고 평했다. 문제는 이 전쟁에서 전부를 쏟아 부을 정도로 많은 병력과 첨단장비를 투입하고도 패배한 아르헨티나군이었다. 그들의 참패 원인은 놀랍게도 소통이 단절된 '닫힌' 군사문화를 갖고 있었기 때문이다.

아르헨티나 장교들은 위엄과 위신을 지키기 위해 병사들과 자주 접촉하지 않는 전통을 갖고 있었다. 그런데 이런 전근대적인 문화가 의사소통을 가로막아 패배를 자초한 중요한 요인의 하나로 지목된 것이다. 이에 반해 영국군은 계급의식을 버리고 장교와 사병 간 대화가 일상화되어 있어 유대감이 강화된 '열린 문화'가 승리의 밑바탕이 되었다. 군에서조차 소통이 이러할진대 하물며 다른 조직에서 소통의 중요성은 새삼 더 강조할 필요가 있을까.

아르헨티나군의 리더들은 전략을 수립한 후 해야 할 일을 일방적으로 지시하고 부대원들은 손발을 움직여 실행만 하면 된다는 식의 사고방식을 갖고 있었다. 목표를 달성하기 위해서는 머리 – 가슴 – 손발의 세 가지가 조화를 이뤄야 한다. 그런데 그들은 전략과 실행, 입력과 출력, 인풋과 아웃풋, 머리와 손발이라는 두 기능에만 초점을 맞춘 탓이다. 반면 영국군은 입력, 전달, 출력의 과정에서 전달체계를 효과적으로 활용함으로써 커다란 효과를 거두었다. 만약 전달체계에 대한 고민 없이 단순하게 투입과 결과에만 초점을 맞추었다면 영국군 또한 고전을 면치 못했을 것이다. 어떻게 전달했느냐에 따라 동일한 전략으로 전혀 다른 결과를 가져올 수 있다. 모름지기 '사람이 먼저이고 메시지는 그다음이다.' 따라서 일이 이뤄지려면 다음의 3단계를 잊어서는 안 된다.

입력(투입, 전략) → 전달(소통) → 출력(산출, 실행)

따라서 전달방식과 체계에 대한 깊은 고민이 필요한데 효과 있는 전달체계를 위한 전제조건은 다음 두 가지다.

첫째, 크리에이팅 위(Creating WE 관점 수용능력) : 나의 관점이 아니라 우리의 관점을 만들어내야 한다.
둘째, 나는 구성원들에게 어떤 연상회로를 제공할 것인가. 기대를 관리하라.

왜 선동렬은 명선수에서 명감독이 되지 못했는가

관점 수용능력은 '크리에이팅 위'를 창출하는 것이다. 크리에이팅 위란 무엇인가? 리더의 주장과 메시지를 일방적으로 관철하는 게 아니라 리더의 의견과 질문이 마중물이 되어 '우리'라는 의식을 고취시키고 더 높은 가치로 연결되도록 구성원들의 생각과 의견을 끄집어내는 것이다.

상대방의 입장과 관점을 받아들이는 능력을 '관점수용능력'이라 한다. 관점수용능력은 일종의 지렛대로 힘을 증폭시키는 도구다. 무거운 돌도 지렛대를 쓰면 들어올릴 수 있다. 그러기 위해서는 '나 중심'이라는 사각지대를 경계해야 한다. '나 중심'으로 구성원들을 타오르게 만들려다 그들을 다 태워버려 재만 남을 수도 있다. 나의 관점을 그들이 받아들일 수 있도록 관점이동이 필요하다. 이것이 커져야 협업력을 강화할 수 있다. 이에 대한 고민은 메시지를 전달하기 전에 시작해야 한다. 나보다 더 큰 것, 우리를 하나로 만들 수 있는 더 큰 것을 찾아야 한다.

2014년에 프로야구사에 선수로서는 불멸의 기록을 가진 선동렬

감독이 불명예 퇴진했다. 여론에 떠밀린 탓이다. 초A급 인재가 리더가 되어 실패한 전형적 사례다. 왜 명선수는 명감독이 될 확률이 적을까. 그 이유의 첫 번째로, 전문가들은 감독의 관점수용능력의 부족을 든다. 야구는 다양한 선수가 모여 성과를 만들어내는 운동이다. 그런데 스타플레이어 출신 감독은 자신이 잘했던 것만 생각하고 실력이 부족한 선수가 왜 못하는지 이해하지 못한다. 그 결과 벤치에 앉아 있는 후보들의 아픈 상처를 어루만지는 데 서투르다.

이런 포용력 부족은 선수들과의 사이에서 크고 작은 잡음을 발생시킨다. 급기야 감독은 선수를 믿지 않고 선수 역시 감독을 따르지 않는 상태까지 이르게 된다. 실력이 부족한 선수들의 마음을 사는 게 뭐가 중요하냐고? 특정선수에 의존하는 순간 '함께'라는 팀워크는 사라진다. 못난 선수, 평범한 선수, 잘난 선수들의 작은 기여들이 모여 팀이 승리하는 것이다. 팀을 위해서 희생하는 선수들이 없으면 감독의 작전은 무용지물이 되고 만다.

둘째는 본인이 뛰어난 것은 일부분일 뿐인데 모든 분야에서 리더십이 뛰어난 것으로 착각해 필요한 리더십을 배우는 데 소홀히 한 결과다. 결국 리더는 감성지능인 EQ를 필요로 한다, 구성원들이 어떻게 생각하는지, 어떻게 느끼는지 파악해 감정이입할 준비가 안 된 리더는 실패할 수밖에 없다. 감독이 되려는 사람들은 충분한 준비과정을 거쳐야 한다. 전설적인 선수 출신인 마라도나 역시 아르헨티나 국가대표팀 감독을 맡아 형편없는 결과를 가져온 것도 리더로서 자질과 역량을 키우는 것에 관심이 없던 탓이다. 많은 사람이 훈련이나 준비과정 없이 리더가 되고 있다. 준비 없이 리더가 되면 자신은 물론 구성원 모두 힘들어진다. 리더의 필수품인 관점수용능력을 기르기 위해서는 많은 준비가 필요하다.

일본 프로야구 선수들의 선수생활 이후 커리어에 대한 의식조사를 해보니 70퍼센트 이상이 은퇴 후 불안감을 느끼고 있었다. 그중 학교나 실업팀의 지도자가 되고 싶어 하는 선수들이 약 40퍼센트 이상이다. 어차피 지금 하고 있는 운동을 계속해 영원히 현역으로 남을 수는 없다. 언젠가 그만 둘 수밖에 없으니 불안하다. 가능하면 지금 하던 운동을 이어서 코치생활을 하면 금상첨화다. 하지만 일본에서 고교야구 코치를 하고 싶으면 교직원 면허를 취득한 후 해당 학교에서 2년 교편을 잡아야 자격을 얻을 수 있다. 지도력이 있어도 프로 이외 레벨에서 지도자 생활을 하는 것은 쉽지 않다.

그런데 우리나라에서 억대의 연봉을 받는 스타선수들이 코치가 되면 연봉이 얼마나 될까? 축구, 야구, 배구든 처음에는 5,000만 원 이하에서 출발한다. 로런스 피터 미국 컬럼비아대 교수가 발표한 이론인 피터의 법칙을 한번 생각해보자. 일을 잘하면 능력을 인정받아 승진하고 다른 분야까지 담당하게 된다. 하지만 최고의 수준에서 한 단계 올라가면 가장 수준이 낮은 상태에 놓이게 된다. 최고의 선수가 곧바로 코치가 되면 코치로서는 바닥이라는 뜻이다. 선수와 코치는 동일한 운동이라 해도 역할이 달라진다. 선수는 자신에게 주어진 역할만 잘하면 된다. 한마디로 일 중심이다. 반면 코치는 선수들이 제대로 운동을 하도록 동기부여를 해 숨겨진 잠재력을 발휘하게 하는 게 주업이다. 사람의 마음을 읽고 이끄는 기술, 선수들의 수준과 특성을 분석해 한 단계 성장시키는 스킬 훈련을 필요로 한다.

코치가 되려면 자기가 하던 방식을 그대로 전수해서는 안 된다. 선수들의 스타일, 체형, 성격이 모두 다른데 내가 하던 방식만을 어떻게 강요할 수 있겠는가? 가장 못난 코치는 자신의 방식대로 하지 않는다며 선수와 다투는 자다. 그래서 코치가 되려는 선수는 선진국에 가서 돈을 들여 코치수업을 받는다. 세계의 흐름이나 기법 등을 학습한 후, 나의 경험과 기술을 접목시켜 지도한다. 지금은 프로구단 감독이 된 이만수 감독도 초기에 미국에서 코치생활을 할 때 생활고로 힘들었다고 한다. 그럼에도 배우고 헌신한 끝에 인정을 받아 고액보너스를 받았다.

나도 스포츠 단장을 경험해보니 구단과 선수들 눈높이에 맞는 코치진을 구성하는 게 정말 어려웠다. 선수 생활 때와 달리 세상을 보는 눈과 삶의 태도를 더 나은 방향으로 학습하고 연구하지 않으면 코치가 되는 기회는 없다. 그래서 선진국들에서는 감독을 선발할 때 선수시절의 화려함은 아예 고려 대상으로 여기지 않는다. 대신 리더십 역량, 선수와의 소통능력, 전략구사능력으로 평가하고 선택한다. 세상사 모든 일이란 게 준비한 자에게 기회가 주어지는 법이다. 다음의 유머는 준비의 필요성을 느끼게 한다.

승진이 너무 늦어 불만이 많던 직원이 어느 날 상사를 찾아가 따졌다. "제가 이 자리에 있은 게 벌써 10년째입니다. 그런데도 승진을 안 시켜줍니까?" 이에 상사가 대답했다. "10년이 아니지. 그건 자네 생각이고. 자네는 1년 있었네. 자네는 그것을 열 번 반복한 거지."

리더에게는 이미지로 그릴 줄 아는 상상력이 필요하다

연상회로란 '내가 무엇을 말했는가'보다 '내가 말한 것을 상대방이 어떻게 받아들여 그들의 머릿속에 어떤 그림이 그려졌는가?'를 아는 것이다. 한마디로 리더에게는 이미지로 그릴 줄 아는 상상력이 필요하다. 톱 리더가 되기 위해서 가장 중요한 자질이 무엇이냐고 묻는다면 상상력이라고 할 수 있다. 하기야 어떤 분야든 상상력 없이 그 길에서 대성할 수는 없다.

리더와 구성원 간에 가장 중요한 것은 신뢰인데 이를 위해서는 기대관리가 필수요소다. 일단 과도한 기대가 형성되면 높은 수준의 보상을 줘도 불만족이 확대된다. 무상복지라는 말로 인해 사회가 시끄러운 것을 보면 잘 알 수 있다. 세금을 더 내지 않고도 더 많은 복지를 향유할 수 있다면 이보다 더 좋을 수는 없다. 그러나 문제는 증세 없는 복지가 과연 현실적으로 가능할까라는 것이다. 또한 누군가는 비용을 내야 하는데 무상복지의 '무상'이라는 말에는 마치 공기처럼 공짜로 쓰는, 그런 느낌이 있다. 너무 위험한 인식이다. 역사적으로 이런 사례는 많다.

일례로 1960년대부터 1970년대에 걸쳐 영국은 이른바 '영국병'을 앓았다. 영국병이란 사회보장제도를 충실하게 하기 위해 기간산업을 국유화해 영국식 사회주의 정책을 실행한 결과 생겨난 증세. 이로써 영국은 국제경쟁력을 상실해 행정은 경직화되고 국민은 노동의욕이 저하되면서 장기적 불황과 심각한 재정난에 빠졌다. '요람에서 무덤까지'라는 좋은 의도가 그만 복지의 무게에 짓눌려 경제를 죽여 버린 것이다. 우리나라 역시 증세복지가 맞는 말인지 재정복지가 적합한 용어인지는 모르겠으나 무상복지라는 잘못된 용어는 나중에 많은 폐해를 낳을 것이다. 소통 역시 사회에서 잘못 정의된 단어 중의 하나다. 개념을 한번 해체해보고 그 맛을 천천히 음미해보면 그 뜻이 더 깊게 다가온다. 존재했으나 내 눈에 보이지 않는 세계가.

무엇보다 너무 바쁜 세상이라 절대적인 시간이 부족하다. 세상은 적게 말하는 사람을 원한다. "잘 지내지?"라는 의례적인 말에 한 시간이 넘게 가정사부터 시작해 회사 일의 어려움까지 쏟아낸다면, 이것은 고통이다. "잘 지내지?"에 대한 답변은 "그래." 혹은 "그저 그래." 이것으로 충분하다. '바쁘다 바빠'를 입에 달고 사는 세상이다. 다음의 두 가지 에피소드를 살펴보자.

오랜만에 여러 분야의 임원으로 일하는 친구들을 토요일 저녁에 함께 만났다. 우리는 이런저런 세상 돌아가는 이야기를 하다 이 사회가 상당히 미쳐 있다고 진단했다.

"사장은 완전히 미쳤고, 임원은 거의 미쳤고, 부장은 상당히 맛이 갔다. 그렇게 하지 않으면 안 될 만큼, 일에 모든 것을 불태우는 소진사회가 되었다."

"애플에 정상적인 사람이 입사해서 살아남는 기간이 6개월이라고 한다. 마니아나 워커홀릭이 아니면 견딜 수가 없다. 애플에서는 무박 7일을 일해도 끄떡없는 광적인, 꿈속에서도 일하는 워커홀릭만이 살아남는 세상이 되었다."

"JP모간에 입사해 처음 3년간은 매일 15~17시간씩 일하면서 보내야 한다. 그다음 '어소시에이트'로 3년간 하루에 15시간 넘게 일해야 하는데 많은 직원들이 '어소시에이트' 때 나간다. 과로를 견디지 못하는 거다."

지인들 이야기를 들으면서 머릿속에서는 한 인터뷰가 생각났다. 상추 CEO로 유명한 류근모 사장의 이야기다. 그의 모든 가치 기준은 상추에 코드가 맞춰져 있었다. "커피 한 잔을 마실 때도 이게 가격이 상추 80장과 같은데 이걸 사 마셔야 하나?"라고 할 정도다. 상추에 가진 것 모두를 쏟아부어 주변에서 수군댄다. '미친 짓이다. 저러다 죽을 거야.' 하루 24시간 상추와 씨름하고 사랑하고 눈뜨거나 잠을 잘 때도 상추 꿈을 꾼다. 그 결과 그는 경쟁이 가장 치열한 품목 중의 하나인 상추분야에서 최고가 되었다.

100여 년 이전에 니체는 사색적 요소가 빠진다면 인간의 삶은 치명적인 과잉활동으로 끝나고 말 것이라고 말한 바 있다. "우리 문명은 평온의 결핍으로 인해 새로운 야만상태로 치닫고 있다. 활동하는 자, 그러니까 부산한 자가 이렇게 높이 평가받는 시대는 일찍이 없었다."

놀랍게도 지금의 시대를 진단한 것 같은 착각이 든다. 19세기 중반까지만 해도 유럽에는 성 월요일이라고 해서 출근하지 않고 쉬었다. 그 원인이 노동자들이 토요일부터 술과 유흥에 빠진 탓인데 산업혁명이후 영국 경영자들은 '시간은 금이다'라는 슬로건을 내걸고 노동자들이 시간을 엄수하도록 만드느라 고심했다. 『설탕의 세계사』를 보면, 이 시대 유럽 노동자들은 주말만 되면 고주망태가 되도록 술에 취해 다음날인 월요일에도 술이 깨지 않아 일을 제대로 못하는 '성 월요일'의 습관이 널리 허용되었다.

하지만 아쉽게도 우리는 월요일에 출근하지 않는 것이 관습적으로 용인되는 사회로 다시는 돌아갈 수 없다. 게다가 일류기업일수록 빡빡한 문화를 갖고 있다. 나 역시 삼성에서 근무할 동안 신입사원 시절을 제외하곤 매년 위기라는 말을 귀가 닳도록 들었으니까. 집이든 직장이든 장소는 문제가 되지 않는다. 항상 주어진 과제를 고민하는, 끝장을 보고야 마는, 이른바 '소진사회' 말이다.

김난도 서울대 교수는 이를 '낯선 사람들의 도시'라고 표현했다. "신경질적이고 예민한 기운이 도처에 커져가고 있다. 우리 사회가 히스테리의 도시, 즉 낯선 사람들의 도시가 되어가고 있다."

어쨌든 통해야 하고 무조건 비워야 한다

현대인들의 시간과 속도에 대한 중압감은 상상 이상이다. 시간에 쫓겨 식사마저 대충 때우고 10분이라도 더 빨리 움직이려는 조급함의 박자가 우리의 일상 속 모든 곳으로 스며들었다. S사 전무로 있는 친구는 자신이 공황장애를 앓고 있다고 얘기하며 현실의 팍팍함을 고백했다. "인생이나 머릿속이 너무 복잡하다. 종일 들들 볶이는 기분이다, 내가 체크해야 할 중요한 일거리는 스무 가지가 넘는데 하나라도 대충 넘겨선 안 되는 것들이다. 뉴스 하나 챙겨 볼 틈도 없다. 길고 격한 회의 도중에는 소리치고 싶은 충동도 인다. 힘들다."

굉장한 압박감 속에서 수많은 일을 정신없이 해야 하는 리더들. 의사나 교수사회는 또 어떠한가. 학생면담도 해야 하고 강의준비도 해야 하고 논문도 써야 하고 하루 종일 정신이 없다. 스마트폰과 이메일 등 통신혁명이 리더의 일상을 크게 바꾸지 못했다.

"CEO들이 홀로 있는 시간은 하루 중 채 15분이 되지 않았다. 런던 정치경제대 교수들이 지난해 CEO 수백 명을 상대로 일과를 조사한 결과에서도 하루의 72퍼센트를 비즈니스 미팅과 식사를 하는 데 쓰는 것으로 나타났다."[1]

오히려 스마트폰으로 인해 집중력을 유지하기도 힘들다. 일종의 '톱날현상', 휴대전화, 문자메시지, 이메일, 인터넷 서핑 등 우리를 집중하지 못하게 하는 '위협적인 존재들'이 톱날처럼 시간을 들쭉날쭉하게 만들면서 다시 일에 집중하는 데 30분 이상 소요가 된다. 회의, 이메일, 뭐가 끊이질 않고 계속 일어나는데다 제대로 매듭짓는 것도 없다. 그러다 보니 머릿속은 늘 물먹은 스펀지 같다. 이런 상태에서 리더의 속마음은 솔직히 구성원들과 소통할 여유도 마음도 없다. 더욱이 경쟁이 심화된 탓에 조직 내 통제도 많고 일에서는 빠른 속도와 높은 정확성을 요구한다. 실패는 용납되지 않아 항상 긴장모드다.

그렇다면 리더가 바쁜 일상 속에서 구성원들의 기대를 효과적으로 관리하기 위해서는 어떻게 해야 할까? 구체적인 방법은 각자 처한 상황에 따라 다르겠지만, 몇 가지 원칙은 있다.

- 약속은 적게 하고 실제로는 그 이상을 제공하라.
- 이것저것 다 잘하려고 하지 말고 소수에 집중하라.
- 작고 사소한 이벤트를 통해 소규모 그룹별로 공략하라.

혹시 오해하지 않았으면 한다. 소통과 커뮤니케이션의 정의가 다르니 소통이 필요 없다는 뜻이 아니다. 다만 불분명한 단어의 정의에 휘둘려 그 말에 골머리를 썩기보다는 리더와 구성원 모두 과도한 기대를 줄여 더 나은 소통을 이루자는 것이다. 리더에게 소통역량은 절대적으로 구비해야 할 필수품이다. 명령과 지시로는 구성원들이 손발만 움직인다. 격무와 스트레스 속에 사는 리더 입장에서는 울화통이 치밀어오를 것이다.

그렇다고 언제까지 채찍과 명령으로 움직이게 하겠는가. 리더가 소통하는 역량을 갖지 못하면, 그가 아무리 독특한 아이디어나 지혜를 갖고 있더라도 실현할 수가 없다. 소통은 아이디어나 전략을 성과로 연결하고 결과를 내기 위한 핵심능력이다. 소통의 혜택을 제대로 누리려면 다음 두 가지를 염두에 두어야 한다.

첫째, 불통이 본질이라는 인식이다. 이런 유보적 인식이 리더와 구성원 간에 더 나은 관계로 나아가기 위한 바탕이 된다. 구성원들은 우물 안에 갇혀 있다. 인간은 누구나 자기 세계에 갇힌 개구리의 운명이지 않던가. 리더로부터 흐르는 물이 없으니 구성원들의 우물은 메말라간다. 우물과 우물끼리 연결하고 리더와 우물을 관통하는 파이프라인을 만듦으로써 더 넓게 소통하는 길밖에 없다. 간단히 말해 파이프라인은 동맥과 같은 생명선이다. 이 생명선을 구축하는 일은 리더의 몫이다. 파이프라인을 만들기 위해서는 고통이 뒤따른다. 혹 그전에 만든 통로라면 파이프가 막혀 있을 수도 있다. 막힌 것을 뚫고 서로 연결해야 한다. 우물은 우물이지만 밑에선 서로 연결되어 있다.

둘째, 소통은 어두운 검은색 바탕에 그림을 그리는 스크래치와 비슷하다는 점이다. 스크래치는 하얀 스케치북에 여러 색의 크레파스로 먼저 배경을 칠한 뒤, 그 위에 검은색 크레파스로 배경을 덮어 덧칠한 후 철필이나 옷핀 등 날카로운 것으로 긁어내는 기법이다. 구성원들이 각자 다른 내면의 색깔들로 인해 오른뺨은 붉은색, 왼뺨은 노란색으로 나타난다. 이상한 사람 모양이 나온다. 리더는 본인의 의도와 관계없이 나타난 결과에 당황스럽다. 이게 내가 그린 그림이라고? 맞다. 당신이 그린 그림이다. 하얀 바탕 위에 리더의 생각대로 그림이 그려질 것이라고 믿은 것은 아니지 않는가.

이 두 가지만 인식해도 리더는 더 충실하게 소통을 준비할 수 있고 구성원들에게 더욱더 너그러워질 수 있다. 소통은 나와 너 '사이'에, 나의 관점과 너의 관점 '사이'에 있는 섬이다. 리더인 나도, 구성원들도 '그 섬에 가고 싶도록' 만드는 수밖에 없다.

그래서 세상사는 동일을 말하지 않고 화이부동和而不同을 강조한다. 조화를 꾀하되 같아지기를 바라는 건 폭력이며 생명의 원리를 거스르는 것이다. 소통은 구성원을 X축으로, 리더를 Y축으로 삼는 좌표공간에서 리더는 리더의 Y축을 떠난 어딘가에, 구성원은 그들의 X

축을 벗어난 그 어딘가에서 교차하는 지점을 말한다. X, Y축으로부터 떨어진 '저 사이', 누군가에게는 아찔하고 누군가에게는 아득한 그 공간. 어디에도 없는 그 중간에 새롭게 존재하는 소통. 이러한 소통을 위해서는 먼저 리더와 구성원 각자가 갖고 있는 절대좌표를 벗어나 다른 사람과 관점을 공유하려는 노력을 해야 한다. 그리고 누구에게나 적용이 가능한 상대좌표로 커뮤니케이션을 해야 한다. 절대좌표 역시 상호간 조율은 필요하다. 상대의 좌표축은 전혀 신경 쓰지 않고 자신이 가정한 관점에서 소통하려 든다면, 제멋대로 떠든다고 하지 소통이 되었다고 생각하는 사람은 없을 것이다.

이제 여기에서는 현실적인 제안을 하겠다. 일단 소통을 케미스트리로 이해하자. 발효의 개념 말이다, 발효리더에서 언급한 것을 다시 보면 서로 다른 이질적인 주체들이 만나 부딪치고 소통하다 보면 갈등은 불가피하게 발생한다. 상하 간, 동료들 간의 감정적 화학작용이 일어난다. 이때 화학작용은 두 얼굴을 갖고 있다. 즉 원하는 모습으로 변하기도 하고 원하지 않는 모습으로 변하기도 한다. 전자는 발효요 소통이다. 하지만 아무리 시간을 많이 사용해 대화한다고 해도 원하는 변화가 일어나지 않으면 그건 소통이 아니라 소음이요 지나가는 바람이다.

그래도 바쁘고 고달픈 리더를 이해하자. 무한소통은 불가능하다. 하지만 통해야 하고 비워야 한다. 어쩌면 소통이 리더의 역할에서 대부분일 수도 있다. 그렇다면 얼마만큼 비우고 통해야 하는가?

새로운 소통론으로서의 삼현일장

소통에 대한 정의로는 '경청한 다음 이해시키기'가 가장 본질에 가깝다. 깊이 공감이 되는 말로 마음에 '확!' 하고 와 닿는다. 함축하는 바가 크다. 발효리더는 잘 듣는 사람들이다. 무조건 내 말 따르라는 사람들이 많다. 결과적으로 이는 마음을 멀어지게 해 사람까지 잃는 경우가 허다하다. 경청은 얼마만큼 해야 하는가?

경청은 귀를 기울여 듣는다는 뜻이다. 구성원들에게 얼마큼 기울여야 하는가? 이상적으로는 상대방에게 온전히 귀를 기울이고 말하지 않는 소리까지 들으라지만, 이것은 가능한 주문이 아니다. 3 대 1 법칙을 기억하고 4분의 1만 상대방에게 귀를 기울여도 성공이다. 당신이 3을 말했으면 구성원에겐 1을 말할 여지를 주라. 일방적으로 리더가 4를 전부 사용하면 역효과를 부른다.

3 대 1 법칙은 중요하다. 조직이 영속하려면 불패의 개념과 필승의 개념이 균형을 이뤄야 한다. 축구에 비유하면 '지지 않는 축구'와 '이기는 축구'라 하겠다. 불패의 개념이 수비를 튼튼히 하고 결정적인 순간에 역습을 하는 사고방식이라면, 필승의 개념은 공격이 최선의 방어이므로 '닥공' 다시 말해 닥치고 공격한다는 사고방식이다. 불패의 개념 3에 필승의 개념 1의 균형을 이루어 조직을 운영한다면 강점을 살린 공격력도 유지하면서 기회를 노려 다시 공격에 나설 수도 있다. 창의적인 조직에서는 구성원들의 능력이 우수하고 자율성이 높아 각자에게 맡기는 비율이 대략 회사업무 3에 개인의 자율적인 업무 1의 비율로 조화를 추구한다. 구글이 직원들에게 업무의 20퍼센트는 개인이 자유롭게 사용하도록 하는 것은 이런 조화를

이루려는 노력이라 할 수 있다.

이를 좀 더 확장해보면 리더가 외부사람이나 새로운 사람을 만나 소통할 때는 공통주제가 3, 리더 자신의 이야기가 1이면 적합하다. 세계적인 커뮤니케이션 전문가인 빌 맥고완은 『세계를 움직이는 리더는 어떻게 공감을 얻는가?』라는 저서에서 이렇게 말했다.[2]

"새로운 누군가를 만났을 때 꼭 기억해야 할 마법의 비율이 3 대 1이다. 고객의 말에 귀를 기울이고 함께 토론하는 시간이 혼자 말하는 시간의 세 배가 되어야 한다는 의미다."

경청의 스승이라 할 수 있는 링컨은 이렇게 말한다. "나는 3분의 1 정도 되는 시간은 내가 말하는 것과 나 자신에 대해 생각하는 데 사용하고 나머지 3분의 2는 상대방과 그가 하는 말을 생각하는 데 사용한다." '3 대 1 법칙'은 삼현일장三顯一藏이라 할 수 있다. 삼현일장이라는 말의 출처는 주역이다. 이기동 교수가 EBS에서 주역 시리즈를 강의했는데 깊이 있는 해석에 많은 도움을 얻었다.

삼현일장은 '세 가지는 밖으로 드러내지만顯 하나는 감춘다藏'는 뜻이다. 삼현일장은 우리 삶이나 우주 곳곳에 녹아 있다. 사계절의 진행과정처럼 만물이 활동하는 봄·여름·가을은 삼현이요, 성장과 활동이 정지된 겨울은 일장이다. 겨울에는 열매가 다 지고 씨앗만 남아 이 씨앗이 종자로 성숙해 삼현을 만드는 근본이 된다. 겨울이 되면 자연의 침묵이 눈으로 뒤덮인 평야를 가로질러 울려퍼진다. 그것은 기다림의 시간이고 성찰의 시간이고 성장을 준비하는 소리 없는 외침이다.

3 대 1의 소통, 고작 그 정도가 사실은 전부다

하루 24시간 중 4분의 1인 6시간은 일장으로 잠을 자야 한다.

24시간 공부하고 일한다고 성과가 나지 않는다. 잠을 자면서 잊을 것은 잊고 기억할 것은 기억해야 더 효율적이 된다. 좀 더 확장하면 바다와 육지의 비율, 공기 중의 질소와 산소의 비율, 인체의 수분과 기타 물질의 비율이 각각 78 대 22로 대략적으로 3 대 1이다. 삼현일장은 자연계에서 조화를 이루는 비율이다. 삶도 마찬가지다. 늘 과유불급이라며 넘침을 경계했는데 동양의 지혜로 이 넘침은 4분의 3을 넘어서면 안 된다는 것으로 받아들인다. 아무리 가까운 사이라도 하고 싶은 말을 다하면 그 관계는 깨지고 만다. 일장인 25퍼센트는 감춰야 한다. 식사도 위의 4분의 3만 채우면 숟가락을 놓아야 건강하다. 애정도 장소 시간 불문하고 100퍼센트 표현하면 오래가지 못한다. 등산할 때도 체력의 25퍼센트는 남겨둬야 비상상황에 대처도 가능하고 하산을 할 수가 있다.

따라서 최소한 20~30퍼센트는 구성원들과 항상 연결되어야 한다. 리더가 소통을 위해 만들어놓은 파이프도 녹이 슬고 여기저기 막혀 있을 수도 있다. 필요에 따라 불완전한 곳을 고쳐야만 원래 의도인 소통이 가능하다. 이것을 게을리 하면 파이프에 피로가 누적되어 터진다. 구성원과 연결된 파이프가 막히면 구성원들의 우물물은 말라가기 시작한다. 리더가 시냇물이 다시 흘러들어 오도록 만들어야 한다. 그런데 물이 말라가는데도 리더가 헤엄칠 생각이나 하고 있다면 그야말로 한심한 리더다. 소통의 파이프는 모래성 쌓기와 같고 골프근육과 같다. 아차, 방심하면 모래성처럼 금세 무너지고 골프근육처럼 배우기만 하고 갈고 닦지 않으면 절대 실력이 늘지 않는다. 다양한 필드경험을 통해 상황에 맞는 근육 기억들을 차곡차곡 쌓아야 한다. 그렇다면 소통근육을 강화하는 방법은 두 개뿐이다.

끊임없이 배워라. 그리고 더 나아지기 위해 매일 노력하라. 이것도 힘들다고? 더 이상 징징대서는 안 된다. 3 대 1 정도의 소통파이프를 만들어 소통할 에너지마저 없다면, 열정이 식었거나 나이가 들었거나 이제는 물러가라는 신호다. 뛰어난 리더들도 신물이 날 정도로 소통해도 충분하다고 한 적이 한 번도 없다. 100번 말해야 한 번 움직이는 게 인간이다. 은둔의 경영자인 이건희 회장도 군기가 가장 세다는 삼성에서 신 경영을 이루기 위해 수백 번 펄쩍 뛰고 소동이 벌어진 다음에야 가능했다. 얼마나 소통이 힘들었으면 경청의 대가인 그도 "말을 배우는 데 3년이 걸렸지만 소통을 배우는 데는 60년이 걸렸다"고 고백했겠는가.

소통은 이를 악물고 신물 나게 해야 한다. 리더라면 이 '신물 나게'라는 말이 지닌 의미와 수고로움을 잘 알 것이다. 조급하게 생각하지 말고 호흡을 길게 가져야 성공할 수 있다. 이것은 리더만의 고독한 싸움이다. 우선 리더는 합이 좋아야 한다고 했다. 본인이 원하는 직구만 던져서는 성과를 낼 수 없다. 낙차 큰 커브도 배울 필요가 있다. 이 합을 만드는 공정에서 가장 중요한 것이 소통이다. 바쁜 거다 안다. 안 바쁜 사람 없다. 백수도 과로사하는 세상이다. 당신의 시간을 잘 관리해 무조건 소통할 시간을 확보해야 한다.

모든 생물이 광합성에 필요한 태양에너지를 얻듯이 모든 구성원들은 리더의 관심을 먹고 산다. 삼국시대처럼 인재를 지역에 따라 편중되게 활용하면 나라가 분열되고 자식을 편애하면 가정 분란이 생기고 구성원을 편애하면 조직의 합은 나빠진다. 눈에 보이지 않는 듯해도 인간이든 식물이든 소통은 생존을 좌우할 정도로 절대적이다. 소통을 통해 정보를 주고받으며 리더가 문제의식과 위기의식을 불어넣고 여기에 주인의식이 더해져야 비로소 새로운 전략이 나오며 강력한 실행의 원천이 된다.

트루먼 대통령의 말을 기억하기 바란다. "나는 집무실에 앉아 사람들을 설득하는 데 모든 시간과 노력을 쏟는다. 대통령이 하는 일은 고작 그 정도에 불과하다."

리더의 존재이유는 바로 설득이고 리더는 설득의 명수가 되어야한다. 대통령을 뜻하는 'president'라는 단어는 회의를 주재한다라는 'preside'에서 나왔다. 리더의 힘은 소통의 장을 통해 구성원들의 의견을 조율하는 힘, 설득력에서 나온다는 뜻이 담겨져 있다. 그래서 소통에서는 콘텐츠만큼 프로세스를 중요하게 여긴다. 변화와 전략을 성공시키는 데 효과적인 커뮤니케이션을 절대 과소평가해서는 안 된다. 이 점에서 발효리더와 인스턴트 리더는 확연히 달라진다.

- 발효리더 - 전략에 스토리를 입혀 놀랍도록 잘 소통해 시너지를 이루는 리더
- 인스턴트 리더 - 전략이라는 그 비싼 보석을 자갈로 쓴다. 직진 욕구와 질주본능이 체질화되어 소통을 형식으로 여기는 어리석은 리더

소통이 그리 쉬운 일은 아니지만 한 가지 사실만은 분명하다. 구성원들은 리더의 솔선수범, 의사소통을 위한 노력, 약속이행을 기대하고 있다는 것이다. 또한 이런 태도를 갖고 노력하는 리더를 신뢰하고 따른다는 사실이다. 지금 이후 이 책에서 소통과 커뮤니케이션이라는 단어는 20~30퍼센트 정도 대화채널을 열어놓은 상태의 소통을 의미한다.

첫 장에서도 밝혔지만 발효를 위한 효과적인 커뮤니케이션은 다

음 3c로 요약된다.

1. 요소 C1(Confidence, 겸손한 자신감)

리더에게 있어 자신감은 모든 과업의 첫 번째 요건이다. 진정한 자신감은 과감해야 할 때와 신중할 때를 아는 자기통제력이다. 겸손하면서 합리적인 자신감 없이는 성공할 수 없다.

2. 요소 C2(Concentration, 집중)

세상사 모든 일엔 소기의 목적을 이루기 위해 유효한 한계 시한이 있다. 이른바 골든타임. 한정된 우리의 노력과 시간을 분명한 목적의식을 갖고 중요한 곳에 투입하지 못하면 핵심과제를 달성할 수가 없다. 위대한 리더와 일반 리더를 가르는 분기점은 바로 고집스러울 만큼 강한 집중력을 가졌느냐, 갖지 못했느냐에 달려 있다.

3. 요소 C3(Consideration, 배려)

사람이 먼저다. 일부터 덤벼드는 것은 하수다. 리더 혼자만의 노력으로 성취할 수 있는 것은 작은 일이다. 구성원들의 도움과 협력은 필수다. 반드시 구성원들의 지지를 유지할 수 있는 수단을 갖고 있어야 한다. 그것은 배려다. 힘이 있을 때 힘이 없는 자를 헤아리지 못하는 리더는 자격미달이다. 리더에게 있어 무엇이 희소자원인가? 정보도 지식도 기술도 아니다. 배려다. 배려를 통해 구성원들의 마음을 얻지 못하면 조직을 리드할 수 없다. 배려는 자신감($c1$)과 집중력($c2$)을 받쳐주는 토대이자 근간이다.

각 장을 읽으면서 가장 큰 효과를 낳을 수 있다고 생각하는 커뮤니케이션 지침을 바로 실천해볼 것을 권한다.

자신감을 심어줘라
Confidence

옳으면 논쟁하고 틀리면 경청하라

진정한 자신감은 과감해야 할 때와 신중할 때를 아는 자기통제력이다.

'브레이크 없는 벤츠'라는 표현은 여러 곳에서 사용되고 있다. 눈부신 성과를 거두며 빠르게 발전하고 있지만 이를 관리하고 심의하는 체계가 미흡한 경우에 이 말이 쓰인다. 세상 모든 일은 엑셀(가속력)과 브레이크(제동력) 사이에 균형을 맞춰야 한다. 자동차의 최고 성능을 결정하는 것은 엔진 성능이나 파워가 아니라 브레이크다. 브레이크 능력이 가능한 범위 내에서만 가속을 할 수 있다. 아무리 빨리 달리는 좋은 차라 하더라도 브레이크가 없다면 그것은 좋은 차가 아니라 위험한 흉기가 된다. 세계적인 명차의 기준은 빨리 달리는 차가 아니라 잘 멈출 수 있는 차다.

뉴질랜드 출장 중에 벤츠 차량을 시운전하는 곳을 방문한 적이 있다. 웰링턴에서 한 시간 거리의 산 중턱에 있는 흙으로 된 구불구불한 언덕 주행장이었다. 조교가 신형 벤츠 조수석에 나를 태우고 70킬로 정도 달리다 팍 브레이크를 밟으면 차가 즉시 멈추는 것을 보여주었다. 이제 내 차례. 전문가를 보조석에 태우고 차를 몰았다. 마음껏 속도를 내보라는 전문가의 말이 귀에 들어오지 않았다. 주행장이 언덕에 있는데다 구불구불하니, 아니 솔직히 말해 벤츠의 브레이크 기능을 신뢰할 수 없었다. 만일 브레이크가 말을 듣지 않는다면 차는 데굴데굴 언덕 아래로 굴러 떨어질 것이 아닌가. 나는 잔뜩 겁을 먹은 상태에서 엉거주춤하게 차를 몰다 팍 브레이크를 밟았다. 차는 브레이크의 명령에 따라 엔진과 바퀴가 즉각 멈춰 섰다. '이렇게 브레이크가 말을 잘 들을 줄 알았다면 좀 더 세게 몰아볼걸' 하는 아쉬움이 남았다.

브레이크가 없는 차는 흉기 그 자체다. 마찬가지로 리더의 자신감에도 절제라는 브레이크가 꼭 필요하다. 리더가 '액셀레이터를 아는 것은 능력이고 브레이크를 아는 것은 지혜'라 하지 않던가. 진정한 자신감은 과감해야 할 때와 신중할 때를 아는 자기통제력이다.

리엔지니어링 창시자인 마이클 해머는 많은 컨설팅 경험을 통해 그가 얻은 아주 단순한 결론은 "자신이 잘한다고 생각하는 순간 그 사람은 죽은 사람이 된다"는 것이라고 했다. 그는 이렇게 말했다. "성공으로 가는 것의 요체는 겸손, 즉 과거의 성공이 미래의 성공을 보장하지는 않는다는 깨달음이다. 그리고 이제는 세상이 너무도 많이 변해서 어제의 성공 전략이 내일의 실패를 위한 분명한 처방이 될 수 있음을 아는 것이다."

어느 해인가, 임원들의 360도 평가회의를 1박 2일 동안 진행했던 적이 있다. 충격적인 피드백의 연속이었다. 사람이 좋다고 알려진 임원은 정에 이끌려 냉정하지 못하고 전략이 부재하다는 평을 받았고, 상대적으로 조금 성과를 낸 임원들은 결단력은 있는데 독선적이고 권위주의적인데다 단기 지향적이고 치밀하지 못하다는 평을 받았다. 그리고 이어서 임원들은 자신들의 소회를 발표했다.

성과가 낮았던 임원들의 공통점은 익숙한 자신의 방법과 경험으로 일하다 보니 성과를 내지 못했다는 것이다. 놀라운 사실은 그들이 1년 전 업무를 맡을 때는 자신감이 있었고 "나는 이 업무에 정통하다. 내 방식대로 하면 된다"고 확신했다는 것이다. 결국 자신의 방식이라는 고리타분한 방식을 고수하다 보니 변화하는 환경을 보려 하지 않았고 새로운 방식을 시도해보려는 노력을 하지 않는 우를 범한 것이다. 결국 경험이라는 것은 '반복적인 실수를 좋게 포장한 말'에 지나지 않는 것인가!

80퍼센트의 확신과 20퍼센트의 의심을 섞어라

많은 리더들은 자신이 쌓아온 패러다임과 맞지 않는 새로운 사실에 대해서는 종종 외면한다. 이때 용기를 갖춘 리더는 믿기 힘든 사실도 외면하지 않고 마주 대한다. 용기가 갖고 있는 두 가지 의미는 이렇다.

- 나의 의견과 다르더라도, 인기가 없더라도 올바른 견해를 수용 하는 것
- 어떤 결정을 내릴 때 얼마만큼의 위험을 감수해야 하는지 알고 행동하는 것

100퍼센트 리스크가 없는 선택은 없다. 계산된 리스크는 받아들여야 하는 것이다. 절제란 다른 말로 겸손이다. 겸손은 나를 드러내 보이려는 욕망과 '내가 옳다'는 자기확신에 맞서 '나도 틀릴 수도 있

어'라며 의문을 제기하는 것이다. 대부분의 리더는 자신감 과잉의 경계선에 서 있다 보니 절제로 제어되지 않으면 아집에 빠지기 쉽다. 리더는 자신감과 겸손, 자기확신과 절제 이 둘의 균형을 잡아야 한다. 리더가 현명해지기 위해서는 스스로 아는 것을 바탕으로 자신감 있게 행동하되, 자신이 알고 있는 것에 대한 의심을 버리지 않는 겸손한 태도를 가져야 한다.

진정한 자신감은 80퍼센트의 확신과 20퍼센트의 의심이 섞인 상태라 할 수 있다. 곤란하고 당황스러운 상황 앞에서도 확신을 갖고 임하되, 잘못되었다고 판명이 나면 신속하게 방향을 바꿔야 한다. 발효리더는 확고한 자기확신과 견해를 가지되 자신이 언제든지 틀릴 수 있다는 것을 알고 있다. 그들의 원칙은 간단하다.

- 자신의 견해가 옳으면 논쟁한다. - 한 번 더 내 견해를 가다듬고 리스크를 줄인다.
- '자신이 틀리다'면 경청한다. - 다른 사람의 지혜를 기꺼이 빌린다.

논쟁은 구성원들이 내 주장을 받아들이게끔 하는 게 목표가 아니다. 내가 옳다고 믿었던 것의 문제점을 발견하고 구성원들에게서 무언가를 배우는 것이다. 논쟁의 목적을 나의 주장을 가다듬고, 그로 인해 얻어지는 배움으로 설정한다면 또 다른 논쟁의 기쁨을 발견할 것이다. 하지만 대부분의 리더는 '자신이 틀릴 경우' 언쟁과 합리화를 시도한다. 구성원들로부터 의견을 구하거나 들으려 하지 않는다. 인간은 지금 시대보다 행복하고 자신감이 넘쳤을 때 스스로 호모 사피엔스(합리적으로 생각하는 사람)라는 이름을 붙였다. 하지만 인간은 합리적인 동물이 아니라 합리화하는 동물이다.

남자들이 운전할 때 길을 묻지 않는 것은 자기가 길을 잃었다는 것을 인정하기 싫어서다. 여기서 한마디 거들었다간 언쟁이라는 대량실점의 빌미를 제공한다. 심할 경우 아예 목적지를 바꿔버리지 않던가. 모세가 광야에서 길을 잃은 것도 신에게 길을 물어보지 않아서라는 시각으로 출애굽기를 그린 영화도 있다. 이스라엘 백성의 이집트 탈출기인 「출애굽기」는 혁명가나 역사가들 사이에선 탈출과 혁명에 관한 최고의 고전이자 자유와 해방을 꿈꾸는 사람들에게 마르지 않는 영감을 제공하는 영원한 텍스트다.

「글래디에이터」를 연출했던 거장 리들리 스콧의 영화 「엑소더스: 신들과 왕들」은 모세에 대한 해석이 1956년 찰톤 헤스톤이 주연한 「십계」와는 시각이 완전히 다르다. 「십계」의 모세가 신의 뜻에 순종하고 권능을 대리하는 강력한 지도자라면 「엑소더스」의 모세는 자기 힘과 판단을 믿고 일을 진행하다 곤란에 처하고 신의 뜻을 헤아리지 못해서 갈등하고 방황하지만 끝내 신의 부름에 응답한 신앙공동체의 지도자다.

「엑소더스」에서 모세는 스스로 판단할 수 있는 것과 판단할 수 없는 것이 뭔지, 계속 의심하면서도 소년의 모습으로 나오는 신에게 자주 논쟁을 벌이며 항의하는 인간적인 측면을 부각시켰다. 인간은 모순적인 존재다. 자기 힘과 판단을 믿고 행동하는 것이 소신으로 보이나, 그것이 아집이라는 걸 깨닫기까지 정말 오랜 시간이 걸린다. 특히 리더는 구성원들에게 보여지는 모습, 인정받고 싶은 '사회적 자아'가 아주 강하다. 리더가 자신의 판단이 틀렸을 때 잘못을 인정하고 구성원들에게 경청하는 태도를 갖는다는 것은 쉽지 않다. 따라서 발효리더가 갖고 있는 태도를 지속적으로 추구해야 할 목표로

삼고 현장에서 계속 시도하고 노력하는 길밖에 없다. '옳으면 논쟁하고 틀리면 경청하라.'

"도와달라." "감사하다." 두 마디만 하라

"조선시대를 통틀어 드림팀을 만든다면 어떻게 구성하겠느냐?"는 질문에 역사만화의 새로운 지평을 연 『조선왕조실록』의 저자 박시백은 아주 간결하게 답한다. "세종시대 하나면 다 된다. 영의정부터 모두……."

그렇다면 세종시대에 인재가 무더기로 나오고 그 뒤로는 평범한 사람들만 나왔다는 뜻인가. 아니다. 그만큼 세종의 인재를 보는 눈이 탁월했다는 얘기다. 역대 왕 중 가장 겸손한 왕으로 일컬어지는 세종의 밑바탕에는 본인은 부족하다는 겸손함과 곳곳에 훌륭한 인재가 많을 것이라는 확신이 있었다. 세종은 스스로 권력을 자제하고 백성들의 삶에 집중했다. 나라를 단단하게 만드는 뿌리는 백성이다. 따라서 백성의 어려움을 해결해 뿌리가 튼튼하기를 바랐다. 세종 연구가인 박현모 교수는 세종의 독특한 소통법이 신하들을 생각하는 존재로 만들었다며 그의 소통법으로 다음 네 가지를 든다.

• 어떻게 하면 좋겠는가? – 자주 불러 묻는다.
• 거리낌 없이 마음껏 직언하라. – 창조적 마찰도 마다 않는다.
• 경의 말이 옳도다. – 먼저 수긍하고 경청한 뒤 자신의 주장을 펼친다.
• 다 들어보았는데 내 생각은 이러하네. – 경청 뒤 자신의 의견을

말하고 결단을 내린다.

세종의 마술램프는 경청이었고 거인을 부르는 주문은 "어떻게 하면 좋겠는가?"였다. 쉽게 말해 '나를 도와달라!'는 것이다. 이 방식은 신하가 의견을 거리낌 없이 마음껏 직언할 수 있게 만들었다. 세종의 '헬프! 마술램프 주문'에 많은 인재들이 응답했다. 사실상 아주 간단한 법칙인데 이를 실천한 왕은 유일하게 세종뿐이다. 많은 리더들이 실족하는 이유는 자신이 마술램프 속의 거인이 되려고 하기 때문이다.

자신의 단점을 드러내고 부하의 도움을 요청하는 리더가 최강의 팀을 만든다. 하지만 구성원에게 도움을 요청하는 것을 나약함의 상징으로 여기는 리더가 뜻밖에 많다. 아랫사람을 내 맘대로 조정할 수 있다고 믿는 리더는 어리석다. 인간의 입술로 할 수 있는 것은 단 두 가지뿐이다. "도와달라." 그리고 "감사하다."

페이스북 최고운영책임자인 셰릴 샌드버그는 페이스북에서 처음 일하기 시작한 날부터 직원들에게 항상 도움을 청했다. 자기는 비공학도라서 기술적인 부분은 모르니 많이 도와달라고 말이다. 이렇게 자신의 약한 점을 스스로 알리며 도움을 구하고 상대가 어려운 상황에선 적극적으로 손을 내밀어주었던 것이다. 리더는 어깨 힘을 빼고 의도적으로 낮아져야 한다. 리더는 '소중한 나'가 아닌 '많은 사람 속의 한 사람one of them'이 되어야 하는 것이다. 하지만 조영남의 노래처럼 겸손은 힘들다. '겸손~ 겸손~ 겸손은 힘들어~.'

겸손은 억지로 되지 않는다. 심리학자인 딕 티비츠는 『용서의 기술』에서 네 가지의 겸손을 말한다.

- 내가 생각하는 것이 반드시 옳은 것이 아니다.
- 내가 가진 기준이 모든 이에게 적용되는 것이 아니다.
- 내가 알고 있는 지식은 모든 지식의 극히 일부분이다.
- 내가 상처 입은 상황이 모두 상대방의 잘못이 아닐 수도 있다.

자신감은 리더에게 있어 가장 중요한 덕목이다. "자신감을 잃으면 온 세상이 나의 적이 된다"는 에머슨의 말을 빌리지 않더라도 자신감은 성과를 내는 가장 중요한 덕목이다. 리더가 자신감을 가져야 팔로어로 하여금 자신감을 갖게 해줄 수 있다. 여기에서 말하는 자신감은 근거가 있는 사전적 자신감을 말한다. 막연히 잘될 것이라는 직관적 자신감은 무조건 고집을 부려 큰 사고를 치게 만든다. 더불어 사후적 자신감(=자만심)은 사후지명으로 인스턴트 리더의 대표적인 특징이다. 선택과 결정에 합리적인 근거가 있어야 한다. 자신감에 대해 가장 잘 표현한 인물은 노먼 빈센트 필이다.

"자신을 믿어라. 자신의 능력을 신뢰하라. 겸손하지만 합리적인 자신감이 없이는 성공할 수도 행복할 수도 없다."

물구나무서서 세상 바라보기

다시 강조하지만, 겸손하지만 합리적인 리더십이 없이는 성공할 수 없다. 자신감과 겸손을 한 몸에 갖춘 리더로 마윈 회장을 들 수 있다.[3] 2014년 미 증시사상 최대 기업공개(218억 달러, 약 23조 원)를 해 중국제일의 부자가 된 중국의 이베이라 불리는 알리바바의 작은 거인 마윈 회장. 인간은 누구나 일생에 세 번의 기회가 있다고 한다. 그런데 하늘이 마윈에게 준 기회는 그리 특별한 것도 아닌 '부족한 재료'뿐인데도 그 재료들을 잘 발효시켜 멋지게 요리해냈다.

1964년 항저우의 가난한 집에서 태어난 마윈은 162센티에 45킬로라는 작고 왜소한 외모로 형편없는 수학실력 탓에 세 번의 도전 끝에 대학에 합격한다. 그리고 대학졸업 후 항저우 전자과학기술대학 영어강사로 자리를 잡는다. 여기까지는 세상에 뿌리내리기 위해 좌충우돌하는 평범한 젊은이들과 별반 차이 없는 그런 인생이었다. 서른 즈음 그는 미국 출장길에 처음 접한 인터넷에 꽂혀 인터넷 홈페이지를 제작하는 회사를 창업하지만 실패하고 우여곡절 끝에 알리바바닷컴을 창업한다. 그리고 2013년 250조의 매출을 기록하는 놀라운 신화를 이뤄낸다. 그의 성공신화는 '아무것도 없는 것이 오히려 기회'라는 배짱과 시대 조류를 읽어내는 깊은 통찰력 덕분이다.

역경은 성공과 친인척인가. 역경과 붙어 다니고 역경의 한가운데서 피어나는 성공의 꽃, 역경은 성공의 가건물이고 동아줄이다. 무거운 삶의 무게에 등이 휘어지고 번번이 실패하면서도 놓지 않았던 희망의 동아줄, 그 끝에 찬란한 성공이 기다리고 있었다. 마윈 회장이 스스로 꼽은 3무無정신은 일찍이 마쓰시다의 3무(가난, 건강하지 못함, 학력이 낮음)를 다시 떠올리게 한다. 그는 순탄치 않은 외부환경과 자신의 처지를 도약의 발판으로 삼았다. 가난, 무지, 무계획성은 고통스러운 모양의 탈을 쓰고 온 '위장된 축복'이었다. 마윈은 형편없는 껍데기 같은 3무를 모아 강력한 카드로 삼고 어려운 현실을 극복하려는 꿈, 도전, 그것을 이루려는 집념을 통해 '유쾌한 반란'을 이루어 낸 것이다.

즉 그는 돈과 지식과 계획이 없었다. 돈이 없었기에 한 푼이라도 귀하게 썼고 IT기술에 무지했기에 자신 같은 사람도 이해할 수 있는 사이트를 만들었다. 또한 계획을 세우지 않았기에 변화하는 세상에 맞춰 변화할 수 있었다. 가난과 무지와 무계획이 어떻게 성공조건이 될 수 있겠는가? 허약한 세 가지 재료 속에서 인내와 고객 경험의 편리성과 시대에 맞는 변화라는 진정한 가치를 추출해낸 것이다.

마윈은 "물구나무를 서서 세계를 바라보면 다르게 다가올 것"이라며 알리바바 임직원들에게 물구나무서기를 시킨다. 입사 후 3개월 내에 물구나무서기를 배워야 하는데 남자는 30초 여자는 10초간 물구나무 서기 자세를 유지해야 한다. 만약 물구나무서기를 할 수 없다면 회사를 떠나야 한다. 마윈이 물구나무서기를 시키는 의도는 "고정된 생각을 바꾸라는 것"이다. 다른 시각에서 바라봄으로써 창의적인 사고를 갖게 하려는 것이다. 너무 많은 상식이 몰리면 몰상식이라 하던가. 그는 상식은 곧 식상하다고 생각하고 상식적인 사업은 백전백패일 뿐이라고 생각한 비상식적인 경영자였다. 이렇게 해서 새로운 아이디어가 나와도 90퍼센트가 찬성하면 오히려 휴지통에 처박았다. 왜냐고? 그 정도로 모두에게 환영받는 아이디어라면 세상 어디에선가 누군가 추진하고 있을 것이고 그건 이미 뺏긴 기회라는 게 그의 신념이었다.

마윈이 얼마나 대단한 사람인가를 보여주는 단적인 사례는 뉴욕 증권거래소 상장기념식 때다. 수많은 절망의 밤을 지새우고 드디어 자신의 가치를 증명하는 최고로 기쁜 날. 거래소 연단에는 알리바바 측 인사들이 대거 모습을 드러냈다. 그런데 놀랍게도 마윈 자신은 물론 알리바바의 고위직은 한 명도 단상에 없었다. 알리바바의 고객사가 연단의 주인공이었고 정작 마윈은 연단 아래에서 박수를 쳤다. 세계적인 성공을 한 리더가 교만하지 않고 자기 자신을 낮추기란 매우 어렵다. 남들보다 성공했는데 우러름을 받는 것이 당연하다고 믿는 게 인간세상이다. 성공을 제대로 다루는 방법을 아는데다 겸손하게 자신을 바라보는 올바른 태도와 현명한 처세술은 마윈의 위치를 더욱 탄탄하게 만들 것이다. 최고의 순간에 기쁨을 절제할 줄 아는 리더, 가장 무서운 리더라는 생각이 든다.

마윈은 이야기한다. "나는 추앙받는 성공인이 아니며 성공학을 공부하는 것도 좋아하지 않는다. 나는 단지 다른 삶이 어떻게 실패했는지를 바라보고 다른 사람의 실패로부터 나는 무엇을 하지 말아야 할 것인가를 성찰했다. 물론 다른 사람이 어떻게 성공을 했는지에 대해서도 성찰할 수 있다. 나는 그의 성공을 배우고 그의 정신을 배우려 한다. 그래서 솔직하게 자신을 바라보려 노력한다."

세상 모든 일이 멘탈게임

확고한 목표를 가슴 깊이 간직한 채 자신을 끊임없이 갈고 닦는 겸손과 자신감이 합쳐진 리더만큼 무서운 사람은 없다. 리더의 세계는 자신감이라는 멘탈게임이 이루어지는 곳이다. 그런데 육체운동인 골프 역시 승부를 결정짓는 데 멘탈이 70퍼센트라고 한다. 골프는 상대에 따른 맞춤전략을 짜기가 어렵다, 그렇다고 아무 준비 없이 경기에 나설 수는 없다. 상대방 스타일을 연구하는 것은 그다지 도움이 되지 않기에 고수들은 상대를 그다지 의식하지 않는다. 상대보다 자신에게 초점을 맞춘다. 그래서 기술이 30퍼센트, 멘탈이 70퍼센트인 심칠기삼心七技三의 멘탈스포츠라고 한다.

하긴 2미터 퍼팅을 1만 원 내기로 걸면 홀에 잘 들어가지만, 1억 원짜리 퍼팅이라면 마음이 흔들린다. 퍼팅을 하는 기술은 그대로지만 집착하게 되면 거기에 매달려 마음이 흔들리는 것이다. 장자의 말처럼 "자기 바깥의 것을 중시하는 사람은 내면이 졸렬해지는" 게 인간이다. 육체나 기술보다 선수의 평정심과 판단력을 말하는 멘탈은 어느 종목이든 승리를 거머쥐는 선수들의 덕목이다. 피겨여왕 김

연아를 비롯해 야구의 류현진, 골프여제 박인비 등도 멘탈의 일인자들이다. 평정심을 잃으면 한순간에 무너지는 게 골프요 피겨요 야구다. 그렇다면 세상 모든 일이 멘탈게임이다.

마음이 급하다고 되는 일은 존재하지 않는다. 감정에 행동을 싣지 마라. 미국 소프트웨어 분석회사 뉴렐릭의 루이스 션 CEO는 「뉴욕타임스」와의 인터뷰에서 이렇게 말한 적이 있다. "나는 CEO로서 내가 감정적으로 어떤 상태인지, 회사를 위해 정력을 쏟을 수 있는지 자신에게 묻는다. CEO가 해결책을 제시하지 못하고 비판하는 게 전부라면 차라리 멀리 드라이브를 떠나는 게 낫다."

자신감은 리더의 허영심과 자만심과 싸우면서 더 올바른 결정을 내리기 위해 객관적 사실의 토대 위에서 자신의 신념을 기품 있게 조정하는 정신적 자질의 열매다. 겸손한 자신감을 가진 리더는 자신이 옳다고 생각하는 것보다 실제로 옳은 것에 관심을 쏟는다. 겸손함은 약하거나 우유부단해서 나서지 않는 것이 아니라 자신보다 원칙을 더 우선시하는 것을 의미하기 때문이다.

'반드시' 정신을 심어줘라

먼저 자신에게 불을 붙이고 남의 불을 끄집어내는 존재가 리더다. 내 집 거실에는 뻘에 갇힌 목선 두 척이 그려진 그림이 걸려 있다. 국내작가라고는 하나 그리 유명하지 않은 화가의 그림이다. 한 척의 배는 아주 크고 다른 한 척은 원근법에 따라 아주 작게 그려진 그림이다. 약간 오른쪽으로 기운 배와 주인 없이 아무렇게나 던져진 노가 있는, 배 밑바닥엔 아주 적은 바닷물만 찰랑대는 황량하기 그지

없는 그림이다. 이 그림을 좋아하게 된 것은 언젠가 철강왕 앤드류 카네기가 좋아했다는 작은 목선 한 척의 그림 이야기를 들었기 때문이다. 그 그림은 커다란 나룻배에 노 하나가 썰물 때에 밀려와 모래사장에 아무렇게나 눕혀져 있는, 무척 쓸쓸하고 비참한 폐선의 형상을 그린 것이었다. 카네기는 이 그림을 무척이나 아껴 사무실의 한쪽 화장실 벽에 걸어놓고 그의 생활신조로 삼았다. 그것은 그림 밑에 쓰여 있는 글귀 때문이었다.

'반드시 밀물이 오리라. 그날 난 바다로 나아가리라.'

이 그림은 카네기의 춥고 배고팠던 청년시절과 관련이 있다. 세일 즈맨으로 이 집 저 집을 방문하면서 물건을 팔았는데 어느 노인 댁에서 이 그림을 보았다. '반드시 밀물이 오리라'는 글귀가 오랫동안 뇌리에서 잊히지 않았다. 그래서 그 노인을 찾아가 용기를 내어 그림을 달라고 요청한 것이다. "할아버지께서 세상을 떠날 때 이 그림을 제게 주십시오."

노인은 카네기의 간곡한 청을 들어주었다. 카네기는 이 그림을 일생동안 소중히 보관했고 그림 속 글귀처럼 밀물이 밀려올 그날을 희망하며 열심히 살았다. 늘 이 그림을 보며 결의를 다진 것이다. "그래, 반드시 밀물이 온다. 바다로 나아갈 준비를 하자."

자신감과 절제는 신전의 두 기둥처럼 마주보고 서 있다. 리더는 기둥과 기둥 사이에 있는 빈 공간에 '반드시 한다'는 정신을 채워 넣어야 한다. 좌절과 절망이 인생의 배를 난파하게 만들고 후회와 한숨은 비참한 폐선인생을 만든다. 배 그림처럼 우리에게 중요한 것은 사나운 파도와 싸울 수 있는 의지를 갖는것이다. 경제위기, 미래에 대한 불안, 혼란스러운 삶들. 이런 때일수록 우리는 밀물이 오면 바다로 반드시 나아가겠다는 결연한 의지를 불태워야 한다. 이것만이 우리의 삶을 흔들리지 않게 한다. 아니 잠시 흔들릴지언정 표류하지 않게 한다.

언젠가 일산 킨텍스에서 승부사인 김성근 감독의 강의를 들었다. 그는 프로의 덕목을 이렇게 말했다. "해결책을 찾을 때까지 몰입해야 한다. 스스로 느낌이 올 때까지 반복 연습해 찾아내야 하고, 더 높이 오르려는 자세가 필요하다." 그리고 "상황에 따라 상대가 하기 싫어하는 일을 해야 한다"고 강조했다. 특히 상황에 따라 하기 싫은 일을 해야 한다는 말이 꽤 오랫동안 내 머릿속을 맴돌았다.

조직은 상식의 노예가 되기 쉽다. 조직마다 공통의 시각, 사고방식, 불문율 등이 경영을 속박한다. 전통, 서열, 관례, 절차가 혁신의 싹을 죽이고 현상유지 이외에는 어떠한 것도 용납하지 않는다. 리더는 이런 나쁜 풍습이나 관례를 혁신해 조직이 보다 융성할 수 있도록 새로운 바람을 일으켜 조화를 이뤄야 할 필요가 있다. 따뜻한 봄기운으로 낡은 관습을 바꿀 수 없고 차가운 바람이 북풍같이 휘몰아친다고 새로운 문화가 만들어지지 않는다. 너그러움과 엄정함, 부드러움과 엄숙함이라는 두 수레바퀴를 동시에 굴려야 하는 게 리더의 숙명이다. 너그럽되 한없이 너그러우면 물러터져 리더십을 발휘하지 못하기에 엄정함으로 일정한 선에서 잡아줘야 한다. 이 두 바퀴의 운행속도를 가속시키는 것이 리더의 임무다. 성과가 있는 자는 상을 주고 잘못한 자는 친소를 떠나 벌을 준다. 이로 인해 긴장감을 늘 팽팽하게 유지할 수 있는 것이다.

특히 리더는 구성원들이 학습된 무능력이 생기지 않도록 늘 경계해야 한다. 구성원들의 자신감은 마치 풍선과 같아 늘 팽팽함을 유지시켜 바람이 빠지지 않도록 하는 게 리더의 임무다.

　내가 하는 일 중에는 마케팅 리더들을 코칭하는 일의 비중이 매우 높다. 코칭이란 리더들에게 기대하지 않는 행동은 멈추고 기대하는 행동을 수행하도록 의사소통을 하고 도움을 주는 일이다. 눈에 보이는 숫자로 사람을 평가하는 것도 여러 가지 변수가 있지만 눈에 보이지 않고 측정도 안 되는 잠재력을 고려해 사람을 평가할 경우 어려움은 그만큼 커진다. 코칭의 세 가지 철학은 다음과 같다.

　제1철학 : 사람은 무한한 가능성을 갖고 있다.
　제2철학 : 그 사람에게 필요한 해답은 그 사람의 내부에 있다.
　제3철학 : 해답을 찾기 위해서는 타인의 도움이 필요하다.

　나 역시 이 철학을 신조로 삼고 있지만 가끔은 의문이 들 때가 많다. 우리는 학습을 통해 능력이 향상된다고 믿고 있다. 하지만 구성원들 중에 학습을 통해 '난 할 수 없어'라는 무능력이 주입된 경우라면 당신은 어떻게 하겠는가? 역량과 자질은 충분한데도 늘 중간을 밑도는 지점장이 있다. 이야기를 나눠보니, 이 지점장은 실패가 두려워 목표를 지나치게 낮게 잡은 것이다. 그러다 보니 낮게 잡은 목표를 달성했다고 생각하고, 그의 의식 역시 그 수준에 맞춰져 있다. 고만고만한 성적이 아니라 그러한 삶에 익숙해져서 스스로 만든 유리천장에 갇혀 산다. 실패가 두려워 늘 안전거리를 확보하려고 하는 것이다. 참으로 안타깝기 그지없다. 이런 사람들을 만날 때마다 나는 늘 두 가지 사례를 얘기해준다,

　첫 번째는 금붕어 이야기다. 금붕어는 한 수조에서 30일 이상 머무르게 되면 그 이후에 더 넓은 수조나 연못에 넣어준다고 하더라

도 자신이 처음에 갖게 된 행동반경을 벗어나지 않는다. 그래서 먹이를 행동반경 밖에 주면 그 금붕어는 굶어 죽는다는 것이다.

두 번째는 원숭이 실험이다. 실험실 천장에 바나나 하나를 매달아놓고 원숭이가 사다리를 타고 올라가서 바나나 근처에 가면 갑자기 찬물이 쏟아져 깜짝 놀라게 만들어놓았다. 드디어 원숭이 한 마리가 사다리를 타고 바나나를 잡으려다 그만 찬물을 뒤집어쓰고 오들오들 떤다. 물론 바나나는 손도 대지 못했다. 이렇게 다섯 마리 원숭이가 모두 이와 같은 경험을 하게 한다. 그러고 나서 한 마리를 새 원숭이로 교체한다. 새로운 원숭이가 멋모르고 사다리를 타고 오르려고 하면 나머지 네 마리가 말린다.

"저것은 먹을 수 없어. 괜히 찬물만 뒤집어쓴단 말이야."

이번에 다시 경험한 원숭이를 새로운 원숭이와 교체한다. 새 원숭이가 사다리를 타고 바나나를 향해 올라가려 하면 나머지 원숭이들이 손을 저으며 발목을 잡고 적극적으로 말린다. 이렇게 다섯 마리 모두를 새로운 원숭이와 교체한다. 그런데 놀랍게도 이제 실제로 물을 뒤집어쓴 원숭이가 한 마리도 없음에도 불구하고 아무도 사다리를 타고 올라가 먹이를 먹으려 하지 않는다. 학습이 된 것이다. 학습된 무능력, 이거 정말 무섭다.

붕어나 원숭이니까 그렇다고? 우리는 얼마나 다른가? 엇비슷한 방식으로 일을 처리하고 익숙한 것에 만족하며 보내는 시간들이 얼마나 많은가? 물론 평범한 삶을 살아가는 것 또한 쉽지 않다. 항상 시간에 쫓겨 잠은 늘 부족하고 어떤 때는 밥을 코로 먹는지 입으로 먹는지도 모르고 산다. 변화하고 싶다고 모두들 말한다. 하지만 진정 승리에 대한 갈증으로 목이 타고 있는가? 헝그리 정신이 있는가? 대부분 그것은 또 아니다. 의지가 그렇게 굳건하지 않다. 그래서 변화의 필요성을 강조하면, 이들은 꼭 단서를 붙인다.

"다 좋은데요. 시간이 오래 걸리겠네요." 혹은 "그게 가능합니까?"

자신이 할 수 없다고 생각하는 동안은 그것을 하기 싫다고 다짐하고 있는 것이다. 당연히 그것은 실행되지 않는다. 이런 구성원들에게 할 수 있는 일이란 그 변화가 정말로 가능하다는 것을 객관적으로 증명해 보이는 것이다.

"왜 해보지도 않고 안 된다고 하느냐?"며 윽박지른다면 구성원들은 금방 포기하고 만다. 자신감은 칭찬이나 격려만으로 생기지 않는다. 달성 가능한 목표를 세우고 작은 성공을 경험하도록 해야 한다. 이런 단계를 통해 그들은 성장한다. 인내심을 갖고 용기 내어 도전할 때 변화는 시작된다.

열정은 지구상에서 대가가 가장 큰 재능이라고 한다. 왜냐하면 열정은 여전히 가장 보기 드문 것인데다 자신과 다른 사람에게 전염시키는 강력한 것이기 때문이다. 리더가 구성원들에게 열정만 불러일으킬 수 있다면, 지식이든 스킬이든 문제가 되지 않는다. 죽을 때까지 할 일이라면 사람과의 인연, 일에 대해 남다른 마음가짐으로 실천해야 할 가치가 있다. 이 다름이 리더와 그들의 운명을 빛나게 한다.

홍의숙 인코칭 대표가 말하는 리더의 기본자세인 '3인'을 떠올려 보자. "참아라忍, 어질어라仁, 구성원들 안으로 들어가라in." 지금은 리더가 머리보다 가슴을 먼저 여는 리더십이 중요한 시대다. 그리고 '반드시' 성과를 내야 한다. 지금처럼 시장과 경쟁환경의 변화가 매우 빠른 시대에 '반드시'라는 자세는 리더와 구성원 모두에게 꼭 필요한 자세다.

나를 낮춰 구성원들과 눈높이를 맞춰라

21세기는 '소통의 리더십' 시대다. 현대사회는 조직 구성원들의 마음을 얻어 자발적인 참여를 유도하는 시대이므로 리더와 구성원 간 쌍방 소통이 필요하다. 소통은 한마디로 '다른 것과의 관계를 어떻게 받아들이느냐'의 문제다. 리더는 자신과 다른 것에 대해서는 잘 참지 못한다. 자신과 다르다면 우선 상대를 압박하거나 설득을 통해 동화시키려 한다. 이런 과정을 겪으면서 사람들은 갈등관계에 빠지게 된다. 가족관계 속에서도 수많은 갈등은 다 이런 현상에서 시작된다. 조직 또한 더 심하면 심했지 덜하지 않는다. 다름을 인정해야 좋은 소통이 된다. 즉 좋은 소통의 기초는 다름을 인정하는 것이다.

소통의 기본은 먼저 내가 가지고 있는 것을 어느 정도 비우는 것이다. 자신들의 원칙과 생각을 하나도 포기하지 않으면서 소통하려는 것은 구성원들에게 두려운 일이다. 오죽하면 휴일에 상사에게서 전화가 오면 번지점프하는 것만큼 충격이 크다고 하겠는가. 진정한 소통이 이루어지기 위해서는 더 힘이 있는 사람, 더 높은 지위에 있는 사람이 먼저 자신을 비워야 한다. 그리고 기다려야 한다. 어려운 주문이다. 리더 자신이 최고전문가인데 구성원들의 말에 귀를 기울이고, 자신의 의견을 개진하기에 앞서 그들의 의견을 묻는다는 것은 너무 힘든 일이다. 하지만 리더가 가진 총명한 빛을 드러내지 않고 구성원들과 눈높이를 맞추려는 화광동진和光同塵의 태도는 엄청난 효과를 가져온다.

전 세계에서 관람객이 가장 많이 찾는 현대미술관은 영국의 테이트 미술관이다. 2014년 한 해만 해도 700만 명이 넘게 찾았다. 세로타 총관장은 1988년부터 26년째 테이트 미술관 총관장직을 맡아 테이트 모던, 테이트 브리튼, 테이트 리버풀, 테이트 세인트 아이브스 등 4개 미술관의 운영을 총괄하고 있다. 이중 테이트 모던은 화력발전소를 리모델링한 건물로 잘 알려져 있는데 그는 이곳의 성공 비결을 다음과 같이 밝혔다.

- 변화를 얼마나 잘 이해하고 잘 예측하느냐가 중요하다. 변화를 예측하고 대응하는 데는 창의력이 필요하다. 그중 가장 중요한 건 큐레이터의 상상력이다.
- 나의 일은 큐레이터들이 자유롭게 작업할 수 있도록 지원하는 것이다.
- 내가 아닌 상대방이 원하는 바를 듣고 그것을 성취할 수 있도록 돕는다. 열심히 듣지 않으면 리더가 될 수 없다.

미술관은 정지된 곳이 아니라 소장품·재정·건물 등 여러 요소들이 결합되어 살아 꿈틀대는 공간이다. 이 변화무쌍한 미술관을 세로타는 화광동진의 자세로 시너지를 극대화했다. 세로타는 자신이 최고 전문가임에도 불구하고 군림하기보다는 큐레이터가 상상력을 마음껏 발휘할 수 있도록 끌어주고 밀어주는 일에 집중했다. 자신의 관점에서 맘에 안 들고 장소를 옮기고 싶어 못 견딜 때도 '내 관점에선 그렇지만 다른 관점도 있을 수 있지.' 하며 참았다. 일반적으로 조직에서 후임자를 정할 때 부하직원의 역량이 부족해 보여 고민한다. 하지만 실은 역량 차가 아니라 시점 차이로 인한 탓이 더 클 수도 있다. 리더는 현재의 자기 역량과 부하를 비교하는데 인간은 올챙이 적을 생각하기가 쉽지 않다. 자신이 그 위치, 그 역할을 맡았을 때를 기억하지 않기에 생기는 문제다. 리더는 자신의 현재가 아닌 그 일을 처음 맡았을 때로 시간 이동하는 일이 필요하다. 그럴 때 부하직원의 장점과 가능성이 보인다.

세로타는 큐레이터로 일했던 자신의 올챙이 시절을 생각하며 구성원들을 대한 것이다. 세로타가 젊은 시절, 유명한 평론가와 사흘간 일한 적이 있었다. 그 평론가는 신출내기 큐레이터인 세로타에게 의견과 생각을 묻고 또한 경청하는 자세를 갖고 있었다. 세로타의 제안을 전부 받아들인 건 아니지만 그때 세로타는 협업의 가치에 대해 분명히 깨달았다. 그 후로 세로타는 자신의 시선을 큐레이터와 동일한 시점에 두고 그들의 의견을 듣고 적극 반영하는 태도를 계속 유지하게 된 것이다. 역지사지는 이렇게 리더가 구성원들과 동일한 시점으로 시간이동을 할 수 있어야 가능하다. 이것이 화광동진이다.

그는 자신의 예술적 비전과 지향점이 있지만 전시기획과 설치 등에 개입하지 않는다. 큐레이터 입장이 되어보면 뛰어난 톱 리더의 침묵, 이것은 신뢰인 동시에 엄청난 부담이다. 큐레이터들은 예술가들과 더 긴밀히 협력해 좋은 기획전이 되도록 할 것이고 더 깊이 재해석하려는 노력을 할 수밖에 없다. 때로는 실수도 하지만 이로써 구성원들은 한 단계 더 성장하는 계기가 되었고 그 결과 테이트 미술관의 전시회는 대중들에게 자극과 기쁨을 주는 세계 최고가 된 것이다.

내 빛을 드러내지 않고 구성원들과 하나 되는 것, 화광동진의 세계는 고수의 세계다. 박치문 부총재(한국기원)는 '바둑계에 100년에 한 명 등장할까 말까 한다는 천재 조훈현 9단'의 30년 공부를 쉽게 돌파한 신산 이창호를 이렇게 평한다.[5] "과거 바둑의 천재들은 착수

마다 감각이 선연했다. ……그러나 이창호에겐 그 빛이 없다. 무광無
光의 보검이야말로 진짜 보검이다. ……검은 연기가 뭉실거리는 느
낌, 저 땅 속에서 누군가 웅성거리는 듯한 괴이한 느낌을 받는데. 그
것은 흑도黑道다."

이창호의 타오르는 천재의 불꽃과 내면에서부터 이를 제어하는
신중함의 조화는 진정 불가사의하다. 가장 빛나는 광채는 검은 곳에
서 나온다.

온도계가 아닌 온도조절계가 되어라

커뮤니케이션 능력의 기본은 '유연성'이다. 익숙한 나의 소통방
식을 버리고 서로의 차이를 진심으로 이해하려는 노력이 뒤따라야
한다. 리더가 자신의 입장에서만 이야기한다면 그건 죽은 소통이
다. 구성원들이 원하는 것이 보여야 리더도 산다. 가장 소통하기 힘
든 사람이 자기 고집만 피우는 리더다. 이런 리더의 기본적인 생각
은 하나다. '나는 옳고 너는 그르다'는 것. 높은 지위에 올라갈수록
이런 성향이 강해진다. 여기에 덧붙여 리더들의 역린 문제는 이해하
기가 어렵다. 분노가 시대정신일 정도로 조직에는 너무 많은 역린의
불길로 뜨겁다. 역린을 건드리면 용이 사람을 해친다. 역린은 분명
용의 목 부근에만 있다. 하지만 리더들은 온몸이 역린일 경우가 많
다. 역린은 요즈음 말로 하면 핵심 콤플렉스인데 어떻게 몸 전체가
역린이란 말인가. 더욱이 시간이 지나면 줄어드는 게 아니라 커지고
강화된다.

리더에게 역린의 요소는 너무 많은데다 기준을 높이 세우니 잔소
리가 많아지고 사소한 부분까지 침해하게 된다. 누구에게나 쉽게 흥
분하고 분노하는 감정의 역린이 존재한다. 평소 자신을 쉽게 흥분시

키는 감정의 역린이 어떤 것인지 파악해야 한다. 그런 상황에 도달할 것 같으면 심호흡을 하거나 뒤로 한 발짝 물러나 감정을 추슬러야 한다. 리더가 감정에 휘둘리지 않으려면 미리 준비해야 한다. 내 예상과 가정대로 일이 진행되거나 대화가 진행되지 않을 수 있다는 것을 마음에 새겨야 한다. 그리고 나의 감정의 역린이 무엇인지 파악하고 그 감정의 용에 리더 자신이 죽임을 당하지 않도록 경계해야 한다.

시간이 지나고 위로 올라가면 올라갈수록 역린을 점점 줄여나가야 한다. 리더에게 많은 대우와 사람과 자원을 집중시켜주었으면 시너지를 내는 데 온 힘을 쏟아야 하는데 역린을 키우는 데 목적을 둔 것처럼 비칠 때가 많다. 리더는 자신의 역린이 조직 전체에 악영향을 미친다는 사실을 알고 가능한 역린을 최소화해야 한다.

우선 불천노不遷怒, 화를 옮기지 마라. 화라는 것은 분개해서 몹시 성을 내는 것인데 여기에는 공격성이 담겨 있다. 또한 대상도 필요하다. 그런데 대상자가 오기도 전부터 화를 내고 나간 뒤에도 여전히 화를 내는 리더들이 많다. 뭘 어쩌자는 것인가? 내가 화난 것을 알아달라는 뜻인지, 뭔지. 철없는 아이 같다. 우리 안에 갇힌 성난 사자가 왔다 갔다 하면서 으르렁거리면, 단 1분도 안 되어 전 조직에 일급경계령이 내려질 것이다. '접근 금지!' 이제 구성원들은 당신의 분노에 물리지 않기 위해 절묘한 거리를 유지한다.

감기나 바이러스만 전염되는 게 아니라 화도 전염된다. 오히려 구성원들에게는 감기보다 더 나쁜 영향을 끼쳐 업무의 생산성을 떨어트리게 한다. 그래서 '사회적 전염'이라는 말까지 생겨난 것이다. 직급이 높으면 높을수록 사회적 전염속도는 빨라져 톱 리더의 화가 전 조직에 전파되는 데는 10분이 채 걸리지 않는다는 연구조사도 있다. 초원의 왕 사자도 때가 아니면 으르렁거리지 않는다. 사자의 사냥법을 보면 강력한 힘은 성공의 아주 적은 요소에 불과하다. 오히려 눈과 냄새로 정보를 파악하고 예측한 후에 은밀한 곳까지 침투해 기회를 엿보는 것이다. 리더의 자리는 참고 기다리는 자리다. 몇 번 강조한다고 해서 그대로 행동할 것이라고 생각하는 것은 인간에 대한 이해가 부족한 탓이다. 좋은 말 몇 번 했으면 구성원들이 알아서 움직이는 게 당연하다고? 그렇다면 이 세상은 이미 천국이 되었을 것이다. 그런 황금시대는 결코 도래한 적이 없다.

리더가 마음이 급하고 발을 동동거릴수록 구성원들은 더 움직이지 않는다. 움직이는 척만 할 뿐이다. 이럴 때 리더는 꼭지가 돌 정도로 이성을 잃기 쉽다. 리더 입장에서는 화를 내는 이유가 있고, 아무리 좋은 의도를 갖고 있다 하더라도 받는 사람은 리더의 애정과 의도를 보려 하지 않는다. 거꾸로 불쾌감을 느끼고 어떨 때는 모멸감을 느껴 왜 자신이 분노의 대상이 되었는지, 무엇 때문에 날선 비난을 감내해야 하는지 모르는 아이러니한 상황이 펼쳐지게 된다. 그래서 발효리더는 자신의 감정을 잘 통제한다. 정진홍 교수는 『완벽에의 충동』에서 이렇게 권한다.[6]

"진정한 리더는 온도계가 되지 말고 온도조절계가 되어야 한다. 바깥 기온에 따라 오르락내리락하는 온도계 같은 사람이 아니라, 바깥 기온에도 불구하고 자기 내면의 온도를 일정하게 유지시켜 안정감을 주는 그런 온도조절계 같은 사람 말이다."

리더는 감정에 행동을 싣지 말고 행동에 감정을 이입시켜야 한다. 감정에 행동을 실으면 반드시 리더 자신에게 해가 돌아온다. 인스턴트 리더는 자신의 속만 편하면 되기에 구성원들이 자신의 비위에 맞춰주기를 원한다. 리더의 역할이 동기부여하고 구성원들의 역량이 최대한 발휘할 수 있도록 해야 하는 것임을 망각한 탓이다. 거꾸로 리더가 구성원들의 비위를 맞출 수 없다면, 리더는 최소한 자신의 비위 정도는 스스로 맞춰야 한다. 자신을 잘 아는 사람은 자기 자신이지 않는가. 나의 경우 화가 치밀어 오르는 상황이 발생하면 책상 위에 붙여놓은 '어리석은 리더'라는 『손자병법』의 글부터 읽는다. 내 나름 화를 다스리는 방법인데 마음속 불길을 어느 정도 진화시켜주는 소방호스 역할을 톡톡히 한다.

- 분노를 못 이기고 재촉하면 수모를 당한다.
- 자존심만 내세우면 치욕을 입는다.
- 일부에만 집중하면 전체가 무너진다.
- 적당히 하려고 하면 포로가 된다.

리더의 희로애락은 구성원들의 사기에 큰 영향을 미친다. 스스로 감정을 절제하고 관리해 자신을 이끄는 힘, 분노를 어떻게 다스리느냐에 따라 미래가 갈린다.

화내는 것보다 더 위험한 것이 화를 옮기는 것

공자가 수제자 안회를 가장 높게 평가하는 이유는 바로 '불천노(분노를 옮긴 적이 없다)'다. 공자는 불천노를 최고의 극기단계로 인식했다. 조직을 이끄는 리더는 이것을 먼저 가져야 한다. 리더가 분노를 조절할 수 있다는 것은 아주 강력한 능력이다. 동과 서를 막론하고 인내를 리더의 덕목으로 한결같이 강조하는 것도 이 때문이다. 화가 머리끝까지 치솟고 뚜껑이 열리는데 어떻게 참는다는 것인가? 심리 전문가들은 최소한 다음 3단계를 거친 후 정당한 분노라면 짧고 강력하게 표출하길 권한다.

- 1단계 – 진짜 화가 난 이유는 무엇인가?
- 2단계 – 우선 멈춰라. 그리고 목적을 상기하라. 단순히 화를 내기보다 화를 내는 목적을 상기하는 것이다. 화가 나는 상황이라도 현재와 미래에 도움이 되지 않는다면 화를 내서는 안 된다. 화 역시 리더에게는 도구다. 도구를 잘못 사용하면 조직에 재앙이 될 수도 있다.
- 3단계 – 자동차 기어처럼 감정의 기어를 바꿔라. '잘 몰라서 그런 거겠지.' '고의는 아니잖아'라고 한번 주문을 외워보면 이상하게도 화가 식을 것이다. 분노의 파도가 지나가는 게 보이는가.

그런데 구성원들은 생각이 너무 오그라들고 중간 리더들은 뒷다리를 잡고 서로 책임을 미루고…… 이런 상황에서 화를 안 내고 리더가 참아주면 분위기가 좋아질 것이라고 생각하는 것은 오해다. 그 반대다. 하늘이 두 쪽 나는 한이 있더라도 분노해야 한다. '냉정한 사랑은 리더의 의무다'라고 하지 않던가. 잘못은 분명하게 짚고 넘어가야 진정으로 너그러워질 수 있다. 어떤 구성원도 리더가 나약하거나 우유부단하기를 원하지 않고 그런 리더를 따르고 싶어하지 않는다. 구성원들이 잘못되었을 때에 리더에게 두려움을 느끼지 않는다면 그것은 아무 의미 없는 존재라는 뜻이다. 리더가 가장 경계해야 할 일은 경멸을 당하는 것이다. 왜냐하면 이것만큼 리더에게 유해하고 무익한 것도 없기 때문이다. 더욱이 구성원들은 잠재적인 환자다. 리더가 잘못된 행동을 조치하고 올바른 방향으로 나아가도록 처방해야 한다. 구성원들의 생리를 꿰뚫는 혜안을 갖기 바란다.

'큰 칼과 면도칼'이라는 비유가 있다. 큰 칼은 장식용으로 그냥 겁을 주기 위한 것이다. 면도칼은 살짝만 그어도 피가 난다. 큰 칼을 휘두르면 폼은 날지 모르나 효과는 장담할 수 없다. 뭐가 효율적이겠는가? 작은 면도날을 많이 사용하기 바란다. 살짝 살만 베어놓아도 충분하다. 아주 가끔.

조심해서 전략적으로 분노를 표출하라. 인생에서 정당하게 화내지 않고 가치 있는 것을 얻기란 그리 쉽지 않다. 정당한 '화'는 리더의 에너지요 역량이며 불씨다. 불씨를 잘 다스려 해롭지 않은 불씨로 따스함을 즐기든지, 잘못 부채질해 여기저기 옮겨 붙게 하든지 그것은 당신이 선택해야 하는 일이다. 단 후자는 방화범이 되는 일이다. 화의 시발점보다는 왜곡된 확산을 막는 데 중점을 두어야 한다. 화산의 폭발이 무서운 것이 아니라 2차 여진이 더 큰 피해를 입히듯이 화를 내는 것보다 더 위험한 것이 화를 옮기는 것이다.

리더는 신비롭고 존귀한 존재다. '보기 어려워서 존尊하고 드물어서 귀貴하다'고 했다. 즉 화를 잘 옮기지 않는 리더가 보기 드물어 존尊한 것이고 잘 듣는 귀를 가진 리더가 귀해서 귀貴한 것이다.

화내기는 아주 쉽다. 하지만 화를 잘 내기는 어렵다. 화를 낼 상황이면 지혜롭게 내야 한다.

집중해서 헌신하라
Concentration

귀도 떠야 들린다

소통에 있어서 경청은 가장 중요한 덕목이다. 경청을 담당하는 귀는 독특하다. 눈, 코, 입은 모두 정면을 향하나 귀만 유일하게 전후좌우로 소리를 모을 수 있다. 귀는 바깥귀, 가운데귀, 속귀로 구성되어 있는데 바깥귀와 가운데귀는 소리를 속귀에 전달하는 역할을 한다. 속귀는 달팽이관과 세 개의 반고리관으로 구성되어 있다. 달팽이관 내에 있는 림프액의 파동에 따라 청세포가 그 파동을 감지하고 소리를 뇌에 전달한다. 세 개의 반고리관은 몸의 회전운동과 가속도의 크기를 감지한다.

내 귀가 어떻게 작동하는가에 대해 은유적으로 탐색해보자. 귀의 제일 안쪽 막다른 골목에 소리를 모으는 작은 달팽이집이 있다. 내 귓속에는 양쪽에 한 마리씩 연체동물인 달팽이가 살고 있다. 세 개의 반고리관은 '관점, 관심, 관계'라는 삼관이라 할 수 있다. 귓속의 달팽이는 삼관을 안테나처럼 쫑긋 세우고 바깥 기척에 허기를 느끼며 귀 바깥에 길을 낸 채 신경을 곤두세우고 있다. 그렇다고 모든 소리에 갈증을 느끼지는 않는다. 시시콜콜한 정보로 넘쳐나는 장터 같은 세상, 이 시대는 소음과 잡음으로 가득 채워져 있다. 새로운 소식이라면 귀가 솔깃하고 눈이 번쩍 뜨일 텐데. 이 세상에 새로운 게 뭐 그리 많겠나. 어쩌다 당도하는 아주 서먹한 소리 몇 개들. 왕관 같은 세 개의 관이 한없이 낮게 속삭이며 회의를 한다.

'내 관점과 방향이 비슷한가, 내 관심사와 같은가, 나와 관계가 괜찮은가, 적대적인가?'

세 개의 관이 일차적으로 판단을 한 후 좋은 것은 수용하고 나머지는 무시한다. 그리고 달팽이가 한 번 더 묻는다. "내 등의 무게를 더 가볍게 하려는 것인가?" "그렇다"라는 신호가 떨어지면 달팽이는 빛의 속도로 뇌에 보고한다.

그런데 나와 관계가 좋지 않거나 나와 전혀 관련 없는 내용이면 달팽이의 안테나는 즉시 작동을 멈추고 제 집으로 쏙 들어간다. 인간은 스스로 납득이 안 되면 상대방이 아무리 다급하다 해도 잘 반응하지 않는다. 달팽이의 세 개 관이 구시렁대기 시작하자 세 개의 마음꽃이 피어난다. '의심, 사심, 욕심'이라는 삼심의 꽃이.

'뭔 말인지? 나와 무슨 상관이 있다는 거야.'

상대방의 말은 귓바퀴에서만 맴돌다 흔적이 묘연해진다. 결국 그의 말은 내 머리까지 전달되지 않는다. 이따금 큰소리가 나면 겨우 쫑긋, 귀를 약간 기울일 정도. 그의 소리는 아주 천천히 달팽이 속도로 다시 움직인다. '언젠가 먼 훗날에 도달할 거야' 하고 노래를 부르며. 지금도 한없이 느린 걸음으로.

인간의 귀가 이렇게 작동된다면, 나도 그렇고 너도 그렇고 우리 모두 그럴 것이다. 관심, 관점, 관계라는 삼관에서 관계는 제외하고 보자. 어차피 상하관계는 편애의 문제가 아니라면 어느 정도 스트레스가 있게 마련이니까. 리더는 구성원들이 갖고 있는 관심과 관점의 공통분모를 만들어내야 한다. 그렇지 않으면 그들은 듣는 시늉만 할 것이다. 인간은 꼭 필요하지 않으면 귀담아듣지 않는다. 그렇기에 세상에 혼란과 무질서가 횡행하는 것이다. 더욱이 비즈니스 세계에서는 관점과 상황에 따라 무수히 많은 논리가 존재한다. 그들의 입장에서 그들의 언어로 얘기해야 한다. 그리고 무엇보다 메시지가 간단해야 한다. 머리를 쥐어짜서 나온 리더의 전략이 현장에 전파되어 실행할 수 있는 수준까지 이어지려면 각고의 노력이 필요하다.

책상에서는 가능했던 시나리오가 현장에서 실천되기까지는 반드시 소통이라는 과정을 거쳐야 한다. 그런데 대부분은 그 과정에서 사장되는 일이 많다. 나와 너 사이에 죽음의 계곡이 존재하는 것이다. 소통의 달인이라는 박원순 서울시장의 표현처럼 "눈은 떠야 보이는데 귀는 항상 열려 있으니 말하면 들린다고 착각하기 쉽다. 귀도 떠야 들린다." 쉬운 일이 아니다. 효과적인 커뮤니케이션, 이것은 리더가 영원히 머리를 싸매고 배우고 익혀야 할 과제다. 영어나 중국어를 배우듯이 경청 또한 노력하고 익혀야 얻을 수 있다. 가장 먼저 리더 자신이 집중해 주제를 명확히 하고, 그들의 언어로 메시지를 전달해야 한다.

- 가장 먼저 리더 자신에게 집중해 → 핵심메시지를 구상해 3개로 압축
- 구성원들의 주의를 끌어모아 공감대를 형성하고 → 스토리텔링
- 계속 집중한 채 실천하고 유지한다. → 지속성, 헌신

핵심을 보고 중요한 것에 집중하라

구성원들을 집중시키기 위해서 리더는 사전에 구상부터 해야 한다. 광장에 나가 외치거나 대화를 하려면 콘텐츠가 있어야 한다. 결국 무엇으로 승부할지, 어떤 지향점을 갖고 나갈 것인지 명확히 해야 한다. "'야동'도 1분이 넘으면 끝까지 보지 않고 종료한다." 동영상 콘텐츠를 만드는 전문가들이 흔히 하는 농담이다. 요즘은 길면 보지 않는다. AP통신이 2012년에 실시한 조사에 따르면 18~45세 성인의 집중력 지속 시간은 평균 8초로 금붕어의 평균 집중력 지속 시간인 9초에 미치지 못했다. 인간이 금붕어보다 집중력이 낮다는 것은 매우 놀라운 일이다. 트위터나 페이스북 등 짧고 간결한 콘텐츠를 다루는 소셜미디어가 큰 인기를 끄는 것을 보면 어느 정도 이해할 수 있다.

최근 인기 있는 동영상 서비스 바인Vine의 동영상 표시 시간은 6초, 다른 업체는 길어야 15초다. 이 짧은 시간 안에 전달하고 싶은 메시지를 효과적으로 전달해야 한다. 굴지의 신문사들이 취재한 뉴스가 제값을 받지 못하고, 반사적으로 클릭해 15초쯤 눈길을 머물게 하는 흥밋거리 앞에 신문사들의 생존이 위협받고 있다.

이 정도는 아니지만 너무 많은 정보의 홍수 속에서 긴 메시지는 그 자체로 해악이다. 우리는 우리의 정신적 능력과 시간적 여유에 비해 너무 많은 것들을 요구하고 쏟아붓고 있다. 인간이 수십 년 사이에 얼마나 진화되었겠는가. 리더는 다음 두 가지 사항을 반드시 기억하며 구상해야 한다. 첫째, 먼저 큰 뼈대를 세워라. 핵심메시지는 무엇이고 꼭 해야 할 일은 무엇인가? 둘째, 메시지는 짧고 분명해야 한다. 그래야 집중할 수 있다.

서론이 길어지고 자꾸 곁가지로 빠지면 구성원들은 혼란에 빠진다. 리더의 메시지도 다이어트가 필요하다. 군살을 빼고 간결하게 전달하고 소통해야 한다. "간결함이란 그저 짧게 말하는 것이 아니다. 꼭 필요한 메시지를 충분히 잘 전달해 상대의 마음을 움직여야 한다. 이것이 심금을 울리는 간결함의 조화다."[7] 간결한 메시지가 훨씬 더 많이 전달하는 것이다. 축구가 미식축구보다 인기 있는 이유가 무엇이겠는가? 축구는 미식축구와 달리 룰이 단순하고 쉽기 때문이다.

머리 복잡한 구성원들에게 세 개 이상의 메시지를 전달하지 마라. 숫자 3의 힘을 적극 활용하기 바란다. 숫자 3이 갖는 가치는 양의 동서를 떠나 모두 소중하게 여기기에 새삼 거론하지 않겠다. 여기서 중요한 것은 리더의 메시지가 어떻게 구성원들에게 그려질지를 생각해보는 것이다. 리더들은 새로운 계획이 생기면 그것에 대해 열심히 설명한다. 구성원들의 가슴과 머릿속에 상이 맺히기를 바라며. 하지만 리더들은 제대로 전달되기까지 수십 번 반복해야 하기에 답답함을 느낀다. '왜 내 생각을 알아주지 않는가. 왜 더 많은 사람들이 동조하지 않는가.'

이럴수록 맥락과 핵심메시지 세 개에 집중해야 한다. 리더가 마구 쏟아부으면 구성원들은 혼란스러운 상태가 되고 소통은 점점 더 어려워지게 된다. 경영사상가인 대니얼 골먼은 『포커스』라는 저서에서 이렇게 말했다.[8] "리더십은 집단적 주의를 효과적으로 끌어 모으고 이동시키는 역량에 달렸다. ……리더의 자질은 주의를 적절한 시점에 올바른 곳으로 이동함으로써 변화의 흐름과 다가오는 상황을 이해하고 기회를 포착하는 능력에 달렸다. ……전략적 의사결정을 하는 단 한 사람의 집중이 아니다. 그것은 모든 구성원들 사이에 형성된 주의력 전체의 범위와 수준이다."

리더의 집중력보다는 조직적 집중력이 더 중요하다. 하지만 조직의 집중력은 리더가 무엇을 중요하게 생각하는지에 따라 결정되므로 결국 리더가 먼저 집중해야 한다. 나 역시 마케팅 총괄을 맡을 때 집중의 가치를 새삼 깨달았다. 톱 리더가 중요하게 생각하는 것과 현장에서 중요하게 생각하는 것이 일치가 안 되었다. 현장은 각 부서마다 쏟아지는 공문과 지시로 인해 겉돌았다. 현장 입장에서 해야 할 일을 조사해보니 25가지가 넘었다. "이걸 다 하라고 했으니, 결국 아무것도 하지 말라"는 꼴이 되고 만 것이다. 현장에 핑계 대기 딱 좋은 상황을 만들어준 셈이다. 인간은 합리적 동물이 아니라 합리화하는 동물이다. 이때 가설사고와 핵심 세 가지에 집중하는 '머스트Must 3'를 만들어 시도해보았다.

가설사고는 이렇다. '처음이 아니라 끝에서 생각하는 것이다. 역산해서 일을 진행한다.' 그리고 '내가 아닌 현장 중심으로 생각한다. 그들이 어떻게 해야 하는지를 고민한다.'

그런데 조직을 한 방향으로 정렬시키고 현장에서 핵심업무에 몰입하도록 핵심과제를 세 개로 압축하는 일은 말처럼 쉽지 않았다. 핵심 세 개인 '머스트 3'를 제외하곤 모두 가지치기를 해야 하는데 복잡하고 힘들었다. 해야 할 일을 적는 것은 쉬운데 버리는 것은 용기가 필요했다. '하고 싶은 것'과 '했으면 좋을 것'들을 과감히 가지를 쳐주고 솎아내기 시작했다. 그리고 핵심과제를 셋으로 줄인 '머스트 3'를 만들어 현장과 공유했더니 3개월 뒤부터는 현장에서 핵심과제에 대한 집중력이 현격이 높아지면서 성과가 향상되기 시작했다.

전략이나 메시지 전달은 욕심보다 절제를 덕목으로 삼아야 한다. 좋다고 생각하는 좋은 것을 다 모아서 요구하면 좋은 결과를 만들기 어렵다. 이 부서에서 조금, 저 부서에서 조금, 각자가 답을 내리고 하다 보면 현장은 그 많은 짐에 갈팡질팡하게 된다. 모든 것은 맥락이 있다. 그 맥락 하에서 큰 줄기를 설정해 세 가지로 줄여야지, 좋은 것들을 합치다 보면 원하지 않는 이상한 괴물이 나온다.

1센티의 힘을 믿어라

최근 10여 년은 마치 5분대기조처럼 문제가 많은 조직과 업무가 내게 주어졌다. 실적이 급락했거나 구성원들의 사기가 바닥에 떨어져 어떤 변화도 기대하기 어려운 곳이었다. 열정은 식어 죽이 되어버린 곳, 어디서부터 손을 댈지 암담했다. 현장의 목소리를 집약해 스태프와 현장을 이해시키다 보면 하나둘씩 성과들이 나타날 것이라 믿고 면담을 시작했다. 스태프부터 지점장 그리고 지방에 있는 여직원까지 한 사람씩 면담해본 결과 전임 리더들에 대한 생각이 부정적이고 신뢰가 없음을 알게 되었다. 현장에서 무엇이 필요한지, 무엇을 지원할지에 대해서는 관심이 없었다. 오직 리더 자신의 자리 유지와 평가를 위해 직원들을 도구로 쓰는 존재, 직장에서는 어떠한 선한 영향력도 주지 못하는 그런 존재로 인식해 구성원들의 마음이 닫혀 있는 상태였다.

이 상태에서는 무엇을 계획하고 얘기한다 해도 공감과 열정을 불러일으키기는 어렵다는 것을 통감했다. 수많은 번민의 날들 속에 어느 날 문득 예상치 못한 곳에서 답을 얻었다. 첫 번째 단추를 풀 해답은 줄리아니 전 뉴욕시장에게서 나왔다. 1980년대까지만 해도 범죄와 폭력의 도시인 뉴욕에 범죄와의 전쟁을 선포했던 줄리아니 전 뉴욕시장. 그는 검문검색을 강화하고 우범지대 순찰을 강화하는 등 거창하게 범죄와의 전쟁을 하지 않았다. 고작 내놓은 대책이 깨진 유리창을 교체하는 것이라니, 얼마나 시시한가. 그런데 이 사소한 변화가 도시 전체의 변화를 불러오는 기폭제 역할을 한다. 아주 작고 사소한 시작이 범죄와의 전쟁을 성공으로 이끌게 한 동력이었다. 하긴 멀쩡한 건물에 돌을 던지지 않을 사람도 이미 깨진 건물에는 주저 없이 돌을 던지는 게 인간의 습성이니까.

이것이 아이디어가 되어 나 역시 '내가 할 수 있는 일부터 하자. 아주 작은 것부터.' 이렇게 결심을 하니 해야 할 일이 하나씩 정리가 되기 시작했다. 우선 화장실에 우리가 공감하고 싶은 글귀를 인쇄해 격주 단위로 직접 붙이기 시작했다. 처음 붙인 글은 '우리는 1센티 변화를 추구합니다'라는 제목 아래 존 트렌드의 『2도 변화』에서 인용한 글이다.

"작은 변화? 지금 장난하는 거야? 네 문제가 얼마나 많은데…….
홈런이라도 쳐야 직장이나 결혼생활에 재기의 기회가 올 것 같은데, 그 두 사람은 모두 1루타를 치라는 이야기만 했다. 그의 앞에는 커다란 문제들이 산재해 있었는데도 말이다.
"홈런 따위는 신경 쓰지 마세요. 대단한 해결책 따위도 그냥 잊어버리시고요. 1센티면 족합니다. 오늘 할 일은 그게 다예요. 1센티만으로도 변화를 가져올 수 있습니다!"

마음이 닫혀 있는 구성원들에게 어떤 것을 해야 할지 엄두가 나지 않았지만, 하루 1센티만이라도 움직여보자고 설득했다. 매월 작은 시도와 독서토론회와 칭찬릴레이와 감사 캠페인 등 여러 가지가 시너지를 내면서 분위기는 점점 바뀌어갔다. 구성원들이 마음을 여는 순간 실적은 급상승하기 시작했다. 순간순간 작은 마음을 모아 정성을 다했을 뿐이다. 그런데 고맙게도 구성원들이 복리로 실천함으로써 결과를 만들어낸 것이다. 작은 변화는 큰 능력으로 이어진다는 것을 경험했다.

그렇다. 1센티의 힘이다. 헤쳐나가야 할 환경은 점점 복잡해지고 반드시 성과를 내야 하는 환경 속에서 리더들은 극심한 압박에 시달리고 있다. 그렇더라도 구성원들에게 무언가를 과도하게 요구하면 그들의 의욕마저 꺾게 만들 수 있다. 전체적인 관점을 유지하고 모든 사람들을 참여시켜라. 구성원들이 실행계획을 가슴으로 받아들이고 1센티만 전진할 수 있다면 대성공이다. 1센티를 전진시키는 일이 리더가 해야 할 일의 전부다. 지금 해야 할 일은 단지 1센티 앞으로 계속 나아가는 것이다. 톰 피터스와 로버트 치알디니의 주장처럼 "다른 사람을 설득하고 영향력을 미치려 할 때, 최소의 시간과 노력으로 최대의 효과를 낼 수 있다"는 스몰빅Small Big 효과가 중요하다. 위대한 성과는 처음부터 거창하게 시작되지 않는다. 작은 벽돌 하나가 만리장성의 시작이듯 작은 격려, 진심이 담긴 작은 행동이 모여서 큰 성과를 만든다.

인생은 1인치의 게임이다

좀 더 죽을 각오로 임하지 않으면 성과를 만들 수 없다는 것을 깨닫는 일이 생겼다. 마케팅 실장과 배구단장을 겸직하다 보니 나의 일상은 주간에는 사무실이 있는 광화문에 나가고 야간이나 주말은 용인에 있는 체육관이나 경기장에 나가야 했다. 어느 해 2월 아주 중요한 일전이 있던 날. 여자배구에서 플레이오프에 나갈 수 있는 팀은 3팀뿐. 그날의 결과에 따라 희망의 끈을 유지하느냐 유지할 수 없느냐가 결판나게 되어 있었다. 초반 흐름은 괜찮았다. 18 대 18,

중반까지 팽팽하던 흐름은 리시브 하나에서 갈렸다. 상대방의 멋진 플레이가 아니라 기본적인 리시브 하나를 처리하지 못해 무너지더니 끝내 만회하지 못하고 역전패하고 말았다. 점수가 벌어지는 시간은 오래 걸리지 않았다. 순식간이었다. 어이없는 패배, 이 사실을 직시한다는 것은 고통스러운 일이다. 지옥의 입구에 와 있는 듯한 기분이다. 이런 날 배구와 관련 없는 지인들은 "그게 뭐 대수냐? 다음에 잘하면 되지"라며 대수롭지 않다는 반응이다.

'세상의 흐름과 아무 관련이 없는, 아무도 신경 쓰지 않는 전쟁을 나 홀로 치열하게 하고 있다니…….'

자괴감이 밀려왔다. 문제는 이런 생각이 꽤 자주 출몰한다는 것이다. 그런데 휠체어대국을 두는 프로기사 조치훈의 사진 한 장이 번쩍 내 눈을 뜨게 만들었다. 1986년 1월에 조치훈 기사는 기성전 대국을 열흘 앞두고 전치 12주의 중상을 입는 교통사고를 당한다. 첫번째 대국에는 참석할 수 없었으니 기권패. 그로부터 2주 후 그가 기성전에 참가하겠다고 이야기하자 의사는 위험하다며 기권을 종용한다. 그러나 그는 "눈도 보이고 한쪽 손을 쓸 수 있으니 바둑을 두겠다. 바둑을 둘 수 있는데 기권이란 없다"며 고집을 꺾지 않는다. 이틀을 꼬박 두어야 하는 바둑에서 온몸에 기브스를 한 채 정신을 집중하는 게 가능할까. '목숨을 걸고 둔다'는 그의 모토처럼 중상을 입은 조치훈이 죽어도 바둑판 앞에서 죽겠다며 기어이 휠체어를 타고 대국장에 나타나더니 연속 두 판을 이긴다. 그러나 그는 삭발한 고바야시에게 내리 세 판을 지고 기성의 자리를 내준다.

배구도 바둑도 결코 대단하지 않다. 하지만 이 세상에 그렇게 대단한 것은 많지 않다. 볼트를 조이는 기술, 가장 단순하고 사소해 보이지만 그게 잘못되면 고도 기술의 우주선도 공중에서 폭발해버린다. 사소한 일상이 모여 인생이 된다. 조치훈의 사진 한 장이 가져온 깨달음은 남에게는 사소해 보일지 모르지만 나에게는 너무 소중한 것이 많다는 것이다. 야구선수 최동원의 라커룸에 걸려 있다던 두루마리, 경남고 스승인 강병철 감독의 마지막 유훈인 '일구일생 일구일사 一球—生,—球—死'는 그의 삶을 함축적으로 보여준다. 이 말처럼 최동원은 공 하나에 죽고 공 하나에 살며 어깨가 부서질 듯한 고통 속에서도 시합에 출전해 사람들에게 전설에 남는 명승부를 펼쳤다.

누군가의 하루를 온전히 이해할 수 있다면 그 사람의 인생을 알 수 있다지만, 나는 다른 누군가의 하루조차 알 수 없다. 누군가는 보고서 오탈자에 온 신경이 곤두서 있고 누군가는 회의시간에 맞추느라 애간장을 태우며 달려가고 있다. 그러고 보니 우리는 모두 전쟁 중이라는 생각이 든다. 어떻게 생각하면 우리가 싸우고 있는 이 전쟁은 세상의 흐름과 관련 없는 아주 사소한 것처럼 느껴지기도 한다. 그러나 아무도 신경 쓰지 않아도 우리는 이 전쟁을 해내야 한다. 그것은 우리 자신의 전쟁이니까. 나 역시 나의 전쟁을 마무리해야 한다. 나는 패배감에 젖어 있을지 모르는 선수단에 영화 「애니 기븐 선데이」의 마지막 부분을 보냈다. 알 파치노가 열연한 미식축구 감독 디마토의 일인치 스피치는 인생은 아주 사소한 것으로 이뤄졌지만 이 사소함이 얼마나 중요한지 잘 보여주기 때문이다. 그는 말했다.

"인생은 1인치의 게임이다. 풋볼도 똑같다. 인생이건 풋볼이건 오차범위는 너무 작아서 반걸음만 늦거나 빨라도 성공할 수 없고 반초만 늦거나 빨라도 잡을 수 없다. 모든 일에서 몇 인치가 문제다. 경기 중에 생기는 기회, 매분 매초마다 우리는 그 인치를 위해 싸워야 한다. 우리는 그 인치를 위해 우리 몸을 부수기도 하고 남의 몸을 부수기도 한다. 그 인치를 위해 주먹을 움켜쥐어라! 그 인치들을 합치면 승패가 바뀐다는 것을 우리는 안다. 생사가 뒤바뀔 것이다. 어떤 싸움에서건 죽을 각오가 돼 있는 사람만이 그 인치를 얻는다."

전략적 소통, 우리 더불어 숲이 되자

사람은 각기 다른 환경에서 자라난 탓에 깊게 뿌리박힌 고정관념을 갖고 있다. 『스틱』의 저자인 칩 히스 교수는 단단한 이 고정관념을 '지식의 저주'로까지 표현한다. 그는 스탠퍼드대 엘리자베스 뉴턴 교수가 실험했던 재미난 사례를 소개했다. 생일축하 노래와 같이 누구나 알고 있는 곡의 리듬을 테이블에 두드리면서 상대가 곡명을 맞추는 실험인데 참가자들의 입장은 정반대였다.

- 테이블을 두드리는 사람 측 : "너무나 쉬운 노래이니 적어도 50퍼센트는 맞출 거야. 이것도 못 맞춘다면 바보지."
- 곡명을 맞추는 측 : "뭐야, 모스부호를 듣고 곡명을 맞추라는 식이잖아."

정답의 비율은 2.5퍼센트밖에 안 되었다. 박자를 두드리는 사람의 머릿속에는 운율도 리듬도 흐르지만 테이블 치는 소리만 듣는 사람에겐 그것이 암호문처럼 들릴 수밖에 없다. 듣는 사람의 입장을 배려하지 못하고 자신의 입장만 생각하는 이러한 불통이 바로 '지식의 저주'다.

남아프리카공화국 백인 정부의 테러로 한쪽 팔과 눈을 잃고도 나중에 헌법재판소 재판관이 된 알비 삭스가 『블루드레스』라는 저서에서 밝힌 판결문 작성단계는 전략적 소통의 네 단계로 보아도 될 정도로 우수하다. 1단계 발견의 논리. 2단계 정당화의 논리. 3단계 설득의 논리. 4단계 마음을 울리는 마무리.

이 네 단계는 리더가 옳은 결론을 내는 것에서 끝나는 게 아니라 감동에 이르는 단계까지 고민해야 함을 잘 보여주고 있다. 더욱이 이것은 곱셈이라 어느 하나가 빠져도 전체는 제로가 된다.

톱 리더는 테이블을 두드리는 입장이 되어 발견의 논리와 정당화의 논리까지만 생각하기 쉽다. 대부분의 기업들이 1년에 두어 번 정례화된 전략회의만 하더라도 대부분 정당화의 논리까지만 다룬다. 톱 리더는 구성원들이 충분히 이해할 거로 생각하고 결정을 내리지만 그것은 착각이다. 그러다 보니 외부환경이 녹록하지 않고 세계적인 추세, 경쟁사 현황, 우리의 위치 등 그동안 지겹게 다루어왔던 관점과 내용을 다시 소환해 쭉 나열한다. 여기에 '미래 지향적이고 도전적인 자세로' 혹은 '제2의 도약을 이끄는 선봉으로서' 혼신의 힘을 다해 그 소임을 다하자고 강한 의지를 표출하지만, 겉으로는 그럴 듯해도 알맹이가 없다. 구성원들은 그저 열심히 잘해보라는 정도로 하기 좋고 듣기 좋은 말로 무조건 밀어붙인다고 받아들일 뿐이다.

전략회의 이후 새로운 희망과 각오가 넘치는 게 아니라 리더가 강조한 것과 다른 추측들과 말도 안 되는 얘기를 듣는다. 그럴 때마다 리더들의 좌절감은 얼마나 심하던가. 더욱 절망적인 것은 우리가 그런 회의를 매번 반복한다는 사실이다. 참으로 잔인한 경험이다. 구성원들의 심리상태를 헛짚은 것이다. 3단계의 설득과 4단계의 마음을 울리는 마무리를 생략하고 전략과 실천으로 직행함으로써 실행속도를 올리려는 리더의 조급함이 구성원들을 멀리 떠나게 한다.

안타깝게도 리더가 구성원들의 마음을 어떻게 울릴 것인가에 대해 고민할 여력을 갖고 있지 못한 탓이다. 하지만 마음을 울리는 마무리를 고려하지 않으면 리더가 어떤 결정을 내리든 추측이 난무하고 한 발 앞으로 나아가는 것조차 힘에 부칠 것이다. 구성원들의 심각한 현실안주와 복지부동에 직면하고 있는 탓에 엄청나게 많은 시간과 노력을 낭비하고 있는 것이다. 이러한 상황 앞에서 리더는 생각해야 한다. 어떻게 저들을 감동시켜 위기의식을 느끼게 할 것인가?

정서적 문맹을 벗어나라

리더가 하는 말에 구성원들이 무엇을 어떻게 느낄 것인가에 대해 관심을 갖지 않는 것은 심각한 '정서적 문맹'과 다름없다. 전략을 발표할 때마다 구호는 거창한데 구성원들의 반응은 차갑게 식는 게 다 그런 경우다. 소통이 안 될 때 혹시 나는 테이블을 두드리는 사람이 아닌가 자문해보면 좋을 듯하다. 어쩌면 결론은 구성원들도 다 안다. 하지만 무미한 목표와 건조한 내용을 발표할 때는 어떠한 울림도 주지 못한다. 미사여구를 잘 쓰라는 게 아니다. '정말 깊이 고민했구나!' 싶을 정도로 리더의 고민이 응축되어야 한다. 당연히 리더라면 '구성원들을 어떻게 감동시킬 것인가? 함께 우리가 되는 방법은 뭘까?'라는 발효의 시간을 가져야 한다.

그러기 위해서는 우선 발견의 논리와 정당화의 논리를 개발한 다음, 한 템포 쉬고 구성원들의 마음에 이것을 어떻게 뿌리내리게 할 것인지 생각한다. 전달의 중요한 마디를 형성하기 위해서는 대나무가 성장을 멈추듯 마디마디마다 깊은 고민과 통찰의 여백이 필요하다. 그래야 올곧게 하늘로 치솟아오르며 구성원들에게 분명한 깃발로 각인된다. 다른 관점에서 바라보면 발견의 논리와 정당화의 논리는 합리적으로 생각하는 이성의 영역이고 설득의 논리와 마음을 울리는 마무리는 감정에 호소해 행동을 유발시키는 감성의 영역이다.

아리스토텔레스는 세 가지 수사학을 강조한다. 에토스, 파토스, 로고스. 이것은 순서다. 로고스, 이성은 가장 하급이다. 감성에 확 불을 지르기는 중급이고 최상급은 에토스다. 즉 '사람을 신뢰할 수 있는가'가 가장 중요하다. 설득의 논리와 마음을 울리는 마무리는 아리스토텔레스가 말한 파토스와 에토스라 할 수 있다,

재료가 음식이 되고 음식이 요리가 되기까지는 발효의 시간이 필요하다. 잘 발효된 메시지를 만들어야 하는데 이것은 감성의 영역이다. 이성과 감성의 적절한 균형. 이 두 가지 능력을 동시에 사용한다는 것은 매우 어려운 일이다. 리더 해먹기 정말 힘들다. 리더가 구성원들을 위해 수없이 고민하는 것은 마치 국민을 지키기 위해 멀리서 전투를 벌이는 병사의 일과 같다. 해결책을 만들어놓고 다시 구성원들의 세계로 돌아와 그들에게 맞는 메시지를 만드는 전투. 구성원들은 리더들의 노고를 느낀다. 이 전투만 잘 치르면 이제 상황은 새로운 국면으로 접어들게 될 것이다. 실제 상황은 아무것도 바뀌지 않았다. 하지만 분위기, 다시 말해 중요한 관점에서 상황은 완전히 뒤바뀐 것이다. 전략회의는 그것을 확인하는 가까운 전투일 뿐이다. 구성원들은 "지금 나에게 좋을 게 하나도 없지만 여러 상황을 감안할 때 충분히 합리적이다. 다음에는 틀림없이 우리에게 더 많은 혜택을 줄 것이다. 이번 전략회의를 통해 더 나은 조직이 되도록 내가 일조하겠다." 하고 각오를 다질 것이다.

인간은 기분을 소비하는 존재다. 대통령이 정치를 잘한다고 내 삶이 금방 바뀌지 않는다. 하지만 왠지 모를 상쾌한 기분이 들고 일과 삶에 좀 더 의욕적이 된다. 그런 리더를 위해 일하는 건 매우 즐겁다. 멀리 있지만 마음은 항상 가깝다. 이 평범한 진리를 아는 것이

리더십의 시작이다.

단순한 커뮤니케이션은 공유의 차원으로 발견의 논리, 정당화의 논리까지면 충분하다. 하지만 사람을 움직이게 하려면 구성원들의 마음속에 파고들어 공감을 이끌어 내는 설득의 논리, 마음을 울리는 마무리까지 고려해야 한다.

- 공유는 단순한 커뮤니케이션으로 발견의 논리와 정당화의 논리까지면 된다. 단 시간이 지남에 따라 금세 잊힌다.
- 공감은 마음을 울리는 마무리까지 해야 한다. 수신자의 마음속에 각인돼 시간이 지나도 잘 잊히지 않는다.

마음을 울리는 마무리라는 흐름을 놓치면 아무리 공을 들여도 부질없는 허사가 되고 만다. 나의 의도가 좋을수록 더 고민해야 한다. 어떻게 표현해야 나의 좋은 의도를 왜곡시키지 않고 전달할 수 있을지에 대해서.

공유만 해서는 사람을 움직이지 못한다. 구성원이 머리로 리더의 의도를 이해한 것일 뿐이다. 구성원들도 누구나 상황의 중대함을 이해하는 머리는 갖고 있다. 하지만 그것이 막상 일을 실행하는 데 필요한 에너지와 결부되느냐 안 되느냐는 그것을 듣는 사람에게 기분 좋은 형태로 제시되었느냐 여부에 달려 있다. 여기에 대해서는 매러비안 캘리포니아대학 교수가 밝힌 적이 있다. 공감에서는 언어 요소가 고작 7퍼센트에 불과하고 비언어 요소가 93퍼센트를 차지하는데 상세히 살펴보면 사람의 외모, 표정, 태도가 55퍼센트. 어떻게 말하는가가 38퍼센트, 말의 내용이 7퍼센트다. 따라서 공감을 얻기 위해서는 말보다 마음이 담긴 행동으로 나타내는 것이 중요하다.

발효리더는 수신자에게 메시지를 도달시키기 위해 노력과 준비를 게을리 하지 않으며 창의적인 궁리를 하는 사람이다. 시대를 꿰뚫어보는 리더의 통찰력과 노력이 구성원의 마음을 울리고 자발적인 행동으로 이어지게 한다. 명령이나 지시로 움직이는 피동적인 것이 아니라 '수신자'가 능동적으로 움직이게 하는 원동력이 된다. 따라서 리더가 바라는 공동과제에 다 함께 집중할 수 있도록 영감을 불어넣게 되어 성취감은 배가된다. 그렇기에 난이도가 아주 높을 수밖에.

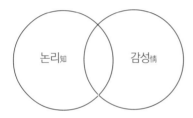

양쪽을 갖추어야 사람을 감동시킬 수 있다.

모세나 로마 황제 아우구스투스는 본인들의 표현력이 부족함을 알고 그 일을 아론과 메세나의 원조인 마이케나스에게 맡길 정도였다. 그들은 설득과 공감의 가치를 꿰뚫어보고 그런 능력을 갖춘 인재를 선발하는 놀라운 통찰력을 가졌기 때문이다. 발효리더는 구성원들의 감정을 깊은 차원에서 건드린다.

한 단계 더 전진시켜보자. 지금까지 발견의 논리, 정당화의 논리를 통해 콘텐츠를 만들고 설득의 논리와 마음을 울리는 마무리를 통해 메시지를 잘 다듬었다. 그런데 이것이 효과적으로 전달되지 않는다면 지금까지 노력은 헛수고가 된다. 사람을 감동시키는 소통을 공식화하면 이렇다.

'콘텐츠×감동의 메시지 개발×효과적인 표현.'

스토리보다는 '텔링'이 중요한 스토리텔링

요즈음은 가히 스토리텔링의 시대다. 스토리텔링 능력이 핵심가 치라고까지 할 정도다. 그래서 자칫 스토리텔링이 중요해진 현상 을 가지고 스토리텔링이 중요한 이유를 설명하는 오류에 빠지기 쉽 다. 그런데 스토리텔링은 무엇인가. 좀 더 본질적으로 질문하면 스 토리텔링은 어디가 중심인가? 스토리(story, 이야기)가 주인가, 텔링 (telling, 말하기)이 주인가? 영화 「슈렉」으로 살펴보자. 이 영화의 성 공요인은 스토리인가 텔링인가?

우선 이 영화는 전형적인 동화의 틀로 입에서 불을 뿜는 용이 있 는 성에 갇혀 있는 공주를 백마 탄 왕자가 구해낸다. 하지만 백마 탄 왕자는 녹색괴물이 맡고 공주는 엽기적인 행동을 일삼는 추녀다. 이 둘의 결합으로 완전히 다른 스토리가 되었다. 텔링이 주가 되었다. 지금까지 스토리텔링은 스토리에 더 중점을 두었다. 전문가들도 그 렇게 강조했다. 그런데 뒤바뀐 것이다.

"정보화 시대 다음은 감성의 시대다. 상품이 감성화되고 기능성에 도 감성의 중요성이 더 커져가고 있다. 멋진 이야기가 상품으로 이 어진다. 상품이 담아내는 이야기가 바로 경쟁력이다."

멋있는 말이고 그럴듯한데 의문이 들기 시작한 것은 신입사원 면 접 때였다. 신입사원 면접위원을 15년 넘게 했는데 입사 희망자들의 실무적인 준비와 화려한 스펙은 실로 대단하다. 요즘 같았으면 나는 원서도 못 냈을 것이다. 그런데 자기소개서부터 어긋나기 시작한다. 있는 그대로 열정과 패기를 보여주면 되는데 스토리텔링이랍시고 엉뚱한 짓을 한다(사실 제출된 자소서에는 여기에 입사하기 위해 태어난 것처럼 기록되어 있어 읽기가 거북했다. 너무 심하다).

스토리 하면 어떤 느낌이 드는가? 우선 주인공이 존재하고 뭔가 그럴듯한 에피소드나 경험이 필요하다. 극적이진 못해도 뻔한 것은 안 된다. 팍 이미지가 떠올라야 한다. 하지만 젊은 시절에 얼마나 많은 스토리를 만들었겠는가. 나만의 시간과 공간 그리고 내가 만난 사람들 속에서 만들어진 나의 고유성과 정체성을 정직하게 표현하면 된다. 괜히 얼토당토 않는 스토리를 만들려니 더 초라하고, 있는 척하려니 해외봉사활동이나 수상경력을 내세우며 부풀리고 하는 것이 모두 어리석은 짓이다. 해외봉사도 자력이면 모를까, 부모 등 골 빼먹는 방식이라면 감점일 확률도 높다. 나도 부모니까. 부풀린 것은 캐묻지 않아도 그냥 안다. '빨간 불'이 켜진 셈. 또 자기소개를 누가 2분 이상 듣겠는가. 차라리 짧고 임팩트 있게 한 친구가 훨씬 멋있다. 세상은 짧게 요점을 말할 수 있는 자의 것이리니.

상대 가슴에 불꽃을 일으키는 '텔링'을 하라

나는 다시 현실을 들여다보았다. 각 기업마다 스토리텔링을 만드느라 골머리를 썩고 있다. 그런데 소비자들이 바보인가? 소비자들은 더 이상 브랜드가 만들어놓은 스토리텔링을 멍청하게 보고 있다가 '그래, 저 물건 사야겠어!'라고 생각하지 않는다. 그런 멍청이가 어디 있나? 스토리텔링이든 동영상이든 소비자들은 재미없다 싶으면 5초 이상 보지도 않는다. 그야말로 인간의 토끼화가 된 시대다. 그런데 기업들은 스토리텔링을 한다고 머리를 쥐어짜서 그럴듯한 스토리를 개발해낸다. 그걸 누가 보겠는가? 다 내부용이지. 지금은 소비자들이 생산자보다 더 많은 정보를 가지고 있는 시대다. 스토리를 만들고 스토리를 입힌다는 것 모두 생산자 입장이다. 소비자들은 그 기업이 진정성을 갖고 있는가를 더 중요하게 생각한다. 스토리텔링도 마케팅 용어가 되는 순간 거품이 많이 끼게 되어 있다.

스마트 시대, 새로운 정보는 금세 검색이 된다. 정보를 접하고 소통하는 방식이 크게 바뀌고 있는 디지털 시대의 '텔링' 방식은 아날로그 시대와는 다를 수밖에 없다. 이제 스토리는 보조이고 텔링이 주인공인 시대다.

TV드라마 「불멸의 이순신」, 책 『칼의 노래』, 영화 「명량」은 스토리의 차별성인가? 모두 충무공 이야기이고 바로 이들은 텔링의 차이다. 『칼의 노래』가 문학적 가치 측면에서 훨씬 높다 하더라도 책이라는 평면과 영화라는 삼차원의 공간적 텔링의 차이는 극복할 수 없다. 꽝 하고 배와 배가 부딪히는 장면 등 영화는 문장으로 표현할 수 없는 장대한 스케일로 순식간에 전달하는 힘이 있다 보니 문학이 도저히 따라갈 수 없는 이점이 있어 1,600만 명이 넘게 본 것이다.

나영석 예능의 브랜드를 다시 한 번 각인시킨 「삼시세끼」는 어떤가. 스토리야 먹고 자는 것이 전부다. 오지 어촌에 세 남자가 유사가족을 이루며 삼시세끼를 차려 먹는다는 내용이다. 별 스토리도 없이 배우들을 막막한 상황에 던져놓고 알아서 밥해 먹으라는 거다. 그런데 나영석 PD의 텔링 능력 동물에서까지 캐릭터를 끌어내는 특유의 연출력이 한껏 빛나 소소한 깨달음과 즐거움을 준다.

드라마는 10년 전이나 지금이나 사랑타령이다. 화살이 빗나간 사랑, 시간이나 공간이 어긋난 사랑, 기억상실증에 걸린 사랑. 스토리의 차이는 미미하다. 하지만 텔링의 차이는 극과 극이다. 요리로 생각하면 좋을 듯하다. 사랑, 우정, 이별이라는 재료(스토리)를 어떻게 요리(텔링)하느냐에 따라 음식의 맛과 형태는 달라진다.

여기서 '텔링' 능력이란 '구어 표현'을 잘하는 것이 아니라 디자인적 사고를 통해 매력적이고 설득력 있는 '전달'을 함으로써 수신자의 귀를 붙잡는 것이다. 즉 전달하는 힘이다. 그런데 말만 뻔지르르하게 잘하는 사람은 오히려 신뢰성이 떨어진다. 텔링 능력을 기르려면 관찰과 생각의 힘을 키워야 한다. 상대방이 자신도 모르게 빠져들 만큼의 구체적인 사례나 에피소드가 가미된 현장감과 현실감을 담아낼 수 있어야 한다.

스티브 잡스의 가장 뛰어난 능력 중 하나가 텔링 능력이다. 사람의 혼을 쏙 빼놓을 정도로 강력하다. 어떤 주제를 던져주더라도 잡스는 잡스 식으로 재 디자인해 텔링한다. 잡스 이전에는 단 한 사람도 잡스처럼 말하지 않았다. 자신의 불우한 어린 시절도 인사이트를 덧붙이지 않고는 말하지 않았다. 언제나 매력적이고 설득력 있는 텔링을 하고 그렇게 세상의 언어를 바꿨다. 일급 리더는 자신의 생각과 아이디어를 텔링을 통해 잘 전달해 다른 사람에게 긴박감과 함께 불꽃이 일어나게 할 수 있는 사람이다. 사실상 스토리와 텔링이라는 요소가 합쳐져 상승효과를 낳는 것이다.

리더는 자연인인 본인보다 팀이 강해지도록 해야 한다. '팀보다 뛰어난 선수는 없다'는 합의 정신이 필요하다. 한 사람의 힘으로는 다수의 힘을 이길 수 없다. 한 사람의 지혜와 힘보다는 온 구성원의 지혜와 힘을 써야 강력한 힘을 발휘할 수 있다. 물론 한 사람의 생각만으로 일을 처리해도 성공한 경우가 있지만 그것은 오래 지속되지 않는다. 소수에 의존하는 조직은 수많은 문제를 안고 있다. '함께' 웃고 '함께' 울고 '함께' 반응해 '함께' 떨칠 수 있다면 무슨 일인들 못하랴. 그래서 신영복 선생의 말은 울림을 준다.

"나무가 나무에게 말했습니다. 우리 더불어 숲이 되어 지키자."

한 배를 탔다는 생각, 헌신을 이끌어내라

리더나 구성원 모두 매일매일 힘든 싸움을 하고 있다. 얼마나 힘들면 지구상의 모든 사람들이 격려와 인정의 한마디를 갈구하면서 잠자리에 들까. 인정과 칭찬은 아이에게나 필요한 것이라고? 아직 인간을 모르고 하는 소리다. 아니면 미성숙하든지. 아이나 어른이나 성공한 사람이나 실패한 사람이나 모두에게 필요한 필수품이 바로 칭찬과 인정이다. 나 역시 마음 깊숙이에는 나를 인정한 말들이 저장되어 있다. 어둠침침한 골짜기를 지나거나 깊은 곳에 갇혀 어떻게 해야 할지 모를 때 나를 일으켜세우는 것은 바로 나를 인정했던 말들이었다. 한마디의 인정이 아픈 상처를 치유해주며 내가 어떤 존재인가를 깨우쳐주기도 한다. 인정과 칭찬 속에는 삶에 필요한 모든 영양소가 들어 있다. 그것들은 우리의 자존감을 높여주며 삶에 의욕을 심어준다. 대통령이라고 해도 이 범주를 벗어나지 못한다.

가장 존경받는 대통령 중의 한 분인 링컨 역시 예외가 아니었다. 링컨이 암살당하던 날 주머니 속에 넣고 있었던 물건들은 참으로 평범했다. 'A. 링컨'이라고 수를 놓은 손수건 한 장과 실로 묶어서 고쳐놓은 안경집, 5달러 지폐 한 장이 든 지갑, 그리고 스크랩된 낡은 신문기사 쪼가리.

신문기사 내용은 링컨의 정치 활동을 칭찬하고 격려한 것이었다. 그중 하나는 에이브러햄 링컨을 '역사상 가장 위대한 인물 가운데 한 분'이라고 언급하는 존 브라이트의 연설문이었다. 얼마나 자주 보았는지 신문조각은 이미 닳고 닳아서 너덜너덜했다. 링컨이 자신을 향해 쏟아지는 수많은 비난과 어려움을 참고 견뎌낸 방패는 바로 자신을 칭찬하고 격려하는 낡은 신문 한 조각이었다.

그는 얼마나 외로워했을까. 성공한 순간부터 주위의 적들은 더욱 강고해지고 가짜 친구들이 우글거리는 그 자리. 지금은 미국인들이 링컨을 가장 위대한 대통령으로 꼽고 있지만 당시에는 수많은 사람들이 혐오스러워했다. 그의 얼굴만 보아도 기분이 나쁘다며 원숭이, 바보, 사기꾼이라는 별명을 붙였다. 또한 남과 북의 전쟁으로 인해 맹목적인 증오가 그에게 쏠려 고통의 나날을 보내기도 했다. 이 증오는 결국 그의 인생을 암살로 마감하게 만들었다. 링컨처럼 위대한 리더도 인정과 칭찬을 필요로 했다는 것은 인간이 얼마나 취약한 토대에서 매일 힘든 싸움을 하고 있는지를 잘 증명한다.

세상이 빠르게 변화하면서 앞날을 예측하기가 더욱 힘들어졌고 나의 미래는 점점 불안해지고 있다. 이럴 때일수록 더욱 꿋꿋하게 자신의 자리를 지키면서 목표했던 곳으로 나아가야 한다. 작은 쪽지에서 버틸 수 있는 힘을 찾은 링컨의 예를 가슴에 두고 리더는 구성원들에게 힘이 되는 칭찬과 인정의 말을 적극적으로 전해야 한다. 작은 관심과 메시지가 힘든 하루를 보내고 있을 구성원을 버티게 하는 큰 힘이 될 것이다.

헌신을 관통하는 정신은 '우분투'이다. 내 삶은 너를 통해서만 가치 있다는, 공생을 강조한 아프리카식 사고방식의 언어다. 구성원들이 스스로 일할 수 있는 분위기를 조성하는 것은 리더의 몫이다. 사람은 방치하면 무질서로 흩어진다. 열역학 제2법칙, 엔트로피 법칙에 따르면 에너지와 물질은 단 하나의 방향성만 갖는다. 물이 위에서 아래로 흐르듯이 질서에서 무질서와 무가치 상태로 바뀐다는 것이다. 시간이 지날수록 가치는 소멸되어간다. 리더가 구성원들을 방치할 때 하나의 몸짓은커녕 존재가치마저 잃게 된다.

리더가 소통하지 않고 헌신하지 않는다면 지금 이 시간에도 구성원들의 잠재가치를 훼손하는 결과를 가져온다. 리더는 자신이 중요하게 생각하는 조직의 방향뿐만 아니라 그 조직의 주요 구성원들의 생각 방향도 이끌고 있는 것이다. 전략은 명시된 것일 뿐 리더 스스로 집중하고 등한시하는 것에 따라 그 전략의 유효성이 결정된다. 수많은 전략 중 리더가 집중하는 것. 그곳에 조직원들의 생각도 집중된다. 따라서 무엇보다 리더는 일의 맥락과 의미에 대한 정보를 구성원들에게 충분히 제공해 방향을 잃지 않도록 도와줘야 한다. 그리고 몰입을 방해하는 비효율적인 환경을 개선시켜줘야 한다. 의사결정의 지연도 몰입을 방해한다.

일하는 환경은 중요하다. 장비가 고장난 것은 없는지, 구성원들의 마음이 상하거나 몸이 아프거나 하지는 않는지, 리허설은 충분한지 등 실제 무대에 올라가기 전에 점검이 이뤄져야 한다. 구성원들의 마음을 얻는 심득의 길, 엄청난 고난의 길이다.

나의 관심으로 모두의 꽃을 피게 하라

고객의 고령화로 침체를 겪던 미국의 메트로폴리탄 오페라를 개혁한 피터 겔브 오페라 총감독의 개혁 여정을 보면 리더의 길이 얼마나 힘든지를 알 수 있다. 그가 부임해보니 매출이 6년 연속 제자리걸음인데다 젊은 층이 외면하고 있어 조직의 상황은 점점 나빠질게 뻔했다. 100년이 넘는 오랜 전통을 가진 조직에선 그 어떤 경우에도 마법의 처방전은 있을 수가 없다. 그는 이런 상황에서 아무것도 안 하고 있는 게 가장 큰 위험이라고 판단하고 오페라의 상품화를 위해 수없이 많은 날들을 고민한다.

"몇몇 실황만 보여주는 기존 TV중계로는 변화를 만들어낼 수 없다. 핵심 공연 여러 편을 극장에서 동시에 생중계하자."

장소를 구분하지 않고 가격도 저렴하게 볼 수 있는 기회를 만들어 젊은 고객을 많이 유치하고 수익을 창출하자는 거였다. 획기적인 아이디어였으나 문제는 내부에 있었다. 미국이 자랑하는 세계적인 오페라단인 메트로폴리탄 오페라단은 엘리트주의로 똘똘 뭉친 강성 노조의 인원이 1,500여 명에 육박했다. 그럼에도 그는 주저하지 않고 강행군을 시작한다. 배우와 직원들과 매일 점심식사를 하면서 반복적으로 설득하기 시작했다. "개방하고 실험해야 한다. 그것이 우리의 미래를 보장하고 일자리를 책임진다."

그는 매일 똑같은 말을 똑같은 톤으로 설명한 끝에 1년 반 만에 직원들의 동의를 얻어내는 데 성공했다. 그의 집요한 설득으로 극장에서 오페라 중개를 시작했고 그 후 매년 1,000만 달러 이상의 순익을 창출했다. 그는 "위험을 감수하지 않는 사람은 타조와 같다"며 120년 동안 잠자는 전통의 거인을 깨워 일으켰다. 「카르멘」의 경우 극장 생중계로 40만 명을 끌어모으며 미래의 잠재고객까지 확보해 그야말로 일석이조의 효과를 거두었다. 그는 또한 구성원들과의 공감대를 넓혀 단기적인 순응이 아니라 새로운 사업방식에 대한 지속적인 지지를 이끌어낸 것이다.

리더에게 실력은 필수요 헌신이 있어야 충분조건이 된다. 이수익 동부생명 사장은 은퇴 후 톱 리더로서의 회한을 이렇게 토로한 바 있다.[9] "무언가에 쫓겨 설치기만 했던 나는 어느새 돌아보니 혼자 뛰고 있었다. 관리자나 경영자의 내부관리 시간은 대부분은 설명하고 설득하고 독려하는 데 써야 하는데 나는 그러지 못했다. 구성원들이 스스로 뛰게 만드는 분위기와 이를 지속시킬 수 있는 시스템을 만드는 일에 집중해야 한다는 것을 뒤늦게 깨달았다."

'구성원들을 어떻게 열심히 일하게 만들 수 있을까.'

수많은 난관을 극복하기 위해서는 구성원들이 혼신의 힘을 바쳐 일해주어야 한다. 구성원들 중에는 영혼 없는 기술자와 계산적인 사람들이 많다. 그들을 죽자 사자 일하도록 만들기 위해 바른 정신을 심어줘야 한다며 호통 치지만, 아무 효과도 보지 못하고 아까운 에너지만 낭비하는 꼴이 되기 십상이다. 경고한다. 아무 때나 아무에게나 화를 내는 것은 버릇이지 아무 효과를 기대할 수 없다. 도무지 어찌 해볼 수 없는 자에게, 공감하지도 않는 자에게 호통 치는 것은 아무런 교훈도 주지 못한 채 해프닝으로 끝난다. 찰리 채플린이 "인생은 가까이서 보면 비극이요 멀리서 보면 희극이다"라고 했던가. 이야말로 멀리서 보면 코미디 그 자체다.

리더는 강해 보이는 듯해도 사실은 한밤중에 잠에서 깨어나 앞으로 어떻게 조직을 이끌어야 할지 식은땀을 흘리며 깊은 고민에 잠긴다. 모든 관계는 고통이다. 눈을 뜨고 자는 물고기처럼 불면의 밤을 보내는 게 리더의 자리다. 리더 역시 괴로운 건 구성원들과의 관계 때문이고 사람에 실망하는 건 나와 다른 저들의 마음 때문이다. 두더지 게임에서 망치를 든 리더처럼 혈기왕성하게 여기서 튀어오르면 때리고, 저기서 튀어오르면 또 때리고, 이건 해도 끝도 없다. 심지어 "같은 말을 1,000번씩 되풀이할 각오를 하라"는 조언도 있다. 그러니 "그렇게 몇 번을 말했는데 못 알아든나"라고 화를 낸다고 해결되지 않는다. 사람은 쉽게 변하지 않으니 구성원이 이해할 때까지 가르쳐주고 또 가르쳐주어야 한다. 오죽하면 피터 갤브 총감독은 같은 말을 1년 반이나 되풀이했겠는가.

같은 배를 탔다는 동승감을 심어주지 못하면 결국 실패한다. 일류 팔로어들을 만들어내야 한다. 먼저 지시하고 깔보고 뒤집고 비틀 게 아니라 일할 사람과 눈높이를 맞추고 지켜야 할 가치와 바꿔야 할 것들을 정확히 짚어내고 함께 이뤄가야 하는 것이다. 그러기 위해서는 생각과 방법을 바꿔야 한다. 구성원들을 현 상태에서만 판단해선 안 된다. 그들이 출발할 때부터 청맹과니는 아니었지 않겠는가. 그들을 바꿀 수 있는 것은 리더의 관심과 끈기다. 한 번으로 안 되면 세 번 네 번 끈질기게 물고 늘어져 호흡을 같이할 수 있도록 만들어야 한다. 직설적인 모욕을 가하는 방식으로는 절대 아무것도 바꿀 수 없음을 꼭 기억해야 한다. 구성원 각자를 향기를 지닌 하나의 인격으로 대하고 더불어 가는 길을 모색해야 한다. 이를 김춘수 시인의 시 「꽃」을 통해 생각해보자.

'내가 그의 이름을 불러 주었을 때 / 그는 나에게로 와서 / 꽃이 되었다.'

구성원들 각자는 빛깔과 향기를 지닌 꽃이다. 우리들은 모두 무엇이 되고 싶다. 잊히지 않는 존재가 되고 싶다. 리더가 다가와 인정해주길 바란다. 리더의 인정을 받기 위해 오늘도 갈증을 느끼고 불면의 밤을 보낸다. 리더가 아무 관심을 보이지 않으면 구성원은 하나의 몸짓에 불과할 뿐이다. 관심을 가질 때 그들은 비로소 꽃이 된다. 그럴 때 구성원들은 생명력을 얻어 움직이기 시작하는 것이다. 꽃이 핀 적 없는 척박한 땅에 꽃을 피울 수 있도록 환경을 만드는 게 발효 리더의 몫이다. 다음에 대해 스스로 생각해보기 바란다.

- 나는 구성원들의 생명력을 발효시키기 위해 얼마나 효과적으로 소통하고 있는가?
- 만족스러운 수준에 도달하지 못했다면, 어떻게 소통의 효과를 높일 것인가?

단호하되 따뜻하게 배려하라
Consideration

능력이 아닌 배려가 리더를 지지한다

하버드대 경영대학원 커뮤니케이션 전문가인 네핑저와 매튜 코헛이 펴낸 『어떤 사람이 최고의 자리에 오르는가』에서는[10] 성공하는 리더들의 사례를 분석했는데 그 핵심요소가 강인함과 따뜻함에 있다고 밝혔다. 두 요소가 개인을 팀으로 묶는 끈이자 리더십이 필요한 상황에서 사람들을 따르게 하는 도구라는 것이다. 상식적인 얘기지만 그 둘을 결합해 실천하는 것은 쉬운 일이 아니다. 그중에서도 현대 사회에서 보다 중요하게 여기는 것은 따뜻함이다. 따뜻함을 조직에 불어넣기 위해서는 구성원들을 중심에 두고 그들의 실질적인 어려움을 해결해줘야 한다. 이렇게 해야 구성원들은 몸과 맘을 다해 적극적으로 일에 몰입할 수 있게 된다. 알리바바의 마윈 회장은 조직의 규모가 크면 클수록 따뜻함의 법칙을 실행해야 한다며 다음과 같이 말한다.[11]

"직원이 100명일 때는 내가 앞에서 명령을 내려야 한다. 1,000명이면 중간에 서서 간부들에게 도움을 요청해야 한다. 그리고 1만 명이 되면 그들의 뒤에서 감사하는 마음을 가지고 있으면 된다. 하지만 직원이 5만에서 10만 명이 되면 감사한 마음만으론 안 된다. 두 손을 모아 기도하는 마음으로 앞장서야 한다."

우선 리더가 구성원을 바라보는 관점이 중요하다. 이 관점은 MIT 교수였던 더글러스 맥그리거가 『기업의 인간적 측면』이라는 책에서 X이론과 Y이론을 통해 밝힌 바 있다.

- X이론(타율적 인간관) : 인간은 기본적으로 일하는 것을 싫어하기 때문에 통제와 감시가 필요하고 책임감이 없어 지시가 필요하다. → 권위형 리더십
- Y이론(자율적 인간관) : 인간은 자기 의지와 방향을 갖고 일한다. 문제해결에 필요한 창조적 능력을 가지고 있으며 책임감도 강하다. → 신뢰와 권한위임을 바탕으로 한 리더십

성악설과 성선설처럼 XY이론은 취사선택의 문제가 아니다. 본질은 급격하게 변화하는 환경에 능동적으로 대처하고 지속적인 성과를 창출하기 위해 어떤 유형이 필요한지 기본적인 가정을 세우는 것에 있다. 다만 중요한 것은 X이론에 바탕을 둔 권위형 리더십은 명령과 관리를 중시하는 관료주의에 빠져 구성원들의 자발성을 이끌어내지 못함에 따라 지속적인 성과를 낸 사례가 거의 없다는 사실이다. 당신은 구성원들을 어떻게 바라보고 있는가. 지시와 통제를 강화할 때 더 많은 성과를 지속적으로 창출하는가? 아니면 구성원들을 믿어주고 지지할 때 더 많은 성과를 창출하는가?

리더는 눈앞에 있는 상사에 마음이 쏠려 구성원과의 관계를 간과하기 쉽다. 구성원들은 대개 리더가 지시한 일을 하고 있기에, 여전

히 관리라는 말이 더 익숙할 정도로 낡은 사고의 프레임에 갇혀 있기 때문이다. 인간을 자율적으로 사고하고 행동하는 잠재력을 가진 존재로 바라보기보다는 여전히 관리하고 감독해야 할 대상으로 보고 있는 것이다. 하지만 조심하라. 구성원과의 관계를 소홀히 하면, 그들의 지지와 애정을 잃어버리게 되면서 결국 당신의 경력을 치명적으로 손상시킬 것이다.

지금부터라도 구성원들에게 어떻게 동기를 부여해 자발적인 참여와 몰입을 이끌어낼 것인지를 생각해야 한다. 더욱이 구성원은 중요한 경영자원으로서 성공을 좌우하는 중심축이라는 점, 즉 리더의 내부 고객이라는 인식을 갖고 신뢰와 더 많은 권한을 위임하는 일터를 만들기 위해 다양한 노력이 필요하다는 사실이다.

'마음은 주인이고 혀는 하인'이다. 인스턴트 리더는 혀로 말하고, 좀 나은 리더는 머리로 말하며, 발효리더는 마음으로 말한다. 발효리더는 어떤 일을 행할 때 무엇보다 구성원들의 마음을 먼저 살핀다. 구성원들에게 더 많은 배려를 할수록 더 나은 결과를 얻을 수 있다는 사실을 알기 때문이다.

부족하면 채워주는 '배려'

배려란 무엇일까? 우선 배配는 나눈다는 뜻일 뿐만 아니라 배우자配偶者의 배配로 여성을 의미하고, 우偶는 배의 짝인 남성을 뜻한다. 따라서 배는 어머니의 마음을 나눠주는 것이라고 할 수 있겠다. 어머니는 저녁때 밥을 담은 그릇을 깨끗한 면 수건으로 서너 번 감싼 뒤 장롱 이불 속이나 따뜻한 아랫목에 깊숙이 묻어두고 늦게 귀가하는 자식을 챙긴다. 자식이 식사를 하고 오든 아니든 그것은 아예 고려 대상이 아니다. 내 새끼가 밖에 나가서 밥은 굶지는 않나 하는 자식에 대한 어머니의 절대적인 헌신과 마음 씀씀이다.

려慮는 호랑이 호虎와 생각 사思로 분해된다. 호랑이처럼 여기고 다급하게 생각하라는 뜻의 글자다. 배려를 다시 묶어 생각하면 어머니의 마음으로 아랫사람을 보살펴주려 애쓰되 다급하게 생각해야 한다는 것이다. 배려의 환경을 조성하는 것이 리더의 역할 중 하나다. 스스로를 낮은 자리에 놓아두고 남을 먼저 생각하고 배려한다면 상당히 높은 수준이라 할 수 있다.

그런데 이해관계가 있는 사람에게는 잘하는데 웨이터나 제3자에게 함부로 대하는 사람이 있다. 갑질이라는 단어가 유행하는 것은 이런 리더들의 갑갑한 행동들 때문이다. 갑질! 내가 살아오는 동안 들어본 단어 중에서 가장 짜증나는 단어다. 인간은 누구나 저 깊은 내면에는 존중받고자 하는 욕구가 있다. 사회는 경쟁으로 유지되는 것처럼 보이나 사실은 배려로 유지된다. 나 역시 보이는 곳에서, 보이지 않은 곳에서 많은 선후배들의 배려와 관심으로 이 자리에 있음을 느낀다. 크든 작든 서로에 대한 배려를 소리 없이 행동에 옮기는 사람들이 많아질수록 조직은 건강해진다. 중요한 것은 이런 철학을 가지고 사는 사람은 자신도 모르게 발전해 리더로 성장해간다는 사실이다.

스티븐 스필버그 감독은 어린 시절 유대인이라는 이유로 왕따와 놀림을 당했다. 그 아픈 경험은 다른 사람의 마음을 헤아리는 힘의 밑거름이 되었고, 다른 감독에 비해 스태프로부터 많은 것을 끌어내는 원동력이 되었다. 한상복은 『배려』라는 저서에서 이렇게 말한다.[12] "배려 없이는 경쟁력도 무너진다. …(중략)…배려와 경쟁은 이율배반적인 것이지만. 우리의 삶을 지탱해주는 게임의 기본 룰이다. …(중략)…사람은 능력이 아니라 남에게 베푼 배려로 자신을 지킨다."

배려하면 떠오르는 두 가지 에피소드가 있다. 그중 하나. 영국의 엘리자베스 여왕이 주최한 만찬 석상에서 일어난 일이다. 손을 닦으라고 나온 핑거볼을 중국 고위관리가 마시는 상황이 발생했다. 순간 주변 사람들은 당황했다. 그런데 엘리자베스 여왕은 그가 무안하지 않도록 태연하게 따라서 마셨다. 상대방을 배려하는 여왕의 모습에서 섬세함과 품격이 느껴진다.

에피소드 둘. 1960년 한국을 방문한 노벨문학상 수상자인 펄벅 여사를 조선일보의 대표적 칼럼리스트였던, 하지만 당시는 입사 2년 차 풋내기 문화부 기자였던 이규태 씨가 동행 취재를 했다. 경주 여행 중 차안에서 밖을 내다보던 펄벅 여사가 감나무 끝에 달려 있는 10여 개의 따지 않은 감을 보고는 "따기 힘들어 그냥 두는 거냐"고 물었다. 이 고문이 "까치밥이라 해서 겨울새들을 위해 남겨둔 것"이라고 설명하자 "바로 그것이야, 내가 한국에 와서 보고자 했던 것은 고적이나 왕릉이 아니었어요. 이것 하나만으로도 나는 한국에 잘 왔다고 생각해요"라며 감탄했다. 그리고 펄벅 여사는 한국인에 대해 한 번 더 깊은 감동을 느낀다. 소가 힘들까봐 달구지를 타지 않고 지게에 볏단을 짊어진 농부가 소달구지 곁에서 걸어가는 모습을 본 것이다. 1963년 출간한 저서 『살아 있는 갈대』 첫머리에서 "한국은 고상한 사람들이 사는 보석 같은 나라"라고 극찬한 것은 그가 날짐승과 소까지 배려하는 한국인의 심성을 보았기 때문이다.

인간의 마음은 이치만으로 설명할 수 없는 복잡성을 갖고 있다. 먼저 배려하라. '네가 아프니 나도 아프다.' 연민의 마음을 갖는 것이 리더의 제1조건이라 해도 과하지 않다. 제발 성과에만 독이 오른 괴물이 되지 마라. 동화 속의 괴물은 거인이고 외눈박이다. 조직원들을 희생하면서 획득한 성과가 얼마나 유지될 것이며 무슨 의미가 있을까. 강압과 채찍으로 이룬 성과는 오래 지속되지 않는다. 시간이 지나보면 구성원들을 배려하는 것이 더 효과적이라는 사실을 알게 된다. 사람들에게는 포부와 성취하고자 하는 목표가 있다. 그들의 성장을 돕고 과감히 투자하고 배려하면 그 효과는 폭발적이다.

정상에 오를수록 리더가 가져야 할 중요한 덕목이 배려다. 중간리더야 논리만 뛰어나도 별 문제가 없다. 하지만 톱 리더는 기업문화를 상징하고 기업을 대표한다. 그런 자리일수록 배려는 선택이 아니라 세상과 조화를 이루는 연결고리인 동시에 구성원들에게 동기부여를 해주는 공존의 원칙이 된다. 사람들에게 동기부여시키는 것은 단순히 그들에게 많은 연봉과 보너스를 준다는 의미가 아니다. 보다 효과적인 방법은 그들을 배려하는 것이다. 그들의 마음을 알아주고 부족하면 채워주고 감쌀 수 있어야 한다.

구성원들 역시 톱 리더와 똑같은 욕구와 행동방식을 지니고 있다. 따라서 그들은 배려 받지 못한다는 생각이 들면 결코 온몸과 마음을 다해 일하지 않는다. 톱 리더의 강력한 리더십은 따뜻한 배려와 강력하면서 합리적인 권위의 균형이다. 배려가 없다면 리더의 강력한 권위는 허상으로 모래 위에 쌓은 성일 뿐이다. 그런 권위로는 자칫 '사람의 중요성'을 간과하기 쉽다. 또 게리 해멀 교수(런던 비즈니스스쿨)가 말한 범용적인 능력을 가진 구성원들로 조직이 이뤄져 차별화된 역량을 갖춘 인재의 확보가 점점 어려워진다. 뛰어난 기술력과 치밀한 사업계획을 세웠더라도 그것을 추진할 인재가 없다면 성공할 수가 없다.

인간에 대한 깊은 이해가 있어야 경영에서 성공할 수 있다. 누가 시켜서 움직이는 수동적인 자세로는 차별화된 역량을 갖추지 못하기 때문이다. 구성원들이 순종이 아닌 몰입을 하고 근면을 넘어 열정을 갖기를 원한다면, 톱 리더가 배려를 갖고 동기부여를 해야 한다. 경영혁신 전도사인 게리 해멀은 2012년 6월 국내 언론과 한 인터뷰에서 조직공헌에 필요한 6가지 능력으로 순종, 근면, 지식, 추진력, 창의성, 열정을 꼽았다. 이 중 범용적인 능력은 순종, 근면, 지식이고 차별화된 역량은 추진력, 창의성, 열정이다.

포용하라, 조직은 사람의 역사다

지력, 체력, 경제력, 기술력 등 모든 면에서 주변 민족보다 열세에 있던 로마가 지중해 전역을 넘어 대제국을 건설하고 천년 넘게 유지할 수 있었던 비결은 무엇일까? 전문가들은 하나를 꼽으라면 포용력을 꼽는다. 열린 사고와 열린 세계는 역시 번성하는 자의 품격이다. 시오노 나나미는 『로마인 이야기』에서 지력, 체력, 경제력, 기술력 등 모든 면에서 주변 민족보다 열세였던 로마인의 성공원인을 다음과 같이 분석했다.

"외국인을 적대적인 존재로 보지 않고 얼마든지 자신들의 울타리 안으로 받아들인 점이다."

로마는 타민족을 지배하는 것이 아니라 타민족까지도 로마인화하는 나라였다. 이로써 식민지 독립이 이루어진 대영제국과는 달리 로마제국이 멸망할 때까지 속주의 독립이나 이반은 끝까지 일어나지 않았다. 로마의 역사를 보면 그들은 패배를 배움과 전진의 토대로 삼았다. 패배를 하나하나 극복하면서 로마는 더 강해졌다. 로마제국을 상징하는 짧고 굵직한 칼은 건국 초기의 원주민인 사비나족의 무기였고, 또 하나의 강력한 무기인 창은 스페인 반도의 원주민으로부터 배운 것이다. 사각밀집 대형은 그리스에서 배운 것이다. 로마인은 무기든 전법이든 자신들보다 우월하다 싶으면 적극적으로 받아들여 오히려 더 강해졌다. 그들은 역경에서 무기를, 또 다른 역경에서 기술을, 이 역경에서는 전술을, 저 역경에서는 지략을 얻어내는 민족이었다.

리더는 자신의 역할에 대한 인식이 분명해야 한다. 리더의 자리는 자신이 칭찬받고 인정받는 자리가 아니라 스스로가 구성원을 인정하고 칭찬해 행동하게 만드는 자리다. 리더가 모든 공을 가로채게 되면, 그 조직은 서서히 금이 가기 시작한다. 자신에게 속한 구성원을 인정하는 것, 이것은 쉬운 일이 아니다. 기업에는 우스갯소리가 하나 있다. 라이벌 임원을 제거하려면 회장한테 시도 때도 없이 그 임원 칭찬만 하면 된다는 것이다. "대단한 친구입니다." "둘도 없는 인재지요." 그러면 마음이 상한 회장이 알아서 처리할 테니까. 조직에서 스타는 유일하게 한 사람뿐이라는 사실을 알라.

그런데 리더 자신이 스타플레이어가 되려고 하는 순간 여기서 비극은 시작된다. 이스라엘의 사울 왕은 속이 좁은 리더가 아니었다. 그 자신도 꽤 뛰어난 리더였지만 밖에서 들려오는 소리에 마음이 뒤틀렸다. 골리앗을 물리친 양치기 소년 다윗 때문에 "사울이 죽인 자는 천천이요 다윗은 만만이로다"라는 여인들의 노래가 들려온 것이다. 그는 이 말에 꼭지가 돌아 끝까지 다윗을 죽이려 혈안이 됐다. 그러나 자신이 먼저 비참한 최후를 맞는다.

로마황제 중에는 더 심한 사례도 있다. 검투사의 인기를 부러워해 실제 검투사처럼 경기를 한 황제가 있다. 아우렐리우스 황제의 아들인 콤모두스 황제다. 오현제의 마지막을 장식하는 마르쿠스 아우렐리우스 황제는 자기 성찰의 기록이라 할 수 있는『명상록』을 남겼다. 하지만 시오노 나나미의 평가는 냉혹하다. 그녀는 『로마인 이야기』 '종말의 시작'편에서 "무능하고 무책임한 아들 콤모도스가 제위에 올라…… 로마제국은 쇠락의 길로 들어섰다"며 아우렐리우스 황제로부터 기술하고 있다.

영화 「글래디에이터」는 바로 이 당시를 다루고 있다. 러셀 크로가 맡은 막시무스 장군은 자신을 총애하던 아우렐리우스 황제가 사망하고 권력에 눈먼 그의 아들 콤모두스가 왕위를 계승한 후 추방당한다. 막시무스는 검투사로 훈련을 받으며 복수를 다짐한다. 콤모두스가 그를 죽이려 했을 뿐 아니라 그의 가족까지 살해했기 때문이다. 막시무스는 검투 경기에서 전투력을 바탕으로 승리에 승리를 거듭해 최고 인기 검투사가 된다. 그렇게 막시무스의 정체는 드러나고 콤모두스 황제는 자기가 직접 막시무스와 결투를 벌여 죽이겠다는 계획을 세운다.

경기에 앞서 막시무스를 찾아간 콤모두스는 칼로 막시무스를 찌른다. 상처를 감추고 콜로세움에 내보내진 막시무스와 콤모두스 황제가 대결한다. 두 사람은 콜로세움의 수만 관중이 보는 가운데 검투를 벌인다. 계속해서 피를 흘리는 막시무스는 쓰러져가는 자신을 추스르며 콤모두스의 목을 찔러 승리를 거둔다. 그리고 마지막으로 황제 마르쿠스 아우렐리우스의 뜻을 전한 후 그 자신도 숨을 거둔다.

역사를 다룬 영화 내용은 역사적 사실과는 다소 차이가 있다 하더라도, 콤모두스 황제는 실제 검투사 역을 좋아했다. 요즈음 아이돌이 인기가 높은 것처럼 당시에는 검투사의 인기가 높았다. 후세에 우민정치의 상징이 된 '빵과 서커스', 이는 로마의 지배층이 시민들의 환심을 사기 위해 공짜로 빵을 나눠주었고 또한 시민들의 무료함을 달래주고자 서커스까지 제공했다. 콤모두스 황제는 여기서 한발 더 나아가 자신이 스포트라이트를 받고자 수많은 관중 앞에서 스타가 되기로 결심하고 수많은 광고와 동상을 세워 황제가 검투경기에 직접 출전한다는 것을 알렸다.

20대 후반의 콤모두스는 체격도 건장한데다 코치를 두고 프로 검투사와 겨룰 수 있는 기술을 습득했다. 사자 가죽을 머리에 쓰고 오른손에는 곤봉을 든 조각상을 만들어 자신을 로마의 헤라클레스라고 자칭할 정도였다. 관중들 입장에서야 얼마나 흥미진진했겠는가. 콤모두스는 박수와 환호를 좋아했다. 그리고 꽤 높은 실력에 변칙과 반칙을 더해 항상 승리를 거두며 큰 인기를 끌었다. 점점 더 흥미진진한 서커스와 검투경기로 그의 인기는 높아져갔지만 국고는 바닥났다. 그는 끝내 암살당하고 만다. 황제라는 자리는 스포트라이트와 박수를 받으라고 있는 자리가 아니다. 불필요한 것은 개혁하고 부서진 것은 보수하고 이해가 충돌하는 곳은 조정해주며 백성들의 삶의 질을 올려야 하는 자리다.

침묵이 웅변이 되는 포용이어야

황제라 하더라도 대부분은 일상적인 땀과 노력을 기울여야 하는 일이 더 많다. 기껏 박수나 받는 일만 기획하고 하고 싶은 게 겨우 검투사였다니. 그는 고귀하게 태어났으나 생각하는 것이 천민에 가까운 황제였다. 혹시 먼 옛날 얘기라고 생각하는가. 지금도 우리 주변에는 자신이 무대 위의 주인공이 되고 싶어하는 리더들이 넘쳐난다. 자신이 강렬한 스포트라이트를 받으려고 하지 무대를 꾸미고 무대 위에 오를 만한 주인공을 키워낼 생각은 하지 않는다.

이것은 리더가 무엇을 해야 하는 존재인지 몰라서 발생되는 문제이기도 하지만, 또한 인간이 갖고 있는 깊은 갈증, 끝없이 인정받으려는 욕망 때문에 일어나는 문제이기도 하다. 자칭 고귀한 분들과 높은 분들이 '인정받고 싶은 갈망'에 몸부림치는 추한 모습을 나는 수없이 보아왔다. 칭찬이나 인정은 윗사람이 아랫사람에게 하는 것이다. 그런데 월계관을 씌워주는 명예로운 자리를 버리고 스스로 월계관을 쓰는 자리를 탐한 것이다. 항상 스포트라이트를 받으려는 관심병환자로 미성숙한 철부지 상태를 벗어나지 못한 것이다. 부하를 질투하고 그 부하와 싸우느라 영혼이 메말라가는 리더, 잘난 부하를 포용하기가 이토록 힘든 일인가.

　국가라는 공동체의 요체는 공자가 말한 것처럼 먹고사는 문제食, 안보兵, 그리고 신뢰信다. 요즈음 말로 하면 경제, 국방, 그리고 신뢰로 정책과 탕평 인사와 국민과의 소통을 뜻한다. 리더는 이 핵심가치를 중심으로 모든 사람들이 하나로 뭉쳐 실천할 수 있도록 해야 한다. 톱 리더인 대통령도 예외 없이 핵심가치를 중심에 두어야 한다. 공동체라는 큰 원의 중심에 있는 가장 큰 점이 톱 리더인데 자신의 작은 원 안에 공동체를 집어넣으면 안 된다. 이때 공동체의 비전과 원칙을 중심으로 상황에 따라 주역과 조연의 역할이 바뀌는데 리더라도 상황과 맥락에 따라 조연의 역할을 해야 한다.

　빈 라덴 사살 작전을 수행할 때 백악관 상황실에서 외교 안보라인 참모들과 함께 작전을 지켜보던 오바마 대통령의 사진 한 장은 많은 감동을 주었다. 중앙 탁자에는 종이컵과 물병만이 놓여 있다. 더욱 놀라운 건 제복 입은 준장에게 상석上席을 내주고 구석의 작은 의자에 웅크리고 앉아 화면을 응시하는 모습이다. 낮은 의자에 웅크리고 앉아 있는 오바마의 모습은 마치 보좌관 같아 보일 정도다. 세계 최강국 대통령의 권위를 의식하지 않는 태도다. 자기중심적이고 권위적인 태도를 지양하고 참모들의 생각과 의견을 모아서 목표를 달성하기 위한 노력을 하고 있다.

이 사진을 보고 전문가들은 "작전이 전개되는 동안 참모들의 의견을 귀담아 듣고 협력체제를 이끌어내는 모습을 보여준다"고 평가했다. 장군이 주역이고 대통령이 배경이 되는 직위보다는 직책이, 자리보다 역할이 우선시되는 모습. 대통령의 침묵은 오히려 웅변이 되었다.

"조직이 리더의 필요에 부응해야 한다고 생각하는 사람들이 있다. 정말 잘못된 생각이다. 최고의 리더들은 반대로 생각한다. 리더의 자리는 조직표에서는 가장 위에 있지만 실제는 직원들을 존중하고 끌어올려야 하는 가장 밑바닥에 있다."

인터넷 회사인 엣지의 채드 디커슨 사장 말이다. 그의 말은 리더에 대해 다시 한 번 생각하게 한다. '리더의 자리는 자신이 칭찬을 받는 자리인가? 구성원들에게 칭찬과 인정을 나눠주는 자리인가?'

리더의 역할은 자신이 직접 뛰어난 어떤 일을 하는 게 아니라 구성원들의 숨겨진 재능을 일깨워 뛰어난 성과를 만들어내는 것이다. 리더 자신이 칭찬과 인정을 독점하려는 욕망을 조금은 내려놓아야 한다. 우리 안에 있는 미숙한 어린아이를 꺼낼 필요가 없다.

포용은 곧 사람을 이해하는 일

포용은 곧 관용이다. 로마의 철학자 세네카는 관용에 대하여 이렇게 말하고 있다. "동정은 현재 눈앞에 나타난 결과에 대한 반응일 뿐 그 결과를 낳은 원인에 대해서는 생각하지 않는다. 관용은 모순적인 결과를 낳은 원인까지 고려하는 정신적 반응으로 지성과도 완벽하게 공존할 수 있다."

관용은 감정을 넘어 지성으로 연결된다. 무릇 사람을 부리려면 먼저 그들의 배고픔과 추위를 생각해야 한다. 리더는 아랫사람의 고통을 먼저 헤아리지 못하면 실패한다. 리더에게는 배려가 아랫사람에게는 존중이 필수 덕목이다. 하지만 리더는 자신의 시각에서 구성원들을 최대한 배려하는데 구성원들이 자신의 호의를 알아주지 않는다고 실망한다. 사실상 구성원들 중에는 제 역할을 못하는 사람들이 많이 있다.

많은 사람들이 '왜 우리는 항상 리더에게 실망하는가?'라는 한 줄 문장에 고개를 크게 끄덕이며 맞장구를 치지만 '리더 역시 매일 구성원들에게 실망한다.' 불편한 진실이다. 그렇더라도 리더는 구성원들이 제 몫을 하기까지 수많은 시행착오를 거치면서 성장하도록 도와야 한다. 하지만 현실에서 리더는 시간적, 정신적 여유를 갖고 있지 못해 당장 눈앞에 닥친 일을 처리하기에도 급급하다. 그러다 보니 구성원들 중에는 무임승차자, 식충이, 외로운 늑대, 귀머거리, 투덜이가 곳곳에 생겨난다.

리더가 구성원들에게 실망할 때, 이때가 중요하다. 당신의 태도를 통제하고 이 시기가 바로 코칭의 기회임을 알아채야 하는 것이다. 당신이 구성원들에게 실망할 상황 앞에서 그들의 한계(속도와 깊이)를 인식하고 스스로 알아챌 수 있도록 힌트를 주고 질문해야 한다. 성급하게 결론내지 말고 구성원을 대신해 궁금증과 해야 할 일 위주로 열린 질문을 통해 깨우쳐주는 것이다.

'무슨 일이 일어난 것인가? 지금의 일이 어떤 영향이 있다고 생각하는가? 우리는 지금 무엇을 해야 하는가? 원하는 것을 얻기 위해 무엇을 할 것인가? 그러면 다음 단계는 무엇을 해야 하는가?'

리더의 좋은 질문은 구성원들로 하여금 변화에 대해 공감하게 함으로써 잠자고 있는 의식을 깨워 일으켜 성장에 큰 밑거름이 된다.

결국 이러한 리더의 성숙한 태도는 구성원들의 변화와 성과에 영향을 준다. 미국 컨설팅사의 회장인 밴 크로치는 『아무것도 못 가진 것이 기회가 된다』라는 책에서 실망에 대한 재미있는 사례 하나를 든다.[13]

어느 날, 악마가 사업을 그만두고 은퇴하기로 결심했다. 악마는 자신의 공구를 모두 길 밖으로 가져가 팔고자 했다. 공구는 증오, 질투, 탐욕, 호색, 속임수 등으로 다양했다. 한 행인이 물건들이 탐이 나서 악마에게 물었다.

"저게 뭐죠? 많이 낡아 보이는데 새거나 다름없는 다른 공구들보다 값이 훨씬 비싸군요."

길가에서 조금 떨어진 곳에 놓인 상당히 손이 많이 탄 것이 분명한, 위험할 것 같지 않은 쐐기 모양의 공구였다. "저건 실망입니다." 악마가 대답했다.

"그렇다면 가격을 왜 저렇게 비싸게 매겼습니까?"

"저건 내가 다른 공구로도 가까이 접근할 수 없는 어려운 사람의 양심을 열고 들여다볼 때 쓰던 공구입니다. 실망이 그의 마음에 닿으면 그 즉시 다른 공구에게 일을 시킬 수 있습니다."

실망은 아주 위험한 바이러스다. 느릿느릿 들어와 어느덧 마음 한가운데 턱하고 버티고 앉아 눈치 없이 아무 때나 불쑥 튀어나온다. 첨단기술은 하루가 다르게 발전하고 풍요로워졌지만 인간의 본성은 예나 지금이나 변함이 없다. 구성원들의 행위를 보면 아무리 잘보려 해도 반드시 어딘가 시원찮은 부분이 있다. 이럴 때 그들의 단점을 어떻게 다루느냐에 따라 성공과 실패가 결정된다. 이강태 비씨카드 사장은 말한다.

"사람을 이해하지 못하면 인생에 기초가 없는 것. 그러면 어느 날

결정적인 순간에 넘어진다."

리더는 조직의 가치관과 목적에 영양분을 공급해주어 사람을 키우는 존재다. 어느 조직이든 사람에 의한, 사람을 위한, 사람의 역사임을 잊어서는 안 된다.

리더가 스트라이크를 판정해서는 안 된다

사람들은 객관적 사실보다 자신의 정서적 렌즈를 통해 세상을 보려고 한다. 인간은 모순투성이인데다 머릿속에 저마다의 청개구리가 한 마리씩 들어 있다. 논리적으로 아무리 옳은 얘기라 하더라도 자신의 생각과 다르다 싶으면 일단 저항하는 마음이 생긴다. 오죽하면 인기 아이돌 그룹의 노래 제목이 '1절만 하시죠'일까. 리더가 좋은 내용을 담아 이야기한다고 소통이 되는 게 아니다. 청소년기 자녀를 둔 입장이라면 잘 이해가 될 것이다. 가장 먼저 수신자의 의식이나 인식을 고려하지 않으면 그 어떤 것도 전달되지 않는다.

꽤 오래전부터 나의 머릿속을 떠나지 않는 생각이 하나 있는데 그것인즉 배려의 됨됨이는 야구의 '스트라이크' 판정과 놀랄 만큼 닮아 있다는 것이다. 스트라이크는 세 가지 조건을 충족해야 된다. 첫째, 스트라이크존이라는 일정한 폭과 넓이를 통과해야 한다. 둘째, 타자가 칠 수 없도록 완급조절을 통해 타이밍을 빼앗거나, 치기 힘든 코스로 공을 던져야 한다. 그리고 셋째, 심판이 판정한다. 눈으로 공 하나 차이까지 가려내기는 힘이 들기 때문에 같은 코스라도 볼이 될 수 있다.

즉 제대로 던지고도 다른 결과가 나올 수 있다. 비유컨대 메시지가 좋고 나쁨은 리더가 결정하는 것이 아니다. 리더의 메시지가 아무리 좋아도 구성원 개개인의 관심 포인트에 가 닿지 않으면 효과를 발휘할 수가 없다. 쉽게 말해 스트라이크존이 다르다는 것이다. 구성원 각자가 특별한 '온리 원only one'이라는 인식을 하고 상대의 눈높이에서 대화하지 않으면 스트라이크(그들의 마음에 전달되어 행동 의지가 강화되는 것)를 얻지 못해 쓸데없는 시간만 낭비하게 된다.

구성원들이 리더의 메시지에 공감하지 않고 아무런 변화를 보이지 않는 데는 두 가지 이유가 있다. 첫째, 애초에 전하고자 하는 콘텐츠가 명확하게 정리되지 않고 뒤죽박죽이 된 탓이다. 리더가 되기까지 죽도록 노력해놓고 막상 리더가 되니 악송구를 던진다. 왜 이런 일이 벌어질까? 리더가 제대로 준비하지 않고 그동안의 경험을 갖고 일을 추진하려다 보니 생기는 결과다.

둘째, 정보나 메시지를 죽 나열해서 이것도 강조하고 저것도 강조하게 되면 수신자의 머릿속은 뒤엉킨다. 다시 강조하지만 집중에서 언급했듯이 사람을 감동시키는 소통은 콘텐츠×감동의 메시지 개발×효과적인 표현이다. 따라서 리더는 구성원들이 무엇을 소중히 여기는지 세세히 관찰해 시의적절하게 배려할 필요가 있다. 세심한 배려의 축적이 리더의 매력이다. 발효리더는 다음과 같은 발효의 과정을 거친다.

첫째, 구성원들의 성향을 파악한다.

빌 클린턴 전 미국대통령은 연설능력도 대단하지만 그의 진정한 힘은 일대일로 만나 상대에게 영감을 주는 능력에서 나온다. 마찬가지로 뛰어난 감독들은 선수들과 한 명 한 명 대화하며 이해시킨다. 선수들이 경기장에 나가 감독의 구상대로 헌신하고 플레이하도록 만들려면 선수 개인과 최상의 관계를 유지해야 하기 때문이다. 리더는 구성원들과 깊은 관계를 맺는다. 일대일 대화를 하다 보면 구성원들은 그 순간 자신이 지구상에서 가장 소중한 존재가 아닌가 착각에 빠져들게 된다. 그렇다. 리더는 만나는 사람에게 그런 착각을 불러일으킬 정도로 일대일의 대가가 되어야 한다. 배려는 총론적으로 전개하는 것이 아니라 구성원의 개개 사항으로 분해해서 적용해야 하는 것이다.

둘째, 구성원 성향에 맞는 메시지를 개발한다.

구성원에게 바라는 행동이 무엇이고 그 행동을 유발시키는 것이 무엇인지 정의하고 메시지를 작성한다. 리더십이 곧 누군가에게 영향력을 끼치는 것이라면 그 사람이 무엇을 원하는지 파악해야 한다. 그래야 상대방의 행동을 이해하고 예측할 수 있을 뿐만 아니라 동기부여를 할 수 있다. 공자도 가장 중요한 핵심인 인仁에 대해서 이야기할 때 제자의 수준에 따라 다르게 정의를 내려 설명해주었다.

이를테면 이렇다. 똑똑한 안희가 물었을 때는 간단하게 정의해준다. '극기복례(나를 극복하고 예로 돌아가라)'라고. 그리고 이해력이 좀 떨어지는 번지에게는 '사람을 사랑하는 것'이라고 조금 풀어서 설명한다. 또한 곧이곧대로 우직한 자로에게는 육언육폐, 즉 6가지 말에 6가지를 가리는 인간의 폐단을 아주 자세히 설명해준다. 예를 들면 '인을 좋아하면서 배우지 않으면 바보가 된다. 좋아하면서 배우지 않으면 깡패가 된다' 등. 공자는 제자들의 성향을 파악한 뒤 각자에게 어울리는 방법으로 해석해주었다. 구성원들이 이해도 하지 못했는데, 이것은 진리니 무조건 따르라고 강요한 것이 아니었다.

우리가 쉽게 놓치는 지점이 여기에 있다. 성향과 재능이 다른 구성원들에게 똑같은 방식으로 대하는 것은 효과가 없다. 동일한 메시지를 구성원들이 모두 알아듣고 모두 똑같은 목표를 향해 나아간다고 믿는다면, 이것은 미신이다. 보상은 곧 동기부여라는 단순공식은 만고의 진리인가? 단연코 아니다. 목표를 바라보는 시각도 다르고 사람에 따라 접근법도 달라야 한다. 보상을 준다고 동기부여가 다 되는 게 아니다. 다시 말해 동기적합성이 개인마다 다르다는 사실이다. 그래서 사람을 보는 안목이 없으면 뛰어난 발효리더가 될 수 없다.

셋째, 메시지 사용 후, 스트라이크 여부를 평가하고 개선한다.

박찬호, 류현진 선수 때문에 우리에게 잘 알려진 미국 LA 다저스의 토미 라소다 감독은 스트라이크를 정확히 이해하고 잘 활용한 리더다. 스포츠 전문기자들과의 많은 인터뷰를 통해 나타난 그의 리더십 비결은 이렇다.

- 사람들의 스트라이크존은 다 달라서 한 가지 방법만으로 선수들을 동기부여시킬 수 없다.
- 사람들은 기분이 좋을 때 자신의 능력을 최대로 발휘한다. 선수들이 좋은 성적을 내면 등을 두드려주고 다가가 안아준다.

라소다 감독은 선수들에게 칭찬하는 말을 각기 다르게 한다. 선수마다 자극받는 말이 각기 다르기 때문이다. 스트라이크존이 다른 것이다. 그는 상황에 맞게 사용하는 언어를 선택하는 것이 매우 중요하다고 생각한다. '어떻게 하면 저 선수를 가장 기분 좋게 만들 수 있을까?'로 자신의 관점이 아닌 선수의 관점에서 생각한다. 라소다 감독은 홈런을 치고 온 선수에게 '최고다'라고 엄지를 치켜세워 칭찬한다. 선수의 반응이 시답잖으면 '이건 별로군' 하고 메모를 하고 다음번에 '와우' 소리쳐본다. 그때서야 반응이 나타나면 '이 친구는 와우라 하면 좋아하는군'이라고 적는다. 그는 선수들의 일상에서 얼어지는 행동양식을 주의 깊게 관찰하고 메모한 다음 그에 맞게 사용할 줄 아는 발효리더였다.

이렇듯 동기부여에는 시간과 끈기라는 발효의 시간이 필요하다. 왜냐하면 그것을 받아들이는 구성원이 어떤 사람인지 정확하게 파악해서 그에 맞게 적용해야 하기 때문이다. 이처럼 사람의 마음을 얻는 득심得心의 길은 어렵다. 단어 하나에 따라 동기부여가 되기도 하고 안 되기도 하니 인간은 참으로 민감한 존재다. 선수들은 기계적인 칭찬을 혐오한다. 성과를 못 내면 '먹튀'니 뭐니 하면서 가차 없이 버려진다는 사실을 잘 알고 있다. 선수들은 늘 감독에게 묻는다.

'당신은 나를 배려하는가? 나를 도울 수 있는가? 내가 믿을 수 있는가?'

라소다 감독은 선수들의 질문에 가슴으로 대답했고 선수들은 마음을 열고 그를 믿고 따랐다. 자연히 뛰어난 성과는 따라왔다. 그는 제대로 스트라이크를 던진 것이다. 그의 표현에 따르면 "대통령부터 연봉 수십억이 넘는 선수든 술집에서 일하는 사람이든 우리는 누구나 동기부여받고 싶어한다"는 것이다. 누구나 아는 내용이지만 쉽게 실천하기 어려운 항목이다. 인간이란 인정과 자부심을 통해서 최선을 다하는 동물이라는 것을 라소다는 잘 알고 있었다. 어렸을 때 부엌에서 우유를 마시다가 발견한 다음 글귀가 그에게 이러한 사실을 각인시켰던 것이다.

'기분 좋은 소가 더 좋은 우유를 만든다.'

그렇다면 기분 좋은 선수가 더 나은 경기를 하지 않겠는가. "그래서 나는 선수들을 즐겁게 하기 위해서 노력한다. 선수들이 좋은 성적을 내면 나는 등을 두드려주고 다가가 안아준다." 애정 포인트를 쌓을 기회를 놓치지 않는 것이다. 더욱이 그는 선수들과 친구처럼 어울리며 함께 식사하고 게임을 했을 뿐만 아니라 선수가족들과도 교류하면서 친밀감을 유지했다. 박찬호가 라소다 감독을 양아버지와 같다고 한 적이 있는데 라소다에게는 그런 선수가 LA의 빌딩만큼 많다.

감독은 고도의 긴장을 요구하는 삶이다. 라소다 감독은 '아픔의 족보와 기쁨의 족보'를 먼저 파악해서 남들이 보지 못한 아픔을 먼저 보고 남들과 다른 기쁨을 만들어냈다. "연봉이 얼마짜리인데 그것도 못해." 하면서 연봉에 초점이 가 있으면 3류요, 가치로 주목하게 하면 2류요, 가슴으로 주목하게 하는 것이 바로 일류리더다. 선수들은 리더의 진심을 알아본다.

작가 이철환은 "당신의 재능은 사람들 머릿속에 기억되지만, 당신의 배려와 인간적인 여백은 사람들 가슴속에 기억된다. 가슴으로 당신을 기억하는 사람들은 모두 다 당신 편이다"라고 말한다.

사람을 귀하게 여기고 가치관을 공유하는 조직은 전쟁이든 위기든 극복할 수 있다. 미 해병대는 식사할 때는 서열이 뒤집힌다고 한다. 이등병이 맨 먼저 배식을 받고 최상급자는 마지막에 배식을 받는다. 명령이 아니고 문화다. 그래서 『리더는 마지막에 먹는다』라는 책이 나왔을 정도다. 요즘 회자되는 '외모는 예선, 마음은 본선이다'라는 말처럼 리더는 '능력은 예선, 배려와 진정성이 본선'이 되어야 한다. 발효리더는 일상의 업무에서 늘 동기부여의 기회를 포착하고, 별것 아닌 것 같지만 세심하고 작은 마음 씀씀이로 큰 감동을 낳아야 한다. 그러니 리더들이여, 구성원의 눈으로 가치가 체감되도록 다시 점검하라.

조직 향상을 위해 건강한 경계를 구축하라

인간은 그저 잘해준다고 열심히 하는 그런 단순한 존재가 아니다. 따뜻하게 감싸되 단호해야 한다. 인간적 배려 속에서 잊지 말아야 할 것은 냉정하게 과업을 생각해보는 일이다. 리더가 그것을 직시하지 않으면 성과를 낼 수 없다. 잘못된 것에 대한 올바른 질책이 필요하다. 실패를 통해 배우고 무엇을 바꿔야 하는지 교훈을 얻어 이전과 다르게 행동하도록 해야 한다. 그런 일까지 해야 하는 것이 리더의 역할이다. 따라서 건강한 경계를 구축해야 한다. 벽은 허물되 넘지 말아야 할 선은 지켜야 한다. 삼현일장의 사고가 필요하다. 긍정적 피드백 3에 부정적 피드백 1의 균형이 공감을 극대화시킨다. 부정적 피드백은 단호하되 간결해야 한다. 우선 리더는 불필요한 간섭으로부터 구성원을 보호해야 한다, 그래야 구성원들이 일에 전념할 수 있다.

인간은 배려와 은혜를 쉽게 잊는 존재다. 배려가 계속 내게만 와야지, 다른 사람에게 가는 순간 그것을 불만거리로 삼는 게 인간의 본성이다. 인간은 말로 이치를 깨닫는 경우가 거의 없다. 목에 칼을 들이대거나 호통을 치면 대개 정신이 번쩍 든다. 여기서 리더들은 두 가지 갈림길에 선다.

- 인스턴트 리더 – 인간에게 잘해주면 소용이 없다. 겨울을 겪어봐야 봄이 귀한 걸 안다고 했다. 혹독한 겨울일수록 오는 봄이 더 귀하다. 그러니 모든 것을 얼게 만드는 '겨울왕국'으로 만들어야 한다. 생존에 대한 위협을 느껴야 비로소 정신을 바싹 차

린다.

- 발효리더 – 리더인 내가 베푼 배려, 식은땀을 흘리며 번민의 날을 보낸 헌신, 탁월한 능력 등등에 대해 구성원들로부터 찬양과 칭송을 받으려고 하지 않아야 한다. 공치사를 받을 필요가 없고 그럴 만한 가치도 없다.

인스턴트 리더 형처럼 인내심이 부족하고 용서할 줄 모르는 리더가 구성원들에게 강압적인 태도를 취할 것이라는 예상은 누구나 할 것이다. 하지만 좀 더 깊게 살펴보면. 사람을 다루는 데 있어 호통과 처벌이 우선인 조직은 인재가 소리 소문 없이 빠져나가게 되어 있다. 그렇게 되면 쭉정이만 데리고 매일 호통 치는 지옥을 경험하게 될 것이다. 게다가 호통은 효과가 계속 반감되는 효용체감의 법칙에 포함되는 접근법이다. 리더는 그 자리에 합당한 기대에 부응하기 위해 노력하면 된다. 현장에서, 은밀한 곳에서 좋은 평가가 있다면 그건 좋은 일이다.

리더는 어떠한 상황에서도 자신에게 맡겨진 일을 잊어선 안 된다. 이걸 잊지 않기 위해 천장에 칼을 걸어놓고 경계로 삼은 리더가 있다. 절제와 겸손 그리고 인내의 존재로서 사용하는 칼은 참 독특하다. 어떠한 칼이든 칼의 목적은 세상을 베기 위함이다. 단지 명검은 상대방을 통증 없이 한 칼에 베고 한번 내려치면 소시지처럼 두 동강 내는 게 다를 뿐. 부드러운 듯 강하며 강한 듯 부드러운 그러나 스치기만 해도 치명적인 상처를 내는 명검. 힘, 권력, 리더십의 상징으로서 칼이 사용되는 것은 세상의 상식이다.

리더의 숙명 다모클레스의 칼

그리스인들은 시라쿠스뿐만 아니라 프랑스의 니스까지 식민지를 건설했고 로마에 정복당할 때까지 번영을 누렸다. 기원전 4세기 시칠리아의 시라쿠스를 다스리던 왕은 디오니시우스였다. 그는 멋진 왕궁에 살면서 많은 신하를 거느린 훌륭한 왕이었다. 그러다 보니 그의 엄청난 부와 권력을 탐내는 사람들이 많았다. 다모클레스도 이들 중 하나였다. 어느 날 디오니시우스왕은 부러워하는 다모클레스에게 한 가지 제안을 한다.

"진정으로 내가 부러우냐?"

"말할 것도 없지요. 왕께서 가지신 부와 권력을 보십시오. 이미 모든 것을 가졌고, 또 원하는 모든 것을 가질 수 있으니까요."

"그렇다면 하루만 나와 위치를 바꿔보겠나?"

왕의 제안은 다모클레스를 들뜨게 만들었다. 다음 날 다모클레스는 왕궁으로 초대되었고 모든 신하들이 그를 주인으로 모시기 시작했다. 훗날 펠릭스 오브레와 리처드 웨스트가 그린 '다모클레스의 칼'이라는 그림들에 이날의 모습이 잘 나타나 있다. 온갖 무늬가 아로새겨진 화려한 황금의자, 무릎을 꿇고 술과 과일을 바치는 아리따운 시녀들, 테이블 위에 놓인 금은 식기들……. 최고의 술을 황금 술잔에 따르며 그는 자신의 행복을 만끽했다. 그런데 술잔을 입에 대려는 순간, 다모클레스는 머리 위에서 어떤 섬뜩한 느낌이 들었다.

"저게 뭐지?"

천장을 올려다보던 그는 소스라치게 놀란다. 천장에는 칼이 말총한 가닥에 의지한 채 대롱대롱 매달려 왕좌를 향한 채 번뜩이고 있었다. 말총 가닥이 끊어진다면 바로 목숨을 잃게 될 상황이었다. 그 순간 그의 몸은 얼어붙었고 얼굴에 미소도 사라졌다. 그때 디오니시우스 왕이 들어왔다.

"어때, 행복한가, 친구!"

"왕이시여, 저 천장에 매달린 칼은 대체 무엇입니까?"

왕은 빙그레 웃으며 대답했다.

"왕이라는 자리가 겉으로는 좋게만 보여도 그 위에는 이렇게 언제 떨어질지 모르는 칼날이 늘 도사리고 있네. 머리 위에 매달린 저 칼의 무게를 지탱하고 있는 말총가닥은 사실 언제 끊어질지 모르지. 한 나라의 지도자는 언제나 이런 위험들에 둘러싸여 있다네. 권력에 따른 의무겠지. 그래도 그대는 내가 부러운가?"

오금이 저린 다모클레스는 즉시 왕좌에서 내려왔고 그때까지 품었던 왕에 대한 부러움이 싹 가셔버렸다. 그리고 다시는 권력을 탐하지 않았다. 다모클레스의 칼은 일반적인 리더의 것처럼 전장을 누비며 싸우는 칼이 아니고 적을 피로 물들이려는 칼도 아니다. 아무 부족함 없이 권력을 지닌 왕의 머리 위에 매달려 왕의 목숨을 위협하는 칼이라니.

한치 앞도 내다보기 힘든 뿌연 안개 속에서 의사결정을 해야 하는 결정적인 순간에 사람은 언제나 홀로 불을 밝히며 갈등하고 고민한다. 제대로 결정하지 못하면 목숨을 잃게 하는, 머리 위에서 아슬아슬하게 매달린 채 압박하는 '다모클레스의 칼'이 있다.

어떤 칼을 갖고 있든 잘 갈고 벼리지 않으면 무딘 칼이 된다. 리더는 목적을 완수하겠다는 강한 의지를 가져야 한다. 리더는 구성원들의 인기와 환호에 목매선 안 된다. 모든 구성원들을 배려한다며 두루뭉술하게 조직을 이끈다면 그들이 먼저 리더의 무능을 탓하며 등을 돌릴 것이다. 리더가 해야 할 일을 명확히 인식하고 원칙과 가치관의 칼을 세우고 단호해야 한다. 이나모리 가즈오 회장이 자주 사용하는 말이 있다. "작은 선小善은 대악大惡을 낳고 큰 선大善은 비정하고 차갑게 보인다. ……계속 "오냐, 오냐" 하고 필요할 때 엄하게 꾸지람을 하지 않으면 인내력도 없고 노력할 줄도 모르는 사람이 된다. 이것이야말로 작은 선이 큰 악을 만든 것이다."

리더가 작은 인정과 배려의 덫에 걸려 구성원을 망쳐서는 안 된다. 인간미가 넘치는 좋은 리더가 뒤통수를 맞는 경우는 무조건 관대하게 대하다 결국 무능 혹은 직무유기라는 비판을 받게 된 경우다. 자신이 파놓은 함정에 스스로 빠지고 만 꼴이다. 사람만 좋은 리더가 무능을 부르는 법이다. 인정과 업무가 부딪칠 때는 업무를 우선에 두어야 한다. 다만 리더의 감정이 아니라 엄격한 규율과 원칙으로 조직을 이끌어야 한다.

편안할 때도 위험을 잊지 마라

리더의 자리가 오죽 힘들면 지혜의 왕이라는 솔로몬도 기도의 주제가 '지혜를 달라'는 것이었겠는가. 성경 전문가에 따르면 솔로몬이 신에게 요청한 것은 지혜(히브리어로 '호크마')가 아니라 '듣는 마음(히브리어로 '레브 쇼메아')'이라고 한다. 솔로몬이 박학다식했기 때문에 우리는 솔로몬이 흔히 말하는 지혜(똑똑함)를 구했다고 알고 있으나, 솔로몬이 구한 것은 그것을 넘어선 '듣는 마음'이었다. 성경은 '듣는 마음'이 지혜라고 말한다. 마음을 듣고 그 마음을 헤아릴 때 옳고 그름을 분별할 수 있다. 이처럼 솔로몬의 지혜는 머리가 아니라 마음과 관련해서 나타난다. 지혜는 마음에 자리 잡아야 '듣는 마음'이 없는 똑똑함은 헛똑똑이를 양산할 뿐이다.

배려는 가슴으로 하는 것이지 머리로 하는 게 아니다. 프란체스코 교황은 세상의 변화를 위해 몸부림치며 노력하는 자기 자신인 '나를 위해 기도해달라'고 부탁할 정도로 리더의 자리는 '높고' 외롭고 힘들다. 높고에 방점을 찍은 이유는 이 '높고'라는 단어가 있음으로 해서 좀 더 인내할 수 있기 때문이다. 교황보다 어리석은 우리에겐 지혜가 더 필요하다. 다음은 헛발질을 자주 할 수밖에 없는 우리들에게 적합한 기도문이다.

"바꿀 수 없는 것은 받아들이는 평온과 바꿀 수 있는 것은 바꾸는 용기와 또한 그 차이를 아는 지혜를 주옵소서."

진정한 배려란 무엇일까? 쉽게 대답할 수 없는 이 숙제를 리더는 늘 마음에 품고 있어야 한다. 지혜는 머리에 자리 잡는 게 아니라 마음에 깃들여 있는 것이다. 무엇보다도 리더의 내면에 품은 칼이 다모클레스 칼과 같이 위기를 늘 인식하는 절제와 인내의 칼이 되어야 한다. 안불망위安不忘危! 편안하고 잘나갈 때에도 위험을 잊지 말고 준비해야 한다.

로버트 프로스트의 다음 시구를 한번 기억하기 바란다. "내게는 지켜야 할 약속과 잠들기 전 가야 할 길이 있다."

4장

톱 리더의 조건 E
– 앙상블

성공하는 리더는 고도의 실행능력을 통해 결정적인 성과의 차이를 이끌어낸다.
실행은 지시대로 움직이고 행하는 것이 아니라 적응력과 융통성을 갖춰야 하는 일종의 재창조 과정이다. 따라서 실행할 수 없다면 유효한 리더십이 아니다. 실행은 에너지를 가장 많이 필요로 하는 마지막 공정이다. 백분율로 표시하면 계획이 10퍼센트, 소통이 30퍼센트, 실행이 60퍼센트다.

왜
앙상블인가

협업은 시대정신이다

"계획이 10이면 소통이 30이고 실행이 60이다."

흔히 머리에서 가슴head to heart까지의 여행을 인생에서 가장 가깝고도 먼 여행이라고 한다. 그러나 그보다 더 먼 여행이 있다. 가슴에서 다리heart to feet까지의 여행이다. 다리는 실천이며 현장이다. 노르웨이 격언에 '좋은 계획에서 좋은 행동으로 가는 길처럼 먼 것은 없다'는 말이 있다. 우리는 이에 대한 많은 경험을 갖고 있다. 공부 열심히 해야지, 하고 마음먹었는데 시간이 조금 지나고 나면 그 마음이 모래성처럼 허물어진다. 훌륭한 생각과 멋진 아이디어를 가진 사람은 무수히 많다. 그러나 행동으로 옮기는 사람은 언제나 소수다. 무슨 일이든 마음먹는 것은 쉽지만 행동으로 옮기기는 쉽지 않다. 마음먹고 행동으로 옮기는 데는 망설임이라는 계곡이 존재하는데 이 계곡에는 '72 법칙'이 적용된다.

인성 훈련 전문가인 요르크 뢰어는 수많은 사람을 트레이닝하는 동안에 어떤 숫자 하나가 상당히 효력이 있음을 깨달았다. 바로 '마법의 숫자 72'이다. 그는 이렇게 말한다. "이 숫자는 당신이 목표를 실현할 때도 효력을 발휘할 것이다. 이를테면 당신이 72시간 내에 실행에 옮긴 일은 성공할 확률이 90퍼센트 이상일 것이다."

우리는 앞으로 72시간 내에 실행에 옮기는 일은 성공할 확률이 90퍼센트 이상이라는 믿음을 갖고 일에 임해도 될 것이다. 태광그룹의 어느 해 신년사는 이랬다. "『포춘』지에서 보고한 바, 실패하는 리더의 70퍼센트는 단 하나의 치명적인 약점이 있다. 그것은 바로 실행력의 부족이다. 오늘날 미국경영자의 95퍼센트가 옳은 말을 하고 5퍼센트만이 옳은 일을 실행에 옮긴다." 실행하는 5퍼센트 인재가 되자는 강한 주문이었다.

무언가를 성사시키기 위해서는 결심한 다음 바로 실행에 옮겨야 한다. 성과는 행동과 연결되어 있다. 성공한 사람은 지속적인 행동을 통해 계획을 구체화시킨다. 닛산의 카를로스 곤 사장은 "계획의 입안은 일의 5퍼센트에 불과하며 나머지 95퍼센트는 계획의 실행에 달려 있다"고 주장한다. 너무 계획의 가치를 적게 보는 게 아닌가 싶을 정도다.

실행은 소통에 기울이는 노력의 두 배 이상의 에너지가 필요한 일이다. 그 이유는 전략이나 수준 높은 소통도 모두 실행으로 구현되어야 하기 때문이다. 사전에 아무리 충분히 준비하고 꼼꼼하게 배치했어도 주변 형세에 따라 모든 것이 변할 수 있다. 전략을 아무리 잘

수립하고 성과가 예측된다 하더라도 진정한 성과는 현장과 맞물려 있다. 나폴레옹은 이런 말을 남겼다. "전투에 돌입하고 나서야 비로소 그 결과가 명백해진다." 전략가인 나폴레옹마저 실제 전투를 해봐야 승패를 알 수 있다고 말한 것이다.

실행을 해봐야 비로소 전략의 가치나 소통의 효과가 나온다. 그렇기에 실행이 그만큼 중요한 것이다. 성공하는 리더는 구성원들을 리드해 고도의 실행능력을 통해 결정적인 성과의 차이를 이끌어낸다. 실행은 지시대로 움직이고 행하는 것이 아니라 적응력과 융통성을 갖춰야 하는 일종의 재창조 과정이라 할 수 있다. 그런 의미에서 실행할 수 없다면 아무리 잠재능력이 뛰어난 리더라 하더라도 유효한 리더십을 발휘한 것이 아니다. 실행은 에너지를 가장 많이 필요로 하는 마지막 공정이다. 백분율로 표시하면 계획이 10퍼센트이고 소통이 30퍼센트이고 실행이 60퍼센트다.

아무리 좋은 생각이고 위대한 비전이라 하더라도 구성원의 공감을 얻지 못하고, 설령 그것을 구성원들과 공감했다 하더라도 실행으로 이어지지 않는다면 아무런 가치를 갖지 못한다. 경영자를 CEO라 하는데 그 역할의 중심에 실행이 있다.

- 최고Chief – 의사결정을 내리고 책임지는 '최고' 자리를 말한다.
- 실행Executive – 말이 아니라 앞장서서 '실행'한다는 뜻이다. 실행이 최고의 가치요, 중심개념이다. 그래서 솔선수범을 강조하는 것이다. 실행 때문에 최고라는 표현과 오피서Officer라는 명예로운 호칭을 주는 것이다. 일종의 샌드위치로 최고와 오피서의 한가운데에 실행이라는 본질이 들어 있다.
- 오피서Officer – 높은 기준과 가치를 가진 명예로운 호칭

따라서 CEO는 '최고 실행가'다. 그런데 톱 리더일수록 실행보다는 전략과 계획을 세우는 데만 몰두하기 쉽다. 실행은 아랫사람에게 맡기고 실행과정이나 현장의 일에는 깊이 관여하지 않고 막연한 낙관주의로 임하다 보니 서서히 가치가 하락할 때도 알아채지 못해 시기를 놓쳐버린다. 계획과 실행은 높은 상호의존성을 띠고 있다. 사실 지위고하를 막론하고 실행은 아주 중요하다. 알리바바의 마윈 회장은 이렇게 실행을 강조한다.

"일류 아이디어와 삼류 실행능력과 삼류 아이디어와 일류 실행능력 중 하나를 고른다면 나는 후자를 택할 것이다."

실제 그는 이미 아마존이 모든 것을 하고 있다고 남들이 생각하고 있을 때에 가능성만을 믿고 뛰어들었다. 그는 어떤 뛰어난 전략을 갖고 있다 하더라도 실행하지 않고서는 현실화할 수 없음을 잘 알고 있는 리더였다. 더 나아가 그는 CEO를 '고객Customer, 종업원Employee, 대주주owner'의 약어라고 말한다. 고객(파트너)의 이익을 먼저 챙기고 종업원들을 성장시키는 행동의 주체가 오너라는 것이다. 그에겐 최고Chief니 명예로운 호칭Officer은 의미가 없다.

마무리가 일에 왕관을 씌우는 법

누가 경기를 시작했느냐가 중요한 게 아니라 누가 경기를 끝내느냐가 중요하다. 화타 같은 전설적인 명의가 내린 처방전이라 하더라도 처방전만으로는 병을 고치지 못한다. 적절한 약재를 잘 배합해 약을 짓고 환자가 이것을 잘 복용해야 효과를 볼 수 있다. 비유컨대 처방전은 전략이라 할 수 있다. 그리고 약을 짓고 복용하는 것은 곧 실행이다. 실행 없는 전략은 처방전 같은 종이에 불과하다. 따라서 전략을 세우는 것도 중요하지만 실행의 가치가 훨씬 중요한 것이다.

세상에서 가장 어려운 일에는 두 가지가 있다. 하나는 남의 머리에 자기 생각을 집어넣는 것이고, 또 하나는 남의 호주머니에 들어 있는 돈을 빼오는 일이다. 그런데 이 두 가지 모두 능숙한 사람이 있다. 바로 우리들의 배우자인 마누라다. 비록 유머지만 아내의 리더십은 좋은 계획을 세우는 것만으로 부족하다는 것을 깨닫게 한다. 계획은 효과적으로 실행되지 않는 한 무용지물에 불과하다. 아내의 리더십을 배울 수 있다면 최고의 비법을 전수받는 것과 같다.

리더는 환경 변화를 읽고 민첩하게 전략에 반영하고(머리, 전략적 민첩성), 구성원들과 중요한 것에 대해 공유한 뒤(가슴, 커뮤니케이션), 강력하게 실행할 수 있도록(팔 다리, 앙상블) 영향력을 발휘하는 존재다.

다시 자전거 모형을 보자. 자전거는 앞바퀴인 대담한 전략(A)과 뒷바퀴인 강력한 실행(E)이 연결(C)되어 있다. 어느 한 바퀴라도 부러지거나 따로 놀면 인생이든 비즈니스든 제대로 굴러가지 못한다. 리더는 양 측면을 고려하면서 이끌고 가야 한다. 이 모형에서는 실행의 중요성을 강조하기 위해 뒷바퀴가 앞바퀴보다 훨씬 크게 만들어져 있다.

리더의 가치는 강한 실행력에서 나온다. 리더는 구성원에게 자극을 주고 새로운 시각으로 생각하고 도전해서 더 나은 결과를 만들도록 해야 한다. 영국 속담처럼 '마무리가 일에 왕관을 씌우는 법'이다. 똑같이 우수한 비전과 전략을 수립했다 하더라도, 어떤 기업은 승승장구하고 어떤 기업은 실패한다. 그 이유는 바로 실행력의 차이에서 비롯된다. 실행은 단순한 실천만을 의미하지 않는다. 전략만으로 해결할 수 없는 모순은 실행을 통해 완성되고 종합된다. 실행은 실행 이전의 생각, 전략의 오류를 바로잡는 데도 유용하다. 소통의 완성 역시 실행이다. 실행하면서 대화하고 대화하면서 실행한다. 그래서 아래 그림처럼 실행 속에는 소통과 전략이 모두 내포되어 있다.

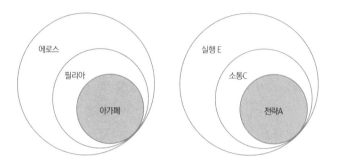

사랑으로 비유하면 가장 안쪽이 아가페, 가운데가 필리아, 맨 바깥이 에로스다. 남녀 간의 사랑(에로스, 뜨거운 끌림)은 그 안에 인간 사이의 우정(필리아, 친밀감), 가장 깊숙한 곳에 헌신적인 사랑(아가페, 헌신)이 존재하지 않는다면 오래 유지할 수가 없다. 이 세 요소 중에 한 가지만 있다면 그것은 사랑이 아니다. 에로스만 있다면 그건 하룻밤의 불장난이고 필리아만 있다면 그건 그냥 친구다. 그리고 아가페만 있다면 신체적 설렘도 없고 친밀감도 적고 오로지 헌신만 하는 슬픈 스토리다.

처음엔 에로스가 빨리 끓었다 빨리 식는 반면 필리아는 같이 보내는 시간에 비례해서 커져가고, 아가페는 어느 순간 확! 커지는 속성을 갖고 있다. 사랑을 유지하는 좋은 방법은 정情이라 부르는 필리아와 아가페가 충분히 자랄 때까지 불타는 열정(에로스)이 꺼지지 않게 노력하는 것이다.

마찬가지로 가장 안쪽이 전략(A), 가운데가 소통(C), 맨 바깥이 실행(E)이다. 전략만 있다면 며칠 밤을 새워 만든 불장난 밖에 안 된다. 실행 없는 전략은 무용지물이다. 소통만 있다면 기업도 아니고 그냥 친구 사이다. 실행(E)은 공감의 밑바탕이 없이는 중구난방이 되기 십상이고 전략 없이는 방향도 모른 채 열심히만 하는 꼴이다. 이와 같이 A, C, E 세 가지는 각기 분리된 것이 아닌 그 안에 높은 수준의 상호 관계성을 갖고 있어 유기적 성장을 이루어내는 힘이 된다.

조율 없이 성과 없다

조직이 강하다는 건 무엇을 의미하는가? 약하다는 것은 무슨 의미이며, 또 강한 속성은 무엇일까? 누구나 다 알다시피 합치면 강해지고 흩어지면 약해진다.

'천상천하 유아독존'일 것 같은 스티브 잡스조차 앙상블의 가치를 중시하며 이렇게 말하고 있다. "나의 비즈니스 모델은 비틀스다. 그들 네 명은 틀리지 않기 위해서 서로 체크하면서 연주한다. 그렇게 서로 균형을 맞춘 끝에 부분들의 합보다 큰 결과를 낳는다. 비즈니스에서도 큰 성과는 개인 혼자서 이룰 수 없다. 구성원들의 팀워크에 의해서만 성취될 수 있다."

그는 미친 자들을 모았고 그들의 팀워크를 위해서 자신은 잡다한 일도 마다하지 않았다. 스티브 잡스는 합쳐지면 강해지는 팀워크의 중요성을 누구보다 잘 알았다. 『더 로스트 인터뷰』에서 그는 이렇게 말한다. "훌륭한 아이디어가 있으면 일의 90퍼센트가 끝났다고 생각하는 것은 병이다. 훌륭한 아이디어가 제품이 되려면 엄청난 기술이 필요한 법이다. 훌륭한 아이디어도 전개할수록 바뀌고 진화한다. 절대 처음과 같지 않다. 자세히 들어갈수록 더욱 많은 것을 알게 되고 바꿔야 하는 것도 아주 많이 보이기 때문이다."

그는 좋은 아이디어가 있다면 당장 실현할 듯 김칫국을 마시는 사람을 아주 중병에 걸렸다고 단언하며 다음과 같이 말한다. "훌륭한 아이디어일수록 실현에 엄청난 기술이 필요하다. 지금의 프로세스와 재료 그리고 기술로는 해결되지 않는 게 너무 많다. 이 모든 것을 고려할 때 5,000여 가지 생각을 머릿속에 넣고 임해야 한다. 원하는 것을 얻기 위해 5,000여 가지 세부적인 문제를 매일 새로운 다른 생각과 조화롭게 맞춰가야 한다. 매일 매일 새롭게 수정하면서 나아간다. 당연히 처음과 많이 달라진다. 바꿀 것이 많이 보인다. 새로운 문제와 기회들을 조금씩 다르게 표현한다. 이런 프로세스가 매직이다."

모든 일이 의도된 기획과 전략대로 움직이기란 쉽지 않다. 거의 불가능하다고 보면 된다. 때론 예상치 못한 변수가 일의 진행을 통제하기도 한다. 그 변수가 득일지 실일지 누구도 모른다. 하지만 잡스는 계획대로 되지 않는 것을 뭔가 더 좋은 일이 벌어지고 있다는 조짐으로 해석한다. 계획된 일이 제대로 되지 않는다는 것은 문제가 아니라 더 좋은 기회를 발견하는 매직의 순간이라는 것이다. 미처 예상치 못한 멋진 일들이 일어나는 순간은 바로 우리가 계획한 대로 되지 않을 때인지도 모른다. 외부환경의 불확실성이 더 커지고 경쟁이 격화되면서 실행도 이전보다는 유연성과 적응성 그리고 민첩성이 훨씬 더 강조되고 있다. 이런 때일수록 전체의 조화, 즉 앙상블은 더 중요한 가치를 지닌다.

내부에서 앙상블의 미풍이 불어야 세상 밖으로 태풍을 일으킬 수 있는 법이다. 하지만 큰 그림을 공유하지 못한 채 각자 뿔뿔이 흩어져 실행하다 보면 전체적인 그림은 일그러지게 되고 상황변화가 발생해도 신속하게 반영할 수가 없게 된다. 그다음은 보지 않아도 뻔하다. 여러 주체들과 협력과 동행 없이 단독으로는 성과를 내기가 힘들다. 거대한 함선과 단독 항해하는 범선의 차이와 같다. 조직의 성과는 부분과 전체의 모순을 어떻게 극복하느냐에 달려 있다. 구성원 간의 수준 높은 '협업'이 중요하다. 조금 늦더라도 다 같이 빨리 가는 길을 만들어야 한다. 협업은 조직의 각 부서 내에서 여러 의견을 조율한 끝에 나오는 앙상블이자 협주곡이다.

한 가지 소리는 아름다운 음악을 만들지 못한다

앙상블은 '두 사람 이상의 연주자에 의한 합주 또는 합창'을 말한다. 이 책에서 앙상블은 '조직이 서로 조화를 이루며 함께 실행하는 협업'을 의미한다. 실행의 다른 단어execution보다 앙상블을 훨씬 중요하게 여기는 이유는 구성의 역설을 경계하기 위함이고 또한 협업의 가치를 중시하기 위함이다. 첫째, 각 부분과 리더 개개인이 최고의 합리적인 선택을 할지라도 기업 전체에 위기가 오는 불합리한 상황을 낳는 구성의 역설은 언제든지 일어날 수 있다. 비즈니스는 개인전이 아니라 단체전이라 팀워크가 매우 중요하다. 오케스트라나 스포츠와 달리 비즈니스는 엄청난 수의 팀원들이 존재한다. 이런 팀원들의 힘이 어떻게 짜였는지에 따라 결과가 달라진다. 각자가 열심히 해도 그 힘이 뿔뿔이 흩어져 분산된다면 그 팀은 아무것도 이루지 못한다.

컴퓨터나 자동차의 부속을 각기 떼어놓고 보면 쓸모없는 것에 불과하지만, 제자리에 있으면 중요한 부품이 되는 것처럼 하나가 될 때 그 각각이 의미를 지닌다. 독단은 금물이다. 아무리 뛰어나도 자기를 내세우는 데 급급한 리더라면 팀워크를 무너뜨린다. 전체가 하나로 연결되고 협력할 때에 리더의 개성도 의미가 있다. 리더와 구성원이 서로 의견을 교환하고 조율해야만 높은 수행능력을 발휘할 수 있는 팀워크를 만들 수 있다.

변화하는 환경에 적응하기 위해 내부적으로는 한 방향으로 정렬하고 앙상블을 이루어 유연하게 대응해야 한다. 생태계 내에 파트너들과 네트워크를 형성해 협력을 강화하고 그 역량을 기반으로 경쟁 우위를 확보한 기업들이 많다. 오늘날 주체들 간 상호의존 경향은 점점 커지고 있다. 기업과 고객의 협력은 선택이 아닌 필수의 시대인데 내부에서 진정한 앙상블을 이루지 못한다면 생존마저 장담할 수 없다. 세상이 바뀌었는데도 여전히 자신들의 시각으로만 세상을 해석하고 내부의 주체들 간 불협화음으로 인해 안쪽부터 무너져 내린다. 구성원들이 내부 갈등에 대응하느라 급급하다면 외부 위험에 대한 조직 전체의 대처역량은 현격히 줄어들 수밖에 없다.

앙상블에 대해 아직 준비가 되어 있지 않다면 앙상블이 잘되고 있는 기업을 분석하고 비결을 훔쳐서라도 개선시켜야 한다. 기업에서 위대한 성과는 위대한 솔리스트에 의한 것이 아니라 협력해 이뤄내는 합주에 의한 것이다. 샘이 만나 강을 이루고 다시 바다를 이루어내듯이 여러 사람의 깊고 다양한 지혜를 새로운 가치로 만들어내는 게 리더의 역할이다. '서로 다른 것들이 모여 아름다움을 만든다. 한 가지 소리는 아름다운 음악을 만들지 못하고 한 가지 색은 찬란한 빛을 이루지 못하며 한 가지 맛은 진미를 내지 못한다'는 말도 있지 않은가.

'여기, 지금, 이 순간의 나'를 알아차리기

앙상블을 이루려면 사전에 조율과정은 필수다. 특히 현악기는 보관하는 중에 습도나 온도의 영향으로 줄이 팽창하거나 수축되어 음이 달라져 있다. 또한 피아노는 내부의 피로 탓에 미세하게 음이 틀어져 있어 조율을 필요로 한다. 사람만 피로한 게 아니라 악기도 금속도 모두 피로를 느낀다. 동일한 음이라도 사람마다 미묘한 차이가 있다 보니 특정한 음을 기준으로 그 음에 맞춰 전체 악기의 음높이를 가지런히 해 각자 자신의 음이 정확하게 맞는지를 확인하는 작업이 이루어져야 하는 것이다. 조율되지 않은 상태로 연주한다면 조화로운 하모니를 기대할 수 없다. 마찬가지로 조직에서도 조율되지 않은 일은 시간만 낭비할 가능성이 높다. 구성원 각자는 악기다. 목적에 맞게 아름답게 연주할 것인가, 어수선하고 짜증나는 혼돈으로 끝날 것인가는 조율에 달려 있다.

따라서 혹시 불협화음을 내고 있는지 먼저 자신의 소리부터 들어야 한다. 나의 소리가 전체에 얼마나 조화롭게 섞여 드는지 각별히 신경을 쓰는 일이다. 이것을 수행에서는 '알아차림'이라 한다. 수행에서는 놓아버리기, 내려놓기 등 여러 방법이 있으나 그중에는 '알아차림'이라는 중요한 과정이 있다. 내 마음의 주소를 봐야 한다. 내 마음이 지금 어디에 가 있나. 그걸 챙겨야 한다. '여기, 지금, 이 순간의 나'를 알아차리고 한 생각에 집중하면 고요한 평정을 얻고 이를 계속하면 상당한 수준에 이른다는 것이다. 사실 매 순간순간을 알아차린다는 게 결코 쉬운 일이 아니다. 리더 역시 본인이 내는 소리가 전체와 조화로운지 나를 먼저 돌아보는 것, 이것이 세상에 나아가기 위한 가장 확실한 교두보로서 '알아차림'이다. 우리는 스스로 물어봐야 한다.

- 리더, 임원, 팀장들이 추진하고 있는 중요한 목표와 방향이 서로 일치하는가?

- 목표를 함께 공유하고 협업하는 문화가 조성되어 있는가?
- 어떤 방식으로 구성원들이 높은 수준의 실행을 하도록 동기를 유발할 것인가?

잠깐 멈춰 서서 우리의 목표를 재확인하고 방향을 일치시켜야 한다. 서로 떨어져 있는 점들을 연결하며 동일한 관점에서 일을 진행해야 효율이 커진다. 리더는 협동적인 분위기를 조성하고 구성원들의 상호교류를 저해하는 요소와 비합리적이고 중복적인 업무를 제거해야 한다.

회의진행을 할 때도 좌표계를 조율해야 한다. 회의진행을 할 때 주제를 다 안다고 생각하고 곧바로 의제로 들어가기 쉽다. 그러고는 한참 지난 뒤에 '우리가 토론하는 게 무슨 목적이지?'라고 묻는 일이 발생하는데, 이는 토론에 앞서 현재 좌표와 앞으로 나갈 좌표를 정하지 않아 생긴 문제다.

나의 휴대폰 벨소리는 몇 년째 JK 김동욱이 부른 한영애의 노래 「조율」이다. 곡도 뛰어나지만 가사가 맘에 들어 계속 사용 중이다. 나름 의미를 둔 벨소리 선택인데, 오래 들어도 지겹지 않으면서 무심결에 전화를 건 사람도 조율의 의미를 한 번 더 생각했으면 해서다. 가사는 이렇다. '고립은 위로로, 충동이 인내로, 모두 함께 손잡는다면…… 조율 한번 해주세요.' 벨소리를 들을 때마다 조율은 참으로 힘든 영역임을 느낀다. 하느님까지 불러들여야 하니까. 오늘도 나는 느낀다. 여전히 조율을 하지 못했구나 하는 반성과 함께 조율의 무게를.

'높은' 수준의 협업을 실행하라

마키아벨리가 지도자에게 요구한 3대 요소는 비르투(역량), 포르투나(운), 네체시타(시대의 요구에 합치)다. 시대가 요구하는 것을 이뤄낼 수 있는 능력을 가졌느냐가 탁월한 리더와 평범한 리더를 가른다. 시대의 요구라는 네체시타가 없으면 역량(비르투)은 큰 쓰임을 받지 못하는 잔가지 능력으로 전락한다. 마키아벨리는 『군주론』에서 급변하는 상황에서 "운명의 파도에 휩쓸리지 않는 길은 하나밖에 없다"며 다음과 같이 말한다. "때의 흐름과 자신의 방식을 합치시키는 것이다. 이에 성공한 사람은 살아남고, 반대로 그 사람 개인의 역량이 아무리 뛰어나더라도 그 방법이 변화의 흐름과 맞물리지 않는 자는 실패할 수밖에 없다."

시대정신은 현실에 있다. 고객과 소통하고 시대와 호흡하며 현실 속에서 살아 움직이는 조직을 만들어야 한다. 나는 재무기획, 마케팅 기획, 전사 기획 등 기획업무를 모두 접해보았고 마케팅 실무를 기획업무보다 오래 담당했지만, 둘 간의 간극은 굉장히 심하다. 전략이나 계획을 수립함에 있어 실행은 '나중에 해야 할 그 무엇'으로 간주되었다. 큰 그림 속에는 실행이슈나 문제까지 예상하는 통합적인 시각이 들어가 있어야 하는데 그러지 못했다. 실행은 지속성이 가장 중요하다. 한두 번 하는 것이야 못할 게 뭐가 있겠느냐만, 한두 번 해서 이뤄지는 일이란 미미한 성과뿐이다. 지속성이 없는 단발적 실행은 아무 소용이 없다.

미타나 고지가 『경영전략논쟁사』에서 언급한 이상적 조직의 한계를 보인 미국의 현대전 사례는 기획과 실행의 간극이 얼마나 큰가

를 잘 보여준다.[

　미국은 오래전부터 모든 부대의 정보화를 추구했다. 중앙통제 시스템으로 엄격한 지휘명령 체계를 만들고자 한 것이다. 각 부대, 장치, 병기 등으로 실시간 정보를 취합한 후 신속하게 분석 처리해 최대한 효율적으로 적을 제압하기 위한 시스템을 도입했다. 출발은 순조로웠다. 1991년 일어난 걸프전은 GPS와 무선 카메라를 탑재한 미사일이 정밀 유도되어 목표를 폭격했다. 미사일에 탑재된 카메라로 인해 나중에 집에서 TV에 중개되었을 때는 마치 오락게임을 보는 것 같았다. 무차별 폭격이 아니라 수백 킬로미터 떨어진 순양함에서 발사버튼을 누르면 목표지점에 정확히 타격을 가하는 '스마트탄'. 얼마나 놀라운 능력인지 감탄하지 않을 수 없었다. 현장에 있는 전투부대도 모든 정보를 쥐고 있는 사령부의 지령에 따라 움직였다. 그 결과 압도적인 승리를 이뤄냈다. 다국적군 전사자는 500명 미만인 데 반해 이라크군은 2~3만 명에 육박했다.

　그런데 이러한 대성공이 그 뒤 미군을 대실패로 이끄는 원인이 될 줄이야. 2003년 후세인을 제거하기 위한 이라크 전쟁. 최첨단시스템을 갖추고 우수한 지휘관이 이끄는 미군은 시가전에서도 실패했고 그 뒤 오랜 기간 동안 치안 유지에서도 실패했다. 그 이유는 무엇일까? 시가전 상황에서 미군은 정보를 분석하고 의사결정을 내리기까지 시간이 필요했고 또 사령부가 지시를 내릴 때까지 몇 분 이상 소요되었다. 그 사이 적과 아군 모두 움직이기 때문에 근처에 있는 적을 발견하지 못하거나 아군 간의 합류가 되지 못하는 등 시스템이 엉망이 되면서 피해가 커져갔다.

　그럼에도 미군은 여전히 최첨단 시스템과 엄격한 지휘명령체계라는 이상에 치우진 시스템을 고수했다. 그런데 혁신은 의외의 곳에서 나왔다. 훗날 이라크 주둔군 사령관이 된 퍼트레이어스 사단장은 엄격한 지휘계통에서 상관의 명령을 무시하고 법을 벗어나지 않는 선에서 독자적인 전술을 실행해 성공사례를 만들어낸다. 그러나 당국의 반대를 무릅쓰고 독자적인 작전을 실행한 것에 대한 책임을 지고 그는 한직으로 좌천당한다. 하지만 그는 소신을 굽히지 않고 그곳에서 본인의 생각과 비슷한 사람들을 모아 매뉴얼을 만들었는데, 이것이 현장의 병사들과 지휘관들로부터 대환영을 받는다. 이로써 명령이 아니라 매뉴얼로 행동을 바꾸었고 현장의 시행착오와 하의상달을 핵심으로 한 전법을 사용해 미군은 승리를 이끌어냈다. 베스트셀러 『경제학 콘서트』의 저자인 팀 하포드는 『어댑트』에서 미군의 성공과 사례를 분석하며 다음과 같이 말했다.[2]

- 일치단결한 '이상적인 조직'이야말로 실패할 확률이 높다.
- 하의상달이든 상의하달이든 그 상황에서 해답은 그때그때 다르다. 결국 현대전의 전략은 현장에서 시행착오와 피드백을 통해서만 성립된다.

어떤 상황, 어떤 조직에게도 모두 적용할 수 있는 만능열쇠는 없다. 어떻게 성공할지를 알려주는 '시크릿'이나 '숨겨진 초식'은 존재하지 않는다. 다만 주어진 상황에서 비즈니스를 성공적으로 이끌어가는 방법만 있을 뿐이다. 과거에는 리더만 잘해도 괜찮았다. 하지만 지금은 리더도, 구성원도 모두 잘해야 한다.

재즈처럼 창의적으로 혁신하라

미군사례에서 보듯 아무리 세밀한 전략과 계획을 세워도 예정에 없던 일과 마주치게 마련이다. 계획이 아주 치밀해 그 자체로 최고의 효율성을 갖고 있고 한번 시작하면 멈출 수 없는 불가역적인 상황을 만들어놓아도 현실에서는 예상치 못한 결과가 발생해 실패로 끝날 수 있다. 이런 위기가 발생하지 않도록 리더는 늘 깨어 있어야 한다. 전략은 무조건 지켜야 하는 것이 아니라 필요하면 언제라도 변경해야 하는 것이다. 필요에 따라 불완전한 곳을 고쳐야만 원래 전략의도를 살릴 수 있다. 다만 리더는 본래 전략의 효과가 충분히 발휘될 수 있도록 변경이 필요한 부분을 파악하는 능력과 함께 그것을 실행할 수 있는 결단력을 갖고 있어야 한다. 리더는 상황에 따라 작곡과 연주를 동시에 할 수 있어야 한다.

피터 드러커는 『재즈경영』에서 이것에 대해 일찍이 언급했다. 드러커는 경영에 대한 많은 예언과 수많은 과제에 대해 언급함으로써 일본에서는 '경영의 신'으로까지 칭송받는 거장이다. 그는 『와이어드』와의 인터뷰에서 이렇게 말했다.

"지금 당장 제시할 수 있는 경영모델은 오페라다. 오페라의 지휘는 솔로이스트, 합창단, 발레, 오케스트라 등 서로 다른 다양한 그룹을 통제함으로써 원하는 하모니를 만들어낸다. 그러나 그들 모두는 공통의 악보를 갖고 있다. 오늘날 우리가 점점 더 많이 논의하는 주제인 다양화된 조직은 연주와 동시에 작곡을 요구한다. 따라서 그들에게 필요한 것은 훌륭한 재즈밴드다."

사실 오페라에서 하모니를 이루는 것은 힘겨운 창조의 과정이며 높은 수준의 협업 결과임에는 틀림없다. 하지만 오페라나 오케스트라는 엄격한 규칙, 통제, 그리고 지휘자에 의해 허락된 범위 내에서 지시된 방식으로 연주하는 등 수직적인 조직형태에는 가장 효율적이다. 반면 치열한 경쟁 속에 있는 현대경영의 모델로는 다소 미흡하다. 이에 따라 개인의 강점을 활용하면서 협력의 힘을 발휘할 수 있는 모델로서 재즈밴드 방식이 나온 것이다.

피터 드러커 소사이어티 임원진인 허연 교수와 장영철 교수는 『재즈처럼 혁신하라』에서 재즈의 표현방식은 "나름의 형식미를 갖고 있으나 그 형식을 탈피하기 위해 끊임없이 시도한다"며 다음과 같이 말한다.[3] "오케스트라 연주가 해석된 것을 실행에 옮기는 작업이라면, 재즈연주는 해석과 동시에 실행하는 작업이다. (…중략…) '최소의 구조화로 최대의 유연성'의 가치를 갖고 있다. 재즈는 연주자들의 창의성을 극대화하고 자율성과 상호의존성의 역동적인 균형을 이뤄낸다."

재즈의 핵심은 바로 즉흥연주다. 즉흥연주는 방향성과 기본적인 화음구조, 즉 논리적인 패턴 속에서 반복되는 감정의 전이로 이뤄진다. 형식적인 큰 틀 내에서 음악가의 창의성이 빛을 발해 스스로를 변화시켜나가면서 즉흥적으로 연주가 가능하도록 만든 것이다. 이 즉흥성은 작곡을 충분히 소화한 연주자의 뛰어난 감각으로 오랜 기간 동안 축적된 경험 속에서 나올 수 있다. 재즈는 하나의 테마를 끊임없이 다르게 변주한다. 이와 마찬가지로 리더는 계획을 단순히 기계적으로 실행하기보다는 즉각적으로 전략적 변화를 연주할 수 있는 능력을 갖고 있어야 한다.

계획성을 Y축으로 즉흥성을 X축으로 삼는다면 그 비율과 강도는 상황에 따라 달라질 것이다. 전략과 계획에 따라 Y축을 진행한다. 돌발 상황이나 변수가 발견되었을 때는 X축인 즉흥성의 세계로 가서 판단한 다음 다시 Y축 세계로 돌아와 그것을 현장에 적용하는, Y축과 X축을 번갈아가면서 대응하는 순발력이 필요하다. 시장, 기술, 정보의 상황이 끊임없이 움직이면서 변화하는 유동적인 환경에서 전략이나 리더십이 고정화된 스타일로는 성과를 창출하기 힘들다. 따라서 앞으로는 복수의 리더십스타일을 상황에 맞춰 적절히 사용하는 것이 중요하다.

'늪과 사막과 협곡'이 있는 경쟁의 초원

다음은 영화 「링컨」에서 링컨이 한 말이다. "나침반은 당신이 선곳에서 정북正北을 가리켜줄 것이오. 하지만 그 길에서 만날 늪과 사막과 협곡은 알려주지 않지요. 장애물에 주의하지 않고 목적지로 내달리다 늪에 빠져버리면 정확한 방향을 안들 무슨 소용이 있겠소?"

실행의 세계에서는 늪과 사막과 협곡을 지나야 한다. 그 길은 아주 힘들고 지루한 노력을 요구한다. 실행의 세계는 다음 세 가지 세상으로 비유할 수 있다.

첫째, 디테일의 세계다. 아주 사소한 것들이 승패를 결정짓는다. 대충이 존재하지 않아 찰나의 순간에 흐름이 바뀌기 때문에 정신 똑바로 차려야 한다. 악마는 이 디테일 속에 숨어 있다. 전략을 짤 때는 꿀 먹은 벙어리로 있다가 회의에선 박수나 치고 고개만 끄덕이는 인스턴트 리더들도 막상 자신에게 손해가 된다는 생각이 들면 두 눈을 부릅뜨고 사생결단을 하듯이 달려든다.

둘째, 눈을 뜨면 '가젤도 사자도 뛰어야' 살아남을 수 있는 세계다. 백수의 왕 사자가 가젤 한 마리를 사냥하기 위해 바람의 반대방향에서 포복을 하며 다가간다. 기회를 포착하고 튀어나오는 순간 동시에 100여 마리의 가젤 무리들이 일제히 공중으로 튀어오르며 뛰기 시작한다. 아뿔싸, 오늘은 실패. 사자의 사냥법은 시시하다 못해 째째할 정도다. 천하의 사자가 어찌 저럴 수가 있단 말인가.

하지만 사자의 사정을 살펴보면 이해 못할 일도 아니다. 사자는 사냥 성공률이 평균 20~30퍼센트로 열 번 쫓으면 세 번 정도만 성공한다고 한다. 실력 좋은 초식동물들이 많기 때문이다. 『사자도 굶어 죽는다』의 저자인 서광원에 따르면 "아프리카 남쪽 칼라하리 사막에 있는 사자는 그를 잡아먹는 포식자도 없는데 생존율이 10퍼센트 밖에 안 된다"고 할 정도다.

사자는 거대한 몸집과 날카로운 발톱으로 성큼성큼 보란 듯이 다가가 한방에 먹이를 잡아서 살아남은 게 아니라 살금살금 아주 조용히 접근하다 기회가 오면 먹이를 급습하는, 인간이 보기에는 졸렬해 보이는 방식이 바로 최적의 생존법칙이었기에 살아남은 것이다. 사자는 안다. 초목이 벌벌 떨 정도로 포효할수록 사냥감들이 사자를 달래기 위해 제 발로 걸어오는 게 아니라 오히려 도망친다는 사실을. 자연에 적당히는 존재하지 않는다. 경영환경도 별반 다를 게 없다. 치열한 경쟁은 매일 매 시간 일어난다. 한번으로 끝나는 게 아니라 끊임없이 이어진다.

한마디로 현실은 치열하고 냉혹한 '경쟁의 초원'이다. 크기와 관계없이 언제든 망할 수 있는 게 조직이다. 많은 사람들은 착각한다. 톱 리더는 배포가 크고 일의 큰 줄기만을 이야기할 뿐 째째하게 작은 것까지 신경을 쓸 필요가 없다고. 이는 '새가슴'을 지닌 사자만이 살아남는다는 것을 모르기에 하는 말이다. 톱 리더는 늘 혹시 내가 중요한 것을 빠트리고 있는지, 지금과 같이 조직을 운영해도 괜찮은지, 앞으로 먹거리는 뭘로 해야 하는지 고민하는 고독한 존재다.

그리고 실행의 세계는 셋째, 이파리들의 세계다. 잎이 광합성 작용을 통해 에너지를 생산하지 못하면 뿌리도 살지 못한다. 잎은 뿌리로부터 영양을 받는 가장 연약한 존재처럼 보여도 광합성을 통해 에너지를 공급함으로써 뿌리를 살리는 역할을 한다. 아주 높은 수준의 상호의존적인 네트워크임을 잘 보여주고 있다. 우리의 몸 역시 상호 의존적인 유기적 관계이듯 기업 역시 높은 단계의 협업이 이뤄져야 성과를 만들어낼 수 있다.

"우리 몸 중에서 머리, 가슴, 팔다리, 혀 중 가장 중요한 것은 무엇인가?"라는 난센스 퀴즈가 있었는데 정답은 '모두'였다. 어느 왕이 중병에 걸렸는데 사자 젖을 먹으면 나을 수 있다고 해서 전국에 공표를 한다. "사자 젖을 구해오는 자에게는 이 나라의 반을 주고 사위로 삼겠노라." 하지만 누가 목숨을 내놓고 잠자는 사자에게 다가가 젖을 짜겠는가. 우여곡절 끝에 어떤 사람이 사자 젖을 짜는 데 성공했지만 문제가 발생한다.

- 머리, 눈 – "내가 먼저 보고 계획을 세웠잖아. 내가 없었으면 시작도 못했을걸."
- 심장 – "보면 뭐 해, 내가 용기를 갖도록 하지 않았다면 아마 가지도 못했을 것이야."
- 팔다리 – "봤지? 내가 가서 내 손으로 짜는 거 봤지? 뭔 말이 필요해."

이 와중에 혀가 나섰다. "내가 제일 중요해." 모든 몸의 지체들이 황당하다는 표정을 지으며 말했다. "말도 안 돼, 다른 것은 공로라도 있지만, 너는 아무것도 한 게 없잖아. 입만 살아가지고." 드디어 왕궁에 도착해서 그는 왕 앞에 사자 젖을 내놓으며 말한다. "개 젖입니다."

혀가 사자 젖을 개 젖이라 말한 것이다. 머리, 심장, 다리의 무시에 대한 혀의 보복이었다. 그는 상을 받기는커녕 진창 얻어맞고 쫓겨나고 말았다.

우화이지만 조직에서도 늘 일어나는 일이다. 깊게 들여다보면 계획이나 전략이 처음부터 완벽했기 때문에 좋은 결과를 만들어낸 것이 아니다. 그 계획이 제대로 기능을 발휘하고 있는지 어떤지를 하루도 쉬지 않고 체크하고 피드백했기 때문이다. 따라서 실행단계에서는 긴장을 늦춰서는 안 된다, 어떤 경우는 90퍼센트에 이르러서야 '이게 아니구나' 할 때도 있다. 즉시 계획을 변경하고 새로운 시각에서 다시 시작해야 한다. 문제점을 깨닫자마자 당장 보완하고 수정하는 유연한 행동력이 필요하다.

실행은 늘 악마가 존재하는 냉혹한 현실세계다. 전략이나 계획에 환상을 품어서는 안 된다. 실패나 걸림돌이 있으면 주저 없이 변경할 수 있어야 하고 현실을 있는 그대로 직시하고 개선하려는 기개가 필요하다. 실행단계에서는 의도는 중요하지 않다. 결과로 평가받는 것이다

그런데 안타깝게도 많은 리더가 '결과만이 전부다'라며 자신의 업무만 훌륭하게 수행하고자 하지 옆 부서와 연관관계가 어떻게 되는지, 구성원들의 자기계발은 어떠한지 전혀 신경 쓰지 않는다. 그런 일은 관리, 인사부서나 자기보다 성과가 낮은 데서 담당해야 하는 일이라고 여기기 때문이다. 하지만 자신의 업무영역을 제한된 일에만 집중해 처리하다 보면 나중에 그에게 더 큰 일은 돌아오지 않는다.

『이솝우화』 사례를 한번 보자. 『이솝우화』에는 영리한 동물 두 마리가 등장하는데 지상의 대표는 여우, 공중의 대표는 까마귀다. 그런데 어째서 까마귀가 가장 영리한 새일까라는 궁금증이 든다. 케임브리지대학의 연구팀 역시 이와 같은 궁금증을 갖고 『이솝우화』에 나오는 '영리한 까마귀 이야기'가 사실인지 아닌지를 실험했다. 『이솝우화』 중에는 햇살이 쨍쨍 내리쬐는 날, 작은 돌들을 이용해 목을 축인 지혜로운 까마귀 이야기가 있다. 이 까마귀 이야기는 사실일까? 아니면 교훈을 위해 지어낸 허구일 뿐일까? 이 우화를 놓고 격론을 벌인 끝에 연구팀은 실험을 해보기로 한다.

까마귀 네 마리 앞에 입구가 좁은 약 15센티의 물병을 놓고 주위에 크기가 다른 조약돌을 갖다놓는다. 물병의 물은 절반 이하로 채워 부리가 닿지 않도록 하고 물 표면에는 벌레를 띄워놓고 까마귀들의 행동을 지켜보았다. 까마귀들은 물에 떠 있는 벌레에 부리가 닿을 때까지 옆에 놓인 물병에 돌을 집어넣기 시작했다. 성급하게 부리를 집어넣는 대신에 물병의 물높이가 충분해질 때까지 기다릴 줄도 알았다. 또 작은 돌보다는 큰 돌을 집어넣어 물이 입구 쪽으로 빠르게 차오르도록 한 것이다.

이 연구는 과학전문지에 실렸다. 연구팀에 소속된 박사과정의 한 연구원은 "까마귀들은 매우 지능적이고 유인원과 경쟁할 수 있을 정도로 문제해결 능력이 탁월하다"고 평가했다. 조류인 까마귀의 뇌 구조가 영장류의 그것과 매우 다르다는 점에서 보면 놀라운 일이라고 한다.

문제는 그다음이다. 가장 영리한 까마귀가 바로 합의 가치인 앙상블을 모르는 대표적인 조류라는 것이다. 까마귀는 떼로 모이면 마치

동네 민방위 대원을 모아놓은 것처럼 제멋대로 행동한다. 오죽하면 '오합지중烏合之衆'이라는 사자성어까지 존재할까. '오합지중'은 까마 귀 떼와 같이 조직도 훈련도 없이 맹목적으로 모인 무리를 뜻하는 한자성어다. 중衆은 군대를 뜻하기 때문에 오합지졸烏合之卒이라고도 한다.

자고로 리더는 혼자는 똑똑한데 다른 사람들과 합쳐지면 아무 역 할을 못하는 '까마귀 리더'가 되어서는 안 된다. 중요한 것은 개인의 지능보다 집단의 지능이 높을 때 조직이 발전할 수 있다는 사실이 다. 그래서 개인의 능력이 조직에서 빛을 발하고 열매를 맺기 위해 서는 사회적 관계 지능이 높아야 하는 것이다. 크나큰 성과는 혼자 의 힘만으로는 달성될 수 없다. 다른 사람의 지혜와 힘이 필요하다. 진정한 힘은 개인의 힘이 아니라 뭉쳐진 힘이다.

드디어 활시위는 당겨졌다. 실행이다. 두 다리로 힘차게 내딛고 뛰는 순간 심장도 가빠지고 호흡도 거칠어진다. 각 기관이 조화를 이루며 뛰듯이 환경과 전략의 조화, 전략과 소통의 조화, 전략과 실 행의 조화가 중요하다. 리더는 끊임없이 변화하는 환경에 잠시도 눈 을 떼서는 안 되며, 나침반처럼 끊임없이 움직이면서 균형을 찾아야 한다. 가장 이상적인 방법은 뛰고 있는 도중에 어떤 문제가 있는지 미리 예측해 계속해서 방향을 수정해나가는 것이다. 앙상블은 미지 의 세계로 함께 떠나는 행동으로 3S로 요약된다.

- 간결함Simplicity : 간결하지 않으면 유리한 상황을 만들 수 없다. 너무 많은 것에 정신이 팔리다 보면 본질에 집중할 수 없다. 무 자비할 정도로 곁가지를 쳐내고 중요한 것만 남겨라. 간결화는

단순한 요약이 아니라 핵심이 들어간 단순화다. 조직도 사람과 같다. 불필요한 것을 가지치기해 핵심만 남겨야 한다. 그렇지 않는다면 조직은 비만해져서 결국엔 피가 잘 통하지 못해 죽게 된다.

- 속도Speed : 빠른 것이 느린 것을 잡아먹는 시대다. 속도가 새로운 경쟁무기가 되었다. 특히 정보화사회에서는 속도가 생명력이다. 기획, 의사결정, 행동의 전반적인 시간단축을 토대로 한 신속하고도 유연한 시장대응력이 점점 더 요구되고 있다.

- 진정성Sincerity : 진정성은 리더 개인의 이익이 아닌 조직의 사명과 목적에 진심으로 몰입하는 것이다. 진정성은 책임감의 다른 이름이다. 리더의 결정은 공정하게 이뤄져야 한다. 이러한 리더의 진정성은 구성원들의 진심 어린 헌신을 이끌어내고 그가 제시하는 방향으로 사람들을 움직일 수 있게 한다.

간결함으로 승부하라
Simplicity

'심플'에 이르는 순간 산맥도 옮길 수 있다

간결함은 시대의 요구일 뿐만 아니라 에티켓이다. 세상은 적게 말하고 짧게 보고하는 사람을 원한다. 시중에서 인기를 누리고 있는 책 제목만 보아도『브리프』『단單』『미친 듯이 심플』『원씽』『딥 심플리시티』등 간결함만으로도 책장 한 칸은 채우고도 남을 정도다. 이유는 첫째, 모두 바쁘기 때문이다. 백수도 과로사한다고 하지 않던가. 시간은 이제 세상에서 가장 희소한 자원이 되었다. 둘째, 인간의두뇌는 복잡한 것을 혐오하기 때문이다. 두뇌는 아예 간결하게 파악하는 특성을 갖고 있다.

더욱이 지금은 인터넷시대다. 네티즌 사이에서 긴 글은 죄악이 되고 있다. 모든 것이 너무 빨라지다 보니 짧지 않으면 관심의 대상조차 되지 않는다. 업무 중 잠깐, 신호등이 바뀌기를 기다리면서, 버스를 기다리면서 읽어야 하는데 긴 글은 볼 수가 없다. 일단 짧아야 한다. 그렇다고 짧기만 해서도 안 된다. 재미있어야 하고 필요한 내용은 다 들어 있어야 한다. 미칠 노릇이다. 아주 고약한 상사를 만난 것과 똑같다. 자세한 보고서를 올리면 "좀 간략하게 정리할 줄 모르나?" 하고, 요약해가면 "도대체 무슨 말을 하는지 모르겠다"고 한다. 이제 간결함은 가장 중요한 예의 중 하나가 되었다.

사실상 간결함은 스티브 잡스의 트레이드마크요 '불멸의 경영무기'다. 그를 빼놓고 간결함을 논하기는 어렵다. 스티브 잡스와 함께 애플 왕국을 만든 일류 디자이너 켄 시걸은 자신의 책 제목도 『미친 듯이 심플』로 잡았다. 그냥 심플이 아니다. 심플에 아예 미쳐야 한다는 것이다. 켄 시걸은 간결함을 미래 비즈니스의 본질로 파악했다. 그는 다음과 같이 말한다.[5]

"잡스가 거둔 최대 업적은 아이폰, 아이패드가 아니다. 그는 누구도 생각하지 못한 것을 성취했는데 그건 바로 간결함이다. 잡스에게 간결함은 종교였고 무기였다. 하지만 간결함은 강조한다고 해서 결코 얻어지는 것이 아니다. 간결함을 위해 전부를 걸어야 겨우 얻을 수 있다. 따라서 처음부터 최소화가 열쇠다. 최종단계에 가서는 간결화가 가능하지 않다. 처음부터 전하고자 하는 메시지 수를 최소화할 필요가 있다."

잡스는 제품개발, 디자인, 조직운영에 이르기까지 극도의 간결함을 지향했다. 간결화하려면 사실 엄청난 노력이 필요하다. 심플 스틱(애플의 모든 것에 지독하리만큼 간결함을 적용했던 잡스의 경영원칙을 상징하는 말)은 애플 내부의 핵심가치를 상징한다. 이 복잡한 세상에서 애플을 돋보이게 한 것은 바로 이 심플이다. 그만큼 애플은 간결함의 힘을 거의 종교처럼 신봉한다. 간결할수록 더 많은 돈, 시간, 에너지가 필요하다. 마우스로 제어하는 맥킨토시나 아이폰 개발에 지침 역할을 한 것도 역시 간결함이다. 간결함을 향한 애플의 사랑은 잡스에서 시작되어 애플 전체의 DNA가 되었다. 리더십, 비전, 상상력 등 이 모든 것을 관통하는 공통된 줄기가 바로 간결함이다. 그런데 왜 이 간결함은 모방하기 힘든 것인가?

- 적당한 것에 안주하는 순간 간결함은 사라진다.
- 차선에 머무는 것이 존재하지 않아야 한다. 본질을 깨닫지 못하면 간결함을 유지할 수 없다.
- 프로세스도 간결해야 하고 판단도 냉혹해야 한다.

복잡함의 유혹을 떨쳐내려는 강한 의지와 간결함을 습관화한다는 것은 그리 쉬운 일이 아니다. 잡스는 아이팟에 불필요한 버튼을 넣는 것을 혐오했다. 오직 단 하나의 버튼만 고집했다. 기술적으로는 훨씬 고통스러운 길이다. 스스로 복잡함을 짊어짐으로써 소비자에게는 심플함을 선물한 것이다. 복잡한 건 회사가 다 맡을 테니 고객은 버튼 하나만 누르고 즐기기만 하라. 아이팟은 아예 매뉴얼이 필요 없을 만큼 간단하고 직관적이다. 스티브 잡스는 간결함이 얼마나 높은 경지인가를 다음과 같이 말했다.

"간결함이란 '전부냐 제로냐All or nothing'의 문제다. 일부만을 얻기 위해 애써봐야 노력만 허비하는 꼴이다." "심플이 복잡함보다 더 어려울 수 있다. 심플해지려면 생각을 비우고 노력해야 하지만 결국 그럴 만한 가치가 있다. 심플함에 이르는 순간 산맥도 옮길 수 있기 때문이다."

한 손에 무한을 움켜쥐고 영원을 추구하라

잡스는 애플에 복귀하자마자 시시하고 형편없는 제품에 시간을 낭비하기보다 정확한 대상에 집중해야 한다고 강조했다. 잡스는 애플이 초점을 잃고 이것저것 생산한다는 판단이 들자 20여 개 제품 군에 대해 소비자용, 프로용, 데스크톱용, 휴대용을 대표하는 뛰어난 제품 4개만을 선택하고는 모두 버렸다. 잡스가 심취했다고 스스로 고백한 블레이크의 「순수의 예감」이란 시에는 많은 비밀이 함축되어 있다.

"한 알의 모래에서 우주를 보며 / 들꽃 한 송이에서 천국을 보며 / 한손에 무한을 움켜쥐고 영원을 추구하라⋯⋯."

이 시는 애플 신화의 원천인 아이폰에 대한 묘사라는 착각이 들 정도다. 스티브 잡스는 모래에서 추출한 실리콘을 통해 반도체를 만들고 결국 한 알의 모래 속에서 우주를 보았다. 손바닥 안에 놓인 무한한 세계와 손끝의 모세혈관을 통해 이뤄지는 터치의 그 순간 속에서 영원을 불러왔다. 아이폰은 신이 가진 능력을 인간에게 구현해주는 물건이다. 인간에게 천리안을 주어 만 리 밖의 소식을 듣게 한다. 윌리엄 블레이크는 마치 애플신화를 예측이나 한 것처럼 시 속에 깊고 넓은 비밀을 숨겨놓은 것인가.

세계적인 물리학자 아인슈타인이 수학한 대학으로 유명한 스위스 취리히연방공대는 지금까지 20여 명의 노벨상 수상자를 배출했으며 기초과학 연구에서 상용화, 창업에 이르기까지 기업과 연계하는 시스템이 잘 구축되어 있다. 이 대학은 지난해 젊은 과학자들의 능력과 기업가정신 교육을 위해 혁신 · 창업연구소를 열어 24개의 스핀오프spin-off 기업을 설립하고 103개의 국제 특허를 등록하는 등 탁월한 성과를 거뒀다. 이 대학의 랄프 아이홀러 총장은 "어떤 방식으로 창업 아이디어를 심사 · 지도하는가?"라는 국내 기자의 질문에 '3분론'으로 대답했다.[6]

"학생들에게 자신이 고안한 창업 아이템에 대해 교수진과 다른 학생들 앞에서 3분 동안 요약해서 말하도록 한다. 교수들이 창업을 원할 때도 똑같은 과정을 거친다. '3분 스피치'를 제대로 통과하지 못하면 해당 아이디어를 보완하거나 새로운 아이디어를 가져오라고 권한다. 학생과 교수 모두 연구에만 집중하는 사람들이다 보니 창업 준비 때는 매우 서툴다. '3분 스피치'는 기업과 투자자들이 창업 준비자들에게 요구하는 명료하고 신속한 의견 전달 능력을 키워주는 역할을 한다."

겨우 3분이다. 랄프 총장은 간단하게 말한다는 것은 본질을 잘 알고 있어야 가능하다고 판단한 것이다. 유명한 작가가 그랬다. "5분짜리를 종일 얘기할 수는 있으나 종일 할 것을 5분 만에 하라고 하면 종일 고민해야 한다"고.

3분 만에 요약해 발표한다는 것은 쉬울 것 같지만 사실은 엄청난 고민을 해야 하고 시간이 많이 걸리는 일이다. 그만큼 객관적으로 정확하게 인지하고 있어야 하기 때문이다. 무엇보다 고객을 진정으로 이해하고 새로운 비전을 제시할 수 있어야 한다. 짧고 강렬하게 인상을 남기려면, 많은 정보 중에서 선택된 내용을 골라서 빨리 잘 이해하도록 만들어야 하기 때문에 엉터리 아이디어를 좋은 것처럼 속일 수가 없다. 3분은 좋은 도구다. 발표자가 뭔가 잘못된 점이 있으면 구별해내도록 도와주며 또한 제안이 올바른 방향이고 올바른 내용일 때만 효과를 발휘하게 만든다.

간절하게 '간결함'을 구하라

리더십의 대가인 데이비 울리히 미시간대 교수는 리더의 덕목으

로 간결함을 꼽으며 다음과 같이 말했다.[7]

- 리더는 일의 우선순위를 정하고 중요한 일에 집중해 메시지를 전달해야 한다. 최대한 간결하게 업무 지시를 해야 리더십의 지속 가능성이 높아진다.
- 일단 문제 상황이 어떤 것인지를 먼저 파악하라. 문제 상황 파악, 우선순위 결정, 프레임 제시. 이 세 가지는 간결함을 추구하는 리더들이 기억해야 할 순서다.

그는 간결함을 잘 보여준 리더로 오라클의 제품개발부 부사장이었던 토마스 쿠리안의 사례를 든다. 2만 5,000명의 직원, 매년 3,600가지의 제품 생산을 책임지는 업무 특성상 그의 업무는 복잡다단했고 수많은 목표를 동시에 충족시켜야 했다. 하지만 그가 강조한 것은 딱 세 가지뿐이었다. 엔지니어 위주의 시스템 구축, 클라우드 결합, 소프트웨어 접근성 향상이었다. 그동안 복잡한 설명에 지쳤던 오라클 직원들은 그의 간결함에 감탄했다. 그 뒤 오라클은 매년 10퍼센트씩 성장했다. 그것은 오라클이 세 가지 우선순위에 집중한 결과였다. 토마스 쿠리안은 최근에도 모바일 전략의 3요소를 간결하게 소개했다 (그는 2015년 사장으로 선임됐다).

너무 많은 메시지를 전달하면 결국 메시지가 없는 것과 마찬가지다. 어떻게 하면 구성원들에게 공통의 패턴을 뽑아내어 간결한 프레임을 제공하느냐는 리더의 중요한 과제다. 아베노믹스가 성공여부를 떠나 많은 사람들에게 각인되는 것은 세 가지 화살이라는 간결함과 명확한 이미지로 국가정책을 일본인들에게 쉽게 알렸기 때문이다. 통화확대라는 첫 번째 화살이 과녁에 꽂히자 확장적 재정정책이라는 두 번째 화살을 쏘았고 구조개혁이라는 마지막 화살이 걸린 활시위를 힘껏 당겨놓았다. 너무 명확하다.

경제학자 에른스트 슈마허는 『작은 것이 아름답다』라는 책을 펴냈는데 기존의 사고를 바꿔 새로운 눈으로 세상을 보고 새롭게 접근해야 한다는 요구였다. 그는 말했다. "똑똑한 바보는 일을 크고 복잡하게 만들 수 있다. 하지만 그 반대로 하기 위해서는 일말의 천재성과 많은 용기가 필요하다."

지나친 정보는 의사결정을 앞당기는 게 아니라 지연시킨다. 리더 자신도 정리되지 않은 복잡한 생각을 수신자를 고려하지 않고 쏟아내거나 모호한 구호 뒤에 숨어서 얼버무리는 것은 리더가 아무 비전이 없음을 밝히는 것과 같다. 그래서 슈마허는 복잡하게 만드는 사람은 똑똑한 듯 보이나 본질은 '바보'라고 하는 것이다. 따라서 간결함은 복잡한 현상을 간결하게 하고 효율적인 축약과 프레임 능력으로 본질을 간명하게 드러나게 함으로써 구성원들이 쉽게 인지해 행동화하도록 만들어준다.

핵심 메시지를 뽑아서 간단명료하게 정리하는 능력은 큰 줄기 외에 잔가지를 모두 제거하는 것과 같다. 그는 '작은 것이 아름답다'는 한 문장으로 인류의 '생각의 대전환'을 이뤄낸 천재였지만, 간결함이 천재의 영역이라고 선뜻 동의하기는 어렵다. 그러나 간결하려면 용기가 필요하다는 말은 가슴에 와 닿는다.

깊은 깨달음은 언제나 간결하다

칭기즈칸을 도와 원나라의 초석을 다진, 요나라(거란족) 출신의 야율초재 재상에 관한 일화다. 칭기즈칸이 천하의 인재를 구할 때 발탁되어 몽골의 고위관리가 되고 많은 분야에서 개혁조치를 단행해

원제국의 초석을 만드는 데 기여한 인물이다. 그는 칭기즈칸의 뒤를 잇는 오고타이 칸과 유명한 대화를 남겼다.

"아버지께서 대제국을 남겨주셨으니, 나는 그것을 개혁하려고 한다. 그대에겐 좋은 방법이 있는가?"

그러자 야율초재가 답변했다. "한 가지 이로운 일을 시작하는 것은 한 가지의 해로운 일을 제거하는 것보다 못합니다. 또한 하나의 일을 만드는 것이 하나의 일을 없애는 것만 못합니다."

천성이 총명한데다 직언도 서슴지 않았던 그는 황제 앞에서 백성을 위한 개혁은 모름지기 새로운 일을 만들어내어 번거롭게 하는 것이 아니라 원래 있던 일 가운데 해로운 일, 필요 없는 일을 제거하는 것이라는 의견을 피력했다.

오늘날 정부는 대규모 조직이다. 그런데 각종 이익집단의 격렬한 요구 때문에 새로운 정책과 법과 제도는 양산되고 있다. 하지만 실패한 정책에 대해서는 정부 스스로 수정하거나 폐지하는 자정기능을 갖고 있지 않다. 상수도 배관이 녹슬고 막혀 물이 새어나가도 예산이 부족하니 몇 년에 걸쳐 천천히 교체하고 도로보수는 예산이 남아 멀쩡한 곳도 뜯는 진풍경이 벌어지곤 한다. 이에 대한 대책으로 야율초재가 제안한 방식을 적용해보면 어떨까.

'하나의 일을 만드는 것보다 하나의 일을 없애는 게 낫다.'

이 정도가 힘들다면 최소한 입법과정에서 제로섬 규칙을 적용해야 한다. 새 법률이나 정책을 펼 때는 기존 법률이나 정책을 없애는 것이다. 새로운 정부가 들어와 새로운 것을 더하겠다고 해서 좋은 결과가 나온 적이 거의 없었다. 이것은 인류 역사에서 나온 지혜다. 기업도 인생도 다 마찬가지다.

간결해지기 위해서는 용기가 필요하다. 선택은 '더 중요한 것을 위해 중요한 것을 버려야 하는 것'이다. 전략을 짤 때 필요한 것은 쓰레기통이다. 버려야 하니까. 어느 정도 버려야 할까? 본질이 아니면 다 버려야 한다.

사우스웨스트 항공은 고속버스보다 싼 요금을 지향하며 철저히 효율성을 중심을 두고 개혁을 단행했다. 퍼스트클래스 좌석과 기내식 서비스를 없애고 모든 좌석을 일반석으로 판매했다. 항공요금을 낮추기 위해 비본질적인 것들은 과감히 포기한 것이다. 여기에 사우스웨스트는 정시 안전운항과 소비자들이 '기대하지도 않았던' 즐겁고 유쾌한 서비스로 고객들의 만족도를 높였다. 이것이 사우스웨스트가 20년간 흑자를 달성하고 고객을 만족시킨 '펀Fun 경영'의 대표 기업으로 자리 잡게 한 비결이었다. 그런데 사우스웨스트가 성공을 거두자 다른 항공사에서도 이를 모방했지만 실패했다. 오로지 가격을 낮추는 것에만 집중하다 보니 서비스 품질이 떨어진 것이다. 사우스웨스트의 전략적 선택을 제대로 이해하지 못한 결과였다. 가격은 낮췄지만 고객과의 공감이라는 핵심적인 부분에서는 경쟁력을 유지하면서 그 외의 나머지를 포기한 것을 알지 못했기 때문이다.

고수의 가장 강력한 무기는 '심플'

고수에게는 숨겨진 비전秘典과 보검이 있다. 그런데 내공이 깊은 고수가 갈고 닦은 것은 뜻밖에 가장 기본적인 것이었다. 토크쇼의 진행자는 수많은 낯선 분야의 생소한 직업을 가진 사람들과 대화해야 한다. 내용도 주제도 전문성도 천차만별이다. 해당 산업에 관한 특징과 주요 내용을 파악하는 데만도 엄청난 시간이 걸릴 것이다. 그런데도 짧은 시간 안에 이를 간파해 일반 사람들이 알아들을 수 있도록 날카로운 질문으로 많은 깨달음을 던졌던 인물이 있다.

미국에서 '왜'라는 단어를 25년간 던진 것으로 유명한 진행자 래리 킹. 안경과 멜빵 바지만으로 자신을 꾸민 채 수천 명의 리더에게 '왜'라는 질문 하나로 수많은 이야기를 끌어냈다. 그의 '왜'에 대한 지론이다.[8] "당신은 '왜'라는 질문을 던져야 한다. 당신은 '왜 그렇게 했는가?' '왜'라는 질문은 한 단어로 설명할 수 없다."

가장 유명한 앵커가 사용한 필살의 무기는 단 하나다. '왜Why?' 그리고 상대방이 말하는 것을 열심히 듣는 게 전부였다. 익숙한 문제를 자신만의 시각으로 바라본 뒤 폭넓은 호기심을 갖고 던지는 "왜?" 여기에 상대방은 연설이나 강의 같은 물린 답변이 아닌 경험에 바탕을 둔 대답을 할 수밖에 없다.

그저 열심히 일하는 것, 다른 사람보다 한발 앞섬으로써 좋은 결과를 만드는 방법은 지난 세월 동안 경쟁력이었다. 하지만 급격하게 변한 환경 속에서 이 방식은 더 이상 유효하지 않다. 종일 열심히 일하고 애를 써도 퇴근하는 순간 기운이 빠지며 어딘가 포위된 듯한 느낌이 들지 않는가. 새로운 질서가 지배하는 시기가 온 것이다. 새로운 방향으로 나아가지 않고는 그 변화의 무게를 감당할 수 없다. 이때 변화하는 환경과 고객의 입맛을 충족시키는 가장 강력한 무기는 심플이다. 스스로 자문해보기 바란다.

- 간결함에 이르기 위해 지난 3개월 동안 나는 어떤 조치와 행동을 했는가?
- 나와 구성원들은 간결한 사고와 행동을 하는가?
- 간결함이라는 절대 무기를 얻기 위해 나는 무엇을 해야 하는가?

최고의 리더는 최고의 편집자다

세상은 복잡한 곳이다. 인간은 아무리 좋은 결과가 예상된다 하더라도 복잡하면 인지부하가 걸려 실행으로 나아갈 수 없다. 간결할수록 실행하기가 쉬울 뿐만 아니라 더 나은 성과를 가져다준다. 지나친 완벽함을 추구하기 위해 복잡해진다면 그것은 오히려 해가 된다. 과유불급이다. 세계적인 컨설팅 회사인 베인은 "최고 전략은 특별한 것이 아니다. 새로운 것에 한눈팔지 말고 간결하고 반복 가능한 전략에 충실하라"고 강조한다.

우리나라 역대 대통령들은 취임사를 모두 '해야 할 일' '할 수 있는 일' '하고 싶은 일'로 가득 채웠지만 결과는 참혹할 정도로 성과가 낮았다. 현 정부만 하더라도 창조경제, 비정상의 정상화, 통일대박, 규제 혁신 등 수많은 슬로건을 내세우고 있지만, 정작 지난 2년여 동안 큰 변화는 잘 보이지 않는다. 간결의 미학을 모른 탓이다. 제임스 카메론이 영화 「타이타닉」을 찍겠다고 할 때 제작자에게 한 말은 딱 한마디였다. "타이타닉 위에서 펼쳐지는 로미오와 줄리엣 이야기입니다."

한마디. 더 이상 보탤 것도 없을 정도로 완벽한 제안과 설명이지 않은가. 놀라운 하이콘셉트에 영화제작은 결정되었다. 그의 이런 간결함 뒤에는 집요한 완벽주의가 있었다. 그는 타이타닉호를 완벽하게 재현하기 위해 러시아 잠수정을 타고 북대서양 해저까지 내려갔다. 그리고 근 100여 년간 잠들어 있던 타이타닉을 눈으로 직접 확인한 후, 로봇을 활용해 선체 내부까지 샅샅이 탐사했다. 이렇게 해서 영화 「타이타닉」은 타이타닉호의 내외부 구조나 장식까지 완벽하게 재현했다는 찬사를 들었다. 카메론 감독은 한마디의 대가다. 무명의 감독지망생 시절 유명한 여성제작자인 게일 앤 허드를 어렵사리 만난 카메론은 자신이 심혈을 기울여 쓴 시나리오를 보여준다. 이때도 한마디!

"이 시나리오를 단돈 1달러에 팔겠소."

시나리오 하나를 쓰는 데 쏟아붓는 노력과 시간은 상상 이상이다. 그런데 1달러에 팔겠다니? 제작자는 배짱 두둑한 이 사내가 궁금해졌다. 제임스 카메론은 이때를 놓치지 않고 한마디 덧붙였다. "단, 내가 감독을 한다는 조건이오." 이렇게 해서 탄생한 영화가 바로 「터미네이터」다. 급소를 찌르는 대화 두 방으로 '오케이!' 세계적인 감독의 탄생비결은 짧은 시간에 강력한 인상을 남긴 '간결함'이었다.

탁월한 리더가 뛰어난 설득력을 보이는 이유는 메시지를 간결하게 전달하기 때문이다. 간결한 메시지는 기억하기 쉽고 기억하기 쉬운 메시지는 실천하기 쉽다. 윈스턴 처칠은 아주 재미있는 비유를 든다. "좋은 연설은 여성의 치마 길이 같아야 한다. 주제를 다 덮을 만큼 길고 흥미를 자아낼 만큼 짧아야 한다."

로마의 카이사르는 말이든 글이든 간결하고 명쾌했다. 후세에 전해지는 그의 명구들을 보라. "주사위는 던져졌다." "왔노라, 보았노라, 이겼노라."

누가 들어도 흥분이 되고 강력한 인상을 받게 된다. 설득에도 실행에도 간결함은 반드시 필요하다. 간결한 메시지의 파워, 너무나 짧아서 오히려 강력한 인상을 남긴다. 가장 유명한 연설문으로 알려진 링컨의 게티즈버그 연설문은 서두도 없이 곧바로 본론으로 들어가 딱 5분 동안 이루어졌다. 그 5분의 충격은 너무나 극적이다.

남북전쟁의 분수령이 된 게티즈버그 전투는 남군의 로버트 리 장군이 포위망과 보급로를 확보하려고 펜실베이니아로 진격하면서 시작된다. 이 전투에서 남군이 이기면 영국과 프랑스 등 유럽연맹이 남부동맹을 승인받아 남과 북으로 나라를 가르려는 대담한 작전이었다. 1863년 7월 3일 운명적인 교전이 이뤄지고 남부군은 패퇴하고 만다. 그 후 남부군은 해상봉쇄로 유럽과 고립되어 2년여 간의 전투를 더 치른 후 바람과 함께 사라지고 마는 운명에 처했다. 링컨의 청사에 빛나는 게티즈버그 연설은 1863년 11월 19일에 이뤄졌다. 아직도 매장되지 않은 말들의 썩는 냄새와 포탄에 파인 진흙 바닥과 총탄에 부러진 나뭇가지들 속에 일곱 명의 주지사와 많은 정치가들이 참석한 가운데 유명한 연설가인 에버렛경의 연설이 먼저 시작되었다. 그는 2시간에 걸쳐 아테네의 전사자들에게 바치는 페리클레스의 조문을 에버렛판으로 바꾸어 연설했다. 이윽고 종잇장을 들고 링컨이 등장했고 그 유명한 연설은 서두도 없이 벼락처럼 시작되었다.

"87년 전에 우리 국부들께서는 자유에서 착상했고 만민평등의 대전제에 입각한 새로운 나라를 이 땅에 건립했습니다. 지금 우리는 그러한 착상과 대전제에 건립된 나라가 과연 영구히 지속될 수 있는가를 실험하는 크나큰 시련을 겪고 있습니다. (…중략…) 이곳에서 영예롭게 전사하신 이분들로부터, 우리는 이분들이 헌신하신 그 대의에 보다 더 큰 헌신을 맹세해야 하겠습니다. 말하자면 우리 모두가 돌아가신 이분들의 죽음이 헛되지 않도록, 그리고 하느님이 보우하는 이 나라가 자유 속에서 다시 태어나고, 또한 국민의, 국민에 의한, 국민을 위한 정부가 지구상에서 영원히 사라지지 않도록."

링컨의 연설은 5분 만에 끝나 사진사가 사진을 찍지 못했다. 연설 당시의 상황은 링컨에게 유리하지 못했다. 전쟁은 유리했지만 마지막 결정을 가할 장군도, 군대도 부족했다. 많은 주에서 지원병을 모집하는 것도 수월하지 않았다. 더욱이 군비를 확보하기 위해 추첨으로 선발된 병사도 300달러를 내면 징집을 면해주어 소상인, 아일랜드계를 중심으로 폭동이 일어났다. 민가와 교회에도 불을 지르고 길가에 바리케이드를 치고 공무원을 구타하고 전선을 끊는 등 반란의 기세였다. 그도 그럴 것이 1861년 전쟁이 났을 때 사람들은 며칠 만에 끝날 것으로 기대했고 적지 않은 농부들이 가족들을 마차에 싣고 구경까지 했다. 그런데 무려 3년이 걸려서도 끝이 보이지 않는 전쟁에 사람들은 지쳐 있었던 것이다.

여기에 장군들은 링컨의 명령을 수행하지 않았고 맥클레란 장군은 링컨을 부속실에서 한 시간이나 기다리게 하는 모욕까지 주었다. 이런 상황에서 링컨은 고독하게 우리가 왜 전쟁을 했는가를 본질적으로 생각했고, 이 전쟁이 갖는 역사적 의의를 알리고 싶었다. 이 연설문은 링컨이 대통령에 당선되고 '연방을 수호할 것'이라는 맹세를 지키려 한 것이고 건국의 기초가 된 자유를 이 땅에 뿌리내리겠다는 자신의 신념을 토로한 것이다. 자유와 연방은 하나이며 나눌 수 없다는 유명한 건배사를 피를 흘리면서도 링컨은 지키려 한 것이다.

'자유는 공짜가 아니다Freedom is not free.'

링컨 기념관에 쓰여 있다는 이 문장은 링컨의 가치관이었다. 링컨은 게티즈버그 연설 후 쓰러져 열병을 앓는다. 그야말로 이 짧은 연설에 링컨은 자신의 혼을 다 쏟아부은 것이다. 후일담으로 래리 킹은 에버렛이 링컨에게 쓴 편지를 소개한다.

"저의 2시간의 연설이 각하께서 하신 단 2분간의 연설내용과 엇비슷하기만 해도, 저에게는 큰 기쁨입니다."

말이 과잉인 시대. 우리는 말로 인해 모든 성과를 잃어버리는 리더들을 많이 보게 된다. 위대한 말은 절제와 간결에서 나오지 청산유수처럼 길게 흐르지 않는다. 생각과 말에 격조가 없는 사람에게서는 품격 있는 삶을 기대할 수가 없다. 상대의 마음을 파고드는 간결한 언어는 사람을 행동하게 만든다.

'레스 이즈 모어less is more'는 디자인 전문가들이 많이 인용하는 구절로 '간결한 것이 아름답다' 정도로 번역된다. 곁가지를 덜어내고 본질에 집중해야 바라는 디자인을 만들 수 있다는 뜻이다. 어디 디자인뿐이랴. 조직의 경쟁력이나 일상생활에서도 이것을 빼놓고는 얘기가 안 된다. 곁가지를 덜어내야 본질에 집중할 수 있다. 발전은 그렇게 시작된다. 선거나 기업광고는 한 단어를 대중의 마음속에 심어주기 위해 수많은 돈을 투자한다. 오바마는 2008년 선거 캐치프레이즈로 '희망', 2112 선거에서는 '전진'이라는 한 단어를 미국민에 심어주어 대통령 선거에서 모두 이겼다. 유명한 광고회사인 사치앤사치의 모리스 사치는 "두 단어라면 유일신이라도 할 수 없다. 신이 둘이면 너무 많다"고까지 말할 정도다.

AK‐47은 1947년에 칼라시니코프가 개발한 자동소총의 약칭으로 이것은 총기의 역사를 바꾼 기념비적인 소총이다. 세계에 1억 정 이상 보급되었다고 한다. '복잡한 것은 나쁜 것이다'라는 모토로 부품 8개로 간결하게 만들었기 때문이다. 글을 읽지 못하는 병사들도 쉽게 사용할 수 있으려면 조작이 간단해야 한다는 철학에서 나온 발상이었다.

그렇다면 어떻게 간결한 메시지를 만들고 이를 명확하게 구성원들에게 심어줄 수 있을까. '셀프‐정반합'을 사용하기 바란다. 정반합은 헤겔의 변증법을 쉽게 표현한 도구로 최초 주장인 정(테제)이 그것과 반대되는 반(안티테제)과의 갈등을 통해 한 단계 위에서 통합되어 합이 되는 과정이다. 풀어서 설명하자면, 여기서 '정'은 문제의 발견이고 '반'은 이 문제를 해결하려는 대안인데, 이 속에도 모순은 존재하므로 그것에서 버릴 것은 버리고 취할 것은 취한 상태인 '합'을 만드는 것이다.

이 방법을 활용한 '셀프 – 정반합'은 리더 스스로 정반합을 적용하는 것이다.

- 셀프self – 리더가 스스로
- 정반正反 – 리더가 추진하려고 하는 일을 서로 상반된 관점에서
- 합合 – 그 둘을 통합해 한 단계 진전된 결론을 도출한다. 합리적인 해결책을 선택한다.

'셀프 – 정반합'의 목적은 리더가 독단과 톱다운식의 일방적인 지시에서 탈피해 좀 더 합리적인 문제해결을 선택하기 위한 것이다. 이것은 구성원들과 토론이나 회의를 하는 것이 아니라 리더 자신이 스스로 상반된 관점에서 합리적인 근거를 갖고 결론을 내는 것이다.

먼저 메시지와 실행방안을 명확하고 구체적으로 만들기 위해서는 '각을 세워야' 한다. 두루뭉술하고 원인과 결과가 불분명한 상태를 벗어나기 위해 정반합이라는 각을 만들어 자기검증 과정을 거치는 것이다.

'셀프 – 정반합'은 구성원들의 입장을 헤아리면서 자신의 제안이 어떻게 받아들여질지에 대해서도 생각해보게 한다. 이 과정을 거치지 않으면 톱 리더의 주관성이 강해져 본인의 절박함과 주관의 애

매한 총량을 객관의 기준으로 삼아 독선으로 끝나기 쉽다. 이치 아닌 것이 이치를 이길 수는 없다. 억지를 강요할 때 커뮤니케이션은 좌절되고 구성원들을 설득하려는 목적도 달성할 수 없게 된다.

톱 리더들은 형용사적 관점에서 의사결정을 하기 쉽다. '좋고 싫고'가 가치판단의 기준이 되어 한쪽으로 기울어지기 쉽다. 톱 리더가 '셀프 – 정반합'을 거치지 않고 주관에 치우친 안을 제시할 때 반대의견이 나오면 두 가지 사태가 벌어진다.

첫째, 반론을 제기하면 흥분한다. 체통을 중요시하는 점잖은 분이 회의석상에서 분을 못 참아 책상을 내려칠 수도 있다. 합리성이나 근거가 희박하고 논리적 비약이 심해 구성원들을 설득할 수 없게 된 탓이다. 반론을 제기한 사람을 박살 내거나 레이저 눈으로 노려본다. 그리고 자기의견에 강하게 집착한다.

둘째, 경청하지 않는다. 자신이 제시한 해법이 절대 틀릴 리 없다는 독선적인 태도를 보인다. 자신의 주장을 강하게 밀어붙인다. 끝이 보이지 않는 자기합리화 때문에 개선의 출구는 보이지 않는다.

그런 다음 할 말 있으면 해보라고 한다. 모두 꿀 먹은 벙어리로 만들고 구성원들을 굴복시키는 인스턴트 리더의 전형이다. 이분법 구도로 몰고 가 리더인 나는 '선', 반대하는 너는 '악'으로 갈등을 증폭시킨다. 본래의 목적은 잃어버리고 훈계나 분노로 변질된다. "안 그래도 나 폭발하고 싶었어!" 항상 그 순간은 완장을 찬 자가 선이다. 톱 리더가 위기상황을 돌파하겠다고 진지하다 못해 절실하게 주장한 것이 오히려 역효과를 낳는다. 도대체 어떤 연유로 이런 일이 다반사로 벌어지는 걸까?

톱 리더가 본인의 똑똑함에 취해 합의 가치를 모르기 때문에 벌어지는 일들이다. 특히 많이 배운 이들 중에 좋은 학교 나와서 똑똑하다고 스스로 자부하는 '헛똑똑이'가 많다. 3류 드라마의 주인공, 자기 혼자 북 치고 장구 치면서 모든 적을 물리치는 위대한 영웅, 아무도 보고 싶어하지 않는 드라마를 제 구성원들과 함께 보며 혼자만 즐거워하는 극장의 우상, 한마디로 웃프다!

"3류 드라마는 대체로 주인공을 제외한 나머지는 무뇌아 집단인 듯 아무 생각이 없다. 주인공이나 주제를 부각시키기 위해 지나칠 정도로 갈등을 과장한다. '저거 어쩌려고 저러나?' 걱정스럽기까지 하다. 그에 비해 갈등의 해소는 어이없을 만큼 단순하다. 남편의 외도로 말미암은 부부갈등도 임신 한 번이면 상황 끝, 그런 식이다."[9]

반드시 각을 세우고 합을 찍어라

한번 묻고 싶다. 리더가 구성원을 쥐고 흔들어 겁줄 수 있다는 생각이 얼마나 쉽게 떠오르는가? 햄버거를 주문하고 나오는 시간보다 짧을 것이다. 그만큼 인스턴트화되었다. 더욱이 구성원들은 독설을 들어야 정신 차리고 격앙된 호통을 통해서 동기부여가 된다고 한다면, 이건 구성원을 노예로 생각하는 것과 마찬가지가 아닌가. 30여 년 전 경제나 정치 토양이 척박하던 시절에는 소통방식도 거칠었다. 하지만 지금 시대에서는 이런 식의 소통방식으로는 동의를 이끌어 내지도 못하고 설득도 되지 않는다. 이제 이별할 때도 되지 않았나. 채찍은 수준 높은 동기부여를 이끌어내는 데는 독이다.

전달하려는 내용이 부실할수록 성질이 더 나지 않던가. 먼저 머리를 차갑게 해서 감정을 자제해야 하는데, 의견과 사실을 구분하지 못하니 구성원들을 더 혼란스럽게 만든다. 정正 하나도 만들기 어렵다는 핑계로 깊게 생각하지 않는다. 정확한 메시지를 만들기 위해서는 반드시 각을 세워야 한다. 정점인 합合을 꼭 찍어야 한다. 그래야 좀 더 합리적으로 해결책을 만들 수 있다. 한번 각을 세워보자.

- 정正 - 왜 이 안을 채택해야 하는가? 세 가지 정도 근거를 적는다.
- 반反 - 문제점은 무엇인가? 세 가지 정도 적는다.
- 합合 - 양측의 주장을 리더 스스로 주장하고 반박해서 합리적인 대안을 결정한다.

단 양측에 주는 시간도, 의견주장도 공정히 배분한다. 그리고 결론은 반드시 낸다. 이렇게 나온 결론의 합리적 근거를 메모한다. 그리고 한 번 더 생각해본다.

'이렇게 내린 결론은 문제 해결에 얼마큼 도움이 되는가? 임시방편인가, 일부분에 도움이 되는가, 근본적인 치유책인가?'

혹시 시간을 벌기 위해 임시방편을 채택했다면, 그와 동시에 지속적으로 진짜 문제를 개선하기 위해 노력해야 한다. 대부분 중간리더가 톱 리더에게 보고만 마치면 그것으로 끝내는 경우가 많다. 땜질식 리더, 땜질식 경영은 모든 비극의 시작이다. 현실적으로 근본적인 대책을 세울 수 없는 경우가 많다. 부분개선이나 임시방편은 있을 수 있다.

하지만 리더는 문제를 근본적으로 해결하기 위해 멈춰서는 안 된다. 답을 찾을 때까지 끈질기게 물고 늘어져야 한다. 답답한 구성원들과 다른 부서들의 비협조로 울화가 치밀어올라도 그것을 참아내면서 답을 찾아야 한다. 지칠 만큼 싸워도 해법이 안 보이고 지지부진할 때 후유증도 만만치 않으니 적당히 타협하고 싶은 유혹이 생길 수도 있다. 그것이 현실이다. 하지만 대부분의 리더가 타협의 지

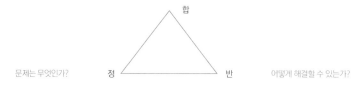

점에서 멈췄다가 일을 그르쳤다는 것만 기억하기 바란다.

'셀프 – 정반합'은 문제 해결에 도움을 주지만, 설령 문제가 해결되지 않는다 하더라도 이 과정을 거치기만 해도 이점이 많다. 우선 감정적인 대응을 하지 않도록 리더를 자제하게 한다. 그리고 항상 객관적이고 냉정한 태도로 사건을 관찰하고 이를 통해 본질에 더 가까이 다가가게 한다. 또한 가능한 합리적인 대안을 찾으려는 노력은 총론과 각론을 모두 구체화시켜 설득력이 높아진다.

이렇게 얻어진 합, 이것 역시 또 다른 정일 뿐이다. 여기에 또 반이 있다. 제2차적 합, 여기까지 생각해보고 진행하길 바란다. 중요한 문제라면 3차적인 합까지 사용하면 된다. 이제 '어떻게 전달할 것인가?' 전달방식은 3R을 사용하면 된다. 3R은 다음과 같다.

- 리절트Result – 무엇을 달성하려고 하는가? 목적이 무엇인지를 파악해서 결과부터 얘기한다. 빙빙 돌려 말하지 마라. 당신은 먹이를 노리는 솔개가 아니다.
- 리즌Reason – 합리적인 이유 세 가지를 설명한다, 수치나 명확한 근거가 가장 첫 번째 이유다.
- 리커버Recover – 리스크나 장애물이 있으면 밝히고 구성원들이 합심해서 극복할 게 무엇인지 구체적으로 밝힌다.

아무런 행동도 유발시키지 못하는 표어식 주장은 하지 말기 바란다. 가능한 3R의 순서로 사용하되 TPO(Time, Place, Occation : 시간, 장소, 상황)에 따라 순서는 달라질 수 있다.

선택할 미래를 다듬고 지켜라

회사는 무엇을 해야 하는지 알고 있다. 평면적으로는 모든 어젠다가 다뤄진다. 한국 보험사의 전략을 보면 일등회사나 10등 회사나 그 내용은 비슷비슷하다. 그럼 어디에서 문제가 되는가? 일등회사와 보통회사는 우선순위에서 달라진다. 예를 들어 일등회사에서는 1, 2, 3이 중요한데 보통회사는 3, 2, 4를 중시한다. 이유는 그럴 듯하다. "우리도 안다. 하지만 우리는 여건상 이렇게 할 수밖에 없다."는 것.

이렇게 의도적으로 우선순위를 바꾸고 리더는 이를 받아들이고 허용한다. 중요한 것을 모르는 무지의 단계가 아니라 현실상 어려우니 중요한 것을 무시한 것이다. 위대한 기업과 조직일수록 최고 리더도 '타협할 수 없는 핵심가치를 잃지 않는 범위에서 자율권을 가진다'는 것을 모르진 않을 텐데 말이다.

인간의 수명은 점점 늘어나는데 기업의 수명은 점점 짧아지고 있다. 언론의 스포트라이트를 받던 기업이 불과 2~3년 사이에 문제기업으로 추락하는 경우도 허다하다. 무엇이 잘못된 것일까? 자만심과 안일함 때문일까? 아니면 뭔가 또 다른 비밀이 있는 것일까?

영국 경제지 「이코노미스트」는 2013년 남미출신으로 최초로 교황이 된 프란치스코의 리더십을 경영학점 관점에서 분석한 바 있다.

여기서 가톨릭을 '세계에서 가장 오래된 다국적 기업'에 비유했다. 전 세계의 유통체인(성당)에서 100만 명에 이르는 임직원(사제)을 보유한 다국적기업이라는 것이다. 그만큼 관료화되어 비대해지기 쉬운 거대 조직에 '핵심가치'를 간결하게 적용한 것이 교황의 리더십에서 가장 빛난 덕목이다. 즉 교황은 핵심과제인 '가난한 자들을 위한 교회Poor-first'로 가톨릭의 가치를 재정립했다. 이를 통해 주요 시장(유럽)에서 고객(신자)을 빼앗겨 위기에 빠졌던 본사(바티칸)를 되살려낸 위대한 경영자라는 것이다. 취임 1년 만에 그 결과는 놀라웠는데 매주 그의 강론을 듣기 위해 바티칸을 찾는 신도가 전임 교황의 17배인 8만 5,000명에 이를 정도란다.

핵심가치를 재발견하고 그것을 지키기 위해 다른 것을 다 버리는 용기. 평생 헌신하겠다고 신에게 귀의한 종교 리더들조차 우선순위에 집중하지 못하는 것이 현실이다. 무언가는 포기해야 한다. 가장 중요한 단 하나의 일을 향한 집중. 탁월한 성과는 당신의 초점을 얼마나 좁히느냐와 밀접하게 연결되어 있다. 일과 삶을 관통하는 원칙은 너무 많으면 안 된다. 의지력이 늘 발휘될 수 있다는 말은 거짓말이다. 의지력도 쉽게 피곤해진다. 의지력 역시 사람에 따라 다르지만 수명이 있다. 의지력도 관리하라. 의지력이 가장 높을 때 가장 중요한 일을 우선으로 처리해야 한다. 모든 것이 다 중요하다. 이것은 사실이다. 하지만 모든 것을 잘하려고 하는 마음으로 두 마리 이상의 토끼를 쫓게 되면 토끼는 다 놓치고 만다.

고인 웅덩이와 흐르는 강물 중 어느 쪽이 될 것인가

기업들에게 필수 벤치마킹 대상인 구글. 군더더기 없이 간결한 검색창 하나만 달랑 나와 있다. 구글은 사용자를 최우선으로 고려해 최대한 단순하게 페이지를 디자인했고, 그 대신 그 핵심 기능인 검색 기능에 모든 에너지를 집중시켰다. 다른 대형 포털들이 최대한 화려하게 첫 화면을 장식하고 경쟁사보다 조금이라도 더 많은 서비스를 담기 위해 노력할 때 구글은 첫 화면에 핵심 기능을 벗어난 상업적인 부분들은 철저하게 배제했다. 차라리 백지에 가깝다. 이는 수익을 포기하더라도 사용자들을 최우선에 두겠다는 의지의 표현이다. '사악해지지 말자'는 구글의 모토는 여전히 강렬한 울림을 주고 있다. 그 이름의 의미만큼 구글의 메인 서비스인 검색기능은 날로 향상되었지만, 구글 홈페이지의 단순한 형태는 그대로 유지되었다. 구글은 창업 초기부터 이 같은 원칙을 고수하고 있다. 기업 철학과 같은 '레스 이즈 모어Less is more', 적은 것이 오히려 더 많은 것을 제공해준다는 접근 방식은 바로 구글을 두고 하는 말이다.

변화의 속도가 눈이 핑핑 돌아갈 정도로 갈수록 빨라지는 상황에서 기업들이 직면한 가장 큰 화두는 '과연 우리는 어떻게 생존하고 지속적으로 성장할 수 있는가'다. 이 문제는 기업이 가진 핵심역량이나 기업의 크기와는 관련이 없다. 환경 변화에 따라 지금까지 성장해오던 사업 자체에 문제가 발생해 혁신이 둔화되고 새로운 성장분야를 찾지 못하고 있다면 그 어디라도 어려움에 직면할 수밖에 없다. 물론 변신이 무조건 기업의 생존을 보장하지는 않는다. 계속 성장하고 있는 기업은 업의 영역을 완전히 바꾸지 않더라도 기존 핵심능력을 강화하면서 새로운 분야를 찾아내어 미래를 대비해야 한다. 가장 오래 살아남는 기업은 언제나 혁신을 바탕에 두고 있다. "듀퐁의 200년 역사는 과거와 결별하는 과정의 역사, 성장하는 곳으로 언제든지 떠나는 게 듀폰의 전략"[10]이라는 말처럼 혁신만이 기업의 미래를 보장한다.

따라서 외부환경 변화에 유연하게 대응해야 한다. 주력사업이라도 비전이 없다고 판단되면 과감히 접어야 한다. 글로벌 일류기업들은 끊임없이 신사업 발굴과 혁신에 성공하며 성장을 이어가고 있다. 그들은 왼손잡이나 오른손잡이를 고집하지 않고 기업의 체질을 양손잡이로 바꿔 경쟁우위를 지속적으로 유지하고 있다.

즉 기존 핵심사업의 최대한 활용과 신규사업의 끊임없는 탐색, 이둘 사이에서 균형을 유지하면서 두 가지(양손잡이)를 동시에 추구하고 있다. 그렇다면 기존 핵심사업과 신규 유망사업은 어느 정도 비율로 설정하는 게 좋을까. 그것은 각 기업이 품어야 할 가치와 거슬러야 하는 것 사이의 균형에서 출발해야 한다. 배의 돛과 닻의 균형처럼 말이다. 닻은 배가 정착하거나 멈춰 있을 때 파도에 휩쓸리지 않도록 도와주는 도구다. 그리고 돛은 바람을 이용해 목적지로 향할 수 있도록 도와주는 기구다. 돛은 불어오는 변화의 바람과 도전을 에너지로 바꾸어 목적지로 갈 수 있게 해준다. 어느 조직이나 닻처럼 변하지 말아야 할 가치가 있는가 하면, 시대의 도전과 변화에 따라 그것을 받아들이고 새로운 에너지로 전환시켜 주는 돛과 같은 전략도 필요하다.

업의 속성이 유지되고 있는지 아니면 계속해서 바뀌고 있는지는 매우 중요하다. 당신이 매우 매력적인 유망사업이라고 판단했다 하더라도 다시 원점에서 업에 대한 재정의를 내릴 필요가 있다. 남이 내린 정의는 남을 위한 것이지 당신을 위한 것이 아니기 때문이다. 다만 많은 매력적인 프로젝트가 존재하더라도 돈과 시간은 늘 부족하기에 선택과 집중이 필요하다. 세계적인 양손잡이 기업들의 원칙을 참조해 당신의 업도 끊임없이 탐색하고 변화하기 바란다.

먼저 루이비통을 보자. 루이비통은 150여 년이 지난 지금도 세계적으로 사랑받는 브랜드의 대명사다. 그들은 고유의 전통을 지키면서 제품과 경영에 늘 혁신적인 태도를 견지해왔다. 시대와 트렌드에 맞게 변화를 모색하기 위해 전통과 혁신을 85 대 15의 비율로 유지하려고 노력한다.

'경영은 미래를 고민하는 의사결정'이다. 시장에 강력한 변화와 혁신을 불러일으켜 기술과 스마트화에 촉각을 곤두세우지 않는 기업은 없다. 100년 이상 된 제너럴 일렉트릭GE의 핵심 경영전략은 빠른 속도의 개방형 혁신을 통해 성장을 추구하는 것이다. 일반 소비자와 개인의 아이디어, 집단지성까지 빠르게 비즈니스에 연결시켜 시장을 선점하고 신시장을 개척하고자 한다. 미래는 예측할 수 없는 미지의 세계다. 다만 미래에 대한 탐구는 항상 '지금'을 토대로 끊임없이 질문을 던지고 스스로 되돌아보는 과정의 연속이다. 그들은 다음과 같은 원칙을 갖고 미래를 만들어가고 있다.

첫째, R&D의 30퍼센트는 기존 핵심제품 보호. 둘째, 50퍼센트는 기존 기술의 지속적인 향상을 위해 투자. 셋째, 20퍼센트는 새로운 곳에 투자해 진정한 혁신을 이룬다. 요약하면 기존과 신규의 비율은 80 대 20이다.

초긴장상태로 항상 경계하는 자만이 지속적으로 살아남을 수 있는 세상이다. 이제 기업의 변신은 선택이 아닌 필수가 되었다. 가장 핵심적인 일에 집중하는 것이 심플의 정신이다. 새로운 시대의 가치 이동에 맞는 균형 잡힌 전략과 사업구조 정립은 매우 중요하다. 남 보기에 아무리 중요한 사업이고 이익이 생긴다 하더라도 핵심사업이 아니면 잘라내야 한다. 미래는 당신이 현재를 어떻게 인식하고 실행하느냐에 달려 있다. 현실에 만족하고 안주하는 고인 웅덩이에 머물 것인가? 끊임없이 흐르는 강물을 향해 나아갈 것인가?

올바른 방향을 향해 즉시 실행하라
Speed

'더 좋은 것'보다 '가장 빠른 것'이 낫다

빛의 속도로 모든 것이 바뀌는 인터넷시대이다. 눈 깜짝 할 사이에 휙 지나가는 정보의 급류들 속에서 생존하는 유일한 방법은 끊임없이 새로운 경쟁우위를 먼저 만들어내는 것이다. 인터넷시대의 룰은 속도 간의 경쟁, 즉 누가 더 빠르냐의 게임이다. 『우리는 어떻게 바뀌고 있는가』에서 과학사학자인 조지 다이슨은 이런 인터넷시대를 '카누와 카약'으로 간명하게 설명한다. 그는 북태평양의 원주민들이 작은 배를 만드는 두 가지 방식을 설명하면서 이를 앞으로 다가올 시대와 비유하는 통찰력을 보여주고 있다.[11]

- 카약(알류트족 등) - 나무 한 그루 없는 황량한 땅에 사는 부족이라 해변에서 주워 모은 나무 조각으로 골조를 세워 물에 뜨는 카약을 만들었다.
- 카누(틀링깃족 등) - 밀림지역이라 나무가 풍부해 나무를 통째로 실어와 속을 구석구석 파내어 카누를 만들었다.

모양은 흡사하지만 배를 만드는 방식은 정반대임을 알 수 있다. 카약은 뼈대에 하나하나 '더하기'하는 방식이라면, 카누는 큰 나무에서 속을 파내는 '빼기' 방식으로 배를 만든다. 그는 향후 세상에서는 '생각의 배'를 만드는 방식이 카약식에서 카누식으로 바뀌기에 새롭게 카누를 만드는 법을 배워야 한다고 강조한다. 우리가 지금까지 살아온 시대는 여기저기서 재료를 끌어모아 카약을 만드는 방식이었지만 미래에는 불필요한 정보를 솎아내고 파내고 버리면서 숨겨진 알맹이를 찾아야 한다는 것이다. 즉 과거는 카약의 더하기 방식으로 검색과 정보의 수집을 활용했다면 미래는 카누의 빼기 방식으로 주변의 불필요한 정보를 버리고 그 안에 숨겨진 지식의 본질을 찾아내기 위해 사유를 통한 재창조가 이루어져야 한다.

그런데 문제는 우리가 나뭇가지를 주워 모으는 것에 숙달되어 있어 속을 파내는 방법을 모른다는 사실이다. 하지만 인간은 해야 할 일보다는 하고 싶은 일과 익숙한 일을 더 좋아한다. 모든 사람의 공통현상이다. 잘못하면 통나무를 구해와도 어떻게 다룰 줄 몰라 배를 만들 수 없는 곤란한 처지에 놓일 수도 있다.

지혜의 90퍼센트는 알맞은 때에 현명해지는 것이다. 스피드는 방향과 타이밍이 생명이다. 적절한 타이밍에 적절한 조처를 하지 못하면 스피드가 의미를 잃는 것이고 카누시대에 카약방식으로 아무리 효율적으로 일해도 스피드를 잃는 것이다. 최근 전문가들은 속도만 추구하며 오로지 전진하는 스피드 기업은 잠시 멈춰 '제대로 가고 있는가?'를 확인하는 기업보다 실적이 저조하다고 지적한다. 스피드 경영은 스피드 그 자체가 목적이 아닌 전략적 속도로 다음 네 가지를 목표로 한다.

1. 기회선점 – 경쟁사보다 먼저 시장 진출
2. 시간단축 – 생산 주기 단축이나 업무처리 시간 단축
3. 타이밍 – 필요한 시점에 적절한 상품 공급
4. 유연성 – 소품종 다량생산으로 고객욕구 최대한 만족시키기

표적은 움직인다. 정지한 표적은 죽은 목표다. IT화가 규모의 경제를 속도의 경제로 가속화시킨 동인임을 고려할 때 '대기업이 항상 작은 기업을 이기는 게 아니라, 빠른 기업이 언제나 느린 기업을 이긴다'는 생존 법칙이 비즈니스 정글을 지배하고 있다. 하지만 빠르게 변화하는 환경에 적응하고자 몸부림치고 있음에도 불구하고, 너무나 많은 경우 발전은커녕 자원만을 낭비한 채 구성원들은 지치고 힘에 겨워하고 있다. 세상의 변화속도는 눈부신 데 비해 우리는 그만큼 변화하지 못한 탓이다.

그렇다고 기업들이 자신들이 처한 상황을 상세히 평가하고 분석한 후 천천히 변화해도 생존할 수 있던 시대로 되돌아갈 수도 없다. 오늘날에는 3~5년 단위로 대변혁을 꾀해야 명맥을 유지할 수 있다. 신규 기업이 혁신을 몰고 오면서 기존 강자를 몰아냈고, 곧 그들도 다른 혁신자 앞에 무릎을 꿇었다. 놀랄 일도 아니다. 게리 하멜은 "중요한 결정을 소수 사람들만이 내리는 구조는 위기를 증폭시킨다"며 마이크로소프트사의 사례를 든다.[12]

"뭔가 새로운 아이디어를 실행하려면 빌 게이츠의 허락을 받아야 하는데 빌 게이츠의 사고방식은 과거에만 머물러 있다. 전통적 위계질서는 꼭대기에 소수만 존재한다. 이들 소수가 전략과 방향을 제시한다."

그 결과 성공적이었던 기업이 실패의 길을 걷게 되고 마이크로소

프트는 거의 모든 핵심분야에서 뒤처졌다고 진단했다.

이제 '굼뜨면 죽는' 세상이다

현대경영의 경쟁력은 올바른 방향을 향해 빠르게 움직이는 스피드가 좌우한다. '과거엔 졸면 죽는다고 했지만 이젠 굼뜨면 죽는다'고까지 할 정도로 급박하게 움직인다. 삼성의 성공 요인으로는 거대기업임에도 불구하고 의사결정과 실행력의 스피드를 빼놓고는 설명할 수 없다. 삼성이 이만큼이라도 애플을 추격할 수 있었던 것은 삼성의 구성원들이 신속성을 갖고 몰입했기 때문이다. 『삼성웨이』의 저자인 송재용 교수는 삼성의 성공 요인 중 스피드 창출 능력을 첫 번째로 꼽았다. 빠른 의사결정을 통해 기회를 선점했고, 실행 스피드를 높여 선택과 집중을 한 결과라는 것이다. 하지만 삼성조차도 변화속도가 충분히 빠르다고 생각하지 않는다. 그 결과 후발주자들의 추격을 허락하고 말았다.

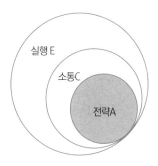

전략, 소통, 실행 순으로 동심원이 커질수록 인내심이 더 요구된다. 변수가 많아지는 탓이다. 일급리더와 삼급리더의 차이는 90퍼센트 이상이 전략의 격차보다는 실행력에서 발생한다. 벤치마킹이 전략을 쉽게 베끼는 데 일조한 탓이다. 중하권 조직들은 선진사들이 무엇을 추구하는지 지속적으로 관찰한 뒤 약간 순서만 바꿔 그대로 베낀다. 오늘날 전략은 가장 베끼기 쉬운 영역이 되어버렸다. 그 결과 실행이라는 원의 가장 큰 부분으로 오면 삼급리더는 전략은 내팽개치고 임시방편과 요령으로 승부할 수밖에 없게 된다. 이제는 빠른 것이 느린 것을 잡아먹는 세상이다. 실행력의 차이가 기업의 운명뿐 아니라 리더의 운명을 결정한다. 오늘날 최정상에 있는 기업은 스피드를 양념의 감초처럼 강조하며 기업의 생명 그 자체로 여긴다.

페이스북은 '빠르게 움직이고 혁신을 꾀하라Move fast, break things'는 믿음을 최우선가치로 여긴다. 페이스북은 완벽을 추구하느라 늦게 움직이는 것을 죄악시한다. 신입사원들에게 이런 믿음을 전파하기 위한 방법을 개발해서 신입사원을 대상으로 '신병훈련소'를 운영하고 있다.

IBM CEO 로메티는 이를 '신속하게 생각하고 더 신속하게 움직여라Think Fast, Move Faster'로 주문한다. 그는 '고객 요구 24시간 내 대응'이라는 새로운 규정을 제시했다. 직원들이 갖고 있는 안이한 의식문제와 중간관리자들이 결재를 늦게 하는 바람에 계약을 놓쳐버리는 '느린 프로세스'에 대해 긴급조치를 내렸다. 고객의 요구에 '무조건' 24시간 내 즉각적으로 대답을 내놓도록 의무화한 것이다. 그는 굼뜬 실행력은 적정한 의사결정과 신속한 프로세스에 문제를 발생시키므로 구성원들이 이를 방관하지 말고 곧바로 의견을 내어 바꿔야 한다고 했다.

로메티가 구성원들에게 요구하는 것은 어느 기업이나 똑같다. 신속하게 움직이느냐 움직이지 않느냐의 문제다. 그만큼 스피드한 실행은 지위고하를 막론하고 모든 레벨에서 협조가 되어야 하는 영역이다. 내 일만 중요하게 여기고 옆 부서를 모른 척한다면 조직은 성과를 창출할 수 없다. 합의 가치가 중요한 이유다. 서로가 음과 음 사이를 연결해주고 모두가 배경이 되어 꽉 채워서 한 덩어리로 물결치듯 화음을 내야 한다.

스피드 있게 실행한다는 것은 비범한 노력을 요구하는 고된 작업이다. 구성원들의 행동을 변화시켜 스피드 있게 행동하도록 만들어야 한다. '더 좋은 제품을 내놓는 것보다는 맨 처음에 내놓는 것이 낫다.' 『마케팅 불변의 법칙』[13]에서 가장 첫 번째가 바로 '선도자의 법칙'이다. 일등만 기억하는 삭막하고 거친 세상. 하지만 현실인 것을 어쩌랴.

"에레베스트에 처음 등정한 사람은 누구인가?" "힐러리 경."

"그럼 두 번째로 에베레스트에 등정한 사람은?" 이게 무슨 질문이란 말인가. 아무도 모른다.

그러므로 고객의 기억 속에 첫사랑처럼 맨 먼저 자리 잡고 있어야 한다. 시장은 이기적인 전쟁터. 누가 빨리 잠재고객의 마음속에 도달하느냐의 경쟁이다. 지금의 경영 스피드에 만족해선 안 된다. 공을 따라다니지 말고 공이 올 곳에 미리 가 있어야 한다. 스피드 경영을 이루기 위해서는 세 가지 핵심요소가 있다. 분명한 의사결정을 통한 기회선점과 간결한 프로세스 그리고 탄탄한 시스템이다.

빠른 것이 느린 것을 잡아먹는다

2014년 6월, 마이다스아이티 이형우 사장의 초청으로 아산병원 김종혁 교수, 피터 드러커 소사이어티 임원들과 이 회사를 방문해서 그의 독특한 경영철학과 기업문화에 대해 설명을 듣고 열띤 토론을 했다. 이 회사는 건축물, 교량 등의 안전성을 시뮬레이션하는 소프트웨어 제작회사인데 이 분야에서는 독보적인 세계 1위 기업이다. 이형우 사장의 관심은 구성원을 넘어 인간 그 자체에 가 닿아 있었다. 스스로에게 '올바른 경영은 무엇인가?'를 묻고 끊임없이 탐구했다. 진화생물학, 유전학, 심리학, 물리학 등의 분야에서 첨단을 달리는 아이디어를 두루 섭렵한 뒤 모든 사고를 종합해 '자연주의 인본경영'을 도출한 뒤 경영이념으로 삼고 있다.

그는 리더는 통제자가 아닌 경험과 정보의 제공자로서 더 많이 지도하고 조언하고 함께 공감함으로써 직원들과 더불어 원대한 비즈니스 목표를 달성할 뿐만 아니라 개인의 삶도 행복해질 수 있다는 결론에 도달했다. 직원들에게 높은 자율성을 부여한 결과 마이다스아이티는 초스피드 경영을 이루게 되었다. 일례로 사업전략수립, 프로모션 실시, 교육훈련, 자금집행 등 대부분의 사항이 팀장전결이다. 더욱이 무예산주의라서 신입사원이라 하더라도 실효성과 타당성을 살펴 바람직하다고 판단되면 한도와 범위에 국한하지 않고 모든 지출에 대한 결재가 5분 내 이뤄지는 시스템을 갖고 있다. 참고로 입사 2년 차 팀장도 있다. 나는 "어떻게 5분 내 자금결재가 이뤄지느냐?"고 배석한 팀장들에게 물었다. 대답은 이랬다.

"무예산이라 일반 조직에서 발생하는 '예산범위는 어떻게 되며, 왜 이렇게 설정했고, 왜 꼭 이 시점에 집행해야 하느냐'가 일단 없다. 보고자가 가장 잘 알고 있으니 토를 달 일이 없다. 특별한 이슈가 없는 한 보고자가 판단하고 책임져야 하므로 굳이 윗선까지 가서 시간을 오래 끌 필요가 없다."

마이다스아이티는 평상시에 '무엇을, 어떻게, 왜, 일할 것인가?'를 임직원들이 깊이 고민하고 토론하기 때문에 돈을 비롯한 실행의 문제에서는 오히려 과감하고 신속하게 결정된다. 이형우 사장은 이렇게 말한다.

"사장이 행사할 수 있는 권한은 팀장에게도 있다. 개별 사업에 관한 한 팀장이 사장이다. 그러니 회사의 핵심가치에 반하지 않는다면 조직의 성과창출을 위해 권한을 마음껏 사용하는 게 옳다."

리더는 자극을 주고 새로운 생각을 갖게 하는 존재임을 다시 한 번 깨닫게 된다. 이 사장은 자신의 깨달음을 경영에 반영하고 자신이 가진 경험과 지식과 깨달음을 기꺼이 구성원과 함께 공감한다. 그 결과 구성원들에게 동기부여를 해 성과를 내는 것을 넘어 그 사람 속에 있는 불씨를 일깨우는 역할을 하고 있다. 한마디로 구성원들을 발효시키는 것이다. 구성원들 역시 조직에 대해 희생이 아닌 공헌을 하기 위해 노력하고 있다. 이런 것들이 마이다스아이티가 매년 30퍼센트씩 초고속성장을 이뤄내는 비결이다.

마이다스아이티를 보면 스피드 경영이란 단순히 행동의 문제가 아니라는 것을 알 수 있다. 스피드 경영을 위해서는 먼저 경영진들이 일과 삶의 본질을 파악해 제대로 방향성을 제시하고, 5분 결재 시스템 등 자율경영 기반을 만들어놓는 등 철저한 준비가 되어 있어야 한다. 이는 평상시에 전반적인 업무에 대해 종합적인 관점에서 깊게 생각하고 토론해 정립한 방향성을 갖고 있다는 방증이다. 빠른 결단을 내리지 못한다는 것은 심사숙고라기보다는 평소에 준비가 안 되어 있다는 뜻과 같다.

스피드는 가슴에 화살 맞은 사람이 찾는 SOS
이렇듯 스피드 경영은 3선先 없이는 이룰 수 없는 것이다.

- 선견先見 – 먼저 보는 것만큼 중요한 것은 없다. 먼저 출발한다.
- 선수先手 – 먼저 행동한다. 시스템으로 뒷받침해줘야 가능하다.
- 선제先制 – 먼저 선점해 위치를 차지한다.

여기서 선견, 먼저 본다는 것은 무엇을 의미하는가? 일본 '모터사이클의 아버지'라 불리며 평생에 걸쳐 약 150개의 특허를 획득해 기술경영에 앞장선 혼다의 창업주 혼다 소이치로는 이렇게 말했다.

"경영자는 회사를 자신의 생존과 직결해 생각해야 한다. 그러나 직원들은 이런 생각을 갖고 일해선 안 된다. 회사의 존망은 직원들의 희생에 달린 게 아니다. 직원들은 자신의 일을 하며 인생을 즐길 때 회사는 발전할 수 있다."

조직의 전략과 비전은 아랫사람들이 만드는 게 아니다. 그것은 리더들의 몫이다. 리더는 일과 사람의 본질을 보기 위해 남다른 생각과 노력을 해야 한다. 멀리 보고 깊게 보면서 방향제시를 해야 한다. 직원들의 희생을 바탕으로 하는 성과는 생존 그 이상의 것을 만들어낼 수 없을 뿐만 아니라 오래가지도 못한다.

그리고 선수, 시스템으로 받쳐주지 않으면 스피드는 오히려 조직의 갈등만 더 키우고 심할 경우 와해된다. 시스템이 없으면 모래 위에 쌓은 성일 뿐이다. 리더가 의사결정을 제때 해줘야 하고 불필요한 회의는 가능한 줄이고 업무처리 과정도 간소화해야 한다. 선제적 대응을 해줘야 제때 행동이 가능하다. 또한 아랫사람들이 현장에서 발생하는 불편사항과 건의사항을 반영하는 프로세스가 없는 상태에서 스피드를 통해 규모를 키우게 되면 더 큰 문제를 일으킬 수 있다. 방향 없는 스피드, 원칙 없는 스피드, 협력 없는 이기적인 스피드. 이런 스피드들은 모두 마이너스를 향해 달려가는 것이다. 무조건 빨리 빨리는 독이다. 조직의 일이란 프로세스의 연결망이다. 프로세스라는 공정을 지속적으로 개선해야 스피드 경영이 가능하다. 프로세스 개선을 위해서는 다음 세 가지를 지속적으로 추진해야 한다.

첫째, 걸림돌을 인식하라. 둘째, 최고수준을 정하라. 셋째, 개선을 계속하라.

미국해병대 지휘관들은 '70퍼센트 해결법'이란 걸 사관학교에서 배운다고 한다. 불완전한 정보로 압박 속에서 빠른 결정을 내리기 위해 70퍼센트만 의견일치를 보면 나머지 사항은 부하들이 상황을 보아가면서 스스로 해결토록 하는 것이다. 완벽한 정보를 얻기 위해 우물쭈물하다 치명적인 위험에 노출되기 보다는 좀 부족해도 신속하게 행동하는 것이 중요하기 때문이다.

따라서 리더는 70퍼센트의 정보만 갖고도 결론을 내릴 수 있어야 한다. '장고長考 끝에 악수惡手'라는 말처럼 완벽한 준비를 하느라 제때 결단하고 실행하지 못하는 조직은 사업도 조직운영도 실패하기 십상이다. 주저하고 머뭇거리는 리더는 조직이 성공할 수 있는 기회조차 잡지 못한다. 스피드는 가슴에 화살 맞은 사람처럼 리더가 갈급하게 찾는 SOS로 기억하면 좋을 듯하다.

- 소프트 – 유연하게
- 오픈 마인드 – 문제발생이나 현장개선 상황이 있을 때 상하 간 의견과 보고를 자유롭게 개진
- 시스템 – 복잡한 실행과업의 지침이 되는 시스템이나 프로세스를 제도화

시스템은 전체 프로세스를 살핀 후 구성요소를 세분화해 스피드

를 저해하는 낭비요소를 제거해야 한다. 불필요한 프로세스를 과감히 줄여 본질과 핵심에만 집중하겠다는 의미에서 스피드 경영인 것이다. 도요타 자동차는 군살이 없는 효율적인 시스템을 구축하기 위해 낭비요소를 3무로 구분했다. 첫째, '무리'는 시스템과 노동력의 과부하를 일으키는 요소, 둘째 '무라'는 업무 절차상의 비균일성과 비일관성, 셋째 '무다'는 부가가치를 만들지 못하는 쓸데없는 업무.

도요타는 일반적으로 낭비라고 인식하는 쓸데없는 업무 외에도 낭비요소에 본질적으로 무리한 작업과 현장에서 원활하게 돌아가지 않는 것까지 포함시키는 통찰력을 보여주고 있다. 도요타는 오랜 기간에 걸쳐 3무를 제거하기 위해 많은 노력을 기울였고, 그 과정에서 학습효과가 축적되어 도요타의 가치를 창출하는 데 이바지했다. 현상에 만족하지 않고 더욱 향상된 것을 끊임없이 추구하는 개선운동을 통해 경쟁력을 차별화하고 있는 것이다.

묻지 않으면 그 어떤 것도 내게 오지 않는다

스피드 경영에서 유연성soft을 강조하는 것은 어깨 힘을 빼지 않고는 순발력 있게 대응할 수 없기 때문이다. 현장은 요령을 걷어내고 혼신껏 실행하도록 해야 한다. 하지만 현장에서 열심히 하는데도 성과가 나지 않을 때는 현장의 실행능력문제 외에 다른 걸림돌이 있다는 신호다. 같은 자금과 시간을 투자했을 때 가장 많은 효율과 효과가 나타나는 업무를 찾으라는 경고다. 리더라고 해서 모든 것에 답을 주기는 어렵다. 스스로 자신에게 묻고 또 구성원에게 물어야 한다.

"다 잘하려고만 하지 마라. 다른 방법은 없을까?"

가능하면 위대한 질문이면 더 좋다. 다르게 생각해 어려운 문제를 푸는 실마리를 발견하는 순간 성과는 놀랍게 증가할 것이다.

야구계의 빌리 빈 단장의 신화는 영화 「머니볼」에서 보여준 것처럼 기존 패러다임에 대한 의문에서 시작되었다. 미국 메이저리그 야구팀 오클랜드 애슬레틱스는 1990년대 후반 최악의 부진을 거듭하고 있었다. 팀 성적은 최하위인데다 가난한 재정으로 좋은 선수를 영입할 수도 없었다. 새로 부임한 빌리 빈 단장(브래트 피트 역)은 최악의 상황에서 팀을 다시 재건하기로 계획을 세운다. 그런데 돈이 없다. '어떻게 새로운 방법은 없을까?'

최소의 비용으로 고효율을 지향해야 하는 상황이라 가난한 단장의 고뇌는 깊어만 갔다. 기존 방식으로는 아무리 최선을 다해도 하위권이다. 머니money와 볼ball이 말하듯 야구에서 돈과 성적은 비례한다. 이 함수를 깰 수 있는 길은 어디에 있을까? 드디어 빈 단장은 기존 패러다임을 고수하는 스카우트를 해고하고 새로운 파트너와 전략을 짠다. 다년간 축적된 객관적인 통계로 야구를 조사하는 '세이버메트릭스Sabermetrics'를 활용하기로 하고 야구의 본질에 대해 다음과 같이 결론을 내린다.

'야구는 선수들이 출루하고 돌아와서 점수를 얻는 게임이다.'

출루를 많이 하면 점수를 얻을 확률이 높아지고 장타율은 타자가 홈과 가까운 곳에 있을 확률이 증가하니 점수를 얻을 확률도 높아진다는 이치였다. 그렇다면 타자에겐 출루율과 장타율, 투수에겐 출루허용율과 평균자책점이 핵심이다. 이를 근거로 무명 선수, 사사구가 많은 선수, 빗맞은 안타로 운이 좋아 보이는 선수 등 일반적으로 이해할 수 없는 선수를 계속 뽑으면서 "출루율이 높잖아"라며 출루율 등에 신뢰를 보여주었다. 빈 단장은 돈을 부르는 성적, 그 둘이 단단히 결합되어 아예 한 단어가 된 머니볼moneyball의 세상을 향해

머니와 볼 사이를 가르려 한 것이다. 그 무기는 세상 사람들이 간과하고 있는 출루율에 있었다. 여기에 남들이 중요하게 여기지 않거나 눈에 보이지 않는 요소까지 포함해 평가했다.

즉 투수에겐 승수 방어율 대신 사사구 땅볼 대 뜬 공 비율 등 새로운 평가요소를 도입했고 타자에겐 선수의 성품과 사생활을 중요시했다. 이러한 빌 단장의 도전은 팀을 2000~2003년 포스트시즌에 연속 진출하는 강팀으로 탈바꿈시켰다. 빈 단장은 머니와 볼 사이를 출루율로 찢어버린 것이다.

환경이 이러니저러니 핑곗거리를 찾고 같은 방법, 같은 질문이어서는 경쟁은 불가능하다. 실로 묻지 않으면 그 어떤 것도 내게로 오지 않는다. 당신은 지금 승리하고 싶은가? 새로운 방법을 찾고 있는가? 그렇다면 새로운 질문을 던져야 한다.

오직 '전속력'만이 승리의 길

마케팅 총괄을 맡았을 때 일이다. 매년 1월에는 전략회의를 공유하기 위해 전쟁 같은 시간을 보내야 했다. 지방 5개 권역을 돌고 드디어 숨 가쁜 전략회의가 서울을 마지막으로 끝이 나면 안도감도 잠시이고 새롭게 실행해야 할 과제가 산더미처럼 쌓여 있다. 서류를 정리하다 문득 손을 멈췄다. 서류를 넘기다 보니 전년도 부진자 중에서 위치가 상승한 사람이 거의 없다는 사실에 깜짝 놀랐기 때문이다. 작년 전략회의 때 그들은 하나같이 말했다.

"이번에는 성과를 낼 것이다." "올해는 분명 달라질 것이다."

그들은 굳게 약속했다. 그런데 거창한 계획으로 출발했던 그들 중

왜 한두 명 외에는 모두 저 낮은 자리에서 일어나지 못한 것일까? 나는 결의가 곧 실행이라고 생각하는 단순한 생각이 얼마나 어리석은 것인가를 깨달았다. 목표는 문자 그대로 계획과 다짐이지, 실행의 전 단계가 아니다. 목표를 세운 다음에는 비가 오나 눈이 오나 필사적인 노력을 기울여 실행해야 한다. 그래야 목표에 도달할 수 있다. 원래 목표란 노력 없이는 도달할 수 없는 것. 그렇기에 실행하기가 버거울 때도 있다.

필사적인 노력을 기울여도 될까 말까 한데 적당히 일하는데다 굼뜨기까지 하다면 성과란 그저 먼 나라 이야기일 수밖에 없다. 계획을 세운 후 어떻게 행동하느냐에 따라 사람은 두 종류로 나뉜다. 행동으로 옮기는 사람과 옮기지 않는 사람. 우리는 언제나 노심초사하며 하루하루 힘겨운 싸움을 한다. 가만히 있으면 계속 벼랑 끝으로 밀리는 세상에서 택할 길은 실행뿐이다. 그것도 전속력으로 실행해야 한다. 행동으로 옮기지 않는 사람은 언젠가 정말 벼랑 끝에 서게 된다.

나는 이런 이야기를 전해주고 싶은 마음에 중간 리더들을 한 사람씩 만나 저녁을 하거나 차를 마시며 대화를 시도했다. 만난 이들 가운데 모두는 아니었지만 상당수가 역전을 믿지 않고 있었다. 열심히 하고 있다. 성과가 좀 늦어지는 것뿐이다. 이제 곧 결과가 보인다 등 변명과 자포자기의 말이 주를 이루었다. 언제 그 결과가 나오느냐고 한 번 더 물으면 힘들다는 하소연과 함께 "나 정도나 되니까 버티는 것"이라며 이유와 변명을 쏟아냈다. 물론 합당한 이유들일 수도 있겠지만 일이라는 것은 수십 가지 장애물을 넘어야 앞이 보이는 법이다.

핑곗거리를 찾자면 100가지 이유도 만들 수 있다. '힘들어도 한번 해보겠다'는 전투의욕을 불러일으키기보다는 핑곗거리를 찾는 것이 더 쉬운 게 우리들이 아닌가. 성공을 향한 노하우는 아주 간단하다. 목표를 향해 한 가지 속력으로 실행하면 된다. 전속력이라는 한 가지 속력 말이다.

하지만 이것을 실천에 옮기는 리더는 소수다. 그래서 소수 리더만이 성공에 이르는 것인지도 모른다. 언젠가 하겠다는 사람의 그 '언젠가'는 안 하겠다는 뜻의 완곡한 또 다른 표현일 뿐이다. 기부왕으로 유명한 폴 마이어는 "생각하고 말을 하는 사람이 97퍼센트, 행동하는 사람이 3퍼센트"라고 했다. 작가 지그 지글러는 "행동하는 사람 2퍼센트가 행동하지 않는 사람 98퍼센트를 지배한다"고 했다. 성공이 특별한 소수 리더를 선택해 성공의 기회를 준 것이 아니라 소수의 리더만이 성공을 선택한 것이라는 말이다.

행동을 개시하기 전에 좋은 타이밍이 오기를 기다리는 사람들이 너무 많다. 시운時運, 즉 때와 상황이 딱 맞아떨어지는 적절한 타이밍은 매우 중요하다. 그러나 모든 것이 갖춰진 완벽한 타이밍은 세상에 존재하지 않는다. 그런 완벽한 타이밍은 평생 올 가능성이 거의 없다. 때를 기다린다며 우물쭈물하는 리더들은 결단력이 부족해서 해볼 만했던 것들도 아예 시도조차 하지 않아 '가능성의 잔해'들만 가득 쌓여 있다. 일류리더들은 끊임없이 도전하고 스피드 있게 실행에 옮긴다. 이것이 궁극적인 경쟁력이다.

탐스 슈즈를 하나 사면 슈즈 하나를 제3세계 아이들에게 기부하는 착한 신발 이야기를 다룬 책 『탐스 스토리』에는 '좋은 타이밍은 없다'며 이렇게 말한다.[14] "모든 운이 따라주며 인생의 신호등이 동시에 파란불이 되는 때란 없다. 모든 것이 완벽하게 맞아떨어지는 상황은 없다. '언젠가' 타령만 하다가는 당신의 꿈은 당신과 함께 무덤에 묻히고 말 것이다. 만약 그 일이 당신에게 중요하고 '결국' 그 일을 할 것이라면 그냥 하라. 하면서 진로를 수정해가면 된다."

자세의 문제다. 중요한 것은 주어진 범위 내에서 '리더 자신이 무엇을 할 것인가?'다. 일류리더는 나쁜 결과도 구성원을 탓하지 않으나 삼류리더는 좋은 결과밖에는 받아들이지 못한다. 일이 잘못되었을 경우 일류리더는 '나는 무엇을 했어야 했는가?'라며 자기성찰부터 한다. 남 탓이나 환경 탓을 해서는 절대 일류리더가 될 수 없다. '환경 탓'과 '남 탓'은 삼류리더가 걸리기 쉬운 불치병이다.

'인생을 낭비한 죄'를 저지르지 마라

나는 핑계나 대는 인스턴트 리더들을 볼 때마다 더스틴 호프만과 스티브 맥퀸이 나왔던 영화 「빠삐용」의 한 장면이 떠오른다. 빠삐용이 꿈속에서 재판을 받는 장면이다. 사막에서 거대하게 버티고 선 세 명의 심판관이 무죄를 주장하는 빠삐용에게 준엄하게 꾸짖는다. "너는 유죄다. 너는 인생을 낭비한 죄를 지었다." 빠삐용은 '인생을 낭비한 죄'라는 말에 더 이상 아무 말도 하지 못하고 "난 유죄요, 유죄, 유죄……"란 말을 중얼거리며 어둠 속으로 사라진다. 인생을 낭비한 죄라는 말이 심장에 꽂혀 한동안 가슴이 먹먹했다. 인간의 죄중 가장 큰 죄가 인생을 낭비한 죄라지 않던가.

리더에게는 허물보다 낭비가 더 무서운 죄다. 리더의 우유부단은 게으름 그 자체다. 리더의 일터는 일생을 걸고 타협할 수 없는 가치를 위해 승부를 거는 곳이다. 더욱이 리더는 현재의 꿈을 미래에 현실로 만들어가는 도전을 하도록 구성원들을 이끌어가는 존재다. 조건이 나쁘고 고통이 가장 혹독할 때에도 전진해야 한다. 오늘의 악조건이 내일의 호조건을 만든다는 신념이 있어야 한다. 그러면 구성원들도 소용돌이치는 상황에서 기꺼이 리더의 배에 탑승해 지도를 펼치고 목표를 향해 항해를 시작할 것이다. 애플은 최고의 인재들을 선발해서 비장하게 '애플이 아니면 다른 곳에서는 일어날 수 없는' 변화를 요구한다. 그들의 비장함이 얼마나 절절한지는 신입사원에게 보낸 편지에 잘 담겨 있다.

"세상에는 그냥 하는 일과 일생을 걸고 하는 일이 있다. 당신의 손길이 곳곳에 스며든, 절대 타협할 수 없는, 그리고 어느 주말이라도 기꺼이 희생할 수 있는 일. 애플에서는 그런 일을 할 수 있다. 당신은 이곳에 그저 무난하게 근무play it safe하러 오는 게 아니다. 당신은 여기서 끝장swim in the deep end을 보기 위해 온다. 당신의 일이 어떤 의미를 지니길 원하니까. 어떤 거대한, 애플이 아닌 곳에서는 일어날 수조차 없는 그러한. 애플에 온 것을 환영한다Welcome to Apple."

편지 한 장만 읽어도 가슴속에서 뭔가 뜨거움이 올라온다. 신입사원 한 명 한 명이 세상을 바꾸는 어떤 위대한 일에 일조하고 싶다는 사명감을 갖게 한다. 제3자인 나의 심장까지 뛰게 한다. 직장을 무난히 다니는 것을 목표로 삼는 순간, 조직에도 이바지할 수 없을 뿐더러 결국 스스로도 발전을 포기하는 것이다. 조직에 이바지하기 위해 입사하는 것이지 선배들이 이룬 과실을 따 먹으려고 입사한 것이 아니지 않은가. 애플은 아예 직장은 끝을 보기 위해 오는 곳이지 무난하게safe 근무하러 오는 곳이 아니라고 선을 긋는다. 세상을 우리 손으로 바꿀 그런 비장함과 패기가 있는 해적 같은 젊은이를 찾는 것이다.

애플은 그런 비장감을 입사 때부터 사원들과 공유하기를 원했다. 애플이 가고자 하는 신대륙에 '나도 가고 싶다'는 도전의욕을 자극하고, 끝이 어딘지 모를 미지의 저 깊은 바다 끝까지 도전해보겠다

는 끝장정신이 생기게 만든다. '나도 조직의 성공에 이바지하고 싶다.' '나도 저 배에 타고 싶다.'

리더는 나 자신을 불태우고 구성원들을 발효시키는 존재다. 당신은 '반드시 하겠다'는 끝장정신을 갖고 있는가.

디자인 사고로 재빨리 가볍게 시도하라

디자인 사고는 미국 스탠퍼드대학교 디자인스쿨에서 구체화돼 산업계로 확산된 개념이다. 문제점을 발견하면 '공감empathy - 문제 정의define - 아이디어 생성ideate - 시제품prototype - 테스트test'의 과정을 거쳐 해결책을 도출하는 순환적 단계다. 디자인 사고는 경쟁자보다 먼저 시제품을 내놓고 반응을 살핀 후 이를 토대로 콘셉트를 발전시켜 성공의 가능성을 최대화하는 방법이다. 보통 '이러이러한 목적으로 제품을 만든다'는 이른바 콘셉트를 만든 뒤에 시제품을 제작하지만, 이를 뒤집어서 시제품이 소비자가 자각할 수 있는 효능을 줄 수 있는지부터 먼저 확인하는 것이다.

쉽게 말해 아이디어가 나오면 임원에게 기획안을 보고하고 승인받는 게 아니라 먼저 소비자에게 타진하는 것이다. 소비자의 반응에 따라 제품의 추진 여부가 결정되는 것이다. 완벽을 기한다고 타이밍을 놓치면 식은 피자요, 녹아버린 아이스크림이 되기 때문이다. 이를테면 요즈음 가장 주목받고 있는 GE의 '패스트 웍스Fast Works'와 사내기업가 같은 것으로 전부를 부수는 혁신보다는 별동대를 만들어 새로운 시장을 개척해보자는 것이다. 탁상공론에 빠져 있기보다 시제품을 작은 규모로 빨리 내놓고 '이것은 어떠세요?'라며 시장의 반응을 보고 계획을 바꿔가는, 그야말로 자발적인 시행착오를 바탕으로 한 접근법Trial and Error Method에 가깝다. 오늘의 대기업은 초창기에 강력한 리더십을 가진 창업자와 발 빠른 실무자가 힘을 합쳐 만들어진 것이다. 이제 창업 초기의 활력을 잃지 않으면서 뭐든지 시도하고 잘못을 발견하면 즉각적으로 고쳐나가는 '들이대 정신'을 가진 기업이 우유부단해서 결정을 내리지 못하는 기업을 이기는 시대다.

패션의류업은 유행에 맞는 신제품을 제때 출시하면 대박이 나고, 유행에 맞지 않은 것을 내놓으면 아무리 할인해도 팔리지 않는 극과 극의 롤러코스터를 타는 비즈니스다. 다행히 유행의 흐름을 탔다 하더라도 카피상품이 금세 시장에 쏟아지면 황금기는 사라진다. 따라서 아무리 훌륭한 예측을 했다 하더라도 행운이든 불운이든 우연을 고려해야 한다. 이것은 업의 속성상 유행의 변화속도를 따라잡기 어렵기 때문이다. 패션의류업은 시장의 변화속도와 업의 가치사슬에서 발생하는 기간이 서로 불일치한다. 의류업은 스피드 경영을 시도하기에는 아주 고약한 곳으로 매우 경쟁적이고 가격에 민감하고 일찍 사그라지기 쉬운 업종이다. 목표설정보다 목표달성을 위한 수단과 메커니즘을 구체적으로 마련해야 하기 때문이다. 그래서 글로벌 패션의류업계에 디자인 사고를 갖고 재빨리 가볍게 하라는 건 불가능한 주장처럼 들릴 수도 있다.

그런데 세계 130개국에 6,400개가 넘는 매장을 갖고 있는 자라 ZARA는 디자인 사고를 적용해 스피드 경영을 이뤄냈다. 생산자가 유통과 판매까지 하는 SPA브랜드의 대표주자인 자라와 유니클로는 세계 중저가 의류시장을 석권하고 있다(SPA 브랜드란 기획부터 생산, 유통까지 직접 맡아 판매하는 브랜드). 이 두 기업의 등장 이후 음식만 빨리 빨리 만들어 먹는 패스트푸드가 아니라 옷도 상황과 장소에 따라 빨리 빨리 소비하는 패스트패션이 되고 있다. 자라의 성공 비결은 이렇다.

첫째, 신제품을 기획하고 생산해 유통시키는 시간이 15일에 불과하다. 일반적인 패션기업은 제품기획부터 출시까지 평균적으로 6개월이 걸린다. 자라는 다품종 소량 생산 시스템으로 평균 2주일에 한 번씩 매장 의류의 70퍼센트를 교체하면서 1년에 1만 개 이상의 신상품을 쏟아낸다.

둘째, 이들의 숨겨진 비밀은 '현장 직원 아이디어'에 있다. 일선 직원들의 아이디어를 경청하고 이를 반영해 발 빠르게 실행하는 조직문화를 갖고 있다. 현장의 점포장들이 발로 뛰며 소비자의 욕구를 정확히 파악해 현장에서 보고 듣는 최신 트렌드와 향후 수요가 늘 것 같은 제품 등 생생한 아이디어와 정보가 거의 실시간으로 전달되고 반영된다.

셋째, 자라는 미래를 예측하려고 하지 않는다. 지금 패션리더가 입는 것을 재빨리 반영하는 '지금의 최첨단 유행'을 발견하는 힘과 실행력을 갖고 있다. 일반적으로 패션의류업계는 뉴욕이나 파리 등 세계적인 패션 도시에서 유명 디자이너들이 시즌마다 '올해 유행은 이러합니다'라고 정보를 발신함으로써 유행을 창조한다. 하지만 자라는 이런 것조차 하지 않는다. 아예 자라는 미래를 전망하거나 유행을 예측하지 않고 충실하게 현장으로부터 의견을 받아 이를 신속하게 반영한다. 계절별로 옷을 디자인하던 방식을 버리고 계절에 상관없이 매우 빠른 속도로 디자인을 바꿔 세상의 속도를 따라가는 것이다.

자라는 '지금의 유행'을 쫓기 위해 아무리 잘 팔려도 4주 이상은 진열하지 않는다. 그 결과 '자라 마니아'들은 3주마다 한 번씩 매장을 찾는다고 한다. 다른 브랜드는 연간 4회 정도 방문하는 것에 비해 엄청난 방문횟수다. 이 같은 자라의 힘은 기획과 제조에서부터 유통에 이르기까지 전 프로세스에 걸쳐 강력한 스피드가 힘이 되고 있음을 보여주고 있다.

큰 그림을 그리되 작은 것부터 행동하라

상대방을 이기려면 전략력과 전술력(실행력)의 비율이 2 대 1이 되어야 최대성과를 만들어낸다. 구프맨 바너드 컬럼비아대 교수 등은 란체스터 제1법칙(1 대 1법칙)과 제2법칙(집중효과)을 통합하고 수정해 경쟁전략으로 일반화했다. 전략력과 전술력의 식은 다음과 같다.

- ms(전략력 : 간접판매력) = $2/3(2m - pn)$
- mt(전술력 : 직접판매력) = $1/3(2pn - m)$

*m(자사 판매량), n(타사 판매량), p(자사 출하량)

간단히 요약하면 자사와 타사의 종합전략이 균형을 이루기 위해서는 전략력(간접판매력)과 전술력(직접판매력)이 2 대 1이 되어야 한다는 것이다. 따라서 타사를 이기려면 전략력이 전술력보다 커야 한다. 여기서 중요한 것은 기업이 판매에서 경쟁사와 총력전으로 싸우려면 '전략력' 힘의 배분은 2, '전술력' 힘의 배분은 1이라는 점이다. 이때 전략력은 목표의 책정과 방향제시와 물류력(소통력)을 말하고 전술력은 목표를 달성하기 위한 실행계획을 말한다.

마이클 포터의 가치사슬과 필립 코틀러의 PLC 전략 등을 전략력과 전술력으로 나눌 수도 있다. 이때 전략력은 기술(상품)개발전략, 제조 오퍼레이션, 포지셔닝(가격전략, 고객전략, 판매채널전략, 판촉전략, 거점전략) 등을 말하며 전술력은 직접적인 판매활동과 관련된 것을 말한다. 즉 세일즈의 조직체제, 세일즈맨의 양과 질, 고객의 양과 질, 활동량의 양과 질, 판매효율성 등을 말한다.

스피드는 단순히 실행의 문제가 아니다. 전략과 소통, 현장밀착형 경영, 시스템 등이 유기적으로 연결되어야 현장에서 강한 실행력을 발휘할 수가 있다. 현장단위의 빠른 실행은 중요하다. 하지만 초일류기업이 추구하는 스피드 경영은 고객이 무엇을 원하는지 정확히 알고, 전략과 시스템을 빠른 시간 내 변혁이 가능한 구조로 만들어 실행하는 것이다. 스피드를 방해하는 장애물은 즉시 제거한다. 그런데 동맥경화에 걸린 조직은 이와 정반대로 '여전히 회의 중'이다.

'완벽을 추구하는 것보다 실행해보는 것이 낫다Done is better than perfect.' 캘리포니아 주 팰러앨토의 페이스북 본사에 걸려 있는 표어다.

착안대국着眼大局, 착수소국着手小局이라는 말이 있다. 큰 그림을 그리되 작은 것부터 행동하는 것이 중요하다는 뜻이다. 이를 위해서는 제프 다이어 브리검영대 교수가 말한 '린스타트업lean start-up' 기법을 접목시키는 것도 한 방법이다. 그가 제시한 린스타트업은 최대한 군더더기를 빼고 핵심 아이디어가 구현된 시제품을 재빠르게 내놓은 뒤 시장반응을 살펴 끊임없이 개선해나가는 경영기법이다. 스피드 있게 실행하고 피드백을 반영해 전략을 수정하라는 것이다.

일에 임하는 태도와 관련해 공자는 '학이'편에서 경사敬事라고 했다. 정약용은 이를 "일의 처음과 끝을 생각하고 그 폐단을 헤아리는 것"이라고 했다. 먼저 치밀한 전략을 세우고 경중을 따져 방향을 정한 다음 신속하게 행하는 것이다. 대부분의 기업들이 스피드 경영을 필수적으로 여김에도 불구하고 실천이 안 되는 이유는 현장의 문제 외에도 프로세스와 시스템에도 원인이 있기 때문이다. 사람, 프로세스, 시스템은 항상 연결되어 있다. 눈에 보이지 않는 것까지 보고 처리하는 리더가 일을 제대로 아는 리더다.

강한 바람에도 견디는 튼튼한 집을 지어라

스피드라는 과제를 풀기 위해서는 리더의 열정만으로는 부족하다. 조직 내부와 고객을 움직여야 하고 프로세스에 반영되어야 한다. 무엇보다 혁신적인 기업은 젊은이의 목소리가 반영될 수 있는 여러 가지 시스템을 갖고 있음을 기억하기 바란다. 어떤 조직이 장거리 경주에서 계속 선두를 지키는 것은 보이지 않는 전략력을 중시하기 때문이고, 이것은 뛰어난 성과의 단단한 기반이 된다. 이런 요소는 구성원들의 의욕과 행동을 100퍼센트 끌어내어 고객과 긴밀하게 연계해가면서 함께 성과를 만들어낸다.

일은 지시를 받고 시켜서 하는 것이 아니라 찾아서 하는 것이다. 목표가 주어졌으면 달성을 위해 반드시 해내겠다는 끝장정신을 갖고 임해야 한다. 때로는 한계에 부딪치기도 할 것이다. 이때 새로운 방법을 궁리해서 한계를 넘고 걸림돌을 제거하는 것, 이 모든 과정이 '일' 속에 포함된 것이다. 때로는 달성전략이 벌집처럼 구멍이 숭숭 뚫려 있을 수도 있다. 누군가 해결해주기를 바라기 전에 닥쳐올 위기에 대한 대비책과 한계를 극복하기 위한 해결책을 마련해야 한다.

정호승 시인은 『새벽편지』[15]에서 이렇게 말했다. "새들은 바람이 가장 강하게 부는 날 집을 짓는다. 강한 바람에도 견딜 수 있는 튼튼한 집을 짓기 위해서다. 태풍이 불어와도 나뭇가지가 꺾였으면 꺾였지 새들의 집이 부서지지 않는 것은 바로 그런 까닭이다. 바람이 강하게 부는 날 지은 집은 강한 바람에도 무너지지 않지만, 바람이 불지 않은 날 지은 집은 약한 바람에도 허물어져 버린다."

'현재의 조건이 힘들다고 주저앉으면 미래의 조건이 좋아질 리 없다'고 강조한 것이다. 강하게 부는 바람 속에서 집을 지어본 경험은 구성원들의 몸과 가슴에 새겨져 강인한 조직을 만드는 밑거름이 된다. 뛰어난 결과는 남들이 하지 못한 힘든 것을 해내야 얻는 법이다. 악조건하에서 비장한 각오로 일하는 당신, 논쟁도 서슴지 말기를 바란다. 일을 벌이는 것은 누구나 할 수 있지만 일을 제대로 끝내는 것은 수준 있는 리더만이 가능하다. 엄청난 에너지와 순발력 그리고 생각력을 필요로 하기 때문이다.

당신이 꼭 해야 하는 일은 반드시 마무리해야 한다. 마무리는 축구의 골과 같아서 일을 마무리하지 못하면 성과를 낼 수 없고 내일을 기약할 수 없다. 일을 제대로 마무리하려면 미칠 정도로 몰입해야 한다. 경영은 끊임없는 위기 속에서 생존하기 위한 절박한 싸움이다.

진정성이야말로 가장 강력한 무기이다
Sincerity

가슴으로 이해시키는 힘을 길러라

진정성은 오늘날 우리가 잃어버린 지평으로, 이 지평을 회복해야만 성숙한 발효리더를 양성해낼 수 있다. 악惡이라는 글자를 보면, 이것은 버금 아亞와 마음 심心이 합쳐진 글자로 버금은 두 번째라는 뜻이니, 공익이라는 첫 번째 마음을 버리고 두 번째 마음인 사익을 가슴에 품으면 악이 된다는 뜻이다. 구글이 '사악해지지 말자'고 스스로를 경계하듯이 리더 역시 '사악'해지지 말아야 한다. 운전할 때 중앙선을 넘으면 치명적인 사고가 발생하듯이 리더에게도 절대 넘지 말아야 할 중앙선이 존재한다.

선공후사先公後私, 조직의 공익을 먼저 생각하고 자신의 이익은 뒤에 생각해야 한다. 이야말로 리더가 가장 먼저 가져야 할 덕목이다. 케케묵은 소리라고? 리더가 사익을 먼저 챙긴다면 과연 리더의 자격이 있다고 볼 수 있을까? 조직이 처한 상황, 비전과 목표, 구성원들과의 공감대 형성, 팀워크 등 리더가 이끌어야 할 부분은 상당히 많다. 그런데 리더가 사익을 먼저 생각한다면 조직은 무너질 수밖에 없다. 아웃도어 의류 원단 '고어텍스'로 유명한 미국 기업 고어Gore 에는 리스크 관리어어 흘수선 원칙이라는 게 있다.

'흘수선Waterline'은 배의 선체가 수면에 닿는 부분을 가르는 선을 말하는데, 물이 닿지 않는 배 흘수선 윗부분에는 누구나 구멍을 뚫을 수 있다. 이처럼 일상적인 결정에는 자유가 허용되는 반면에 흘수선 아래 구멍을 뚫어 배가 침몰할 수도 있는 사안이라면 꼭 다른 사람들과 의견을 나눠야 한다는 것이다. 이처럼 물이 닿지 않는, 조직에 치명적인 영향을 미치지 않는 흘수선 윗부분에서만 사익을 추구할 수 있다. 아무리 다급해도 흘수선과 중앙선을 넘어선 안 된다.

다가오는 현실이, 마주하는 오늘이 너무 팍팍하다 보니 리더의 마음에서 공익은 서서히 빠져나가고 있다. 그렇게 빠져나간 '빈자리'가 요술을 부려 우리를 들었다 놨다 한다. 이 '빈 곳'을 무엇으로 채우느냐에 따라 리더의 품질이 달라진다. 내 마음의 빈방, '이곳을 무엇으로 채울 것인가?' 이는 아주 중요한 질문이다. 90을 가진 사람이 부족한 10 때문에 불면의 밤을 지새우고 괴로워한다. 그 100이 채워지면 또 다른 10을 얻기 위해 안절부절못한다. 언제 멈출까? 욕망은 끝이 없다. 우리는 '지금 여기'에 자족하지 못하고 멈추지 못하는 탐욕 때문에 소중한 것들을 잊고 사는 것은 아닌지 모르겠다.

우리가 사는 세상은 어디를 가나 정글 같고 누구를 만나도 이해관계만 따지는 거친 곳이다. 하지만 생텍쥐페리가 "사막이 아름다운 것은 어딘가에 우물이 숨어 있기 때문"이라고 했듯 결국 삶의 승리자는 이기심과 경쟁에 눈을 부라린 사람이기보다는 진정성과 배려의 우물을 갖고 사는 사람이다. 일류리더는 진정성을 갖고 스스로 기쁨의 기준을 만들어내고 이류는 타인을 의식한 나머지 자신이 기쁨의 주체가 되지 못한다.

사라진 것들은 뒤에 '여백'을 남긴다

하버드대 제럴드 잘트만 교수는 "인간의 욕구는 단지 5퍼센트만 겉으로 드러나고 95퍼센트는 무의식의 지배를 받는다"고 했다. 인간의 사고, 감정, 학습의 95퍼센트는 의식하지 못한 상태에서 이뤄진다. 소위 95퍼센트의 법칙은 소비자들도 자각하지 못하는 무의식적 반응을 마케팅에 활용하는 뉴로마케팅, 상품 디자인, 로고 등에 폭넓게 활용하고 있다. 리더 역시 겉으로 드러나는 말이나 행동은 그가 가진 것의 5퍼센트에 불과하고 나머지는 리더의 내면에 있는 의식과 가치관이다. 리더가 선공후사라는 공헌의식을 갖지 않으면 사소한 것들 때문에 쉽게 무너진다.

진정성이 없어 무너진 리더들의 초라한 결과물들이 신문 가득히 채워져 하루도 빠지지 않고 집으로 배달된다. 탁월한 능력은 있었으나 진정성이 빠져 결국 조직에 무익한 존재가 된 것이다. 머리로는 이해했지만 실제 자신의 가슴속 깊이 진정성을 심지 못했기 때문이다. 그의 마음속에 '퇴물' 같은 욕심이 자리 잡으면 그것들은 드러나게 마련이고, 결국 구성원들과 고객에게 외면당해 추락하게 된다.

누구나 조직에 들어와 일급 리더가 되어 인정도 받고 활약하고 싶어한다. 리더가 되고자 하는 이유는 많다. 출세욕, 명예욕, 자기 꿈을 펼칠 기회를 잡는 도구 등등. 진정성을 가진다고 해서 출세욕과 명예욕이 없어진다는 그런 뜻은 아니다. '진짜' 명예를 얻고 '진짜' 출세하기를 바란다. 진짜에 방점이 찍혀 있다. 이왕 리더가 되려고 한다면 발효리더가 되어 뚜렷한 족적을 남길 수 있어야 한다. 그렇게 되려면 진정성은 필수다. 이는 곧 평형수와 같다. 욕심은 모차르트인데 능력은 살리에르인, 자릿값도 못하며 직함에 먹칠하는 인스턴트 리더들이 많다.

그들은 똑똑하고 능력을 갖고 있을지 몰라도, 합의 가치를 모르니 구성원들을 동참시켜 일을 추진하지 못하는 헛똑똑이들이다. 조직의 핵심가치가 존재하는 곳에 리더의 마음이 가 있어야지, 내가 있는 곳에 조직의 핵심가치가 따라오게 해서는 안 된다. 다시 말해 조직의 핵심가치라는 울타리 안에서 당신이 자유를 누리는 것이지, 자기 한계를 벗어나지 못하고 자신이 만든 울타리 안에서만 핵심가치를 받아들이려 한다면 리더가 아니라 자기주식회사인 것이다. 핵심가치를 당신의 울타리 안에 가두지 마라. 카이사르가 한 말을 기억하라.

"리더는 자아보다 의무를 앞세워야 한다."

현충원 설립 사상 처음으로 장군 묘역을 마다하고 병사들 곁에 잠든 고 채명신 장군. 그는 '살아서는 조국을, 죽어서는 전우와 함께'라는 그의 가치관에 따라 병사들과 똑같은 1평짜리 사병 묘역에 묻혔다. 사병들이 잠든 가장 낮은 곳에 비석도 사병과 같은 크기로 만든 그의 작은 묘소는 많은 울림을 준다. '진짜 사령관, 참된 리더'라는 소리가 목구멍을 타고 나온다. 목사를 꿈꿨던 채 장군은 베트남 전쟁에도 참전했지만 박정희 전 대통령의 유신 개헌에 반대했다가 예편당할 정도로 참군인이었다. 한국전쟁과 베트남 참전을 거치며 사선을 넘나들었던 그에게 가장 소중한 것은 함께 전장을 누비는 병사들이었다. 그가 평소에 했다는 말이다.

"내가 지휘할 때 내 밑에서 많은 사상자가 나고…… 그 사랑하는 부하들, 그들이 묻힌 곳에 나도 같이 가고 싶다."

총알이 빗발치는 전쟁터에서 함께했던 부하들과 죽어서도 함께하겠다는 젊은 시절의 마음을 한 줌 흙으로 돌아가면서도 그대로 간직했다. 수많은 방송과 신문에서 그의 뉴스를 볼 때마다 가슴이 뛴다. 장군의 표지석에는 생전 채 장군의 초상과 한순간도 잊지 않았던 그의 군인정신이 한글과 영문으로 함께 새겨져 있다.

'그대들 여기 있기에 조국이 있다.'

사라진 것들은 뒤에 '여백'을 남긴다. 그냥 증발하는 게 아니라 기억으로 가슴속에 남는다. 우리는 떠난 후에 어떤 사람으로 기억되고 싶은가? 일류리더는 퇴임 후에 살아 있다. 오히려 그 진가가 더 많이 드러나기도 한다. 채 장군이 던진 물음인 '진정한 리더란 무엇인가?'에 우리는 답해야 한다. 삶의 한 소절이라도 그와 닮기를 바라며. 그렇게 손에 답을 쥐고 각자의 자리에서 실천해야 한다. 그럴 때 비로소 그의 삶이 나의 삶이 되고 울림이 된다. 이제 그를 모판과 베이스캠프로 삼아 우리도 한발 더 나아가야 한다.

아무리 뛰어난 리더라 해도 인간이기에 비범함과 평범함 그리고 어리석음이 혼재되어 있다. 비범함과 평범함을 오락가락하기는 매한가지다. 다만 중요한 국면에서 자신의 어리석음과 만나 치명적인 실수가 발생하지 않기를 바랄 뿐이다. 문제가 발생하고 상황이 최악으로 치닫는 이유 중 하나는 잘못된 의사결정일 때가 많다. 발효리더는 이런 것을 경계하기 위해 주변에서 충고 듣기를 게을리하지 않는다. 그래서 발효리더는 나를 불편하게 하고 나를 자각하게 만들어 현명한 결정을 내리도록 도와주는 참모를 곁에 두고자 애를 쓴다. '내 사람이나 나를 긴장하게 하는 존재'를.

중국 역사상 가장 뛰어난 리더로 평가받고 있는 당태종은 신하로부터 간언을 받아들여 적극적으로 자신의 잘못된 행실을 바로잡으려 했다. 특히 위징은 그에게 거침없이 간언하기로 유명했다. 오죽이나 당태종의 귀에 거슬리는 말을 했으면 당태종이 부인에게 "반드시 그 빌어먹을 촌놈의 노인네를 죽이고 말 테다!"라고 했다는 일화까지 남아 있을 정도다. 당태종은 평생 세 가지 거울로 자신을 경계했다고 한다. 위징이 죽었을 때 그는 이렇게 애도를 표하며 통곡했다.

"구리로 거울을 만들면 의복을 단정하게 할 수 있고, 역사를 거울로 삼으면 천하 흥망의 원인을 알아 경계할 수 있고, 사람을 거울로 삼으면 자기의 득실을 분명하게 할 수 있다. 나는 일찍이 이 세 종류의 거울을 갖춰 나 자신이 어떤 허물을 범하게 되는 것을 방지했다. 하지만 위징이 떠났으니 이제 나는 거울 하나를 잃은 것이다."

진정성은 책임감의 다른 이름이다

리더가 리더 자신이나 자신과 관련된 사람들을 생각하지 않고 진정한 의사결정을 할 수 있다면, 구성원들의 능력을 최대한 이끌어낼 수 있다. 리더가 최선을 다한다는 것은 타인의 능력까지 총동원하는 것을 의미한다.

정약용 선생은 세상에는 두 가지의 큰 저울이 있다며 다음과 같이 말했다. "하나는 시비是非, 즉 옳고 그름의 저울이고 또 하나는 이해利害, 즉 이로움과 해로움의 저울이다." 두 가지 큰 저울에서 네 가지 큰 등급이 생겨나는 것이다.

사람은 어떤 일이 자신에게 옳은지 그른지를 따지고 그 일이 또한 자신에게 이익이 되는지 손해가 되는지를 따진다. 옳으면서 이익이 되는 것은 누군들 못하겠는가. 문제는 옳은데 손해 보는 일을 할 수 있느냐다. 리더의 마음속에 있는 저울이 사익으로 기울어져 있다면 문제는 심각해진다. 자신이 옳다고 생각하는 것이 아니라 조직과 공익차원에서 옳아야 하고 자신에게 이익이 되는 것보다 조직차원에서 이익이 되는 것을 먼저 고려해야 한다.

오늘날 기업은 더 부유해졌지만 리더의 탐욕 문제는 더 커졌으면 커졌지 줄어들지 않고 있다. 경쟁이 치열한 비즈니스에서 항상 기업 가치에 입각한 의사결정을, 그것도 손해를 보면서 내린다는 것은 어려운 일이다. 리더 역시 좋은 의도를 갖고 일을 진행하다가도 막상 어떤 형태로든 압박에 처하면 그 의도를 잊어버린다. 특히 기업은 금전적인 가치를 최고로 여기고 다른 핵심가치는 잘 고려하지 않는 속성을 갖고 있다. 안타깝게도 사무실마다 붙여놓은 핵심가치는 금전적 가치를 훼손하지 않을 때 적용하는 부차적인 것일 때가 많다. 리더가 조직의 사명과 목적에 가치를 두고 이에 진심으로 몰입해 구성원들에게 긍정적인 영향력을 발휘함으로써 그들의 조직 몰입도를 높이는 것은 매우 중요하다.

리더가 될 정도라면 목표달성에 필요한 테크닉은 갖고 있을 것이다. 하지만 테크닉으로 할 수 있는 것은 작은 일이다. 목표와 핵심가치에 맞게 리더가 몸소 실천할 때 구성원들은 리더의 말을 귀담아 듣고 따라서 행동도 변화하기 시작한다.

진정성은 책임감을 의미한다. "모든 책임은 내가 진다The buck stops here." 미국의 33대 대통령 해리 트루먼이 책상 앞에 써 붙여놓았던 글귀다. 그는 1944년 루스벨트의 러닝메이트가 되어 부통령이 된 지 82일째 루스벨트가 뇌출혈로 세상을 뜨면서 대통령직을 승계했다. 그는 제2차 세계대전이라는 어려운 시기에 나가사키와 히로시마에 원폭투하를 명령했고 유럽부흥을 위한 마셜플랜을 가동시키는 등 결단력을 보여주었다. 세계 역사의 물줄기를 바꾼 주문은 바로 '모든 책임은 내가 진다'는 책임감이었다.

진정성이 없으면 합리적인 사고능력을 상실하게 되고 구성원들 내부에 숨겨진 진실한 동기를 이끌어 낼 방법이 없다. 진정성이 없는 인스턴트 리더는 두 가지 측면에서 비극이다. 첫째, 진정성이 있는 상사나 구성원들로부터 신뢰를 얻지 못한다. 둘째, 본인보다 진정성이 더 없는 사람들을 설득할 수 없다. 서로 진정성이 없기에 거래 외에는 동기부여를 할 수단이 없다. 진정성은 리더의 소중한 자산이다. 어쩌면 유일한 자산일지도 모른다. 리더십의 경지는 진정성의 얕고 깊음에 따라 그 영향력의 작고 큼이 결정된다. 진정성은 영향력 발휘의 바탕이다. 진정성이 없는 리더가 내린 돌격명령을 누가 따르겠는가?

『가슴으로 답하라』라는 저서에서 김혜수는 이렇게 말한다. "인생은 수시로 우리를 저울에 단다. 때론 도전으로 때론 시련으로 때론 막다른 골목으로 지혜를 시험하고 용기를 촉구한다. 함량 미달인 자에겐 당연하게도 꿈을 이루는 기쁨도 주어지지 않는다. 인생의 시험에 가슴으로 답하라! 뜻을 이룰 것이다!"

나의 리더십을 저울에 단다면 몇 그램일까? 내 마음의 저울은 나의 이익과 전체이익 중 어디로 기울어져 있을까? 함량 미달임에도 불구하고 과도한 욕심만 부린 것은 아닌지 스스로 점검해보자. 가슴에 있는 저울, 그 눈금이 가리키는 무게를 확인해보아야 한다. 가슴으로 사는 것, 그것이 리더의 진정성이다. 사람은 영물이라 진정성을 감지해내는 본능이 있다. 리더의 진정성만이 구성원들의 열정과 자발성을 이끌어낼 수 있다. 다이아몬드가 다이아몬드를 연마시킨다. 진정성은 가장 강력한 설득의 무기다.

유능을 넘어 유익으로 공헌하라

김두수 정치전략연구소장은 "국가경쟁력과 생존력은 정치의 능력에 달려 있다. 정치경쟁력을 높이지 않으면, 유능한 정치 시스템을 만들어내지 않으면 불행한 시대가 온다"며 유력한 야당에 대해 이렇게 말했다. "몸만 비대하고 영혼이 없다. 당 강령과 정책을 만들어놓고 이것을 읽어본 사람도 없고, 그것에 맞추어 의정활동을 하는 사람도 없고 정책을 자신의 실천활동으로 옮기는 당원도 없다."[16]

여당 역시 이 지적에서 자유롭지 못하다. 사실상 그의 지적은 정치뿐 아니라 오늘날 많은 조직의 현상을 그려놓은 듯하다. 핵심가치는 정치뿐 아니라 기업에도 매우 중요하다. 핵심가치는 닻과도 같아 성난 폭풍에 표류되지 않도록 막아준다. 세상에는 얼마나 많은 변수들과 어려운 문제들이 많은가. 그럴 때마다 핵심가치는 판단의 기준점이 되고 어떻게 대응할지를 결정하는 지침이 된다. 많은 경우 기업이 실패하는 이유는 핵심가치를 도외시하고 단기 성과와 수익에만 입각해 의사결정을 내리기 때문이다.

왜 그럴까? 그것은 많은 리더들이 형편없을 정도로 현실을 직시하지 못하기 때문이다. 전략이나 핵심가치가 현장에서 제대로 작동되지 않는다는 것을 알고 있음에도 그 사실을 누구도 입 밖에 내지 않는다. 점점 어려워지고 있는 환경을 돌파할 방법이 보이지 않는데다 성과에 대한 압박감으로 리더는 늘 일촉즉발의 긴장감에 팽팽해져 있다. 여기에 핵심가치나 전략이 제대로 작동 안 되는 현실을 직시하고 고민하는 순간 온갖 괴로운 질문들이 쏟아질 것이다. 이 상황을 어떻게 해결해야 하나? 우리의 경쟁력을 확보하려면 무엇을 해야 하는가? 평범한 사람은 많고 필요한 인재는 적다. 어떻게 해야 하는가?

이런 모든 질문의 끝에서 리더는 곤란한 결정을 내려야 하고, 앞이 보이지도 않고 장담할 수 없는 상황에서도 변화를 선택해야 한다. 하지만 내일은 멀고 현실은 눈앞에 있다. 생각하면 답답하고 진실 앞에 서는 게 힘들어 비껴가고 싶다. "지금까지도 잘 지내왔는데 별일이야 있겠어"라며 진실을 애써 외면한다. 그리고 눈앞의 일에만 정신없이 매달린다.

이대로는 지속 가능하지 않다는 것을 안다고 해도 단기적인 이익을 희생할 마음도 없다. 이 길이 훨씬 쉬운 길이기에 듣기 싫은 소리에는 귀를 막고 듣고 싶은 소리만 듣는 것이다. 그러나 리더가 이런 사실 앞에 눈을 감으면 겨우 제 한 몸 지탱하는 것조차 버거운 존재로 전락하게 된다. 이제 리더도 조직도 지속 가능한 성장을 이뤄나가는 방향으로 초점을 새롭게 맞춰야 한다. 단기적인 이익을 가져오면서 장기적으로도 도움 되는 것들을 정교하게 구상해야 한다. 많은 것이 변했지만 본질은 변하지 않는다. 가치 창조를 위한 핵심가치는 시대가 지나도 쉽게 변하지 않는다. 핵심가치가 현실 속에서 제대로 작동되어야 조직은 영속할 수 있다.

사명감으로 사익과 공익을 조화시켜라

기네스북에 등재된 세계에서 가장 오래된 호텔은 일본 이시카와현 고마쓰시의 호텔 '호시료칸'이다. 이곳은 신라 시대인 서기 718년에 문을 열었다. 무려 1,300년 역사를 갖고 있다. 더욱 놀라운 것은 호시료칸을 처음 설립한 창업자의 후손들이 46대째 가업을 이어오고 있다는 점이다. 그래서 호시료칸은 세계에서 가장 오랜 역사를 지닌 가족기업이라는 타이틀까지 갖고 있다. 가족 기업은 '가족family'과 '기업business'의 복합어로 화합과 사랑을 목적으로 하는 감정 시스템인 가족과 이윤의 극대화를 추구하는 합리적 시스템인 기업이 합쳐진 것이다.

이처럼 모순된 가치를 지닌 가족기업이 오랜 기간 기업을 유지해나가기란 그리 쉬운 일이 아니다. "가족이란 아무도 보는 사람만 없다면 슬쩍 내다 버리고 싶은 존재다." 일본의 유명 영화감독이자 코미디언인 기타노 다케시가 한 말이다. 가족은 슬쩍 내다 버리고 싶어도 어쩔 수 없이 곁에 둘 수밖에 없는 존재라는 것을 역설하고 있다. 가족관계는 매우 복잡하고 미묘해서 가족 간 화합을 이루어내는 것도 쉬운 일이 아니다. 여기에 선대의 철학이나 기업정신을 이어간다는 것은 불가능에 가까운 일이다. 그런데 어떻게 호시료칸은 46대째 기업을 이어온 것일까?

이곳은 기본적으로 철두철미한 서비스정신으로 고객이 편안하게 머물다 갈 수 있도록 그림자처럼 조용히 보살핌을 받는다는 평을 듣고 있다. 하지만 승계자 문제, 좀 더 고급스럽게 말하면 '기업지배구조'에서 남다르다. 누구나 자신이 땀 흘려 일군 회사를 자식에게 물려주고 싶은 것은 보편적 욕망이다. 욕망에 관한 것이기에 분쟁과 다툼이 일어날 수밖에 없다. 그러기에 미국에는 '셔츠바람에 시작해서 3대 만에 다시 셔츠바람으로'라는 말이 있고 독일에는 '아버지는 재산을 모으고 아들은 탕진하고 손자는 파산한다'는 말이 있는 것이다. 양의 동서가 차이가 없다. 가문의 유산이 어느 자식에게는 축복이 될 것이고, 어느 자식에게는 몸부림치며 극복해야 할 그늘이 되기도 한다. 그렇다면 신라 시대에 생긴 기업인 호시료칸은 그동안 농업혁명, 산업혁명, 근대화·정보화 혁명의 대변혁기를 어떻게 헤쳐온 것일까.

첫째, 호시료칸은 철저히 뜻의 패밀리를 지향한다. 자식에게 물려주는 것을 원칙으로 하지만 사위라도 역량이 뛰어나면 승계자가 될 수 있다. 경영권을 물려받은 승계자는 이름도 창업주의 이름인 '호시 겐고로'로 바뀐다. 가업승계는 부의 대물림이 아니라 책임을 계승하는 것이라는 확고한 철학을 갖기 때문이다.

둘째, 승계자에게는 다음의 의사결정 원칙을 지키도록 하고 있다. '결정은 공정하게 하라. 사람들의 뜻을 파악하고 일하라.' '개인의 의무와 공공의 의무를 함께 지녀라.' '다른 사람에게 영향을 미치는 의사결정은 한 사람의 판단에 따르지 말고 관계자들과 상의해 결정하라.'

단순하지만 강력한 이 원칙들은 승계자에게 의사결정 규칙을 제시했을 뿐만 아니라 모두를 책임지는 엄숙한 자리임을 인식시키고 있다. 핵심가치는 만드는 것보다 실제로 지키는 게 더 어렵다. 호시료칸이 오랜 세월 동안 기업을 유지한 비결은 이러한 핵심가치를 지켰기 때문이다.

진정성이 없는 리더의 모습은 초라하다. 전체 이익과 개인 이익을 매트릭스로 그려보면 다음과 같다.

1. 전체이익을 희생시키며 자신의 이익만을 추구하는 자 – 도둑놈
2. 자신의 이익을 희생시키며 전체이익만을 추구하는 자 – 희귀종
3. 자신의 이익과 전체 이익 모두를 희생하는 자 – 어리석은 자(가장 위험)

인간은 본래 사리사욕에 빠지기 쉬운 존재다. 공익에 대한 추구도 이런 본성을 이해하고 교정할 필요가 있다. 그 어떤 누구도 절대로 사리사욕에 오염되지 않았다고 장담할 수가 없다. 더욱이 지치지 않고 끊임없이 에너지를 공급하는 가장 강력한 에너지는 사욕이다. 사욕이 대부분 추악함의 원천이기는 하지만 사명감을 만나면 사익과

공익이 모두 커지게 된다. 사명감은 사익과 공익을 조화시켜 사익을 에너지로 만들어 공익에 이바지하는 '보이지 않는 연금술'의 힘이다. "누구나 자신을 위해서라면 더욱더 진지해지기 마련이니까. 이것이 인간성의 한계이지만 절망할 필요가 없다. 사익과 공익이 일치하면 문제 될 것이 없다."[17]

자유롭고 싶다면 더 무거운 짐을 저야 한다

발효리더는 자신의 이익을 전체의 이익과 일치시킬 줄 아는 리더다. 발효리더는 사람을 개조해서 성인聖人으로 만드는 게 아니다. 모두가 자신의 관점과 이해관계를 앞세울 때 전체이익을 중심에 두고 일을 처리한다. 그렇게 함으로써 구성원들도 공익을 위해 일하도록 이끄는 것이다. 이것이 발효된 진정한 리더십의 본질이다.

버나드 쇼는 "작은 인재는 직함에 먹칠하고, 평범한 인재는 자신을 나타내며, 큰 인재는 직함을 방해물로 여긴다"고 말했다. 리더십에 있어서 가장 큰 오해는 특정직위를 갖고 있어야 리더십을 발휘할 수 있다고 생각하는 것이다. 리더십 전문가인 존 맥스웰은 지위에 의한 리더십을 가장 낮은 단계로 규정하고 있다. 따라서 직함에만 의존하는 리더십은 영향력을 키우려고 노력하지 않기에 구성원들은 의무감 때문에 따르는 척할 것이다.

구성원에게 영향을 미치는 방법에는 크게 두 가지가 있다. 첫째는 지위에 의한 것이고 둘째는 동기부여와 신뢰에 의한 것이다. 첫째 방법은 야수적인 방법으로 인스턴트 리더가 좋아하고 둘째 방법이 발효리더의 것이다. 하지만 둘째 방법만으로 충분하지 않은 것이 현실이므로 발효리더는 가끔 첫째 방법의 도움을 빌려 리더십을 효과적으로 발휘한다. 요컨대 리더는 신뢰에 의한 방법과 지위에 의한 방법을 가려 쓸 줄 알아야 한다는 것이다.

생각 없이 톱 리더의 의견을 무조건 따르는 중간리더, 구성원들의 의견을 취합해 더 발전적인 대안을 내려 하지 않는 리더는 노예 리더다. 이들은 결과가 잘못되면 남 탓부터 하며 희생양을 찾는다. 리더십은 살아 있는 생물로 구성원들을 향한 진심 어린 관심과 진정성 등 다른 요소들이 직함 이상으로 영향력을 증대시킨다. 버나드 쇼는 바로 이 점을 강조한 것이다. 리더는 직함이 무엇이든 간에 문제 해결의 본질을 찾고 해결책의 수준이 올라갈 때까지 고민하고 노력해 스스로의 힘으로 새로운 기회를 창출해야 한다.

리더의 자리가 외로운 것은 힘든 결정을 고독하게 내려야 하기 때문이다. 진급을 시키고 좋은 평가를 내리는 일이야 누구나 할 수 있을 테지만, 그렇지 못할 때가 더 많다. 어느 날 나는 일부 조직을 폐쇄하고 구조 조정해야 할 상황에 놓여 있었다. 회사는 악화되는 경영환경에 대응해 수익이 나지 않는 지점에 대해 더 이상 불필요하다고 판단한 것이다. 구조조정이라는 게 조직을 새롭고 합리적인 구조로 조정하는 게 목적이지만, 진정한 구조는 조정되지 않고 구조의 조직원만 조정되기 쉽다. 여기서 조정이란 사라지는 것을 뜻한다. 이 일을 두고 고독한 내 집무실, 섬 같은 곳에 갇혀 나는 괴로워했다. 이 일을 피해 갔으면, 나만 유독 더 많은 짐을 지고 있는 것처럼 생각되었다. 이때 우연히 읽은 정현종의 시구 하나가 내 머리를 강하게 때렸다. 절망이 사유 그 자체가 되어 절망을 넘어서는 철학적 사유에까지 다다른 시였다.

"제 몫을 지고 가는 짐이 무겁다고 느껴질 때 생각하라 / 얼마나 무거워야 가벼워지는지를, 내가 아직 자유로운 영혼, / 들새처럼 나는 영혼의 힘으로 살지 못한다면, / 그것은 내 짐이 아직 충분히 무

겹지 못하기 때문이다."(「절망할 수 없는 것조차 절망하지 말고」 중에서)

이 시구 덕분에 무겁기만 하던 근심이 조금은 가벼워지기 시작했다. '자유로운 영혼으로 날고 싶다면 더 무거운 짐을 져야 한다.' 내가 각종 의무와 책임으로부터 자유롭기를 원했던 것은 순전히 이기적인 이유에서였다. 악다구니 쳐대는 현실이라는 무대를 벗어나 여유롭게 세상을 관조하고 마음껏 여행하는 삶을 동경하곤 했으니까. 하지만 내가 꿈꾸던 삶은 나 자신을 주인공이 아니라 구경꾼으로 전락시키는 삶이다. 벗어나고 싶어한다는 것은 곧 삶의 한가운데로 뛰어들 용기가 없다는 이야기이지 않은가. 삶의 무게 때문이 아니라 아직 '충분히 무겁지 못해' 자유롭지 못하다는 그 역설이 가슴에 깊은 파문을 던졌다. 하지만 그렇다고 해서 이 과정이 덜 고통스러운 것은 아니었다.

패배를 패배시켜라

성과와 목표달성에 공헌하고 책임지는 사람이 리더다. 리더는 자신이 가진 유능을 넘어 핵심가치를 심어주는 유익한 존재가 되어야 한다. 유능은 기술의 문제이고 리더 자신에게 초점이 맞춰져 있지만 유익은 리더 자신뿐만 아니라 구성원과 조직에 성장을 선물로 준다.

유익한 리더가 되려면 리더가 초심을 잃지 말아야 한다. 처음 당신을 리더로 부른 날, 당신은 그에 응답하고자 피와 땀을 쏟아 조직에 공헌하고자 했다. '머리가 되려거든 남을 진심으로 우선시하라'는 말에 구성원들을 섬기려 했다. 당신은 개인의 명예와 출세에 대한 욕망보다도 진정성을 갖고 구성원들을 동기부여하고자 기꺼이 값을 치렀다. 그런데 그 초심은 어디로 갔는가. 초심도 늙어가는 것인가. 이렇듯 초심은 초의 심지처럼 서서히 타들어가는 속성이 있다. 초심의 가치가 빛나려면 시간이 흘러야 한다. 그래서 일급고수들은 초라한 시절의 첫 마음을 가장 귀히 여긴다.

전설적인 골프선수 아놀드 파머는 좋은 성적에 매너까지 갖춰 팬들로부터 한결같은 사랑을 받았다. 그의 친구이자 경쟁자인 잭 니클라우스는 그 비결이 궁금했는데 언젠가 파머 집을 방문하고 나서야 그 비결을 깨닫게 되었다. 거실에 놓인 단 하나의 낡고 오래된 우승컵 하나라니. 자신의 집에는 화려한 우승컵이 즐비했는데 말이다.

"그 많은 우승컵은 어디다 두고 달랑 이것 하나만 진열한 건가?"

"내가 가진 우승컵은 이게 전부라네."

잭이 아놀드가 자신을 놀리는 거라고 생각하며 어이없어하자 아놀드가 말했다.

"이 우승컵은 프로가 된 후 처음 받은 컵이라네. 그 뒤에 받은 우승컵은 의미가 없어 굳이 진열하지 않았지. 이 컵에는 내 마음을 다스리게 해주는 글귀가 적혀 있네."

그의 우승컵에는 이런 글귀가 적혀 있었다. '만약 당신이 패배했다고 생각하면 패배한 것이다. 그러나 패배하지 않았다고 생각하면 패배하지 않은 것이다. 삶이라는 전쟁터에서 아무리 강한 사람도 늘 이길 수는 없다. 진정한 승리자는 자기가 할 수 있다고 믿는 사람이다.'

도쿠가와 이에야스는 또 어떠한가. 그는 미카타가하라 전투에서 다케다 신겐에게 패해 전사 직전의 상황까지 몰렸다. 가신들이 이에야스의 대역을 맡은 사이에 그는 몇 안 되는 병사의 호위를 받으며 자신의 성으로 도망쳤다. 이때는 너무 공포에 싸인 나머지 말 위에서 똥까지 쌀 정도로 이에야스 인생 최대의 위기로 꼽는다. 이후 이에야스는 두 가지 중요한 것을 지시한다. 하나는 텅 빈 성을 위장하기 위해 제갈공명이 썼던 수법대로 모든 성문을 열고 화톳불을 키는 공성계를 사용했다. 다행히 추격해온 다케다군 장수는 공성계에 걸려들어 성내에 돌입하지 않고 철수했다.

또 한 가지는 화가를 불러 똥 싸고 일그러진, 만신창이가 된 자신의 모습을 그리게 한 것이다. 그러고는 그 그림을 족자로 만들어 벽에 걸어두었는데 현재도 남아 있다. 이 점이 이에야스가 일급리더임을 보여주는 대목이다. 대개는 전투에서 이긴 영광스러운 장면을 그림에 담곤 하는데, 이에야스는 가장 초라한 자신의 모습을 그림으로 남겨 스스로 경계한 것이다. 패배를 교훈 삼아 자신을 발전시킨 것이다.

지극한 정성이 세상을 변화시킨다

우리는 다시 처음의 마음인 진정성을 회복해야 한다. 일의 소중함, 삶의 귀함은 모두 진정성에서 비롯된다. 즉 진정성은 직위의 대소와 관계없이 삶과 일에 대한 열정을 갖게 하고 그 속에서 꿈과 희망을 그리게 한다. 일을 어떻게 대하느냐에 따라 인생이 달라진다. '일을 어떻게 규정하느냐?' 하는 자신의 정의가 생활 중에 표출되고 삶을 변화시키는 것이다. 미국 메이저리그에서 활약하는 추신수 선수는 야구에 쏟는 정신이 남다르다. 그는 자신이 쓰는 야구용품부터 애지중지하는데 유별날 정도다. 평소에도 야구방망이 하나하나를 흰색 헝겊으로 보물 감싸듯 싸서 다닌다. 메이저리그에서도 구장에 도착해 제일 먼저 하는 일이 용품을 깨끗이 닦고 손질하는 일이다.

그런데 한 가지 특이한 것은 일반 야구공보다 1.5배 큰 공을 가지고 다닌다는 사실이다. 글러브의 변형을 막기 위해서다. 대부분의 선수는 연습하지 않을 경우 글러브를 한쪽 구석에 처박아놓았다가 게임할 때만 꺼내 쓰지만 추신수 선수는 큰 공을 끼워놓았다가 사용한다. 그가 얼마나 야구에 자신의 생을 걸고 있는지 잘 드러나는 일화다.

리더가 초심을 잃는다는 것은 비극이다. 리더는 경험이나 핵심기술, 결정적인 노하우 등을 전수하는 것만으로는 부족하다. 구성원들의 가슴에 열정과 동기의 불을 붙일 수 있어야 한다. 이것은 리더의 신념이나 진정성이 없다면 전달되지 않는 속성을 갖고 있다. 바람 빠진 공으로는 운동경기를 할 수 없다. 리더는 자신의 내면에 있는 진정성을 회복하고, 그것이 눈부시게 빛을 발휘할 수 있도록 만들어야 한다. 『중용』 23장은 이렇게 말한다.

"작은 일도 무시하지 않고 최선을 다해야 한다. 작은 일에도 최선을 다하면 정성스럽게 된다. 정성스럽게 되면 겉으로 드러나고 겉으로 드러나면 이내 밝아진다. 밝아지면 남을 감동시키고, 남을 감동시키면 변하게 되고, 변하게 되면 생육된다. 그러니 오직 세상에서 지극히 정성을 다하는 사람만이 나와 세상을 변하게 할 수 있는 것이다."

'허'의 가치, 심리적 빈 공간을 만들어라

허풍기가 많은 덜떨어진 건달이자 시골협객 유방은 어떻게 천하 용장인 항우를 물리치고 한나라를 세울 수 있었을까? 항우의 참모인 범증은 유방의 장점을 꿰뚫어보고 유방을 우습게 아는 항우를 계속 설득해 제거하자고 주장한다.

"유방은 신비로운 포용력을 가졌다. 사람의 의견을 잘 듣고 그 가운데 좋은 것을 선택해서 받아들인다."

70여 회의 전투에서 모두 패한 유방. 늘 항우라는 호랑이에 쫓기는 가젤 같은 신세로 유방 스스로도 목숨을 부지한 것 자체가 기적이라 했을 정도였다. 그럼에도 유방은 전투에서 늘 선두에 섰다. 중요한 전투에는 목숨을 걸고 싸우라는 참모의 요구에 순순히 응하고 겁 없이 들어갔다가 살 구멍을 찾아 도망치기를 여러 번. 신기한 것은 싸움에 지면 질수록 부하가 더 늘고 전투와 행정의 진기한 보물들이 제 스스로 걸어오는 것이었다. 시바 료타로는 유방의 인물됨을 한마디로 '허虛', 다시 말해 '자신을 비울 줄 아는 인물'이라고 했다.[18]

장량, 소하, 한신 같은 전략과 행정과 전투의 천재들과 뱃속에 제 욕심만 가득한 사람들도 유방의 빈 공간虛 속에서 마음껏 뛰놀면서 제 역량을 발휘하다 보니 상승효과가 커진 것이다. 사면초가로 유명한 해하 전투에서 항우는 단 한 번 패배를 당하는데 그것이 그의 마지막 전투가 되었다. 그동안의 70여 회 승리는 이 한 번의 패배로 무효가 된 것이다. 나 혼자면 충분하다는 항우와 많은 인재가 뛰노는 유방의 '허'가 충돌한 마지막 승부처에서 승리의 여신은 유방의 손을 들어준 것이다. 사실 란체스터 수정법칙으로 보더라도 항우는 유방을 이길 수가 없다.

- 항우 – 한번 호령하면 천하가 벌벌 떨 정도로 용맹했다. 전술력(실행력) 차원에서 탁월했다. 본인이 똑똑하다고 여기니 전략은 부재했다. 특히 식사는 부하가 당연히 갖다주는 것이고, 보급은 보급장교가 하는 일로 여겼기에 본인은 신경을 쓴 적이 없다.
- 유방 – 전략은 장량 등 참모들이 수립. 특히 젊은 시절 늘 굶어야 했기에 보급에 민감해 직접 보급에 신경을 쓸 정도로 보급 감각이 뛰어났다. 이것은 '이것도 재능일까?' 할 정도로 보이나

엄청난 재능이다.

종합하면 유방은 전략력과 보급력에서 항우보다 우수했고 전투력
은 항우가 우세했다. 합산하니 유방이 항우보다 2 대 1로 우수하다.
특히 항우는 스스로 영웅이라 생각했기에 작은 일이든 큰일이든 자
신의 머리에만 의존한 결과, 대부분의 전투에서 이겼지만 전략적 수
준이 부족해 결국 유방의 참모들이 깔아놓은 장기판의 졸이 되어버
린 것이다. "작은 일에는 모든 역량을 동원하고, 큰일은 머리를 쓰
고, 천하대사는 다른 사람의 머리를 써야 한다"는 것을 모른 탓이
다.[19] 다른 사람의 머리와 마음을 잘 쓰는 게 고급초식이다. 또 한 가
지 소통력을 분석해보면 이렇다.

자의식이 강한 항우는 늘 '하여何如'를 말한다. "내 의견이 어떠한
가?"를 묻는다. 참모들의 의견을 경청하기보다 내 생각에 대한 의견
을 말하라는 것이다. 항우의 성격과 가치판단이 흑백의 이분법인데
다 독선적이어서 항우는 남의 말을 잘 들으려 하지 않았다. 참모들
은 아무도 토를 달지 않고 그저 머리를 조아릴 뿐 다른 의견을 내지
않았다.

반면 유방은 일이 생길 때마다 참모들에게 '여하如何'라고 말한다.
"어떻게 하면 좋겠는가?" 내 의견을 일방적으로 주장하기보다 참모
들의 의견에 귀를 기울이겠다는 것이다. 유방 앞에서 일급참모들이
비둘기가 모이를 놓고 머리를 맞대는 것과 같이 격의 없이 자신들
의 생각을 쏟아낸다. 유방은 그중에서 가장 좋은 의견을 선택한다.
유방은 합의 가치를 알았던 리더였다.

'여하'는 세종도 자주 사용했는데 발효리더의 일급 무기다. 한마
디로 열린 질문이 닫힌 질문을 이긴 것이다. 하지만 자아라는 '작은

나'를 넘어서서 나를 비우는 것은 왜 이리 힘이 드는가? 뛰어난 리더임에도 '열림'이 되지 않아 고전하는 사람들이 많다. 가만히 들여다보니 일반적인 리더는 더하기와 곱하기에 전력을 다한다. 반면 일급리더는 나눗셈과 뺄셈에 능하다. 자신의 권위는 가능한 낮추고, 꿈을 나누고 권한도 나눠 구성원들이 자유롭게 뛰놀게 한다. 그래봤자 부처님 손바닥 안이지 않던가. 직급이 올라갈수록 성과가 떨어지는 리더들은 내가 혹시 항우형은 아닌가 자문해보기 바란다.

완벽할 수는 없지만 아름다워질 수는 있다

계영배라는 술잔을 아시는가. 이는 춘추오패인 제환공과 관련이 깊다. 공자가 제환공의 사당을 찾았을 때 그릇에 구멍이 뚫려 있음에도 술이 새지 않다가 어느 정도 이상 채워졌을 때 술이 새는 것을 보고 제자들에게 "총명하면서도 어리석음을 지키고, 천하에 공을 세우고도 겸양하며, 부유하면서도 겸손함을 지켜야 한다"며 이 그릇의 의미를 알려줬다고 한다. 제환공은 욕심을 한 모금만 더 부어도 한 방울 남기지 않고 사라지는 상상을 하며 자신을 경계했다. 계영배는 자신의 일정 부분을 비워내지 못하고 채우려 하는, 인간의 끝없는 욕심과 지나침을 경계하는 교훈이 담겨 있는 잔이다. 리더는 탐욕과 어리석음을 경계해야 한다. 또한 구성원들이 리더의 빈 곳에서 마음껏 뛰놀 수 있는 공간을 만들어줘야 한다.

첼로의 거장 그레고르 파티고르스키는 말년에 재능 있는 학생들을 가르치며 시간을 보냈다. 어느 날 한 학생이 그의 마음을 끌었다. 매우 재능이 있었지만 아무리 열심히 지도해도 실력이 늘지 않았다. 그때 생각 하나가 스쳐 갔다. '혹시 내 연주에 주눅이 들어 자기 실력을 제대로 발휘하지 못하는 것은 아닐까?' 그날 이후 그는 학생을 가르칠 때 일부러 몇 군데씩 틀리게 연주했다. 처음에는 그런 스승의 모습에 당황하던 제자는 용기를 내어 틀린 곳을 지적하고 그 부분을 고쳐 자기만의 연주를 시도하면서 멋진 첼리스트로 성장했다.

심리학에서는 이를 '실수 효과'라 한다. 마치 인디언의 영혼의 구슬과 같다. 인디언들은 구슬로 목걸이를 만들 때 '영혼의 구슬'이라는 살짝 깨진 구슬을 하나 꿰어 넣는다고 한다. 인간에게 완벽을 요구하는 것 자체가 덫이 되어 일을 그르치는 것을 경계한 것이다. 지나치게 완벽한 사람보다 조금은 빈틈이 있어 보이는 사람이 더 매력적이듯 말이다.

사실상 허의 가치를 가장 잘 활용한 기업은 구글이다. 구글은 뛰어난 기술력에다 새로운 비즈니스 모델을 만들어내는 통찰력을 갖고 있다. 그리고 직원들에게 자율을 부여하는 구글은 실리콘밸리에서 가장 잘나가는 기업이면서도 여전히 지금도 변화 발전하고 있다. 무엇보다 구글의 '20퍼센트 원칙'은 획기적이다. 직원에게 업무 시간의 20퍼센트는 무엇이 됐든 자신이 가장 관심을 두는 아이디어를 연구하도록 권장한다. 구글은 바로 이 창조적인 20퍼센트 시간에서 남들과 차별화된 프로그램 개발, 서비스 개발이란 80퍼센트 성과를 올릴 수 있다고 판단하고 있다. 80 대 20 법칙을 떠올리면 된다.

구글은 또한 '즐겁지 않으면 창의력이 나오지 않는다'는 창업자의 생각 때문에 펀 경영을 실천하고 있다. 사무실을 네온사인으로 현란하게 치장한다거나 온갖 기괴한 장난감으로 가득 채우는 모습은 구글다운 사고에서 나온 것이다.

목표는 조직이 주는 게 아니다. 리더가 목표를 스스로 설정하고 그 목표의 실현에 필요한 역량을 가꿔나가며 이러한 역량을 바탕으로 자기 주도적인 노력을 통해 목표를 성취해나가야 한다. 목표가 세워지면 과제가 보인다. 지금까지 해오던 방식에 한계를 느끼고 새로운 방법을 찾게 된다. 이때 '이것이 최선인가?' '더 나은 방법은 없는가?' 의심을 품고 계속 물어야 한다. 직접 개척해 기회를 찾아 나서고 문제를 근본적이고 창의적인 관점에서 성찰하면서 작은 일에서도 애써 기회를 찾고 최고를 지향하는 것이 리더의 임무다.

영화 「아메리칸 셰프」의 주인공 칼은 최고 레스토랑 유명 셰프 자리에서 해고당한 후 푸드트럭 쿠바샌드위치 요리사로 전락한다. 칼은 공짜 손님에게 타버린 빵을 주려는 10세 아들을 밖으로 불러내 이야기한다. "난 완벽하지 않아. 최고의 남편도 아니고. 미안하지만 최고의 아빠도 아니었어. 그래도 이건(요리) 잘해. 그래서 이걸 너와 나누고 싶어."

그는 진심을 다해 요리한다. 문신투성이이고 덩치 큰 사내는 정성을 다해 감각적으로 요리에 몰입한다. 돈이나 음식전문가의 평가를 벗어나 그에게 중요한 건 최선을 다해서 요리를 만들고 그 요리로 사람들의 삶을 위로하고, 그러면서 스스로 즐거움을 발견하는 것이다. 셰익스피어가 말하길 "신은 우리를 인간으로 만들기 위해 무엇인가 결점을 부여해주었다"고 했다. 결함 없는 인간은 없다. 그래서 완벽할 수는 없지만 아름다워질 수는 있다. 푸드트럭에서 찾은 그의 행복감이 스크린을 넘어 관객들에게까지 흘러오는 아름다운 인생에 관한 이야기는 많은 시사점을 던져준다.

여기서 가장 중요한 것은 '당신의 뜨거움을 바쳐야 하는 선한 대상이 있는가?'다. 이 세상엔 진짜 고민할 문제를 만나지 못하고 자잘한 문제에 매달려 시시하게 다투다 삶을 소진하는 리더들이 많다. 세상살이엔 대단한 주연도 초라한 조연도 없다. 험한 가시밭길도 마다치 않고 뜨거운 가슴을 쏟아내게 하는 진정성, 완전연소해도 후회하지 않을 일. 날마다 고된 삶도 기꺼이 감수하는 그 무엇이 지금 당신에게 있는가가 중요하다.

불안과 결핍 속에서 꽃은 피어나는 법

미국의 세계적인 기타 전문회사 펜더는 자사의 기타를 애용해 전설적인 음악을 남긴 음악인에게 기타를 헌정해왔다. 2009년 펜더사가 선정한 음악인은 한국 록 음악의 대부 신중현 씨였다. 그동안 펜더의 기타를 헌정받은 음악인은 세계적인 기타리스트 잉베이 맘스틴과 에릭 클랩튼 등 다섯 명뿐이었다고 한다. 신중현 씨는 아시아 음악인으로는 최초로 기타를 헌정받게 된 것이다. 이렇게 단 한 사람을 위해 만들어진 세계 유일의 기타가 신중현이라는 최고의 뮤지션에 의해 연주된다면, 이 기타의 가격은 얼마나 될까? 아마도 그 가격은 엄청날 것이다.

과르네리라는 바이올린 명기名器는 경매사상 최고가인 120억 원을 기록하며 러시아 갑부에게 낙찰된 바 있다. 이렇듯 악기가 그 경계를 넘어 예술품으로 승화되면 가치는 상상을 초월한다. 엄청난 가격은 물론이고 거기에 얽힌 전설 같은 이야기와 장인정신은 두고두고 회자된다. 영화 「레드 바이올린」에는 명기를 만들어낸 장인의 혼과 이에 얽힌 신비로운 이야기가 잘 묘사되어 있다.

17세기 이탈리아의 바이올린 장인 부조티는 생애 최고의 작품을 만들어 곧 태어날 아이에게 선물하려고 한다. 그러나 아내는 출산 도중에 아이와 함께 죽고 만다. 부조티는 채 식지 않은 아내의 피를 받아 '레드 바이올린'을 완성한다. 뜨거운 사랑과 처절한 슬픔 속에서 세상 어디에도 없는 명품 바이올린이 탄생하게 된 것이다. 이탈리아, 폴란드, 영국, 중국, 캐나다를 횡단하며 이 레드 바이올린을 소유한 사람들을 죽음으로 모는 파괴적인 매력을 지닌 바이올린에 얽힌 이야기가 시공간을 가로지르며 내내 펼쳐진다.

그런데 명기가 탄생하기 위해서는 위대한 장인뿐만 아니라 재료가 되는 목재 역시 매우 중요하다. 바이올린의 경우, '앙스트블뤼테 Angstblute'라는 과정을 거친 전나무만이 명기의 재료가 될 수 있다. 앙스트블뤼테란 독일의 생물학 용어로 앙스트不安와 블뤼테開花의 합성어다. 그 뜻은 전나무가 환경이 열악해져 생명이 위태로워지면 유난히 화려하고 풍성하게 꽃을 피우는 현상을 나타낸다. 즉 '불안의 꽃'이라고 번역되는 앙스트블뤼테는 가장 어려운 상태를 겪은 후에 내공이 깊어짐을 의미한다. 죽음을 앞둔 처절한 상황 앞에서 좌절하지 않고 생애 마지막 의지와 집중력을 총동원해 꽃을 피우는 전나무이기에 죽어서도 명품으로 남아 많은 사람들에게 아름다운 선율을 선사하는 것이다.

1998년 골프선수 박세리는 공이 물가에 빠진 절체절명의 상황에서 절망하지 않고 양말을 벗고 힘껏 샷을 날려 결국 US오픈에서 우승을 거머쥐었다. 위기의 순간에 나온 최고의 샷, 앙스테블뤼테와 같은 장면은 수많은 세리 키즈를 양산해 이 작은 나라에 세계 골프계를 주름 잡는 선수들이 즐비하게 나오는 계기가 되었다. 철강왕 카네기는 자신이 성공을 이룬 것은 가난이라는 이름의 엄격하고 효율적인 학교에 다녔기 때문이라고 말했다. 리더는 역경에 의해서 길러지며 밑바닥 경험은 엄청난 자산이 된다. 기성세대가 무에서 유를 창조하는 기적을 만들었던 것도 모두 가난과 결핍을 자산화했기 때문이다. 명기의 재료가 되는 전나무처럼 어려운 여건을 역전시킨 리더들의 자산은 모두 앙스트블뤼테의 힘이었다.

두 번은 없다. 지금도 그렇고 앞으로도

일본의 다나카 가쿠에이 수상은 초등학교를 졸업한 후 수상까지 오른 입지전적인 인물이다. 그는 가와바타 야스나리의 노벨문학상 수상 작품인 『설국』의 배경인 니카다현 출신으로 어머니를 고생시키지 않겠다며 중학교 진학을 포기하고 일찌감치 도쿄로 상경한다. 그가 40대에 대장성 장관이 되었을 때 일이다. 대장성은 일본의 모든 경제정책을 결정하는 곳으로 도쿄대 출신의 엘리트 관료단의 본산인 곳이다. 여기저기서 불만의 소리가 터져 나왔고 그가 제대로 업무를 진행할 수 없을 것이라고 예상했다. 그러나 다나카의 1분 정도의 짧은 연설은 그 같은 우려와 불만을 일순간에 없앴다.

"여러분은 천하가 알아주는 수재들이고, 나는 초등학교밖에 나오지 못한 사람이다. 더구나 대장성 일에 대해서는 깜깜하다. 여러분이 전문가다. 따라서 대장성 일은 여러분들이 과감하게 추진하라. 결과에 대한 모든 책임은 수장인 나, 다나카가 지겠다."

그 취임인사 한마디로 다나카는 대장성 직원들의 마음을 휘어잡는 데 성공한다. '나는 책임만 지겠다. 마음껏 해봐라.' 책임질 때를 제외하곤 '자신을 더 높은 자리에 두지 않겠다'는 의지의 표현이다. 초보 리더가 전문가들로 가득한 직원들 앞에 서서 동기를 부여한다는 것은 어렵고 부담스러운 일이다. 하지만 다른 탈출구가 없다. 성공하느냐, 실패하느냐 둘 중 하나다. 실패했을 때 '잘 몰라서 그랬다'고 할 수도 없다. 리더는 실패에 대한 책임을 전적으로 져야 한다. 극적인 성공과 위험부담을 안고 출발하는 상황에서 다나카는 책임감이라는 진정성 외에 상황을 전진시킬 수 있는 것은 아무것도 없다고 판단했다.

　나의 특권은 곧 책임이다. 그리고 어디로 갈지, 무엇을 해야 할지, 어떻게 해야 할지는 여러분들이 열과 성의를 다해 만들어라. 우리 일은 나와 구성원 전부가 합쳐져 만드는 것이다. 나의 판단과 독창성보다 구성원들의 판단과 독창성이 더 중요할 수도 있다며 자신을 다 던져버렸다. 전진하든 가라앉든 한 배에 탄 공동운명체로 인식한 순간 모두가 온 힘을 다해 노를 젓게 하는 것이다. 다나카는 그들을 억누르고 지배하는 것이 아니라 그들의 의견과 판단을 믿고 그들을 따름으로써 더 큰 리더십을 이뤄냈다. 자신이 모든 것을 책임지겠다는 리더를 누가 믿고 따르지 않겠는가?

　먼 훗날 뒤돌아보았을 때 후회가 남지 않도록 치열하게 생각하고 소통하고 도전해야 한다. 리더의 자리가 힘들고 고통스럽다고 해도 어쩌면 그 자리가 당신 인생에서 가장 찬란한 시기일 것이다. 가장 좋은 일들이 일어나는 시기이고 가장 귀한 사람들을 만나는 기회의 시간이다. 인간은 유한하고 리더의 자리 역시 유한하다. 곧 그 자리를 떠나게 될 것이다. 하지만 그것이 결코 끝은 아니다. 다만 이별이 아쉬운 건 아직 숙제가 남아 있고 할 일을 다 못 마쳤다는 뜻일 게다. 유한한 리더의 자리, 그러기에 두 번은 없다. 폴란드 시인 쉼보르스카는 「두 번은 없다」라는 멋진 시를 우리에게 선물했다.

　"두 번은 없다. 지금도 그렇고 / 앞으로도 그럴 것이다. (…중략…) 나는 존재한다. 그러므로 사라질 것이다. / 너는 사라진다. 그러므로 아름답다."

　모든 존재는 사라지기에, 우선 리더란 무엇인가, 그 본질을 파악하고 그 기회를 준 것에 대해 감사하게 여겨야 한다. 당신만의 사무실, 당신만의 세계를 준 것은 밀실에서 당신을 위해 권한을 사용하지 말고 합의 가치를 극대화하라는 것이다. 리더는 자신의 요구를 실현하기 위해 구성원들의 도움을 받는 것인 만큼 그들의 성장과 욕구를 실현하는 데도 땀을 흘려야 한다.

그러기 위해서는 감사의 되새김질이 중요하다. 감사하다는 말은 영어로 'thank', 이 단어는 '생각하다'라는 'think'와 어원이 같다. 이 두 단어의 근원을 잘 파악한 사람은 하이데거라는 철학자다. 그는 이 두 단어를 결합한 유명한 말을 남겼다. "생각한다는 것은 감사하는 것이다Thinking is Thanking."

새로운 날들의 주인은 바로 당신

나는 이제까지 '감사하다'와 '생각하다'를 분리시켜 아주 다른 뜻으로 여기고 살아왔다. 그래서일까, 이 명제를 두고 꽤 오래 생각했지만 뾰족한 결론을 내지는 못했다. 생각을 바꾸면 모든 것이 감사하다는 뜻인지, 감사하지 않는 것은 생각이 아닌 고민이라는 뜻인지 점점 모호해지기 시작했다. 그런데 그렇게 한참을 생각할수록 명확해지는 사실이 있었다. 바로 '감사'하는 것이야말로 세상을 살아가는 데 매우 중요하다는 것이다. 그리고 내 인생에서 감사의 힘을 느꼈던 것은 모순되게도 회사를 떠나게 될 때였다. 머릿속이 안개가 자욱하게 낀 듯한 혼란스러운 와중에도 내가 정말 잘했던 것은 회사를 떠나며 한 행동이었다. 인생이 한 권의 책이라면, 직장생활을 마지막으로 떠나는 날은 아주 중요한 장면이다. 그런데 어리석게도 당황해 아무렇게나 쓰기 쉽다. 하지만 현명한 사람이라면 정성껏 축제처럼 쓸 것이다. 왜냐하면 그것 역시 단 한 번뿐인 기회이기에.

피크엔드peakend 법칙을 떠올리면 된다. 피크엔드 법칙이란 '피크' 즉 가장 인상이 깊었던 극적인 순간과 '엔드', 즉 첫인상보다는 마지막 인상을 또렷이 기억하는 심리적 현상을 말한다. 그래서 급히 3개씩 포장된 떡 600여 세트를 주문하고 겉 포장지에 내 이름과 함께 '축 졸업기념'이라 적은 다음, 전 직원들에게 나눠주면서 축복을 빌어주었다. 인생은 늘 축복이 필요한 법이니까. 자세한 것은 잘 기억이 나지 않지만 대략 다음과 같은 말이었다. "그동안 감사했습니다. 여기에 와서 저 자신도 성장했고 가정도 잘 꾸렸습니다. 그동안 보이지 않는 곳에서 응원해주시고 깊은 신뢰를 보내주어 고마웠습니다. 여기까지가 인연인 듯합니다. 건강하십시오."

그리고 임원이 된 후 격주 단위로 화장실에 붙이던 좋은 글귀를 마지막으로 붙였다. 마지막 글귀는 '새로운 날들의 주인은 바로 당신이다'라는 토마스 바샵의 글이었다. 내가 떠난 뒤에도 조직은 더 성장해야 하고, 그 주역은 바로 남아 있는 자들의 몫이기에.

가장 빛나는 별은 아직 발견되지 않은 별이고, 당신 인생 최고의 날은 아직 살지 않은 날들이다.
스스로에게 길을 묻고 스스로 길을 찾아라. 꿈을 찾는 것도 당신, 그 꿈으로 향한 길을 걸어가는 것도
당신의 두 다리. 새로운 날들의 주인은, 바로 당신 자신이다.

회사를 떠나고 나서 여러 선후배들이 내게 들려준 후일담을 통해 이 날의 나의 작은 행동이 얼마나 값진 것이었는지 깨닫게 되었다. "가장 멋진 마무리였다." "역시 자네답네." 등등 얼굴이 화끈거릴 정도였다. 회사를 그만두면서 감사하다며 정신없이 떡을 돌리는 '정신 나간 짓'이 가장 향기로웠다니. 사실 그 행동은 그만둘 때 갑자기 생각한 것이 아니라 몇 년 전부터 생각해온 것이었다. 회사를 떠나거

나 떠나게 될 상황에서 많은 선배들이 초라하게 짐을 싸던 모습이 늘 가슴이 아프기도 했지만 화가 나기도 했다. 30년이 넘게 근무하고 나름 성공했던 선배들도 직장을 떠날 때의 마지막 모습은 너무 초라했다. 누구나 반드시 떠나야 하는 직장을 마치 패배자처럼 어깨를 축 늘어뜨린 모습으로 떠나는 걸 보면서, 나는 꽤 오래전부터 결심했다.

'내가 조직을 떠나는 날, 모든 사람들에게 축복을 빌어주고 감사 인사를 전하겠다. 근무할 때는 회사의 자산이 되고 떠날 때는 향기와 여운을 남기는 사람이 되리라.'

감사는 주어진 조건이 아니라 해석하는 마음이다. 같은 상황을 두고 어떻게 해석하느냐에 따라 결과는 달라진다. 따라서 감사는 세상의 모든 것을 긍정적으로 보게 하는 씨앗이다. 오래된 것이든 작은 것이든 자신에게 주어진 감사거리를 몇 번씩 되새길 수 있다면, 감사의 필터를 통해 짜증을 걸러내다 보면 보이지 않던 세상이 열릴 것이다. '감사의 되새김질', 이것에 내가 깨달은 생각과 감사의 관계다.

함께 살맛나는 세상을 만들어야 하기에

자원은 유한하나 리더의 진정성은 무한하다. 모든 것에는 끝이 있기에 지금의 시간이 더 소중한 것이다. 로마의 개선식은 엄청난 명예로 국가의 위기나 외적의 침입으로부터 국가를 구한 영웅에게만 허락되는 일이다. 원로원 의원을 선두로 군악대, 전리품을 실은 마차행렬, 포로들의 행렬이 뒤따르면 이어 네 마리 말이 끄는 전차에 탄 개선장군과 무기를 들지 않은 병사들이 행진한다. 이때 자랑스럽게 개선하는 장군 뒤에 하인들이 뒤따르며 '메멘토 모리'를 계속 외친다. 이는 '죽음을 기억하라'는 라틴어로 너 자신도 유한한 인간임을 잊지 말라는 경구다.

인생 최고 영예의 순간에 찬물을 끼얹는 듯한 내용을 바로 등 뒤에서 외치면서 졸졸 따라다니는 것이다. 로마인들의 이러한 행위는 리더들에게 주는 경구다. 인간으로서 최고의 영예를 받고 가장 높은 경지에 오른 듯하지만, 너에게도 역시 언젠가는 죽음이라는 인간의 운명이 기다리고 있다. 자만하거나 교만하지 마라. 하지만 인간의 어리석음이란, 조금만 잘나가면 하늘 높은 줄 모르고 우쭐대다가 추락할 땐 날개가 꺾이고 끝도 없이 추락하고 만다. 예나 지금이나 항상 잘나갈 때 조심해야 하는 법이다. 이 경구를 무시하고 추락한 리더들을 쌓아놓으면 히말라야 산 높이만큼 될 것이다.

기업수명이 30년을 넘기기 어려운 것은 대부분 성공이 주는 교만에 빠지기 때문이다. 리더는 철저하게 다른 사람들을 위해 이바지할 사명을 가지고 있다. 이것이 리더의 바탕이요 테두리다. 이를 위해 리더에게 막강한 권한과 혜택을 주는 것임을 기억해야 한다.

사실상 메멘토 모리의 정신을 평생 간직한 리더는 세종이다. 세종 전문가인 박현모 교수는 세종의 비전을 '생생지락生生之樂'이라고 했다. 왕 개인이 백성들과 함께 살맛 나는 세상을 만들고자 했다는 것이다. 그의 저서 『세종이라면』[20]에는 세종이 생생지락의 비전을 만들면서 백성의 눈과 마음을 얻고자 노력한 과정이 잘 나타나 있다. 세종의 진정성이 빛나는 지점은 재위 25년에 잘 드러난다.

세종은 평소 백성을 어리석으나 지극히 신명한 존재로 여겼다. 그래서 그 어리석음에 가려 보지 못했던 신명한 소리를 듣기 위해 백성들에게 귀를 기울였다. 그리고 눈이 멀어 보이지 않는 가운데서도 백성들이 글자를 몰라 억울한 일을 당할 것을 생각해 스스로 지킬 수 있는 것을 만들어주고 죽어야 한다고 다짐한다. 세종은 거의 장님 수준이 된 상태에서도 본인의 고통보다 무지한 백성들이 글자를 몰라 억울한 일을 겪을 것을 생각하며 가슴 아파했다. "만약 이대로 눈을 감는다면 무지하고 힘없는 백성은 장차 어찌 될 것인가?"

세종은 사회적 약자들의 숨은 고통을 이해하고 어루만져줄 뿐만 아니라 개선시키기 위해 노력한 최고의 리더였다.[21] 세종은 그동안 수많은 업적을 남기고도 아직 해결되지 못한 과제들이 많이 남았다고 스스로를 채찍질했다. 박 교수는 세종의 훈민정음의 가치를 다음과 같이 밝힌다. "훈민정음의 창제는 세종이 가장 잘할 수 있었던 학문과 꼭 해야만 하는 사명인 백성을 편리하게 하는 것, 즉 편민便民이라는 생각에 이르러 나오게 된 것이다."

발효리더의 진정성은 주인의식을 갖게 한다. 주인의식은 마법처럼 작용해, 내 것처럼 생각하면 놀랍게도 내 것이 되게 만든다. '우수한 리더 뒤에는 우수한 인재들이 여럿 있다'는 중국 말처럼 성공은 리더 개인의 능력으로 이룰 수 있는 게 아니다. 성공은 팀이 하는 것이다. 눈에 보이는 이바지를 한 사람도 있지만 눈에 보이지 않는 이바지를 한 사람도 있다. 눈 밝은 리더는 보이지 않는 기여도 읽어낼 줄 안다. 지금도 스스로 불태워지길 원하는 우수한 인재들이 당신 곁에는 많다. 그들과 생각과 의견을 서로 주고받으며 그들에게 열정과 동기의 불을 지펴야 한다.

리더가 구성원들이 성장할 수 있도록 도와주고 동시에 구성원들이 당신을 도울 때 마법과 같은 일이 벌어진다. 미래를 향해 전진하면서 그렇게 이루고 싶었던 개인의 성장과 조직의 성장이라는 선물을 줄 수 있다. 김탁환 교수는 말한다. "사람들은 각자 살아가기 위해 자신의 불꽃을 일으켜줄 수 있는 것이 무엇인지 찾아야만 한다. 그 불꽃이 일면서 생기는 연소작용이 영혼을 살찌운다. 다시 말해 불꽃은 영혼의 양식인 것이다. 자신의 불씨를 지펴줄 뭔가를 제때 찾아내지 못하면 성냥갑이 축축해져서 한 개비의 불도 지필 수 없게 된다. 이렇게 되면 영혼은 육체에서 달아나 자신을 살찌워줄 양식을 찾아 홀로 칠흑같이 어두운 곳을 헤매게 된다."

리더십이란 무엇인가? 먼저 리더십을 분해하면 leader에 '~ship'이라는 접미사가 붙어 '역할과 책임의식'이라는 의미가 부가되어 리더가 마땅히 해야 할 바람직한 상태나 의미를 말한다. 여기서 '~ship'은 리더의 역할과 책임의식을 요구하는, 높은 가치를 지향하는 'spirit'의 의미가 되고 우리말로는 '~다움'이 가장 잘 어울린다. 예를 들면, friend(친구)+ship=friendship은 친구다운 친구라는 의미에서 우정이 된다.

우정은 신분의 고하를 따지지 않고 친구의 이익을 위해 당장 내 손해를 감수하기도 한다. 더욱이 나의 모든 약점과 치부를 알면서도 그런 나를 좋아한다. 동정이 아닌 동행의 대상인 우정은 가장 임의적인 관계임에도 가족보다 더 끈끈해질 수 있는 관계다. 또한 relation(거래)+ship=relationship은 관계정신이다. 릴레이션은 너와 나 사이에 조건이 성립되어야 이뤄지는 거래를 뜻한다. 관계정신 속에도 얼마간 사적인 이익이 자리 잡고 있겠지만, 당장 나의 이익을 위해 상대방의 이익을 훼손하지 않는다. 오히려 장기적인 관계를 도모한다.

그리고 팔로어십을 들 수 있다. 팔로어는 무조건 상사의 명령에 따르기만 하면 된다. 하지만 팔로어십은 리더가 제시한 비전의 가치를 소중히 여기고 헌신하는 능력을 요구한다. 내가 스포트라이트를 받지 않고도 다른 사람들과 함께 일하며 목표를 달성할 수 있도록 받쳐준다. 리더를 믿고 따르되, 리더의 인간적인 실수는 감쌀 줄 아는 넓은 마음을 갖고 있다. 그러나 리더가 사욕에 사로잡혀 잘못된 판단을 할 때는 거절하는 용기도 갖고 있다. 훌륭한 팔로어는 리더의 자만심을 누그러뜨리고 태만을 일깨우고 초심을 지키게 하는 원동력이 된다. 이렇게 각 개념은 'ship'이 붙음으로써 겸손, 포용, 헌신이라는 높은 가치로 승화된다. 팔로어십은 훌륭한 팔로어를 만들 뿐만 아니라 향후 리더십의 기초공사에 쓰이는 귀중한 재료가 된다. 더욱이 리더는 리더십을 발휘하면서 상황에 따라 팔로어 역할을 한다.

카네기멜론대학의 로버트 켈리 교수가 말한 바로는 "조직의 성공에서 리더의 기여는 많아야 20퍼센트 정도이고 그 나머지 80퍼센트는 팔로어들의 기여"라 할 정도다. 리더의 의사결정과 실행의 배후에는 구성원이 있다. 그들의 협조와 동참 없이는 그 어떤 것도 현실화시킬 수 없기 때문이다. 리더에게 리더십이라는 중력이 없으면 물에 들어갈 수 없고 팔로어십이라는 부력이 없으면 물에 뜰 수 없다. 리더십과 팔로어십의 관계는 팔로어십이 리더십을 고무시키고, 리더십이 팔로어십을 키우는 실과 바늘의 관계와 같다.

요즘같이 정보가 폭증하고 격변하는 시대에 '모든 것을 마스터한 전지전능한 리더'는 없다. 리더십의 대가인 데이비 울리히 미시간대 교수는 2014년 7월 매경 MBA와의 인터뷰에서 "한 사람의 리더에만 의존하지 않는 집합적 리더십이 필요하다. 집합적 리더십하에서 리더는 중요한 과제만 챙기고 팀원은 다른 과제를 전담해 리더를 도우면 된다"며 리더십과 팔로어십의 협력을 강조했다. 능력은 자기 자신보다 다른 사람을 위해 사용할 때 더 빛을 발하는 법이다.

따라서 어디서든 '십'은 정신의 상향을 의미하는 빛나는 접미사가 된다. 스포츠맨, 오너에 'ship'이 더해지면 스포츠맨십, 오너십이라는 상향된 가치가 된다. 세월호 사고는 시맨십Seaman-ship이 빠진 탓이다. 선장과 선원들에게 승객들을 먼저 구출하려는 'ship'이 없으니 먼저 살려고 탈출하는 일이 생긴 것이다. 리더십 역시 리더가 마땅히 갖춰야 할 바람직한 가치를 의미한다. 리더로서 책임과 역할을 자각하는 내면화가 우선되어야 리더십을 확보할 수 있다.

리더십은 놀라울 정도로 요리와 닮은 점이 많다. 특히 '건강한 재료'를 선택해 '단순하고 소박하게' '정성'을 다하는 점은 거의 같다. 요리사마다 레시피가 다르고 추구하는 방향도 다르지만 본질은 하나다. 몸에 이로워야 한다. 일류 요리사일수록 제철 식재료와 저염식으로 건강을 고려하고 양념을 가능한 적게 사용하되 재료들 간에 조화를 이루어 풍부한 맛의 파노라마를 연출하면서도 고유의 맛까지 살려낸다.

발효리더 역시 요리의 대가와 마찬가지로 여러 가지 리더십 재료들을 활용해 섞고 조합해 맛을 내는 데 달인이다. 그는 생각의 부엌에서 성과(맛)와 성장(영양)의 균형을 고려해 핵심과제를 간결하게 선택한 후 어떤 재료는 다지고 볶고 어떤 재료는 졸이고 어떤 재료는 살짝 뿌리는 등 변화무쌍하게 요리해 성과를 만들어낸다. 리더가 전략을 세우거나 커뮤니케이션을 할 때 장황하게 하거나 군더더기 표현을 사용하는 것은 온갖 양념을 첨가하는 것과 같다. 그렇게 되면 고유의 맛은 사라지고 건강에 좋지 않은 요리가 된다. 훌륭한 리더십은 어머니가 차려준 소박한 밥상과 같다.

발효리더의 요리과정을 살펴보자.

리더는 그동안 쌓은 경험과 학습된 모든 것 중에서 맛과 영양을 고려해 가장 건강하고 싱싱한 재료를 선택하고 필요한 것만 소박하게 정성껏 다듬고 다지고 끓여서 먹음직스러운 '만찬'을 내놓는다. 구성원들이 맛있게 먹을 것을 상상하면서 기쁨으로 요리한 것이다.

구성원들은 리더의 정성스럽고 순수한 마음을 기쁘게 받아들여 맛있게 먹고 몸과 마음을 살찌우면 된다. 그리고 그 건강한 에너지로 현장에 가서 실천하면 된다. 무엇을 하든 어디를 가든 마음을 다해!

정리하자면 이렇다. 생각의 부엌에서 건강한 재료를 그동안 쌓은 경험과 학습된 모든 것 중에서 선택해 생각의 요리법인 'ACE'라는 레시피를 통해 맛(성과)과 영양(성장)이 균형을 이룬 음식을 만드는 것이다.

발효리더는 정신적 재료들을 잘 선택해 맛과 영양을 생각하면서 재료를 섞고 조합한다. 생각의 부엌에서 적절한 소금과 양념으로 간을 보고 구성원을 위해 A(생각법)→C(커뮤니케이션)→E(행동법) 순서로 신중하게 디자인한다. 동일한 레시피라 해도 리더에 따라 각자 고유의 맛을 내는 음식을 요리할 것이다. 레시피가 필요 없는 인스턴트로 만든 음식엔 고유의 맛이 없다. 인스턴트 리더십 또한 그렇다. 그동안 빠른 시간 내 일정한 성과를 낼 수 있는 편리함으로 유용하게 사용되었지만, 앞으로 전개될 감성과 창조사회에서는 더 이상 유효하지 않게 되고 오히려 독이 될 수도 있다.

구성원들은 리더가 요리를 해오면 입에 맞지 않거나 자신의 스타일이 아니어도 리더의 정성을 잊지 않았으면 한다. 레시피를 통해 요리하더라도 시행착오는 있기 마련이니 리더를 격려하고 응원해주기 바란다. 그러면 리더도 온갖 노력과 시도를 통해 제대로 된 요리를 만들어낼 것이다. 발효리더가 되려면 자신 앞을 가로막는 세 개의 장애물을 통과해야 한다.

첫째, '내 그럴 줄 알았어'라는 후견지명을 경계하라.
둘째, 집단사고라는 외눈박이를 경계하라.

셋째, 리더 내부에 있는 심리적 닻, 기준점 오류를 극복하라.

첫 번째 장애물, 후견지명을 경계하라. '내 이럴 줄 알았지'는 인스턴트 리더의 언어다. '설마 그런 일이 일어날까?' 그 설마를 두려워하고 발생할 변수에 대비하고 준비해야 선견력을 키울 수 있다. 설마리스트를 작성하고 준비해야 한다. 그중의 하나는 진짜로 발생한다. 이것이 리더인 당신이 미래에 일어나는 일을 예측하는 비결이 될 것이다. 설마가 사람, 그것도 리더인 당신을 잡아먹지 않도록 주의하라. 선견력이 뛰어나다고 알려진 축구감독 무리뉴는 자신에게는 예언가처럼 미래를 보는 눈은 없다며 다음과 같이 말한다.[22]

"더 많이 일할 뿐이다. 난 기적을 만들 수 없다. 난 마법사도 아니다. 나는 성공을 안겨줄 수 있는 것, 좀 더 편안하게 할 수 있는 것에 대해서는 모든 세부사항까지 관심을 가진다. 현대 축구에서 성공하기 위해서는 그런 세부적인 부분이 필요하다고 믿기 때문이다. (…중략…) 나는 일어날 수 있는 모든 상황을 예견하려고 노력한다."

두 번째 장애물, 내부논리에 포획된 집단사고를 경계하라. 인간에게는 '집단편향in-group bias'이라는 심리적 성향이 있다. 끼리끼리 뭉치는 당파싸움은 전형적인 집단편향의 사례다. 전체 이익을 위해 일을 하기보다는 상대편에 속한 사람이 하는 것은 사사건건 제동을 걸고 방해한다. 내 편인가 아닌가에 따라 옳고 그름이 결정된다. 집단사고는 마약이다. 독이 전신에 퍼지는 것을 모른 채 집단논리가 선사하는 달콤한 약기운에 취하면 순간적으로 기분이 좋을지 모르나 심각한 후유증을 겪게 된다.

정실인사로 만들어진 친목모임 같은 조직은 자신들만 정보를 공유하고 결정하면서 객관성을 잃어 위기 앞에서는 속수무책이 된다.

자신들의 집단이익을 위해 편의적 해석은 기본이고 말도 안 되는 논리로 자신들을 정당화한다. 내부 논리에 포획되어 다른 구성원들이 그들을 어떤 시선으로 바라보는지 망각한 채 착시와 오만에 빠져들면서 문제는 점점 악화된다. 하필 톱 리더가 집단편향의 리더라면 개인 이익을 위해 전체 이익을 훼손하는 매우 불행한 사태가 초래된다.

세 번째 장애물, 가장 난이도가 높다는 기준점의 오류다. 사람들은 어떤 정보나 가치를 판단할 때 기준점을 갖게 되는데, 이것을 심리적 닻anchor이라 한다. 리더는 관심사에 따라 각기 다른 기준점을 적용한다. 내 마음속 깊이 자리 잡고 있는 기준점을 생각해보라. 이것이 조직 전체를 위해 옳은 기준인가?

자신이 전지전능하다는 생각에 사로잡혀 잠깐의 경험을 가지고 "내가 해봐서 아는데……." 하며 섣불리 달려들어 상대의 권한을 침해하고 결국 잘못된 판단을 함으로써 조직을 어려움에 빠지게 한다.

또 하나는 리더 스스로 생각하는 법을 잊어버리고 타인이, 그것도 자신이 신뢰하는 측근이 의도하는 데로 판단하는 오류를 범하기도 한다. 특히 조심할 것은 전문가 조언을 받을 때 독립적인 의사결정을 해야 하는 중요한 시점에 뇌의 활동이 아예 멈춘다는 사실이다. 전문가가 말할 때면 스스로 생각을 멈추는 것이 인간의 뇌다. 이 점을 경계하라.

앞에서 언급한 '인스턴트 리더'는 후견지명의 고수다. 미리 생각하고 대비하는 선견력foresight과 달리 후견력hindsight은 엄청난 후유증을 불러온다. 결과를 알고 나면 모든 것이 자명해 보인다. 원인이 너무 불 보듯 뻔해 후견력의 리더(거의 대부분이 이 유형이다)는 '진작에 내 이럴 줄 알았지'라고 냉소적으로 반응하며 미리 대비하지 못한 구성원들을 다그친다. 얼마나 이런 생각의 패턴이 많으면 심리학에서는 이를 사후과잉편향이라 부르며 영어로는 'hindsight bias'라고 한다. 뒤를 의미하는 'behind'와 본다는 뜻의 'sight'가 합쳐진 말이다. 그들은 선견력이 없다 보니 결과를 알고 나서 보면 마치 처음부터 그 일의 결말을 예측한 것처럼 착각하게 만들어 '헛똑똑이'를 양산하게 된다. 이 후견력은 어떤 사건에 대해 쉽게 설명하고 이해하는 장점이 있으나 직접적이고 구체적인 대책을 만들고 사전대비를 하는 데는 독이 된다. 다시 말해 후견력이 발달한 리더는 생각의 기초가 허술한데다 완고하기까지 하다. 오류를 걸러주는 과정이 없으니 리더 스스로 깨닫는 것 외에는 방법이 없다.

조직 구성원의 합심이 없이는 그 어떤 것도 오래 계속될 수 없다

발효리더가 되기 위해서는 사후판단에 대해 '내 이럴 줄 알았지'라는 말보다는 '내가 진짜 알았을까?'라고 솔직하게 자문한 이후에 대책을 세우기 위해 구체적인 생각과 연구를 하는 게 중요하다. 일급리더는 현장에서 뭔가 흐르는 기류, 그 기류를 가만히 느끼고 조용히 살펴보며 사소한 징후를 찾아내는 사람이다. 그 사소한 징후들을 캐고 들어가 그 속에서 더 큰 문제의 조짐을 발견하거나 그 안에서 오히려 기회를 발견한다. 반면 이급리더는 사소한 징후들이 겹쳐야 조짐을 아는 사람이고 삼급리더는 보고를 받고서야 아는 사람이다. 하지만 이급도 쉬운 것은 아니다. 경험도 있어야 하고 제대로 판단할 수 있는 역량이 나타나려면 어느 정도 시기까지 숙성기간이 필요하다.

발효리더는 합(合)이 좋다. 사람이 더해지면 더해질수록 시너지 효과가 크게 나타난다. 이것을 '합이 좋다'라고 하는 것이다. 역사 속에서 수많은 영웅급 리더들이 왜 그 자신이 출중한 능력을 갖췄음에도 불구하고 보잘것없는 구성원들의 마음을 얻으려 몸부림쳤겠는가? 그것은 조직 구성원의 합심이 없이는 그 어떤 것도 오래 계속될 수 없기 때문이다. 합심하면 물리적인 계산을 넘는 엄청난 힘이 발휘된다. 스포츠에서도 합이 좋으면 어떤 현상이 나타나는가? 야구 등 챔피언전이라는 단기전은 상대의 경계대상들을 하나둘 지워가는 시리즈라고 한다. 플레이오프라는 중압감이 큰 경기에서 미친 존재감을 보이는 선수는 중심타선 선수들도 있지만 뜻밖에 조연급에서 나오는 경우가 많다. 이때 리더는 이렇게 말한다.

"우리가 쓰고자 하는 전략은 상대방도 잘 안다. 따라서 상대방의 중심타선을 꽁꽁 묶어놓고 우리는 모두가 제 할 일만 하게 하면 된다."

아주 간단하다. 존재감 강한 상대선수를 사전에 경계하고 차단하면 된다. 그런데 이때 상대적으로 경계가 느슨한 조연급 타자 중에서 미친 선수가 나오면 경기의 흐름이 확 바뀐다. 시시해 보이던 선수가 멋지게 활약을 하는 순간, 상대방은 정신을 차리지 못한다. 이것이 합의 무서움이고 '함께'의 가치다. 영화 「명량」에서 이순신 장군이 죽음을 무릅쓰고 홀로 싸우면서 얻고자 한 것이 무엇이었나? 이순신의 목숨은 한 명의 전력이 아니라 조선 수군 전체의 전력이다. 조선 수군의 전부인 대장선의 고립, 이것이 적의 집중포화로 침몰한다면 전쟁은 패배로 끝이 날 것이다. 그럼에도 불구하고 이순신은 무엇 때문에 고립을 자초하는 고육지책을 선택했을까? 본인의 용맹함, 나라에 대한 충성? 백성에 대한 사랑? 아니다! 두려움에 떨고 있는 부하들에게서 용기를 내어 함께 싸우겠다는 의지를 얻기 위함이었다. 그 합으로 이순신은 명량해전에서 가장 극적인 승리를 이끌어낸다.

"한 사람의 꿈은 꿈, 만인의 꿈은 현실이다"는 칭기즈칸의 명언처럼 합이 좋아야 꿈이 현실이 된다. 세상의 모든 것들은 홀로 존재하지 않는다. 성향과 능력 면에서 서로 다른 사람들이 만나 서로의 약점을 보완해주는 완벽한 팀이 되는 것이다. 훌륭한 구성원은 리더보다 한발 먼저 보고 한 뼘 넓게 보면서 리더의 사고의 지평을 넓혀주는 실마리가 되기도 한다. 이 세상 모든 것은 서로 연결되어 있고 결합으로 이뤄져 있다.

『화학에서 영성을 만나다』의 저자 황영애 교수는 화학을 통해 인생의 깨달음을 발견하는 또 하나의 통로를 열어준다. 그는 "이 세상에서 만나는 그 어떤 것도 화학결합으로 이루어지지 않은 것이 없다. 우선 숨 쉬는 데 필요한 공기의 주성분인 산소와 질소는 물론이요. (…중략…) 우리 몸을 이루고 있는 DNA 등 이 모든 것에 화학결합이 포함되어 있다"고 말하며 대한화학회 홈페이지에 쓰여 있는 아래 시로 화학결합과 인생관계에 대해 간명하게 설명하고 있다.[23]

너는 금속, 나도 금속 / 너와 나는 모두 전자를 잃어야 안정되는 운명 / 우리는 금속결합 // 너는 비금속, 나도 비금속 / 너와 나는 모두 전자를 얻어야 행복해지는 운명 / 너도 내놓고 나도 내놓고 우리 함께 소유하게 되었네 / 우리는 공유결합 // 너는 금속, 나는 비금속 / 너는 전자를 잃어야 안정되고 나는 전자를 얻어야 행복해지는 운명 / 너는 내놓고 나는 얻으니 황홀한 결합으로 그 힘도 강하네 / 우리는 이온결합 // 금속과 비금속 / 너와 나는 다르지만 / 저마다 신이 내려준 자연법칙을 따르니 / 내놓아도 얻어도 온 세상에 행복한 운명만 가져온다네.

어느 것 하나 무의미한 존재는 없다. 그는 말한다. "완전해서가 아니라, 불완전함에도 불구하고 서로를 보듬어 안을 때 그 관계는 이어질 것이다. (…) 이념을 뛰어넘고 서로 이해하며 함께 손을 잡는 공유결합이야말로 모든 인류에게 가장 필요한 에센스라 하겠다."[24]

발효리더로 향하는 길은 그냥 주어지지 않는다. 발효는 내면의 작은 불꽃처럼 예민하고 훅 한번 불면 사그라지기 쉬운 것이다. 단맛만 빨아 먹으려는 의식을 버려야 한다. 징징대지 말고 식민지에서 독립운동하는 투사처럼 단단히 맘먹고 자신에 안주하지 말고 변화된 몸과 정신을 만들라. 나를 발효시키면, 그 이전의 나, 나를 스쳐간 모든 선배들, 지금까지의 경험을 다 합친 것보다 훨씬 큰 소리가 생겨난다. 당신만의 진정한 소리, 그것은 위대하다. 리더의 도약에는 오랜 시간이 걸린다. 세상사란 본래 그런 것. 시간이 걸리지 않는 것은 금세 날아간다.

발효리더는 다음과 같은 수순을 밟는다.

1) 자신을 둘러싼 환경변화를 민감하게 감지한다. 그리고 이를 민첩하게 전략에 반영한다. 여기에 자신과 내부구조(스타일)를 작 적응시킨다. 이 점을 가장 먼저 자각하고 실천한다.
2) 구성원들에게 스토리를 입힌 전략을 효과적으로 전달한다.
3) 신속하게 실천한다. 민첩하게 전략을 반영해 공유하고, 함께 적극적으로 실행한다.

결국 자신과 내부구조를 바꾸고 실행하는 힘을 가진 자만이 살아남을 수 있다. 우리는 모두 자신에게 가장 적절한 환경을 만들기 위해 에너지를 사용한다. 나도 그렇다. 너도 그렇고 우리 모두 그렇다. 다만 어디에 가치를 두고 있고 무엇을 지지하는가? 어디에 열정을 쏟는가? 이것이 발효리더와 노예 리더를 가늠하는 최대 포인트다. 리더가 발효라는 생명성을 가지면 조직의 생태계도 달라지고 관계를 맺었던 구성원들도 달라진다. 발효리더는 많은 사람에게 새로운 느낌표를 던진다. 그리고 가슴 깊이 큰 울림으로 남는다. 약간의 느슨함도 게으름도 용납이 안 되는 세상 속에서 경기장이 바뀌고 있음을 알아채고 기존 패러다임을 바꾸려는 새로운 기류가 형성되고 있다. 발효리더가 되기 위해 노력하는 사람들이다. 『피터 드러커가 살린 의사들』도 그런 사례 중 하나다. 드러커의 경영정신에 따라 변혁과 사명을 꿈꾸는 깨어 있는 의료계 리더들의 도전 이야기다. 어려운 드러커의 경영철학에 스토리를 잘 입혀 가독성과 가치를 둘 다 담아내는 데 성공한 책이다.

나 역시 『피터 드러커가 살린 의사들』 대학병원 편에 대해 김종혁 아산병원 의사 등 저자들과 가제본을 읽고 토의한 적이 있는데 최고 엘리트 그룹 중의 하나인 의사사회도 해결해야 할 많은 과제가 있었다. 즉 의사가 되기도 어려운데 교수까지 하고 있으니 남들은 부러워하지만, 실제 의대교수들의 직업 만족도는 놀랍게도 그리 높지 않았다. '의대교수' 직을 수행하기 위해서는 그야말로 초인적인 체력과 지구력이 요구된다. 또한 그들은 과중한 진료 업무, 승진 및 재임용을 위한 논문 작업과 연구과제 수행, 거기에다 학회 활동 및 의학교육 업무까지, 그야말로 꽁지 빠진 닭처럼 정신없이 내닫는 일상을 보낸다.

비전병원은 매니지먼트를 통해 진료 및 서비스의 질 향상, 구성원의 자아실현과 지역발전에 기여하고 일과 사생활의 균형을 이룬 병원을 말하는데 성공확률이 1퍼센트 미만의 좁은 길이다. 성공확률이 바늘구멍보다 작지만, 그들은 리더십을 재정립하고 한정된 시간과 자원을 건강한 진료와 사회발전과 자아실현이라는 만만치 않은 세 가지 과제에 온 힘을 쏟고 있다. 그 깃발 아래 전략, 브랜드, 가치를 재정렬하고 있는 것이다. 사실 의료계는 환자보다는 돈을 중심으로 움직인다는 우려가 큰 곳이다. 이런 우려와 달리 의료인들이 사명감을 갖고 일하는 비전병원들이 늘고 있는 것은 매우 고무적이다. 이들의 영향인지, 아니면 원래 희생정신이 많았는지는 모르겠으나 또 한 번 놀랄 일이 일어났는데, 서아프리카에 들불처럼 번지던 에볼라 치료를 하기 위해 자원자 모집에 무려 145명의 의료인이 선뜻 나선 것이다. 그들은 에볼라의 위험성을 누구보다 잘 알고 있는 사람이다.

에볼라는 치사율이 50퍼센트가 넘는, 유럽을 공포로 떨게 했던 21세기 흑사병으로 의료진의 감염위험은 일반인보다 100배나 높다. 여기에 가난한 나라라 위생도 나쁘다. 치료약이 없다. 신약도 임상실험 중이다. 이렇듯 누구도 섣불리 나설 수 없는 일에 목숨을 걸고 서아프리카로 가겠다는 것이다. 안락한 삶이 보장된 그들이 불모의 땅을 향해 담대하게 나아간 사례를 보면서 환자를 위해서라면 자신의 위험도 마다치 않는 발효리더들이 의료계에 많이 있다는 사실에 감동했다. 발효리더들의 부활을 보는 듯하다. 이러한 발효리더들이 늘어나기 시작한다면 그것은 다른 분야로 확산될 것이고, 또 그것은 톱 리더들의 리더십이 회복되는 신호탄이 될 것이다.

온축의 세계에서 펼쳐지는 리더십

아래 도표는 내가 자주 이용하는 도구로 ACE의 각 항목에 대입해 적다 보면 부족한 부분을 찾아낼 수 있다. 이 도구를 이용하면 다음과 같은 이점이 있다. 우선, 주어진 상황을 파악하고 그 상황 속에서 해야 할 최소한의 행동을 파악할 수 있다. 즉 생각하는 방식, 소통, 실행하는 방식을 아는 데 도움을 준다. 둘째, 내 경험과 지식으로 판단하는 우를 범하지 않게 해 사고의 폭을 넓혀 조직화하는 능력을 키워준다. 셋째, 어떤 것을 파악하고 결정을 내릴 때 균형 잡힌 사고와 합리적인 추진이 가능하다.

만약 당신이 판단력, 소통력, 협동력을 갖춘 발효리더가 되기 위한 청사진으로 ACE를 활용한다면, 이제 당신은 더 높은 곳을 향해 전진하게 될 것이고 그 쓰임을 받을 것이다. 우선 ACE모델인 생각법, 소통법, 행동법을 받아들이고accept, 발전시켜build up, 당신만의 리더십으로 창조create하기 바란다.

ACE 모델이 제시하는 것은 간결하다. 머리 – 가슴 – 팔다리가 유기적으로 연결되지 못하면 리더나 그 조직은 잠재력을 제대로 발휘하지 못한다. 반면 긴밀하게 연결된다면 리더나 그 조직은 상승효과를 가져와 뛰어난 성과를 창출할 수 있다. 더욱이 사람은 세 가지 이상을 기억하는 걸 힘들어하는 존재다. 그러니 가능한 이 세 가지는 꼭 기억하고 실천하기 바란다. 인지과학분야의 세계적 대가인 아서 아크만 텍사스주립대 교수는 이렇게 말한다.

"지난 20년간 3만 명 대상 500회 실험을 통해 사람은 무조건 세 가지 사실만을 기억할 수밖에 없는 존재라는 사실을 알아냈다. 3의

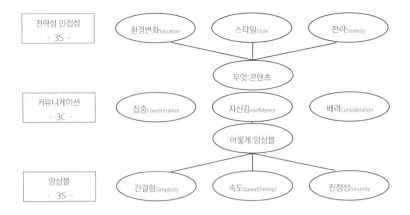

법칙을 기억하라. 어떤 주제나 사안에 대해 기억할 때는 꼭 핵심적인 세 가지만 기억하라.”

인간에게 너무 많은 것을 요구하면 안 된다. 인간에게는 한계가 존재한다. 어떤 주제나 사안에 대해 핵심적인 세 가지만 기억하면 된다. 간단히 요약하면 이렇다.

- 전략적 민첩성 : 3S(① Situation ② Style ③ Strategic Agility)
- 커뮤니케이션 : 3C(① Confidence ② Concentration ③ Consideration)
- 앙상블 : 3S(① Speed ② Simplicity ③ Sincerity)

리더십은 단번에 만들어지지 않는다. 한 켜 한 켜 쌓여가는 온축蘊蓄의 세계라 시간이 필요하다. 세상에서 일어나는 전쟁은 보이는 문제와 보이지 않는 문제의 승부다. 눈에 보이지 않는 2퍼센트, 숨겨진 1인치가 결정적으로 승부를 가른다. 발효는 보이지 않는 세계다. 보이는 현안과 문제를 보이지 않는 발효의 세계로 가지고 들어와 해결하는 것이다.

리더에게는 리더만이 홀로 감내해야 하는 고통이 있다. 리더는 그런 고통을 극복하면서 조직을 전진시켜야 한다. 세상의 모든 사람들은 쉽게 말한다. 방향을 정하고 비전을 세워서 구성원들과 함께 블루오션을 향해 항해하는 것이 리더의 일이라고. 그러나 잃어버린 낙원인 샹그릴라처럼 블루오션은 잘 보이지 않는다. 아니 '산 머너'에 무엇이 있는지도 모르겠다. 그럼에도 수많은 구성원들을 책임지며 이끌고 가야 한다. 어두운 밤, 등골이 서늘해지는 위기감에 홀로 불을 켜고 조직이 어디로 가야 할지 고민하다 보면 어느새 날이 밝아온다. 리더라는 이름이 갖는 무게와 책임은 리더 자신이 생각하는 것보다 더 무겁다. 공동체를 먼저 생각하는 '진정성'을 가슴에 품고 리더의 열정을 불태울 수 있을 때 조직과 구성원 그리고 리더 자신의 성장이 서로 접점을 찾아 화려하게 꽃피울 것이다.

리더는 채무자다. 책임감과 진정성을 바탕으로 조직의 파이를 키우면서 자신이 한 뼘만 더 성장할 수 있다면 당신은 발효리더가 돼 있을 것이다. 사람들은 저마다 찾고 싶은 보물섬이 있다. 그걸 찾으려면 익숙한 항구에서 떠나야 한다. 떠남이 없다면 보물섬도 없다. 아직 눈에는 보이지 않아도 멀리서 바람이 불고 물결이 밀려온다. 이제 익숙한 항구와 헤어져야 할 시간이다. 더 큰 망망대해를 꿈꾸며 항해하고 싶어하는 당신은 갈증을 느낄 것이다. 대담한 도전이 필요하다. 돛을 높이 올려 거센 바람을 한껏 품고 물을 거슬러가야 한다. 우리의 희망이며 자랑인 당신이 '발효리더'호에 탑승한 것을 진심으로 기쁘게 생각한다. 당신은 당면한 난관을 잘 극복해 개인적인 성취와 함께 공동체의 발전에 크게 이바지할 것이다. 자신과 다른 사람들의 관점을 받아들이고 시험하고 그중 가장 가치 있고 효과적인 것을 선택해 결국 당신의 관점으로 재통합함으로써 새로운 역사를 만들어가기 바란다.

이 책의 마지막은 여행의 끝이 아니라 모험을 떠나기 위한 출발점이다. 당신이 지금까지 쌓아온 경험, 세상을 보는 관점, 생을 바라보는 지혜, 그리고 이 모든 것을 조화시켜 새로운 일을 만들 수 있는 당신의 역량을 모험의 끝이 무엇인지 몰라도 발효리더의 완성을 향해 온몸을 던져야 한다. 그것이 무엇인지 완전히 알지 못하더라도 말이다. 그리고 이왕 구성원들에게도 몸을 던질 의향이라면, 타산적이고 쩨쩨하지 않게 제대로 된 생명을 주는 발효리더가 되어라. 온몸을 던져 노를 젓다 보면 파도를 넘어 보람이 가득 찬 눈부신 공간 속으로 들어갈 것이다. 고통을 수반하더라도 찬란한 섬광 같은 별빛 속에서 발효의 불꽃을 한껏 키우기 바란다. 당신은 이제 터닝 포인트에 한발 더 다가섰다. 당신의 머릿속에는 X, Y, Z처럼 생각법, 집사광익, 소통법, 앙상블, 진정성 등이 함께 여행하고 있을 것이다.

- 어떤 상황에서도 세상을 꿰뚫어볼 수 있도록 생각하라.
- 변화 앞에서 집사광익을 통해 가장 지혜롭게 결정하라.
- 낮은 자세와 삼현일장 원리로 구성원들과 소통하라.
- 협력을 이루어 지속적으로 행동하라.

당신이 현실 속에서 위대한 도전을 시도하기 위해 한 걸음만이라도 내딛을 용기를 얻었다면 이 책은 작은 기여를 한 것이리라. 힘찬 출항을 축하하며 앞으로 멋지고 보람 가득 찬 항해가 되기를 바란다. 내가 떠난 이후에도 지속되어야 할 공동체들의 힘찬 전진을 바라며, 이 책의 마무리는 나짐 히크메트의 시 「진정한 여행」의 한 구절로 대신한다.

"가장 빛나는 별은 아직 발견되지 않은 별

가장 넓은 바다는 아직 항해되지 않았다."

프롤로그 · 1장

1. 동아일보, 2014년 7월 28일자

2. 사장이 알아야 할 거의 모든 것, 고미야 가즈요시, 예인, 2013년, 119쪽

3. 나는 스티브 잡스를 이렇게 뽑았다, 놀란 부쉬넬 · 진 스톤, 미래의창, 2014년, 206~207쪽

4. 어떻게 사람을 이끌 것인가, 빌 메리어트 · 캐시 앤 브라운, 중앙m&b, 2015년, 45~46쪽

5. 생각의 탄생, 로버트 루트번스타인 · 미셸 루트번스타인, 에코의서재, 2007년, 179쪽

6. 처음처럼, 신영복 · 이승혁 · 장지숙, 랜덤하우스코리아, 2007년, 36쪽

2장

1. 앤드류 그로브 승자의 법칙, 앤드류 그로브, 한국경제신문(한경비피), 2003년, 84쪽

2. 스티브 잡스, 월터 아이작슨, 민음사, 2011년, 519~522쪽

3. 생각하는 인문학, 이지성, 차이, 2015년, 190쪽

4. 조선일보, 2014년 10월 1일자, 김성윤 기자

5. 생명이 자본이다, 이어령, 마로니에북스, 2013년, 38쪽

6. 이순신의 두 얼굴, 김태훈, 창해, 2004년, 51쪽, 유성룡의 '징비록'을 재인용

7. 마키아벨리 어록, 시오노 나나미 엮음, 한길사, 2002년, 72쪽

8. 또 하나의 로마인 이야기, 시오노 나나미, 부엔리브로, 2007년, 320쪽

9. 맥킨지 7S경영, 오시마 사치요, 머니플러스, 2014년, 77~78쪽

*생각을 탄생시키는 13가지 도구는 루트번스타인 부부의 저서 '생각의 탄생'을 참조하기 바란다.

10. 다시, 나무를 보다, 신준환, RHK, 2014년

11. 조선일보 Weekly BIZ, 2014년 4월 19일자, 오윤희 기자

[환경변화]

12. 유일한 규칙, 리링, 글항아리, 2013년, 62쪽

13. 소설 오다 노부나가, 도몬 후유지, 문예춘추사, 2008년

14. 조선시대에는 어떻게 정보활동을 했나?, 송봉선, 시대정신, 2014년

15. 앤드류 그로브 승자의 법칙, 앞의 책, 132쪽~133쪽

16. 앞의 책, 137쪽

17. 한국경제신문사, 권영설, 2014년 5월 9일자

18. 세종처럼, 박현모, 미다스북스, 2008년, 231~232쪽

19. 조선일보 Weekly BIZ, 2015년 3월 14일자, 윤형준 기자

[스타일]

20. 마키아벨리, 김상근, 21세기북스, 2013년, 170쪽에서 마키아벨리의 '군주론'의 글을 재인용

*시오노 나나미는 '나의 친구 마키아벨리'에서 카스툴로초의 생애는 역사적 사실이라기보다는 문학 작품으로 인식하여 가볍게 터치하고 있다.

21. 마키아벨리 어록, 시오노 나나미 엮음, 한길사, 2002년, 260쪽

22. 여덟 단어, 박웅현, 북하우스, 2013년, 219쪽

23. 마키아벨리 어록, 앞의 책, 205쪽, 208쪽

24. 조선일보 Weekly BIZ, 2013년 12월 14일자, 이신영 기자

25. 톰 파터스 에센셜-리더십, 톰 피터스, 21세기북스, 2006년, 16쪽

26. 요순에서 이창호까지, 박치문, 청년사, 1992년, 24쪽

27. 국가란 무엇인가, 신봉승, 청아출판사, 2011년, 19~20쪽

28. 중앙일보, 2013년 8월 13일자, 백성호 기자

29. 중앙일보 중앙선데이, 2014년 5월 18일자

30. 1인자를 만든 참모들, 이철희, 위즈덤하우스, 2003년, 274쪽

31. 아이디어 에러디어, 배상문, 북포스, 2011년, 69쪽

32. 적을 경영하라, 도몬 후유지, 경영정신, 2001년, 242쪽

33. 비지니스의 맥, 이홍, 삼성경제연구소, 2013년, 138쪽

[민첩성]

34. 칼의 노래, 김훈, 생각의나무, 2003년, 52쪽

35. 앞의 책, 169~170쪽

36. 조선일보 Weekly BIZ, 2013년 12월 28일자, 최원석 기자

37. 로마인 이야기 11권, 시오노 나나미, 한길사, 2003년, 149쪽

38. 사장이 알아야 할 거의 모든 것, 고미야 가즈요시, 예인, 2012년, 19~20쪽

39. 네이버 뉴스, 2014년 11월 2일자

40. 피터 드러커 리더십 윈도우, 윌리엄 코헨, 권영설 외 옮김, 쿠폰북, 2010년, 37쪽

41. 남자 vs 남자, 정혜신, 개마고원, 2001년, 273쪽

42. 전략의 역사1, 로렌스 프리드먼, 비즈니스북스, 2014년, 14~15쪽

43. 신속전략게임, 이브 도즈 · 미코 코소넨, 비즈니스맵, 2008년

44. 조직민첩성, 신사업성공의 핵심역량, 김치중 · 윤우근 · 김재원, 삼성경제연구소, 2012년, 4쪽

45. 조선일보 Weekly BIZ, 2014년 9월 20일자, 이인열 기자

46. TIME, 2014. 9. 22, 30~36쪽

47. TIME, Lev Grossman and Matt Vella, 2114. 9. 22, 32쪽

3장

1. 한국경제신문 2013년 1월 15일자

2. 세계를 움직이는 리더는 어떻게 공감을 얻는가, 빌 맥고완, 비즈니스북스, 2014년, 128쪽

3. 마윈처럼 생각하라, 장샤오형, 갈대상자, 2014년

4. 중앙일보, 2014년 3월 10일자, 권근영 기자

5. 하늘에 놓는 돌, 이창호, 중앙일보, 1993년, 271~272쪽

6. 완벽에의 충동, 정진홍, 21세기북스, 2006년, 183쪽

7. 브리프, 조셉 맥코맥, 더난출판사, 2015년, 28쪽

8. 포커스, 대니얼 골먼, 리더북, 2014년, 300~301쪽

9. 인정업, 이수익, 리더북스, 2013년, 69쪽

10. 어떤 사람이 최고의 자리에 오르는가?, 존 네핑저 · 매튜 코헛, 토네이도, 2014년

11. 알리바바 마윈의 12가지 인생강의, 장옌, 매일경제신문사, 2014년, 207쪽,

12. 배려, 한상복, 위즈덤하우스, 2006년, 249~250쪽

13. 아무것도 못 가진 것이 기회가 된다, 밴 크로치, 큰나무, 2008년, 48~49쪽

4장

1. 경영전략 논쟁사, '하포드의 사례', 미타나 고지, 엔트리, 2013년

2. 앞의 책, 375쪽, 382쪽

3. 피터 드러커, 재즈처럼 혁신하라, 허연 · 장영철, 비즈페이퍼, 2015년, 22~23쪽

4. 사자도 굶어 죽는다, 서광원, 위즈덤하우스, 2008년, 30쪽

5. 미친듯이 심플, 켄 시걸, 문학동네, 2014년

6. 한국경제신문, 2014년 11월 16일자, 이미아 기자

7. 매일경제신문 매경MBA, 2014년 7월 18일자, 김제림 기자

8. 래리 킹 대화의 법칙, 래리 킹, 청년정신, 2004년

9. 사람 vs 사람, 정혜신, 개마고원, 2005년, 253쪽

10. 체인지, 김재윤, 삼성경제연구소, 2011년, 29쪽

11. 우리는 어떻게 바뀌고 있는가, 존 브록만, 책읽는수요일, 2013년, 189쪽

12. 당신의 전략을 파괴하라, 신시아 몽고메리 · 게리 하멜 · 리처드 루멜트 · 리처드 다베니 · 오마에 겐이치 · 도미니크 바튼, 레인메이커, 2013년, 70쪽

13. 마케팅 불변의 법칙, 알 리스 · 잭 트라우트, 십일월출판사, 1994년

14. 탐스 스토리, 블레이크 마이코스키, 세종서적, 2012년, 95쪽

15. 동아일보, 2012년 4월 19일자

16. 오마이뉴스, 2014년 9월 23일자

17. 리더를 위한 로마인 이야기, 시오노 나나미, 혼미디어, 2014년, 284쪽

18. 항우와 유방, 시바 료타로, 달궁, 2002년

19. 자기통제의 승부사 사마의, 자오위핑, 위즈덤하우스, 2013년, 309~310쪽

20. 세종이라면, 박현모, 미다스북스, 2014년

21. 세종처럼, 박현모, 미다스북스, 2012년, 335쪽

22. 무리뉴, 그 남자의 기술, 한준, 브레인스토어, 2013년, 128쪽

23. 화학으로 인생을 배우다, 황영애, 더숲, 2014년, 79~80쪽

24. 앞의 책, 89쪽

* 기타 '행복한 인생'의 본인 칼럼이 이 책에 일부 인용되었다.

톱 리더의 조건

초판 1쇄 발행 2015년 7월 31일
초판 4쇄 발행 2015년 9월 23일

지은이 권광영
펴낸이 안현주

경영총괄 장치혁 **마케팅영업팀장** 안현영
편집 이상실 **디자인** 표지 twoes 본문 dalakbang

펴낸곳 클라우드나인 **출판등록** 2013년 12월 12일(제2013-101호)
주소 우) 121-898 서울시 마포구 월드컵북로 4길 82(동교동) 신흥빌딩 6층
전화 02-332-8939 **팩스** 02-6008-8938
이메일 c9book@naver.com

값 19,500원
ISBN 979-11-86269-11-4 03320

* 잘못 만들어진 책은 구입하신 곳에서 교환해드립니다.
* 이 책의 전부 또는 일부 내용을 재사용하려면 사전에 저작권자와 클라우드나인의 동의를 받아야 합니다.

* 클라우드나인에서는 독자여러분의 원고를 기다리고 있습니다.
  출간을 원하는 분은 원고를 bookmuseum@naver.com으로 보내주세요.

* 클라우드나인은 구름 중 가장 높은 구름인 9번 구름을 뜻합니다. 새들이 깃털로 하늘을 나는 것처럼 인간은 깃
  펜으로 쓴 글자에 의해 천상에 오를 것입니다.